21世纪全国高等院校财经管理系列实用规划教材

经 济 法

主　编　王成林　施　扬
参　编　仲之祥

北京大学出版社
PEKING UNIVERSITY PRESS

内 容 简 介

本书是一本结合了经济管理和法律的公共课教材。为适应高等院校经管类专业的教学需要,本书以科学发展观为指导,在总结和研究现有教材的基础上,结合相关资格考试的考试大纲,使本书体系有所创新。本书体系不只局限于经济法,还涉及民商法中相关法律制度,全面、系统地介绍了经济法的基础知识、个人独资企业法和合伙企业法、公司法、外商投资企业法、企业破产法、证券法、物权法、合同法等法律制度,力求使学生对我国经济法律体系中重要的、有影响力的法律能够有全面、系统的了解。同时针对经济管理类各专业教学的实际需要,注重培养学生依法从事经济管理活动的能力,将法律条文与案例讲解融合,具有较强的针对性、实用性和通俗性。

本书适合经济管理类各专业作为教学用书,还可以作为社会组织、公民参与经济活动、处理经济事务的参考用书。

图书在版编目(CIP)数据

经济法/王成林,施扬主编.—北京:北京大学出版社,2014.9
(21世纪全国高等院校财经管理系列实用规划教材)
ISBN 978-7-301-24697-9

Ⅰ.①王… Ⅱ.①王…②施… Ⅲ.①经济法—中国—高等学校—教材 Ⅳ.①D922.29

中国版本图书馆 CIP 数据核字(2014)第 198869 号

书　　　　名:	经济法
著作责任者:	王成林　施　扬　主编
策 划 编 辑:	王显超
责 任 编 辑:	葛　方
标 准 书 号:	ISBN 978-7-301-24697-9/F·4028
出 版 发 行:	北京大学出版社
地　　　　址:	北京市海淀区成府路 205 号　100871
网　　　　址:	http://www.pup.cn　新浪官方微博:@北京大学出版社
电 子 信 箱:	pup_6@163.com
电　　　　话:	邮购部 62752015　发行部 62750672　编辑部 62750667　出版部 62754962
印 刷 者:	北京鑫海金澳胶印有限公司
经 销 者:	新华书店
	787 毫米×1092 毫米　16 开本　17.5 印张　404 千字
	2014 年 9 月第 1 版　2015 年 2 月第 2 次印刷
定　　　　价:	35.00 元

未经许可,不得以任何方式复制或抄袭本书之部分或全部内容。
版权所有,侵权必究
举报电话: 010-62752024　电子信箱: fd@pup.pku.edu.cn

21世纪全国高等院校财经管理系列实用规划教材

专家编审委员会

主 任 委 员　刘诗白

副主任委员　（按拼音排序）

    韩传模　　　　李全喜　　　　王宗萍
    颜爱民　　　　曾　旗　　　　朱廷珺

顾　　　问　（按拼音排序）

    高俊山　　　　郭复初　　　　胡运权
    万后芬　　　　张　强

委　　　员　（按拼音排序）

    程春梅　　　　邓德胜　　　　范　徵
    冯根尧　　　　冯雷鸣　　　　黄解宇
    李柏生　　　　李定珍　　　　李相合
    李小红　　　　刘志超　　　　沈爱华
    王富华　　　　吴宝华　　　　张淑敏
    赵邦宏　　　　赵　宏　　　　赵秀玲

法 律 顾 问　杨士富

丛 书 序

我国越来越多的高等院校设置了经济管理类学科专业,这是一个包括理论经济学、应用经济学、管理科学与工程、工商管理、公共管理、农林经济管理、图书馆、情报与档案管理 7 个一级学科门类和 31 个专业的庞大学科体系。2006 年教育部的数据表明,在全国普通高校中,经济类专业布点 1518 个,管理类专业布点 4328 个。其中除少量院校设置的经济管理专业偏重理论教学外,绝大部分属于应用型专业。经济管理类应用型专业主要着眼于培养社会主义国民经济发展所需要的德智体全面发展的高素质专门人才,要求既具有比较扎实的理论功底和良好的发展后劲,又具有较强的职业技能,并且又要求具有较好的创新精神和实践能力。

在当前开拓新型工业化道路,推进全面小康社会建设的新时期,进一步加强经济管理人才的培养,注重经济理论的系统化学习,特别是现代财经管理理论的学习,提高学生的专业理论素质和应用实践能力,培养出一大批高水平、高素质的经济管理人才,越来越成为提升我国经济竞争力、保证国民经济持续健康发展的重要前提。这就要求高等财经教育要更加注重依据国内外社会经济条件的变化,适时变革和调整教育目标和教学内容;要求经济管理学科专业更加注重应用、注重实践、注重规范、注重国际交流;要求经济管理学科专业与其他学科专业相互交融与协调发展;要求高等财经教育培养的人才具有更加丰富的社会知识和较强的人文素质及创新精神。要完成上述任务,各所高等院校需要进行深入的教学改革和创新,特别是要搞好有较高质量的教材的编写和创新工作。

出版社的领导和编辑通过对国内大学经济管理学科教材实际情况的调研,在与众多专家学者讨论的基础上,决定编写和出版一套面向经济管理学科专业的应用型系列教材,这是一项有利于促进高校教学改革发展的重要措施。

本系列教材是按照高等学校经济类和管理类学科本科专业规范、培养方案,以及课程教学大纲的要求,合理定位,由长期在教学第一线从事教学工作的教师编写,立足于 21 世纪经济管理类学科发展的需要,深入分析经济管理类专业本科学生现状及存在的问题,探索经济管理类专业本科学生综合素质培养的途径,以科学性、先进性、系统性和实用性为目标,其编写的特色主要体现在以下几个方面:

(1) 关注经济管理学科发展的大背景,拓宽理论基础和专业知识,着眼于增强教学内容与实际的联系和应用性,突出创造能力和创新意识。

(2) 体系完整、严密。系列涵盖经济类、管理类相关专业以及与经管相关的部分法律类课程,并把握相关课程之间的关系,整个系列丛书形成一套完整、严密的知识结构体系。

(3) 内容新颖。借鉴国外最新的教材,融会当前有关经济管理学科的最新理论和实践经验,用最新知识充实教材内容。

(4) 合作交流的成果。本系列教材是由全国上百所高校教师共同编写而成,在相互进行学术交流、经验借鉴、取长补短、集思广益的基础上,形成编写大纲。最终融合了各地特点,具有较强的适应性。

(5) 案例教学。教材融入了大量案例研究分析内容,让学生在学习过程中理论联系实际，特别列举了我国经济管理工作中的大量实际案例，这可大大增强学生的实际操作能力。

（6）注重能力培养。力求做到不断强化自我学习能力、思维能力、创造性解决问题的能力以及不断自我更新知识的能力，促进学生向着富有鲜明个性的方向发展。

作为高要求，经济管理类教材应在基本理论上做到以马克思主义为指导，结合我国财经工作的新实践，充分汲取中华民族优秀文化和西方科学管理思想，形成具有中国特色的创新教材。这一目标不可能一蹴而就，需要作者通过长期艰苦的学术劳动和不断地进行教材内容的更新才能达成。我希望这一系列教材的编写，将是我国拥有较高质量的高校财经管理学科应用型教材建设工程的新尝试和新起点。

我要感谢参加本系列教材编写和审稿的各位老师所付出的大量卓有成效的辛勤劳动。由于编写时间紧、相互协调难度大等原因，本系列教材肯定还存在一些不足和错漏。我相信，在各位老师的关心和帮助下，本系列教材一定能不断地改进和完善，并在我国大学经济管理类学科专业的教学改革和课程体系建设中起到应有的促进作用。

刘诗白
2007年8月

刘诗白 现任西南财经大学名誉校长、教授，博士生导师，四川省社会科学联合会主席，《经济学家》杂志主编，全国高等财经院校《资本论》研究会会长，学术团体"新知研究院"院长。

前 言

经济法学是研究社会主义市场经济基本政策和重要经济法律制度的学科。其内容涉及经济法基础知识、市场主体、市场运行的基本规则以及国家对市场的宏观调控和监督等各个方面。

为适应培养经济、管理类应用型人才的需要,我们组织编写了本书。结合经济类、管理类专业的培养目标和相关资格考试的大纲,本书将经济、管理类专业学生最应知晓和掌握的法律篇章列入,使学生们比较全面、系统地掌握经济法学的基本理论、基本知识和基本方法,认识经济法在社会主义市场经济中的重要作用,培养和提高学生运用法律服务于经济的能力,以便毕业后能够较好地开展经济管理工作。

本书有以下特点。

(1) 系统性。本书在内容上,知识体系框架清晰,知识点层次分明,重点突出,难点深入浅出;在体例编排上,各章均设计"教学要求"、"引例"、"阅读案例"、"本章小结"和"练习题"等模块,既可以引导读者将理论联系实际又可以方便读者自学。

(2) 专业性。本书充分考虑了经济、管理类专业的具体特点,强调经济与法律的结合、经济法与相关法律的结合、教学与实践的结合,并将此思想贯彻于全书之中,适用于经济、管理类专业的经济法教学体系。

(3) 实用性和可操作性。本书十分强调学以致用的原则,注重结合相关资格考试和应用案例来讲解法律条文,突出其实用性和可操作性。同时,对重要的法律概念、规定及难以准确理解的条文,都能通过生动、具体的案例分析使读者加深理解并进行练习巩固。

本书由盐城工学院王成林、施扬担任主编,全书共8章,编写组成员分工如下:王成林编写第1章、第3章,施扬编写第4章、第5章、第6章,盐城工学院仲之祥编写第2章、第7章、第8章。由王成林、施扬负责全书的总纂和修改工作。

本书的编写借鉴吸收了理论界同行的观点和其他教材的精华,由于篇幅有限,我们无法一一注明出处,敬请谅解,在此一并致谢。

由于编者水平有限,书中难免存在不足之处,故请读者谅解,并欢迎广大读者批评指正。

编 者
2014年6月

目 录

第1章 经济法基础知识 ... 1
1.1 法律的一般理论 ... 2
- 1.1.1 法的概念与特征 ... 2
- 1.1.2 法的形式和分类 ... 3
- 1.1.3 法律规范 ... 6
- 1.1.4 法律体系 ... 7
- 1.1.5 法律关系 ... 8

1.2 经济法概述 ... 10
- 1.2.1 经济法的概念 ... 10
- 1.2.2 经济法的调整对象 ... 11
- 1.2.3 经济法的特征 ... 12
- 1.2.4 经济法的体系 ... 13

1.3 经济纠纷的解决途径 ... 14
- 1.3.1 经济纠纷解决途径的选择 ... 14
- 1.3.2 仲裁 ... 15
- 1.3.3 行政复议 ... 17
- 1.3.4 诉讼 ... 18

1.4 诉讼时效 ... 19
- 1.4.1 诉讼时效的概念 ... 19
- 1.4.2 诉讼时效期间 ... 20
- 1.4.3 诉讼时效期间的中止、中断和延长 ... 21

1.5 违反经济法的法律责任 ... 22
- 1.5.1 法律责任、法律制裁与违法行为 ... 22
- 1.5.2 法律责任的种类 ... 22

本章小结 ... 23
练习题 ... 23

第2章 企业法 ... 26
2.1 企业法概述 ... 27
- 2.1.1 企业的概念和分类 ... 27
- 2.1.2 我国企业法的体系 ... 28

2.2 个人独资企业法 ... 28
- 2.2.1 个人独资企业法概述 ... 28
- 2.2.2 个人独资企业的设立 ... 30
- 2.2.3 个人独资企业的投资人及事务管理 ... 32
- 2.2.4 个人独资企业的权利和工商管理 ... 33
- 2.2.5 个人独资企业的解散和清算 ... 34

2.3 合伙企业法 ... 35
- 2.3.1 合伙企业概念及分类 ... 35
- 2.3.2 合伙企业法的概念和基本原则 ... 37
- 2.3.3 合伙企业的设立 ... 38
- 2.3.4 合伙企业财产 ... 40
- 2.3.5 合伙事务执行 ... 42
- 2.3.6 合伙企业与第三人的关系 ... 46
- 2.3.7 入伙与退伙 ... 49
- 2.3.8 特殊的普通合伙企业 ... 52
- 2.3.9 合伙企业解散和清算 ... 53

本章小结 ... 55
练习题 ... 55

第3章 公司法 ... 59
3.1 公司法概述 ... 60
- 3.1.1 公司的概念与特征 ... 60
- 3.1.2 公司的分类 ... 61
- 3.1.3 公司法的概念与特点 ... 63

3.2 公司的登记管理 ... 64
- 3.2.1 登记事项 ... 65
- 3.2.2 登记程序 ... 67
- 3.2.3 变更登记 ... 68
- 3.2.4 注销登记 ... 70

3.3 有限责任公司的设立和组织机构 ... 71
- 3.3.1 有限责任公司的概念和特征 ... 71
- 3.3.2 有限责任公司的设立 ... 72

3.3.3 有限责任公司组织机构 …… 74
3.3.4 有限责任公司的股权转让 …… 77
3.3.5 一人有限责任公司的特别规定 …… 79
3.3.6 国有独资公司的特殊规定 …… 80
3.4 股份有限公司的设立和组织机构 …… 82
　3.4.1 股份有限公司的概念和特征 …… 82
　3.4.2 股份有限公司的设立 …… 82
　3.4.3 股份有限公司的组织机构 …… 86
　3.4.4 上市公司的特别规定 …… 90
　3.4.5 公司董事、监事、高级管理人员的资格和义务 …… 91
　3.4.6 股东诉讼 …… 92
3.5 公司股票与公司债券 …… 94
　3.5.1 公司股票的一般理论 …… 94
　3.5.2 公司债券的一般理论 …… 97
3.6 公司的财务会计 …… 99
　3.6.1 公司财务会计的基本要求 …… 99
　3.6.2 公积金 …… 100
　3.6.3 公司利润分配 …… 100
3.7 公司合并、分立、增资、减资 …… 102
　3.7.1 公司合并 …… 102
　3.7.2 公司的分立 …… 103
　3.7.3 公司注册资本的增减 …… 103
3.8 公司解散和清算 …… 105
　3.8.1 公司解散的原因 …… 105
　3.8.2 公司解散时的清算 …… 105
3.9 外国公司的分支机构 …… 107
　3.9.1 外国公司的分支机构的法律地位 …… 107
　3.9.2 外国公司的分支机构的设立 …… 107
　3.9.3 外国公司的分支机构的权利义务 …… 107
3.10 违反公司法的法律责任 …… 108
　3.10.1 公司发起人、股东的法律责任 …… 108
　3.10.2 公司的法律责任 …… 108
　3.10.3 承担资产评估、验资或者验证的机构的法律责任 …… 109

本章小结 …… 109
练习题 …… 110

第4章　外商投资企业法律制度 …… 113

4.1 外商投资企业法律制度概述 …… 114
　4.1.1 外商投资企业的概念 …… 114
　4.1.2 外商投资企业的种类 …… 114
　4.1.3 外商投资企业的权利和义务 …… 115
　4.1.4 外商投资企业的投资项目 …… 116
　4.1.5 外国投资者并购境内企业 …… 117
4.2 中外合资经营企业法律制度 …… 120
　4.2.1 中外合资经营企业的设立 …… 120
　4.2.2 中外合资经营企业的注册资本与投资总额 …… 121
　4.2.3 中外合资经营企业合营各方的出资方式、出资期限 …… 122
　4.2.4 中外合资经营企业出资额的转让 …… 124
　4.2.5 中外合资经营企业的组织形式和组织机构 …… 125
　4.2.6 中外合资经营企业的财务会计管理 …… 126
　4.2.7 中外合资经营企业的合营期限、解散和清算 …… 126
4.3 中外合作经营企业法律制度 …… 128
　4.3.1 中外合作经营企业的设立 …… 128
　4.3.2 中外合作经营企业的注册资本与投资、合作条件 …… 129
　4.3.3 中外合作经营企业的组织形式和组织机构 …… 130
　4.3.4 中外合作经营企业的经营管理 …… 131
　4.3.5 中外合作经营企业的合营期限、解散和清算 …… 132
　4.3.6 中外合资与中外合作经营的区别 …… 132
4.4 外资企业法律制度 …… 133
　4.4.1 外资企业的设立 …… 133
　4.4.2 外资企业的注册资本与外国投资者的出资 …… 134

4.4.3 外资企业的组织形式、组织
　　　　　机构和财务会计管理 …… 134
　　4.4.4 外资企业的经营期限、终止
　　　　　和清算 ………………… 135
本章小结 ……………………………… 136
练习题 ………………………………… 136

第5章　企业破产法律制度 ……… 141

5.1 企业破产法律制度概述 ………… 142
　　5.1.1 破产的概念 ……………… 142
　　5.1.2 我国现行企业破产法律
　　　　　制度 ………………………… 142
5.2 破产申请和受理 ………………… 143
　　5.2.1 破产界限 ………………… 143
　　5.2.2 破产申请 ………………… 144
　　5.2.3 破产受理 ………………… 145
5.3 破产管理人 ……………………… 146
　　5.3.1 管理人的概念 …………… 146
　　5.3.2 管理人的产生和组成 …… 146
　　5.3.3 管理人的职责 …………… 147
5.4 债务人财产 ……………………… 148
　　5.4.1 债务人财产的概念及范围 … 148
　　5.4.2 撤销权 …………………… 149
　　5.4.3 债务人的无效行为 ……… 149
　　5.4.4 抵销权 …………………… 150
　　5.4.5 其他由管理人依法处理的
　　　　　债务人财产 ……………… 150
5.5 破产费用和共益债务 …………… 151
　　5.5.1 破产费用 ………………… 151
　　5.5.2 共益债务 ………………… 151
　　5.5.3 破产费用和共益债务的
　　　　　清偿 ……………………… 152
5.6 债权申报 ………………………… 152
　　5.6.1 债权申报的概念 ………… 152
　　5.6.2 债权申报的期限 ………… 153
　　5.6.3 债权申报的要求 ………… 153
　　5.6.4 债券表的编制 …………… 154
5.7 债权人会议 ……………………… 155
　　5.7.1 债权人会议的性质 ……… 155
　　5.7.2 债权人会议的组成 ……… 155
　　5.7.3 债权人会议的召集 ……… 155

　　5.7.4 债权人会议的职权 ……… 156
　　5.7.5 债权人会议的决议 ……… 156
　　5.7.6 债权人委员会 …………… 157
5.8 重整 ……………………………… 157
　　5.8.1 重整的概念 ……………… 157
　　5.8.2 重整申请和重整期间 …… 157
　　5.8.3 重整计划的制定和批准 … 158
　　5.8.4 重整计划的执行 ………… 160
5.9 和解 ……………………………… 160
　　5.9.1 和解的概念 ……………… 160
　　5.9.2 和解的提出 ……………… 161
　　5.9.3 和解协议的通过及裁定 … 161
　　5.9.4 和解协议的效力 ………… 161
　　5.9.5 和解协议的终止 ………… 162
5.10 破产清算 ……………………… 162
　　5.10.1 破产宣告 ……………… 162
　　5.10.2 破产财产的变价 ……… 163
　　5.10.3 破产财产的分配 ……… 163
　　5.10.4 破产程序的终结 ……… 165
5.11 违反破产法的法律责任 ……… 166
本章小结 ……………………………… 167
练习题 ………………………………… 168

第6章　证券法律制度 ……………… 171

6.1 证券法律制度概述 ……………… 172
　　6.1.1 证券的概念 ……………… 172
　　6.1.2 证券市场的概念 ………… 172
　　6.1.3 证券法的概念 …………… 173
6.2 证券发行 ………………………… 173
　　6.2.1 证券发行的一般规定 …… 173
　　6.2.2 股票的发行 ……………… 174
　　6.2.3 公司债券的发行 ………… 175
　　6.2.4 证券的发行程序 ………… 175
　　6.2.5 证券投资基金的发行 …… 177
6.3 证券交易 ………………………… 178
　　6.3.1 证券交易的一般规定 …… 178
　　6.3.2 证券上市 ………………… 182
　　6.3.3 持续信息公开 …………… 185
　　6.3.4 禁止的交易行为 ………… 187
6.4 上市公司的收购 ………………… 190
　　6.4.1 上市公司收购概述 ……… 190

    6.4.2 要约收购 …………………… 191
    6.4.3 协议收购 …………………… 192
    6.4.4 上市公司收购的权益披露 … 192
    6.4.5 上市公司收购后事项的
          处理 …………………………… 194
  6.5 证券交易场所和证券中介机构 … 194
    6.5.1 证券交易所 ………………… 194
    6.5.2 证券公司 …………………… 196
    6.5.3 证券登记结算机构 ………… 199
    6.5.4 证券服务机构 ……………… 200
  6.6 违反证券法的法律责任 ………… 200
    6.6.1 证券违法主体 ……………… 200
    6.6.2 证券违法行为 ……………… 200
    6.6.3 证券违法追究形式 ………… 201
    6.6.4 证券违法犯罪 ……………… 201
  本章小结 ……………………………… 201
  练习题 ………………………………… 202

第7章 物权法 …………………………… 204
  7.1 物权法概述 ……………………… 206
    7.1.1 物权的概念和特征 ………… 206
    7.1.2 物权的公示 ………………… 207
  7.2 所有权 …………………………… 209
    7.2.1 所有权的概念和特征 ……… 209
    7.2.2 所有权的内容 ……………… 210
    7.2.3 所有权的种类 ……………… 212
    7.2.4 不动产所有权 ……………… 213
    7.2.5 动产所有权 ………………… 218
  7.3 用益物权 ………………………… 219
    7.3.1 用益物权的概念 …………… 219
    7.3.2 用益物权的特征 …………… 220
    7.3.3 用益物权的种类 …………… 220
  7.4 担保物权 ………………………… 220
    7.4.1 担保物权的概念 …………… 220
    7.4.2 担保物权的特征 …………… 220
    7.4.3 担保物权的种类 …………… 221
  本章小结 ……………………………… 227
  练习题 ………………………………… 227

第8章 合同法制度 ……………………… 230
  8.1 合同法概述 ……………………… 231

    8.1.1 合同的概念和分类 ………… 231
    8.1.2 合同法概念与调整范围 …… 234
    8.1.3 合同法的基本原则 ………… 234
  8.2 合同的订立 ……………………… 236
    8.2.1 合同的主体 ………………… 236
    8.2.2 合同的形式 ………………… 237
    8.2.3 合同的内容 ………………… 237
    8.2.4 格式条款 …………………… 239
    8.2.5 合同订立的方式 …………… 240
    8.2.6 合同成立的时间和地点 …… 242
    8.2.7 缔约过失责任 ……………… 243
  8.3 合同的效力 ……………………… 243
    8.3.1 合同的生效 ………………… 243
    8.3.2 无效合同 …………………… 245
    8.3.3 可撤销合同 ………………… 246
    8.3.4 效力待定合同 ……………… 246
  8.4 合同的履行 ……………………… 247
    8.4.1 合同履行的概念和基本
          原则 …………………………… 247
    8.4.2 合同履行的特殊规则 ……… 247
    8.4.3 双务合同履行中的抗辩权 … 250
    8.4.4 合同的保全 ………………… 251
  8.5 合同的担保 ……………………… 252
    8.5.1 合同担保的概念 …………… 252
    8.5.2 保证 ………………………… 252
    8.5.3 定金 ………………………… 254
  8.6 合同的变更、转让和终止 ……… 254
    8.6.1 合同的变更 ………………… 254
    8.6.2 合同的转让 ………………… 255
    8.6.3 合同的终止 ………………… 256
  8.7 违约责任 ………………………… 258
    8.7.1 违约责任的概念和表现
          形式 …………………………… 258
    8.7.2 承担违约责任的原则 ……… 259
    8.7.3 违约责任与侵权责任的
          竞合 …………………………… 260
    8.7.4 承担违约责任的形式 ……… 260
    8.7.5 违约责任的免除 …………… 262
  本章小结 ……………………………… 263
  练习题 ………………………………… 264

参考文献 ………………………………… 267

第1章 经济法基础知识

教学要求

通过本章的学习，学生应当能够：
(1) 了解法的概念与特征及其分类、法律规范和法律体系等；
(2) 理解法的表现形式和两大法系，经济纠纷解决途径，诉讼时效等；
(3) 掌握经济法的概念、调整对象，经济法律关系的构成，经济法的体系等；
(4) 学会利用经济法的基本知识简单分析现实中的经济活动。

中国汇源果汁集团有限公司是一家主营果汁及果汁饮料的现代化企业集团，2007年2月在香港上市，2007年汇源果汁销售额为26.56亿元，汇源百分百果汁及中浓度果蔬汁销售量分别占国内市场总额的42.6%和39.6%。

2008年9月，可口可乐和汇源集团宣布双方实施要约并购，可口可乐出资24亿美元收购汇源，并已经取得汇源3个股东签署的接受要约的不可撤销的承诺，3个股东共拥有汇源66%的股份。消息传出，舆论普遍反对汇源出售民族品牌；但也有人认为，企业并购是正常的市场行为。

2008年12月，商务部受理可口可乐与汇源的经营者集中的反垄断申请。2009年3月18日，商务部公告：可口可乐收购汇源将对中国果汁饮料市场的有效竞争和果汁产业的健康发展产生不利影响，决定禁止此项经营者集中。汇源董事长朱新礼称，尊重商务部的决定。

思考：可口可乐并购汇源为什么要向商务部申报？商务部依法审查经营者集中是什么性质的行为？商务部审查经营者集中的基本依据是什么？

（资料来源：信息时报2009—08—17）

【分析提示】

资本主义社会初期，各主要资本主义国家奉行经济自由主义原则，国家一般不介入经济生活，社会经济的运行主要靠市场调节，即由市场这只看不见的手自发调节经济运行。这是市场经济最基本的特征。

但是，市场调节有其局限性，即市场缺陷，归纳起来主要有3种缺陷。第一是市场障碍；第二，资本、市场具有明显的逐利性；第三，市场调节具有被动性和滞后性，是一种事后调节，往往在造成资源严重浪费和经济社会动荡衰退后才能慢慢恢复正常。

资本主义周期性经济危机说明市场调节不是万能的，自由放任的经济自由主义政策应当改变，必须借助国家力量对社会经济进行干预、调节。也就是说，在生产高度社会化的资本主义阶段，经济运行在市场调节的基础上，又产生了国家调节。国家主动自觉地介入社会经济生活，运用有形的国家之手，配合市场调节的无形之手，尽量克服市场失灵，保障社会经济平稳协调运行。国家调节经济，需要宪法和法律的授权，需要法律保障，也需要法律规范。这样，规范国家调节经济职能的经济法就产生了。

1.1　法律的一般理论

1.1.1　法的概念与特征

《中华人民共和国宪法》规定："中华人民共和国实行依法治国，建设社会主义法治国家"。要建设法治国家，就要做到有法可依、有法必依、执法必严、违法必究。作为公民，应当树立法律意识，自觉地学法、用法，用法律来维护自己的切身利益。

1. 法与法律的概念

一般来讲，法是由国家制定或认可，并由国家强制力保证实施的，反映着统治阶级意志的规范体系。这一意志的内容由统治阶级的物质生活条件所决定，它通过规定人们在社会关系中的权利和义务，确认、保护和发展有利于统治阶级的社会关系和社会秩序。

法律一词可分别从广义、狭义两方面进行理解。狭义的法律专指拥有立法权的国家机关依照立法程序制定和颁布的规范性文件；而广义的法律则指法的整体，即国家制定或认可，并由国家强制力保证实施的各种行为规范的总和。在一般情况下，"法"和广义的"法律"同义；但在某些场合，"法"又和狭义的法律同义，如《中华人民共和国合同法》、《中华人民共和国公司法》等。在我国历史上有很长一段时间，把法称为律，如"秦律"、"汉律"、"隋律"、"唐律"、"明律"、"大清律"等；近代才把法与律连用，称法律。

2. 法的特征

法作为一种特殊的行为规则和社会规范，不仅具有行为规则、社会规范的一般共性，还具有自己的特征。其特征主要有以下 4 个方面。

1) 法是经过国家制定或认可才得以形成的规范

统治阶级的意志并不能直接形成法，它必须通过一定的组织和程序，即通过统治阶级的国家制定或认可，才能形成法。制定、认可，是国家创制法的两种方式，也是统治阶级把自己的意志变为国家意志的两条途径。法是通过国家制定和发布的，但并不是国家发布的任何文件都是法。首先，法是国家发布的规范性文件；其次，法是按照法定的职权和方式制定和发布的，有确定的表现形式。也就是说，法需要通过特定的国家机关、按照特定的方式、表现为特定的法律文件形式，才能成立。

2) 法凭借国家强制力的保证而获得普遍遵行的效力

法是由国家强制力保障其实施的规范。法的强制性是由国家提供和保证的,因而与一般社会规范的强制性不同。其他社会规范虽然也有一定的强制性,如道德主要依靠社会舆论的强制,习惯受到巨大习惯势力的强制,这些强制都不同于国家的强制。国家强制力是以国家的强制机构(如军队、警察、法庭、监狱)为后盾,和国家制裁相联系,表现为对违法者采取国家强制措施。法是最具有强制力的规范。

3) 法是确定人们在社会关系中的权利和义务的行为规范

法的主要内容是由规定权利、义务的条文构成的,它通过规定人们在社会关系中的权利、义务来实现统治阶级的意志和要求,维持社会秩序。

4) 法是明确而普遍适用的规范

法具有明确的内容,能使人们预知自己或他人一定行为的法律后果。法具有普遍适用性,凡是在国家权力管辖和法律调整的范围、期限内,对所有社会成员及其活动都普遍适用。

1.1.2 法的形式和分类

1. 法的形式

法的形式,是指法的具体外部表现形态。我国法的形式主要有以下几种。

1) 宪法

宪法由国家最高权力机关——全国人民代表大会制定,是国家的根本大法。宪法规定国家的基本制度和根本任务。具有最高的法律效力,也具有更为严格的制定和修改程序。我国现行宪法是1982年12月4日第五届全国人民代表大会第5次会议通过的《中华人民共和国宪法》,全国人民代表大会于1988年、1993年、1999年、2004年先后4次以宪法修正案的形式对现行宪法作了修改和补充。

2) 法律

法律是由全国人民代表大会及其常务委员会经一定立法程序制定的规范性文件。法律通常规定和调整国家、社会和公民生活中某一方面根本性的社会关系或基本问题。其法律效力和地位仅次于宪法,是制定其他规范性文件的依据,如《中华人民共和国民事诉讼法》、《中华人民共和国刑法》、《中华人民共和国会计法》、《中华人民共和国公司法》、《中华人民共和国税收征收管理法》等。

3) 行政法规

行政法规是由国家最高行政机关——国务院制定、发布的规范性文件。它通常冠以条例、办法、规定等名称,如《企业财务会计报告条例》。其地位次于宪法和法律,高于地方性法规,是一种重要的法的形式。

4) 地方性法规

省、自治区、直辖市的人民代表大会及其常务委员会在与宪法、法律和行政法规不相抵触的前提下,可以根据本地区情况制定发布规范性文件及地方性法规。省、自治区人民政府所在地的市和经国务院批准的较大的市,以及某些经济特区市的人民代表大会及其常务委员会在宪法、法律和行政法规允许范围内制定的适用于本地方的规范性文件,也属于地方性法规。

5）行政规章

行政规章是国务院各部委,省、自治区、直辖市人民政府,省、自治区人民政府所在地的市和国务院批准的较大的市以及某些经济特区市的人民政府,在其职权范围内依法制定、发布的规范性文件。行政规章分为部门规章和政府规章两种。部门规章是国务院所属部委根据法律和国务院行政法规、决定、命令,在本部门的权限内发布的各种行政性的规范性法律文件,也称部委规章。国务院所属的具有行政职能的直属机构发布的具有行政职能的规范性法律文件,也属于部门规章的范围。

6）司法解释

司法解释是最高人民法院、最高人民检察院在总结审判经验的基础上发布的指导性文件和法律解释,这也是经济法的重要形式之一。

7）国际条约

国际条约不属于国内法的范畴,但我国签订和加入的国际条约对于国内的国家机关、社会团体、企业、事业单位和公民也有约束力,因此,这些条约就其具有与国内法同样的约束力而言,也是我国法的形式之一。如《中华人民共和国和乌克兰关于民事和刑事司法协助的条约》,以及中国加入世界贸易组织所签订的一系列文件等。

2. 法的分类

法的分类是指从一定角度或根据一定标准将法律规范或法律制度划分为若干不同的种类。以下介绍几种常见的分类方法。

1）成文法和不成文法

根据制定和表达的方式不同,法可以分为成文法和不成文法。成文法是指由特定国家机关制定颁布,以不同等级的规范性法律文件形式表现出来的法律规范,故又称"制定法"。不成文法是由国家机关以一定形式认可其法律效力,但不表现为成文的规范性法律文件的法律规范,一般是指习惯法。

2）实体法和程序法

根据规定的内容不同,法可以分为实体法和程序法。实体法是指规定主要权利和义务的法,如民法、行政法、刑法等。程序法是指为了保障主要权利和义务的实现,而规定了相应的程序性的权利和义务的法,如民事诉讼法、行政诉讼法、刑事诉讼法等。当然,这种划分并不是绝对的,实体法中也可能有少数有关程序性的规定。

3）根本法和普通法

根据规定的内容、法律地位和制定的程序的不同,法可以分为根本法和普通法。在采用成文宪法的国家,根本法是指宪法,在国家法律体系中享有最高的法律地位和法律效力。宪法的内容和制定、修改的程序都不同于其他法律。普通法是宪法以外的其他法律。

普通法的内容一般只涉及社会生活的某一方面，如民法、行政法、刑法等，其法律效力低于宪法。

4）一般法和特别法

根据适用范围的不同，法可以分为一般法和特别法。一般法是指在效力范围上具有普遍性的法律，即针对一般的人或事，在较长时期内，在全国范围普遍有效的法律。特别法是指对特定主体、事项，或在特定地域、特定时间有效的法律。如以空间效力而论，宪法是一般法，特别行政区基本法是特别法；以时间效力而论，治安管理条例是一般法，戒严法是特别法；以对人的效力而论，有关公民在法律面前一律平等的规定是一般法，对妇女儿童特殊保护的规定是特别法；以对事的效力而论，规定盗窃罪的法律是一般法，规定盗窃武器弹药罪的法律是特别法。

5）国内法和国际法

根据制定和实施法律的主体不同，法可以分为国内法和国际法。国内法是在一国主权范围内，由该国的国家机关制定或认可并保障实施的法律。国内法的法律关系主体一般是个人和组织(在特定法律关系中也包括国家机关)。国际法是由参与国际关系的国家之间通过协议制定或认可的法律规范，通常表现为多国参与的国际条约、两个以上国家间的协议和被认可的国际惯例。

3. 法系

法系是当代比较法研究中常用的一种分类概念，它是根据法律的结构、形式和历史传统等外部特征以及法律意识和法律实践的特点等因素，对不同国家和地区的法律制度进行分类。目前法学研究较多而且应用较广的概念是大陆法系和英美法系。

大陆法系，也称罗马法系、民法法系、法典法系或罗马—日耳曼法系，它是以古代罗马法，特别是19世纪初的《法国民法典》为传统而产生和发展的法律的总称。属于大陆法系的除法国、德国这两个大陆国家以外，还包括世界许多国家，如西班牙、荷兰、葡萄牙以及曾经是这些国家殖民地的国家，还有日本、泰国、土耳其等国家也受其影响较深。

英美法系又称英国法系或普通法系、判例法系，它是以英国14世纪到资本主义时期的法律为传统而产生和发展起来的法律的总称，由于美国独立后仍沿用英国法，故也称为英美法系。属于英美法系的国家还包括一些曾经是英国殖民地的国家和地区，如印度、巴基斯坦、缅甸、马来西亚、新西兰、澳大利亚等。我国香港特别行政区的法律制度在形式上也保留了英美法系的特点。

两者区别：①法律渊源不同。大陆法系表现为成文法，英美法系既包括成文法，也包括判例。②法官权限不同。大陆法系法官强调援引成文法中的规定来审判案件，法官只能适用法律而不能创造法律。英美法系法官既可以援引成文法也可以援引已有的判例，而且可以创造新的判例。③诉讼程序不同。大陆法系以法官为重心，具有纠问程序的特点。英美法系以原告、被告及其辩护人和代理人为重心，法官只是双方争论的"仲裁人"而不能参与争论。

1.1.3 法律规范

1. 法律规范的概念

法律规范是由国家制定或认可的，并以国家强制力保证实施的，具有普遍约束力的行为规则。它赋予社会关系参加者某种法律权力，并规定一定的法律义务。法律规范是构成法的最基本的组织细胞，是通过一定法律条文表现出来的、具有一定内在逻辑结构的特殊行为规范。

2. 法律规范的逻辑结构

从逻辑结构上看，法律规范通常由假定、处理、制裁3个部分构成。

(1) 假定，是指法律规范中规定的适用该法律规范的情况和条件。每一个法律规范都是在一定条件出现的情况下才能适用，而适用这一法律规范的必要条件就称为假定。只有合乎该种条件、出现了该种情况，才能适用该规范。例如《中华人民共和国公司法》（以下简称《公司法》）第11条规定："设立公司必须依法制定公司章程"。该法律规范中，"设立公司"就是假定部分，意指这条法律规范是在设立公司时适用。

(2) 处理，是指法律规范中规定的允许人们做什么、禁止做什么或者要求做什么的部分，实际上即为规定权利、义务的行为规则本身。如上例中关于"必须依法制定公司章程"的规定，就是法律规范的处理部分。

(3) 制裁，是指法律规范中规定的在违反本规范时，将要承担什么样的法律后果。制裁常常集中表现在一部法律的"法律责任"部分，如《中华人民共和国会计法》（以下简称《会计法》）的规定："伪造、变造会计凭证、会计账簿，编制虚假财务会计报告，构成犯罪，依法追究刑事责任"。其中的"依法追究刑事责任"就是对伪造、变造会计凭证、会计账簿，编制虚假财务会计报告，构成犯罪的行为的制裁。

法律规范是一种最发达、最完善的社会规范，它应当具有完整的逻辑结构，这种逻辑结构实际上表现为"如果……，则……；否则……"的公式。假定、处理和制裁即分别体现这3个部分。一个完整的法律规范，上述3个要素都是不可或缺的。但是，如果我们仔细研究一下各种法律文件，就会发现在一条法律条文中把这3个部分都明确表述出来的情况是很少有的。如常常把假定部分省略或没有把假定部分和处理部分明确分开，又或者把制裁部分放到另一条文或另一法律文件中。这是为了使立法简明扼要，而从立法技术上所作的处理。因此，绝不能把法律规范同法律条文等同起来。另外，在许多重要规范性法律文件中，除了规范性的规定外，往往还有一些非规范性的规定，这是为了帮助人们准确理解和正确适用该法律文件，它们本身并不是法律规范。

3. 法律规范的种类

法律规范可依不同的标准进行分类。

(1) 按照法律规范的性质和调整方式分类将法律规范分为义务性规范、禁止性规范和授权性规范。

义务性规范是要求人们必须作出一定行为，承担一定积极作为义务的法律规范；禁止性规范是禁止人们作出一定行为的法律规范；授权性规范是授予人们可以作出某种行为，或要求他人作出或不作出某种行为的法律规范。

（2）按照法律规范强制性程度的不同可分为强制性规范和任意性规范。强制性规范又称命令性规范，是指权利和义务的规定十分明确，不允许人们以任何方式变更或违反的法律规范。强制性规范一般表现为前述的义务性规范和禁止性规范两种形式。任意性规范又称允许性规范，是指允许人们在法定的范围内自行确定其权利和义务的法律规范。如"从事会计工作的人员，必须取得会计从业资格证书"是义务性规范，也是强制性规范；"董事、监事、高级管理人员不得利用职权收受贿赂或者其他非法收入，不得侵占公司的财产"是禁止性规范，也是强制性规范；"公司可以设立子公司"则为授权性规范，也是任意性规范。

1.1.4 法律体系

1. 法律体系与法律部门的概念

一个国家的现行法律规范划分为若干法律部门，由这些法律部门组成的具有内在联系的、互相协调的统一整体即为法律体系。一个国家的现行法律规范是多种多样的，它们涉及社会生活的各个方面，有着各种不同的内容和形式。但是它们并不是杂乱无章的，而是有着紧密联系，构成一个完整、有机、统一的体系。

法律部门又称部门法，是根据一定标准和原则所划定的同类法律规范的总称。

法律部门划分的标准首先是法律调整的对象，即法律调整的社会关系，如调整国家行政管理活动的法律规范的总和构成行政法部门，调整劳动关系、社会保障和社会福利关系的法律规范构成社会法部门；其次是法律调整的方法；另外还考虑一些原则。

2. 我国法律体系的部门划分

根据第九届全国人民代表大会常务委员会的意见，我国现行法律体系划分为以下7个主要的法律部门。

1) 宪法及宪法相关法法律部门

主要包括4个方面：①有关国家机构的产生、组织、职权和基本工作制度的法律。如全国人民代表大会组织法、国务院组织法、地方各级人民代表大会和地方各级人民政府组织法、全国人民代表大会和地方各级人民代表大会代表法等。②有关民族区域自治制度、特别行政区制度、基层群众自治制度的法律。如民族区域自治法、香港特别行政区基本法、澳门特别行政区基本法。③有关维护国家主权、领土完整和国家安全的法律。如国防法、国旗法以及集会游行示威法、国家赔偿法等。④有关保障公民基本政治权利的法律。如选举法、人民代表法等。

2）民法商法法律部门

民法是调整作为平等主体的公民与公民之间，法人与法人之间、公民与法人之间的财产关系以及调整公民人身关系的法律规范的总和。

商法可以看成是民法中的一个特殊部分，是调整公民、法人之间的商事关系和商事行为的法律规范的总和。一般认为，民法法律部门包括民法通则、合同法、担保法、拍卖法、商标法、专利法、著作权法、婚姻法、继承法、收养法、农村土地承包法等；而商法法律部门包括公司法、合伙企业法、证券法、保险法、票据法、海商法、商业银行法、期货法、信托法、个人独资企业法、招标投标法、企业破产法等。

3）行政法法律部门

行政法是调整有关国家行政管理活动的法律规范的总和，包括：行政处罚法、兵役法、教育法、教师法等。

4）经济法法律部门

经济法是指调整国家从社会整体利益出发对经济活动实行干预、管理或调控所产生的社会经济关系的法律规范的总和，包括：预算法、审计法、会计法、中国人民银行法、价格法、税收征收管理法、个人所得税法；反不正当竞争法、消费者权益保护法、产品质量法、广告法；外资企业法、统计法等。

5）社会法法律部门

社会法是调整有关劳动关系、社会保障和社会福利关系的法律规范的总和，包括：劳动法、未成年人保护法、妇女权益保障法等。

6）刑法法律部门

刑法是规定犯罪、刑事责任和刑罚的法律规范的总和，包括：刑法，以及关于惩治骗购外汇、逃汇和非法买卖外汇犯罪的决定等。

7）诉讼与非诉讼程序法法律部门

诉讼与非诉讼程序法是调整因诉讼活动和非诉讼活动而产生的社会关系的法律规范的总和，包括：刑事诉讼法、民事诉讼法、行政诉讼法、仲裁法等。

1.1.5 法律关系

1. 法律关系的概念

法律关系是法律规范在调整人们的行为过程中所形成的一种特殊的社会关系，即法律上的权利与义务关系。或者说，法律关系是指被法律规范所调整的权利与义务关系。社会关系是多种多样的，因而调整它的法律规范也是多种多样的，如调整平等主体之间的财产关系和人身非财产关系而形成的法律关系，称为民事法律关系或民商法律关系；调整行政管理关系而形成的法律关系，称为行政法律关系；调整因国家对经济活动的管理而产生的社会经济关系，称为经济法律关系。它们也可以称为民法关系、行政法关系、经济法关系等。

2. 法律关系的要素

法律关系是由法律关系的主体、法律关系的内容和法律关系的客体3个要素构成的，缺一不可。

1）法律关系的主体

（1）法律关系主体的概念。法律关系的主体又称权利主体或义务主体，是指参加法律关系，依法享有权利和承担义务的当事人。

法律关系主体的数目因法律关系的具体情况而定，但任何一个法律关系至少要有两个主体，因为最少要有两个主体，才能在它们之间形成以权利和义务为内容的法律关系。

（2）法律关系主体的种类。什么人或者组织可以成为法律关系主体是由一国法律规定和确认的。根据我国法律规定，法律关系主体包括以下几种。

① 公民（自然人）。公民是最常见的法律关系主体，可以参加的法律关系非常广泛。在我国，还有一类由公民组成的特定主体，如个体户、农户、合伙人等，也可参与某些特定的法律关系，如经济法律关系。

② 机构和组织（法人）。主要包括3类：一是国家机关，包括国家权力机关、国家行政机关和国家司法机关；二是各种企业、事业组织；三是各政党和社会团体。这些机构和组织主体在法学上可以笼统地称为法人。

③ 国家。在特殊情况下，国家可以作为一个整体成为法律关系主体。例如在国内，国家是国家财产所有权唯一和统一的主体；在国际法上，国家则是国际法关系的主体。

④ 外国人和外国社会组织。外国人、无国籍人和外国社会组织，以我国有关法律以及我国与有关国家签订的条约为依据，也可以成为我国某些法律关系的主体。

2）法律关系的内容

法律关系的内容，是指法律关系主体所享有的权利和承担的义务。

权利是指法律关系主体依法享有的权益，表现为权利享有者依照法律规定具有的自主决定作出或者不作出某种行为、要求他人作出或者不作出某种行为的自由。依法享有权利的主体称为权利主体。

义务是指法律关系主体依照法律规定所承担的必须作出某种行为或者不得作出某种行为的负担或约束。依法承担义务的主体称为义务主体。

法律权利和义务作为构成法律关系内容的两个方面，是密切联系不可分离的，共同处于法律关系这一统一体中。任何一方的权利都必须有另一方义务的存在；而任何一方的义务又都是为实现他方的权利而设定的。没有无义务的权利，也没有无权利的义务。在大多数民商法律关系中，各方主体都既享有权利，又承担义务。也就是说，任何一方既是权利主体，也是义务主体。如买卖关系中，买方承担向卖方支付价款的义务，同时享有获得卖方出售物的权利；卖方享有获得买方价款的权利，同时承担向买方支付出售物的义务。

法律上的权利和义务，都受国家法律保障。当义务人拒不履行义务的时候，权利人可以请求司法机关或其他国家机关依法采取必要的强制措施来保障权利的实现和义务的履行；当法律关系主体的权利受到侵害时，可以请求司法机关或其他国家机关给予保护。

3）法律关系的客体

（1）法律关系客体的概念。法律关系的客体又称权利客体或义务客体，是指法律关系主体的权利和义务所共同指向的对象。权利和义务只有通过客体才能得到体现和落实。如果没有客体，权利与义务就失去了依附的目标和载体，无所指向，也就不可能发生权利与义务。因此，客体也是法律关系不可缺少的三要素之一。

（2）法律关系客体的种类。法律关系客体的内容和范围是由法律规定的。能够作为法律关系的客体应当具备的特征是：能为人类所控制并对人类有价值。只有具备这样的特征才适宜由法律调整，才能成为主体的权利、义务指向和作用的对象。

法律关系的客体概括起来主要包括以下4类。

① 物。物是指可为人们控制的，具有一定经济价值和实物形态的生产资料和消费资料。物可以是自然物，如土地、矿藏、水流、森林；也可以是人造物，如建筑物、机器、各种产品等；还可以是财产物品的一般价值表现形式——货币及有价证券。

② 精神产品。精神产品也称精神财富或者非物质财富，包括知识产品和道德产品。知识产品也称智力成果，是指人们通过脑力劳动创造的能够带来经济价值的精神财富，如著作、发现、发明、设计等，它们分别为著作权关系、发现权关系、发明权关系、商标权关系的客体。智力成果是一种精神形态的客体，是一种思想或者技术方案，不是物，但通常有物质载体，如书籍、图册、录像、录音等，就是记录、承载智力成果的物质形式。它的价值不在于它的物质载体价值，而在于它的思想或技术能够创造物质财富，带来经济效益，它是一种知识财富。道德产品是指人们在各种社会活动中所取得的非物化的道德价值，如荣誉称号、嘉奖表彰等。它们是公民、法人荣誉权的客体。

③ 行为。行为作为法律关系的客体不是指人们的一切行为，而是指法律关系的主体为达到一定目的所进行的作为（积极行为）或不作为（消极行为），是人的有意识的活动，如生产经营行为、经济管理行为、完成一定工作的行为和提供一定劳务的行为等。

④ 人身。人身是由各个生理器官组成的生理整体（有机体）。它是人的物质形态，也是人的精神利益的物质体现。随着现代科技和医学的发展，输血、植皮、器官移植、精子与卵子提取、人体解剖等现象大量出现，人体器官买卖和捐赠等活动也日益增多，人体（部分或整体）成为法律关系的客体已成为不争的事实。但必须注意以下几点：一是活人的（整个）身体，不得视为法律上的"物"，不能作为物权、债权和继承权的客体，禁止贩卖或拐卖人口，禁止买卖婚姻；二是权利人对自己的人身不得进行违法或有伤风俗的活动，不得滥用人身或自践人身和人格，如卖淫、自杀、自残行为就属违法或法律不提倡的行为；三是对人身行使权利时必须依法进行，不得超出法律授权的界限，如有监护权的父母不得虐待未成年子女的人身。

1.2 经济法概述

1.2.1 经济法的概念

1. 经济法概念

经济法的概念迄今尚无定论。基于本书不是一部学术性著作，故不对有关经济法概念的各种观点作研究性探讨。经济法现象已得到社会的普遍认同,从经济法的产生和发展来看,它实际是社会经济集中和垄断的产物,是国家干预社会经济生活的具体表现。有鉴于此,经济法应是调整国家在经济管理和协调发展经济活动过程中所发生的经济关系的法律规范的总称。

2. 经济法律关系

与法律关系的三要素相对应,经济法律关系也由主体、内容和客体三个要素所构成。

1) 经济法律关系的主体

经济法律关系的主体也称经济法的主体,是指参加经济法律关系,依法享有经济权利和承担经济义务的当事人。经济法律关系的主体是经济法律关系的参加者。

在经济法律关系中,享有权利的一方称为权利人,承担义务的一方称为义务人。

根据我国法律规定,经济法律关系主体包括以下几类。

(1) 国家机关。国家机关是行使国家职能的各种机关的统称,包括国家权力机关、国家行政机关和国家司法机关。作为经济法主体的国家机关主要指国家行政机关中的经济管理机关。

(2) 经济组织和社会团体。经济组织包括企业法人和非法人经济组织。它是市场最主要的主体,是经济法律关系中最广泛的主体。社会团体主要是指人民群众或组织依法组成的进行社会活动的组织,包括群众团体、公益组织、文化团体、学术团体、自律性组织等。

(3) 经济组织的内部机构和有关人员。经济组织内部担负一定经济管理职能的分支机构和有关人员,在根据法律、法规的有关规定参与经济组织内部的经济管理法律关系时,则具有经济法律关系主体的资格。

(4) 个人。个人包括个体工商户、农村承包经营户和公民。当他们参与经济法律法规规定的经济活动时,便成为经济法律关系的主体。

2) 经济法律关系的内容

经济法律关系的内容,是指经济法律关系主体所享有的经济权利和承担的经济义务。

经济权利,是指经济法所确认和保护的具有经济内容的权利。不同的经济法主体享有不同的经济权力,如经济职权、经营管理权等。

经济义务,是指经济法律关系主体依照法律规定所担负的必须作出某种行为或者不得作出某种行为的负担或约束,如按时纳税的义务,不得拒绝国家机关依法检查的义务等。

3) 经济法律关系的客体

经济法律关系的客体,是指经济法律关系主体的权利和义务所共同指向的对象。

1.2.2 经济法的调整对象

经济法的调整对象是指国家在经济管理和协调发展经济活动过程中所发生的经济关系。以下从几个方面加以说明。

1. 经济管理关系

经济管理关系是指国家组织领导与管理国民经济所形成的经济关系,包括宏观管理与微观管理两方面的内容。宏观管理经济关系一般包括国家在计划与产业政策的制定和实施,经济预算及其投资引导,税收、金融、物价调节、土地利用规划、标准化管理等活动中所产生的经济关系;微观管理经济关系一般包括国家在税收征管、金融证券监管、贸易管制、物价监督、企业登记管理、交易秩序管理等活动中产生的经济关系。在实践中,这两方面的内容往往是交织在一起的。

2. 维护公平竞争关系

维护公平竞争是国家协调发展经济活动的重要方面。这一关系是指国家为了维持市场经济的正常运行和保持其活力,采取相应的措施维护、促进或限制竞争的过程中形成的社会经济关系。我国经济是社会主义市场经济,为了保证市场经济健康有序地发展,必须建立统一、开放的市场体系,以促进各种生产要素的自由流动,充分发挥市场竞争机制的作用。但是,市场竞争往往也具有限制竞争和妨碍竞争的问题,出现垄断和不正当竞争的倾向。垄断和不正当竞争是妨碍市场经济发展的大敌,这就必须通过经济法规对市场经济关系加以协调,以完善市场规则,有效地反对垄断,制止不正当竞争,维护市场公平、自由竞争的经济秩序。

3. 经济组织内部经济关系

这里的经济组织是指以企业为主体的各类经济组织,其内部经济关系是指其自身在组织经济活动中发生的各种内部经济管理关系,包括企业领导机构与其下属生产组织之间、各生产组织之间以及企业与职工之间在生产经营管理活动中所发生的经济关系。健全和完善的经济组织内部关系是保证社会经济关系健康有序发展的前提。为了保证经济组织行为的规范性,国家有必要通过法律手段对经济组织的内部经济关系进行协调,达到维护经济秩序和交易安全的目的。这一内容包括经济组织的主体资格类型以及各类型的内部组织管理、财务会计、投资立项、劳动用工、工资制度、奖惩措施和安全管理等。

1.2.3 经济法的特征

经济法具有一般法律的基本特征,即国家意志性、特殊的规范性和应有的强制性。经济法与其他法律部门相比较,又有自己的一些特点,具体表现在以下几个方面。

1. 综合性

经济法的综合性表明其不限于单一的范围,主要表现在以下方面。

1) 在调整手段上

经济法将各种法律调整手段有机地结合起来对经济关系进行综合调整,这主要表现在经济法往往运用民事的、行政的、刑事的、程序的、专业及技术的等手段作用于某一经济领域,以达到维护社会经济秩序的目的。

2) 在规范构成上

经济法既包括若干部门经济法,又包括有法律、法令、条例、细则和办法等许多规范形式的经济法律规范;既包括实体法规范,又包括程序法规范;既包括强制性规范和任意性规范,又包括指导性规范和诱导性规范等。

3) 在调整范围上

经济法调整的内容既包括宏观经济领域的管理和调控关系,也包括微观经济领域的管理和协作关系,具体包括工业、农业、商贸、财政、税收、金融、统计、审计、会计、海关、物价、环保、土地等范畴。

2. 经济性

经济法直接作用于经济领域,并具有经济目的性,故经济法的经济性是不言而喻的。其重要表现是经济法往往把经济制度、经济活动的内容和要求直接规定为法律。此外,经济法反映了经济生活的基本经济规律,并服务于经济基础,受经济基础的决定和制约。任何经济法律规范都不是立法者主观意志的随意编造,而是取决于客观经济条件是否成熟和客观经济形势是否需要。再者,经济法调整的手段主要是经济手段,即以经济规律和经济现实为依据而确立的具有经济内容的手段,这与行政、刑事手段不同。

3. 行政主导性

经济法是国家管理、干预、从事经济活动,参与经济关系的产物,因此,经济法在调整经济关系的过程中直接体现了国家的特殊意志。作为国家特殊意志在法律上的反映,经济法更着重地体现了法的强制性、授权性、指导性,并多以限制或禁止性规定来规范主体作为或不作为,以此来限制或者取缔某种经济活动和某种经济关系的发生或者存在,还常以奖励与惩罚并用的方法来促进主体的行为符合社会经济利益的整体需要,借以达到促进与支持某种经济关系的建立和发展的目的,并为处理经济纠纷提供相应的依据。这与民法规范不同。

4. 政策性

经济法是国家自觉参与和调控经济的重要手段。因此,其重要任务是实现一定经济体制和经济政策的要求,这就使得经济法具有显著的政策性特征。这主要表现在经济法随时根据国家意志的需要赋予政策以法的效力,并根据政策的变化而变化,在经济法的执法和司法力度方面,也无不受政策的影响。

1.2.4 经济法的体系

1. 经济法的体系

经济法的体系问题,学者们的认识也各不相同。本书从经济法而非经济法学的角度,并按照经济关系以及经济法调整的基本内容,将经济法的体系大致分为三大部分:经济组织法、经济管理法和经济活动法,而经济诉讼与仲裁作为完整的程序法律制度,不宜放入经济法部门之中。

1) 经济组织法

这是指经济组织的法律制度,主要是企业法律制度。经济组织法往往难以与民商法的主体制度作明确的区分,本书介绍公司法、合伙企业法和独资企业法以及涉外企业法。

2) 经济管理法

这是指国家在组织管理和协调经济活动中形成的法律制度,其构成经济法的核心内容,主要包括证券法、会计和审计、标准和计量、票据法律制度、产品质量和价格、土地和资源的开发和利用、市场和特定行业管理等法律制度。

3) 经济活动法

这是指调整经济主体在经济流通和交换过程中发生的权利义务关系而产生的法律制度,主要包括体现国家意志参与或国家直接参与的合同法律规范、反不正当竞争法律规范和保护消费者法律规范。

以上划分只是相对的,在具体的法律、法规和部门规章等法律规范中,上述各部分往往相互重合,彼此渗透。因此,以上划分也只是基于一定标准,从一定角度的相对合理的划分。

阅读案例 1-1

美国政府一向自我标榜纯市场经济原则,因此一些市场人士认为,美国政府从不干预股市,其实不然,美国政府也有干预股市的时候,有时这种干预甚至十分严重。

在"9·11"事件发生后,为挽救市场信心,避免对经济复苏产生不利影响,美联储和美国证监会公布了一系列的紧急措施。首先,纽约证券交易所暂停交易4天,成为1929年大萧条以来非正常休市时间最长的一次。在休市期间,美国证监会召集各大商业银行、投资银行的负责人商讨局势,统一思想,寻求稳定股市的措施。其次,允许上市公司筹集资金大量回购本公司股票,这样既有助于提高上市公司每股盈利业绩水平,又相当于向股市中注入大量资金,同时回购行为还表明上市公司对自身股价的态度。再次,美联储在已经连续7次降息的情况下又两次降息。最后,美国政府迅速推出了超过1000亿美元的财政刺激方案。这些及时有效的政策干预措施,在很大程度上稳定了投资者的信心,使股市逐渐止跌企稳,使美国股市能迅速摆脱"9·11"事件发生后最初的危机局面。道琼斯指数在2001年9月17日第一天开盘后暴跌7.1%,但一周后就迅速触底回升,到10月份就基本回到了"9·11"事件之前的水平,基本上消除了"9·11"事件对股市的短期影响。

(资料来源:http://wenku.baidu.com)

1.3 经济纠纷的解决途径

1.3.1 经济纠纷解决途径的选择

经济纠纷,是指经济法律关系主体之间因经济权利和经济义务的矛盾而引起的争议。

它包括平等主体之间涉及经济内容的纠纷和公民、法人或者其他组织作为行政管理相对人与行政机关之间因行政管理所发生的涉及经济内容的纠纷。

在市场经济条件下，经济法主体为实现各自的经济目标，必然要进行各种经济活动，由于各自的经济权益相互独立，加之客观情况经常变化，因而不可避免地会发生各种各样的经济权益争议，产生经济纠纷，如合同纠纷、纳税人与税务机关就纳税事务发生争议等。为了保护当事人的合法权益，维持社会经济秩序，必须利用有效手段，及时解决这些纠纷。在我国，解决经济纠纷的途径和方式主要有仲裁、民事诉讼、行政复议、行政诉讼，它们都是解决当事人争议的方式，但适用的范围不同。作为平等民事主体的当事人之间发生的经济纠纷适用仲裁或者民事诉讼方式解决；当公民、法人或者其他组织认为行政机关的具体行政行为侵犯其合法权益时，可采取申请行政复议或者提起行政诉讼的方式解决。

下面对解决经济纠纷的几种方式分别加以介绍。

1.3.2 仲裁

仲裁是指由经济纠纷的各方当事人共同选定仲裁机构，对纠纷依法定程序作出具有约束力的裁决的活动。

1. 仲裁的适用范围

根据《仲裁法》的规定，平等主体的公民、法人和其他组织之间发生的合同纠纷和其他财产权益纠纷，可以仲裁。

下列纠纷不能提请仲裁：①关于婚姻、收养、监护、扶养、继承纠纷；②依法应当由行政机关处理的行政争议。

2. 仲裁的基本制度

1）协议仲裁

当事人采用仲裁方式解决纠纷，应当由双方自愿达成仲裁协议。没有仲裁协议，一方申请仲裁的，仲裁委员会不予受理。有效的仲裁协议可排除法院的管辖权，只有在没有仲裁协议或者仲裁协议无效，或者当事人放弃仲裁协议的情况下，法院才可以行使管辖权。这在法律上称为或裁或审原则。

2）一裁终局

仲裁实行一裁终局制度，即仲裁庭作出的仲裁裁决为终局裁决。裁决作出后，当事人就同一纠纷再申请仲裁或者向法院起诉的，仲裁委员会或者法院不予受理。

3. 仲裁机构

仲裁机构包括仲裁协会和仲裁委员会。

1）仲裁协会

中国仲裁协会是社会团体法人。中国仲裁协会实行会员制。各仲裁委员会是中国仲裁协会的法定会员。中国仲裁协会是仲裁委员会的自律性组织，根据由全国会员大会制定的章程对仲裁委员会及其组成人员、仲裁员的违纪行为进行监督；根据《仲裁法》和《中华人民共和国民事诉讼法》（以下简称《民事诉讼法》）的有关规定制定仲裁规则和其他仲裁规范性文件。

2）仲裁委员会

仲裁委员会可以在直辖市和省、自治区人民政府所在地的市设立，也可以根据需要在其他设区的市设立，不按行政区划层设立。仲裁委员会独立于行政机关，与行政机关没有隶属关系。仲裁委员会之间也没有隶属关系。

4. 仲裁协议

1）仲裁协议的概念

仲裁协议是指双方当事人自愿把他们之间可能发生或者已经发生的经济纠纷提交仲裁机构裁决的书面约定。仲裁协议应当以书面形式订立。口头达成仲裁的意思表示无效。

2）仲裁协议的内容

仲裁协议包括合同中订立的仲裁条款和以其他书面形式在纠纷发生前或者纠纷发生后达成的请求仲裁的协议。这里的其他书面形式，包括以合同书、信件和数据电文（包括电报、电传、传真、电子数据交换和电子邮件）等形式达成的请求仲裁的协议。

仲裁协议应当具有下列内容：①有请求仲裁的意思表示；②有仲裁事项；③有选定的仲裁委员会。

仲裁协议对仲裁事项或者仲裁委员会没有约定或者约定不明确的，当事人可以补充协议；达不成补充协议的，仲裁协议无效。

3）仲裁协议的效力

仲裁协议一经依法成立，即具有法律约束力。仲裁协议独立存在，合同的变更、解除、终止或者无效，不影响仲裁协议的效力。

仲裁庭有权确认合同的效力。当事人对仲裁协议的效力有异议的，可以请求仲裁委员会作出决定或者请求法院作出裁定。当事人对仲裁协议的效力有异议，应当在仲裁庭首次开庭前提出。

当事人达成仲裁协议，一方向法院起诉未声明有仲裁协议，法院受理后，另一方在首次开庭前提交仲裁协议的，法院应当驳回起诉，但仲裁协议无效的除外；另外一方在首次开庭前未对法院受理该案提出异议的，视为放弃仲裁协议，法院应当继续审理。

5. 仲裁裁决

当事人申请仲裁应当符合下列条件：一是有仲裁协议；二是有具体的仲裁请求和事实、理由；三是属于仲裁委员会的受理范围。

《仲裁法》规定，仲裁不实行级别管辖和地域管辖，仲裁委员会应当由当事人协议选定。仲裁庭可以由3名仲裁员或者1名仲裁员组成。由3名仲裁员组成的，设首席仲裁员。当事人约定由3名仲裁员组成仲裁庭的，应当各自选定或者各自委托仲裁委员会主任指定1名仲裁员,第3名仲裁员由当事人共同选定或者共同委托仲裁委员会主任指定。第3名仲裁员是首席仲裁员。当事人约定由1名仲裁员成立仲裁庭的,应当由当事人共同选定或共同委托仲裁委员会主任指定。当事人没有在仲裁规则规定的期限内约定仲裁庭的组成方式或者选定仲裁员的,由仲裁委员会主任指定。仲裁庭组成后,仲裁委员会应当将仲裁庭的组成情况书面通知当事人。

裁决书自作出之日起发生法律效力,当事人应当履行裁决。一方当事人不履行的,另一方当事人可以依照《民事诉讼法》的有关规定向法院申请执行,受申请的法院应当执行。当事人申请执行仲裁裁决案件,由被执行人住所地或者被执行的财产所在地的中级法院管辖。

1.3.3 行政复议

行政复议是指国家行政机关在依照法律、法规的规定履行对社会的行政管理职责过程中,作为行政管理主体的行政机关一方与作为行政管理相对人的公民、法人或者其他组织一方,对于法律规定范围内的具体行政行为发生争议,由行政管理相对人向作出具体行政行为的行政机关的上一级行政机关或者法律规定的其他行政机关提出申请,由该行政机关对引起争议的具体行政行为进行审查,并作出相应决定的一种行政监督活动。

1. 行政复议范围

公民、法人或者其他组织认为行政机关的具体行政行为侵犯其合法权益,符合《行政复议法》规定范围的,可以申请行政复议。

1)可以申请行政复议的事项

《行政复议法》规定,有下列情形之一的,公民、法人或者其他组织可以申请行政复议:①对行政机关作出的警告、罚款、没收违法所得、没收非法财物、责令停产停业、暂扣或者吊销许可证、暂扣或者吊销执照、行政拘留等行政处罚决定不服的;②对行政机关作出的限制人身自由或者查封、扣押、冻结财产等行政强制措施决定不服的;③对行政机关作出的有关许可证、执照、资质证、资格证等证书变更、中止、撤销的决定不服的;④对行政机关作出的关于确认土地、矿藏、水流、森林、山岭、草原、荒地、滩涂、海域等自然资源的所有权或者使用权的决定不服的;⑤认为行政机关侵犯其合法经营自主权的;⑥认为行政机关变更或者废止农业承包合同,侵犯其合法权益的;⑦认为行政机关违法集资、征收财物、摊派费用或者违法要求履行其他义务的;⑧认为符合法定条件,申请行政机关颁发许可证、执照、资质证、资格证等证书,或者申请行政机关审批、登记有关事项,行政机关没有依法办理的;⑨申请行政机关履行保护人身权利、财产权利、受教育权利的法定职责,行政机关没有依法履行的;⑩申请行政机关依法发放抚恤金、社会保险金或者最低生活保障费,行政机关没有依法发放的;⑪认为行政机关的其他具体行政行为侵犯其合法权益的。

2)行政复议的排除事项

下列事项不能申请行政复议:①不服行政机关作出的行政处分或者其他人事处理决

定,可依照有关法律、行政法规的规定提出申诉;②不服行政机关对民事纠纷作出的调解或者其他处理,可依法申请仲裁或者向法院提起诉讼。

2. 行政复议申请

公民、法人或者其他组织认为具体行政行为侵犯其合法权益的,可以自知道该具体行政行为之日起60日内提出行政复议申请;但是法律规定的申请期限超过60日的除外。因不可抗力或者其他正当理由耽误法定申请期限的,申请期限自障碍消除之日起继续计算。

申请人申请行政复议,可以书面申请,也可以口头申请;口头申请的,行政复议机关应当当场记录申请人的基本情况、行政复议请求、申请行政复议的主要事实、理由和时间。

1.3.4 诉讼

诉讼是指国家审判机关即法院依照法律规定,在当事人和其他诉讼参与人的参加下,依法解决诉讼的活动。

1. 审判制度

1) 合议制度

合议制度是指由3名以上审判人员组成审判组织,代表法院行使审判权,对案件进行审理并作出裁判的制度。合议制度是相对于独任制度而言的,后者是指由1名审判员独立地对案件进行审理和裁判的制度。法院审理第一审民事案件,除适用简易程序审理的民事案件由审判员1人独任审理外,一律由审判员、陪审员共同组成合议庭。法院审理第二审民事案件,由审判员组成合议庭。法院审理行政案件,由审判员组成合议庭,或者由审判员、陪审员组成合议庭。合议庭的成员,应当是3人以上的单数。

2) 两审终审制度

一个诉讼案件经过两级法院审判后即终结。根据《人民法院组织法》的规定,我国法院分为4级:最高法院、高级法院、中级法院、基层法院。除最高法院外,其他各级法院都有自己的上一级法院。按照两审终审制,一个案件经第一审法院审判后,当事人如果不服,有权在法定期限内向上一级法院提起上诉,由该上一级法院进行第二审。二审法院的判决、裁定是终审的判决、裁定。

最高审判机关——最高法院作出的一审判决、裁定为终审判决、裁定。适用特别程序、督促程序、公示催告程序和企业法人破产还债程序审理的案件,实行一审终审。对终审判决、裁定,当事人不得上诉。如果发现终审裁判确有错误,可以通过审判监督程序予以纠正。

2. 诉讼管辖

诉讼管辖是指各级法院之间以及不同地区的同级法院之间,受理第一审民事案件、经济纠纷案件的职权范围和具体分工。管辖可以按照不同标准分类,其中最重要、最常用的是级别管辖和地域管辖。

1) 级别管辖

级别管辖是根据案件性质、案情繁简、影响范围来确定上、下级法院受理第一审案件的分工和权限。大多数民事案件均归基层法院管辖。

2) 地域管辖

各级法院的辖区和各级行政区划分是一致的。按照地域标准也即按照法院的辖区和民事案件的隶属关系，确定同级法院之间受理第一审民事案件的分工和权限，称地域管辖。

3. 判决与裁定的区别

判决是指法院对民事案件依法定程序审理后对案件的实体问题依法作出的具有法律效力的结论性判定。裁定是指法院在审理民事案件的过程中对有关诉讼程序的事项作出的判定。两者都是国家行使审判权，依照法定程序作出的具有法律效力的结论性判定。两者的区别是：①判决解决的是案件的实体问题，是对当事人的实体争议和请求所作出的结论；裁定是解决诉讼中的程序事项，主要是法院行使指挥、协调诉讼活动权能的体现。②裁定发生于诉讼的各阶段，一个案件可能有多个裁定。判决在案件审理终结时作出，一般一个案件一个判决。③裁定可采用书面形式，也可采用口头形式，判决只能采用书面形式。④除不予受理、对管辖权的异议、驳回起诉的裁定可以上诉外，其他裁定一律不准上诉，但一审判决可以上诉。可以上诉的裁定，当事人有权在裁定书送达之日起 10 日内向上一级人民法院提起上诉；当事人不服第一审判决的，有权在判决书送达之日起 15 日内向上一级人民法院提起上诉。

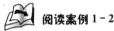阅读案例 1－2

2013 年 9 月 1 日，甲市 A 区 A 国家税务局对 B 公司作出某一具体行政行为并于当日以信函方式寄出，A 公司于 9 月 5 日收到该信函。根据《行政复议法》规定，A 公司如对该行政机关的决定不服，可以在一定期间提出行政复议申请。问：①B 公司应在何期间内提出行政复议申请？为什么？②受理 B 公司申请复议的行政复议机关应当是谁？③申请行政复议的申请人是谁？被申请人是谁？

【分析】

(1) 9 月 5 日至 11 月 4 日。当事人认为具体行政行为侵犯其合法权益的，可以"自知道"该具体行政行为之日起 60 日内提出行政复议申请。

(2) 向作出具体行政行为的机关向上一级行政机关申请行政复议。

(3) 申请人是 B 公司，被申请人是甲市 A 区 A 国家税务局。

(资料来源：http://wenku.baidu.com)

1.4 诉讼时效

1.4.1 诉讼时效的概念

诉讼时效是指权利人在法定期间内不行使权利，即丧失请求人民法院或仲裁机关保护其权利的权利。诉讼时效在学理上，亦称消灭时效，与之相对应的，还有取得时效。

诉讼时效消灭的是一种请求权，而不消灭实体权利。因此，《民法通则》第138条规定："超过诉讼时效期间，当事人自愿履行的，不受诉讼时效限制。"诉讼时效属于国家法律的强制性规定，当事人均不得对其内容做任何修改。

诉讼时效与除斥期间不同。除斥期间是指法律规定的某种权利的存续期间，如《合同法》第55条规定，具有撤销权的当事人自知道或者应当知道撤销事由之日起一年内没有行使撤销权，撤销权消灭。这里的一年就属于除斥期间。除斥期间规定的是权利存续期间，也称不变期间，其不适用中断、中止和延长。

规定诉讼时效的主要作用在于：①督促权利人及时行使权利。诉讼时效规定体现的是如果权利人享有权利但不积极地行使，将产生权利消灭的法律后果。诉讼时效体现了法律保护勤勉者（积极行使权利者），不保护懒惰者的原则。②维护既定的法律秩序的稳定。权利人长期不向义务人主张权利，就会使义务人认为权利人已经放弃其请求权，从而形成一种稳定的社会秩序和法律秩序。如果在经过相当长的时间后，权利人才行使权利，就会导致已经稳定的社会秩序遭到破坏，不利于法律秩序的稳定。③有利于证据的收集和判断，并及时解决纠纷。如果权利人长期不行使权利，有些事实和证据可能因年代久远，难以查证。法律规定诉讼时效，使当事人和法院免受陈年旧账的困扰。

关于仲裁时效，法律有规定的，适用法律规定；法律没有规定的，适用诉讼时效的规定。

1.4.2 诉讼时效期间

诉讼时效期间有下列几种。

1. 普通诉讼时效期间

普通诉讼时效期间，也称一般诉讼时效期间，是指由民事普通法规定的具有普遍意义的诉讼时效期间。根据《民法通则》的规定，除法律另有规定外，一般诉讼时效为2年。

2. 特别诉讼时效期间

特别诉讼时效期间，也称特殊诉讼时效期间，是指由民事普通法或特别法规定的，仅适用于特定民事法律关系的诉讼时效期间。

如《民法通则》规定，下列事项的诉讼时效期间为1年：①身体受到伤害要求赔偿的；②出售质量不合格的商品未声明的；③延付或者拒付租金的；④寄存财物被丢失或者损毁的。

再如《合同法》规定，国际货物买卖合同和技术进出口合同争议提起诉讼或者申请仲裁的期限为4年，自当事人知道或者应当知道其权利受到侵害之日起计算等。

3. 最长诉讼时效期间

前面所讲的诉讼时效期间，均从权利人知道或者应当知道权利被侵害时起计算。但是，从权利被侵害之日起超过20年的，法院不予保护。有特殊情况的，法院可以延长诉讼时效期间。也就是说，对在20年内始终不知道或者不应当知道自己权利受侵害的当事人，法律也不再予以诉讼保护。20年就是法律保护的最长期限，故也称绝对时效期间。

1.4.3 诉讼时效期间的中止、中断和延长

1. 诉讼时效期间的中止

这是指在诉讼时效期间的最后6个月内，因不可抗力或者其他障碍致使权利人不能行使请求权的，诉讼时效期间暂时停止计算。从中止时效的原因消除之日起，诉讼时效期间继续计算。所谓其他障碍，包括权利被侵害的无民事行为能力人、限制民事行为能力人没有法定代理人，或者法定代理人死亡、丧失代理权，或者法定代理人本人丧失行为能力；也包括继承开始后继承人尚未确定或者非因继承人的原因导致遗产管理人不明确，使继承人不能行使其继承权。

2. 诉讼时效期间的中断

这是指在诉讼时效期间，当事人提起诉讼、当事人一方提出要求或者同意履行义务，而使已经经过的时效期间全部归于无效。从中断时起，诉讼时效期间重新计算。

3. 诉讼时效期间的延长

这是指在诉讼时效期间届满后，权利人基于某种正当理由要求法院根据具体情况延长时效期间，经法院审查确认后决定延长的制度。

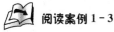

阅读案例1-3

2010年12月底，甲向朋友乙借款2000元，双方在欠条上签字，欠条上写明甲应于2011年5月31日前归还借款。2011年9月30日乙为筹备结婚用品，向甲催要欠款，甲答应10月31日前肯定还。直到12月1日甲仍未还款，乙再次向甲催要，甲仍未给付。2012年3月1日甲不知去向，2013年8月1日返回，乙闻讯，于2013年8月5日向甲催款。甲拒绝给付，理由是我2011年借的款，到目前已超过两年，诉讼时效有效期届满，我不必还款了。

问：甲的理由是否正确？诉讼时效期间是如何计算的？

【分析】

不正确。本案中，诉讼时效的起算时间为2011年5月31日，甲答应10月31日前还款的行为致使诉讼时效期间中断，诉讼时效从2011年10月31日起算，并在12月1日因乙的再次催要行为而中断。因甲不知去向，导致诉讼时效中止2个月，故诉讼时效有效期届满日应为2014年2月1日。

(资料来源：http://wenku.baidu.com)

1.5 违反经济法的法律责任

1.5.1 法律责任、法律制裁与违法行为

在立法、司法上通常对法律责任作狭义解释,其是指法律关系主体由于违法行为、违约行为或者由于法律规定而应承受的某种不利的法律后果。

法律制裁是由特定国家机关对违法者依其所应负的法律责任而实施的强制性惩罚措施。法律制裁与法律责任有着密切的联系。法律制裁是承担法律责任的重要方式,法律责任是前提,法律制裁是结果或体现。法律制裁的目的,是强制责任主体承担否定法律的后果,惩罚违法者,恢复被侵害的权利和法律秩序。法律制裁与法律责任又有明显的区别,有法律责任不等于受法律制裁。当责任人主动履行了其应承担的法律责任时,就不存在法律制裁,只有由特定国家机关凭借国家强制力追究违法者的法律责任时,才称为法律制裁。

违法行为,是指一切违反现行法律要求的或超出现行法律所允许范围的危害社会的活动。对违法的理解也有广义和狭义之分。广义的违法包括一般违法和犯罪;狭义的违法,是指违反刑法、构成犯罪之外的一般违法行为。

狭义的法律责任是与违法行为和法律制裁紧密相连的,三者保持因果关系。在违法行为与法律责任关系上,违法行为是因,法律责任是果;在法律责任与法律制裁关系上,法律责任是因,法律制裁是果。

1.5.2 法律责任的种类

根据我国经济法的有关规定,违反经济法律、法规应当承担的法律责任可分为民事责任、行政责任和刑事责任3种,也有人将民事责任和行政责任中的经济内容部分称为经济责任。

1. 民事责任

民事责任,是指由于民事违法、违约行为或根据法律规定所应承担的不利民事法律后果。根据法律规定,承担民事责任的形式主要有以下10种:①停止侵害;②排除妨碍;③消除危险;④返还财产;⑤恢复原状;⑥修理、重作、更换;⑦赔偿损失;⑧支付违约金;⑨消除影响、恢复名誉;⑩赔礼道歉。

2. 行政责任

行政责任,是指违反法律法规规定的单位和个人所应承受的由国家行政机关或者国家授权单位对其依行政程序所给予的制裁。行政责任包括行政处罚和行政处分。

1) 行政处罚

这是指行政主体对行政相对人违反行政法律规范尚未构成犯罪的行为所给予的法律制裁。行政处罚分为人身自由罚(行政拘留)、行为罚(责令停产停业、吊销暂扣许可证和执照)、财产罚(罚款、没收财物)和声誉罚(警告)等多种形式。

2) 行政处分

这是指对违反法律规定的国家机关工作人员或被授权、委托的执法人员所实施的内部制裁措施。

根据《公务员法》,对违法违纪应当承担纪律责任的公务员给予的行政处分种类有:警告、记过、记大过、降级、撤职、开除6类。

3. 刑事责任

刑事责任是指触犯刑法的犯罪人所应承受的由国家审判机关(法院)给予的制裁后果,即刑罚。刑罚是法律责任中最严厉的责任形式。刑罚分为主刑和附加刑两类。

1) 主刑

这是对犯罪分子适用的主要刑罚方法,包括:管制、拘役、有期徒刑、无期徒刑、死刑。

2) 附加刑

这是补充、辅助主刑适用的刑罚方法。附加刑可以附加于主刑之后作为主刑的补充,同主刑一起适用;也可以独立适用。附加刑包括:罚金、剥夺政治权利、没收财产、驱逐出境。

本 章 小 结

本章介绍了一些基本的概念与知识。主要内容包括:①法律的一般理论,即法的概念、特征以及表现形式;法律规范、法律体系、法律关系的基本内容。②经济法的基本内容,即经济法和经济法律关系的概念、调整对象、经济法特征和体系等内容。③经济纠纷的解决途径。经济纠纷的解决途径有仲裁、民事诉讼、行政复议和行政诉讼。仲裁适用的是平等主体的公民、法人和其他组织之间发生的合同纠纷和其他财产权益纠纷,采取协议仲裁和一裁终局制度。诉讼实行两审终审制、诉讼有管辖和时效的限制。④关于时效制度的有关规定。⑤违反经济法所承担的法律责任。根据责任性质不同分为民事责任、行政责任和刑事责任三大类。

练 习 题

一、不定项选择题

1. 关于法律关系,下列说法正确的是(   )。

A. 法律关系只能由当事人自主设立　　B. 法律关系的主体即自然人和法人
C. 法律关系的内容是指法律权利　　　D. 法律关系的客体包括公民的姓名

2. 下列法律法规中，不属于部门规章的有（　　）。

A.《中华人民共和国证券法》　　　　B.《中华人民共和国公司登记管理条例》
C.《行政单位国有资产管理暂行办法》　D.《中华人民共和国公司法》

3. 根据会计法律制度的规定"从事会计工作的人员，必须取得会计从业资格证书"。关于该法律规范性质的下列表述中，正确的有（　　）。

A. 该法律规范属于义务性规范　　　　B. 该法律规范属于禁止性规范
C. 该法律规范属于授权性规范　　　　D. 该法律规范属于强行性规范

4. 下列选项中，属于我国社会主义法律体系的有（　　）。

A. 宪法及宪法相关法　　　　　　　　B. 社会法
C. 诉讼与非诉讼程序法　　　　　　　D. 民商法

5. 下列选项中，属于调整经济关系的主要法律部门的有（　　）。

A. 社会法　　　B. 民法　　　C. 经济法　　　D. 商法

6. 下列各项中，可以成为法律关系主体的有（　　）。

A. 公司设立的分公司　　　　　　　　B. 承包的经营企业
C. 某社会团体　　　　　　　　　　　D. 某市国家税务机关

7. 2011年2月1日，某商场营业员将标价100000元的某工艺品，误以10000元卖与赵某；2011年2月15日，商场盘货时发现该情况，于2011年2月16日找赵某协商未果后，拟通过诉讼途径撤销该合同。根据相关规定，该商场可提起诉讼的最后时间为（　　）。

A. 2012年2月1日　　　　　　　　B. 2013年2月1日
C. 2012年2月15日　　　　　　　D. 2012年2月16日

8. 根据相关规定，下列各项关于诉讼时效与除斥期间的表述，不正确的是（　　）。

A. 诉讼时效适用于债权请求权
B. 人民法院不能主动援引诉讼时效
C. 当事人可以约定诉讼时效期间长于法律规定期间
D. 诉讼时效届满只是导致胜诉权的消灭，实体权利不消灭

9. 根据相关规定，当事人可以对债权请求权提出诉讼时效抗辩，但对下列（　　）债权请求权提出诉讼时效抗辩的，人民法院不予支持。

A. 甲银行请求乙偿还贷款本金及利息的请求权
B. 张某请求贾某支付房租的请求权
C. 基于投资关系产生的缴付出资请求权
D. 王某请求丙企业偿还向不特定对象发行的企业债券本息请求权

10. 根据《仲裁法》的规定，下列各项表述正确的有（　　）。

A. 仲裁裁决书自作出之日起发生法律效力
B. 当事人一方不履行仲裁裁决的，另一方当事人可以依法向人民法院申请执行

C. 有效的仲裁协议可以排除法院对订立于仲裁协议中的争议事项的司法管辖权
D. 仲裁条款因主合同的无效、被撤销而失效

二、简答题

1. 请分析大陆法系与英美法系的区别。
2. 何谓经济法律关系？由哪些要素构成？
3. 请阐述经济法的调整对象。
4. 如何理解诉讼时效期间的中止、中断和延长？
5. 解决经济纠纷的途径有哪些？判决与裁定的区别是什么？

三、案例分析题

案例1 甲、乙公司因租赁合同发生纠纷，甲向某仲裁委员会申请仲裁，乙向法院提起诉讼。据了解，甲、乙没有签订仲裁协议。分析甲、乙公司解决纠纷的途径是什么？

案例2 江苏金藤影视艺术有限公司与宁波浙汇文化传播中心在南京签订了一份合同书，约定宁波浙汇中心将电视剧《热血情恋》在北京、天津、重庆、山东等7大省市的电视播映权独家转让给江苏金藤公司并支付了款项。试分析该经济法律的构成，分别写出主体、客体与内容。

第 2 章 企业法

教学要求

通过本章的学习,学生应当能够:
(1) 了解个人独资企业与合伙企业的概念与特点;
(2) 了解《个人独资企业法》与《合伙企业法》中关于普通合伙企业和有限合伙企业相关规定等基本内容;
(3) 理解个人独资企业与合伙企业的解散与清算,合伙企业中合伙人、入伙人、退伙人、合伙事务执行人各自之间及相互间的关系,违反法律的责任;
(4) 掌握个人独资企业法的设立、投资人的责任及事务管理,合伙企业的设立条件、合伙企业财产的构成与转让、合伙企业事务的执行等基本内容。

想当"中国合伙人"法律问题先理清

"千万别跟好朋友合伙开公司",电影《中国合伙人》中的这句台词,想必让不少观众忍俊不禁。现实生活中,好朋友合伙开公司的现象并不鲜见,但结局却并非都如电影那般完美。因琐事伤和气,好朋友闹上法庭的,也不少见。

泉州鲤城,三个朋友合伙开了家铝合金门窗加工公司,但最终因股份转让费闹红脸。鲤城法院作出一审宣判的同时,经办法官也给大家提个醒,要当"中国合伙人",一些法律问题最好先理清。

【案情回顾】

为 4 万转让费合伙人打官司

2010 年 6 月 10 日,阿福、阿安和阿良三个朋友签了份协议,共同投资合作铝合金加工项目。阿安负责洽谈业务,阿福负责进出产品出入账,阿良负责出纳,盈利作三份分成,亏损共同承担。

不到一年,阿福有意发展其他项目,退出合伙。三人又签订《股份转让协议书》,阿福自愿将自己的份额,以 8 万元的价格转让给阿良,并约定阿良应在半年内付清。截至 2011 年 8 月,阿良分三次共支付阿福32500元，余下的款项，阿福多次催讨，阿良始终没能支付。两个多年的朋友，最终伤了和气，去年12月底，阿福将阿良告上法庭。

近日，鲤城法院一审宣判此案，判决阿良应支付股份转让余额47500元。

【延伸说法】

合伙人需要注意的法律问题

鲤城法院经办法官介绍，合伙合同纠纷类案件，多因股份转让、财物管理不规范及债务清偿问题引起。提醒大家，朋友间合伙办企业，为了不伤和气，一些常见的法律问题要提前理清。

（1）合伙合同的签订要详尽。一份规范的书面合同，是规避合伙纠纷的前提，应尽量详尽。尤其是盈利、亏损的分配办法，必须约定清晰。

（2）合伙人对合伙债务承担无限连带责任。《合伙企业法》第40条规定：合伙人承担无限连带责任，清偿数额超过其亏损分担比例的，有权向其他合伙人追偿。比如，公司对外共有6万元债务，3名合伙人约定各承担2万，若其中两人拿不出钱，第三人有责任承担全部债务即6万元，他多还的4万元，可以向另两名合伙人追偿。

（3）合伙人资格继承需协议约定。根据《合伙企业法》规定，合伙人死亡的，对该合伙人的财产份额享有继承权的继承人，必须按照合伙协议的约定，或经全体合伙人一致同意，才能继续取得合伙人资格。

（4）财务管理应规范。泉州"合伙人"成员之间多为亲戚、朋友，财物管理也大多交由不专业的熟人负责，这容易导致诸多问题，建议合伙企业聘请专业的财会人员，避免不必要纠纷。

（资料来源：http://www.mnw.cn/quanzhou/news/555205.html）

2.1 企业法概述

2.1.1 企业的概念和分类

1. 企业的概念

企业是指依法设立的以营利为目的从事生产经营活动的独立核算的经济组织。企业有如下特征。

1）企业是社会经济组织

企业作为一种社会经济组织，表明其主要从事经济活动，并有相应的财产。因此，企业是一定人员和一定财产的组合。

2）企业是以营利为目的从事生产经营活动的社会经济组织

企业从事的生产经营活动是指创造社会财富和提供服务的活动，包括生产、交易、服务等。企业从事生产经营活动以营利为目的。

3）企业是实行独立核算的社会经济组织

实行独立核算就是要单独计算成本费用，以收抵支，计算盈亏，对经济业务作出全面反映和控制。不实行独立核算的社会经济组织不能称其为企业。

4）企业是依法设立的社会经济组织

企业通过依法设立，可以取得相应的法律地位，获得合法身份，得到国家法律的认可和保护。

2. 企业的分类

依据不同的分类标准，企业有不同的分类。

（1）按企业的经济性质，可将企业分为全民所有制企业、集体所有制企业、私营企业、混合所有制企业。

采用这种划分方法除了可明确企业财产所有权的归属外，还可使国家对不同经济性质的企业采用不同的经济政策和监管办法。

（2）按出资者的身份不同，可将企业划分为内资企业和外商投资企业。

这样划分的目的是适应国家统计、宏观决策的需要，也是适应国家管理的需要。

（3）按企业的法律地位，可将企业划分为法人企业和非法人企业。

法人企业主要有公司企业、非公司制法人企业；非法人企业主要有个人独资企业、合伙企业等。这样划分能明确地反映出企业的法律地位及能力，不仅有利于国家管理，而且也有利于企业间的经济交往。

2.1.2 我国企业法的体系

企业法是指规范企业的设立、变更和终止、组织结构，明确企业权利义务关系的法律规范的总称。我国的企业法体系主要由如下法律、法规构成：《公司法》、《全民所有制工业企业法》（其原则适用于全民所有制交通运输、邮电、地质勘探、建筑安装、商业、外贸、物资、农业、水利企业）、《个人独资企业法》、《合伙企业法》、《乡镇企业法》、《中外合资经营企业法》、《中外合作经营企业法》、《外资企业法》、《中小企业促进法》、《乡村集体所有制企业条例》、《城镇集体所有制企业条例》、《私营企业暂行条例》等几十个法律、法规。这些法律、法规对我国企业的经济性质、事业特点、法律地位、设立条件、组织结构、活动要求等分别作出了细致全面的规定。

本章主要介绍《个人独资企业法》与《合伙企业法》有关法律、法规的内容。

2.2 个人独资企业法

2.2.1 个人独资企业法概述

1. 个人独资企业的概念和特征

个人独资企业是指依照《个人独资企业法》在中国境内设立，由一个自然人投资，财产为投资人个人所有,投资人以其个人财产对企业债务承担无限责任的经营实体。个人独资企业具有以下特征。

1) 个人独资企业是由一个自然人投资的企业

根据《个人独资企业法》的规定,设立个人独资企业只能是一个自然人,国家机关、国家授权投资的机构或者国家授权的部门、企业、事业单位等都不能作为个人独资企业的设立人。自然人本无国籍的含义,既包括中国公民,也应包括外国公民,但是,《个人独资企业法》第47条规定,外商独资企业不适用本法。因此,《个人独资企业法》所指的自然人只是指中国公民。关于作为个人独资企业投资人的自然人是否应同时具备权利能力和民事行为能力问题,各国规定不一,有的国家并不要求个人独资企业的投资人必须具备民事行为能力,只要具有权利能力就可以成为个人独资企业的出资人;有的国家则规定必须同时具备权利能力和民事行为能力。我国《个人独资企业法》对此未作明确规定。

2) 个人独资企业的投资人对企业的债务承担无限责任

由于个人独资企业的投资人是一个自然人,对企业的出资多少、是否追加资金或减少资金、采取什么样的经营方式等事项均由投资人一人做主,从权利和义务上看,出资人与企业是不可分割的。投资人对企业的债务承担无限责任,即当企业的资产不足以清偿到期债务时,投资人应以自己个人的全部财产用于清偿,这实际上将企业的责任与投资人的责任连为一体。

3) 个人独资企业的内部机构设置简单,经营管理方式灵活

个人独资企业的投资人既是企业的所有者,又可以是企业的经营者。因此,法律对其内部机构和经营管理方式不像公司和其他企业那样加以严格的规定。

4) 个人独资企业是非法人企业

个人独资企业由一个自然人出资,投资人对企业的债务承担无限责任,在权利义务上,企业和个人是融为一体的,企业的责任即是投资人个人的责任,企业的财产即是投资人的财产。因此,个人独资企业不具有法人资格,也无独立承担民事责任的能力。但个人独资企业是独立的民事主体,可以以自己的名义从事民事活动。

2. 个人独资企业法的概念和基本原则

1) 个人独资企业法的概念

个人独资企业法有广义和狭义之分,广义的个人独资企业法,是指国家关于个人独资企业的各种法律规范的总称;狭义的个人独资企业法是指1999年8月30日第九届全国人大常委会第十一次会议通过的《中华人民共和国个人独资企业法》(下称《个人独资企业法》),该法共6章48条。

2) 个人独资企业法的基本原则

我国个人独资企业法遵循下列基本原则。

(1) 依法保护个人独资企业的财产和其他合法权益。个人独资企业的财产是指个人独资企业的财产所有权,包括对财产的占有、使用、处分和收益的权利;其他合法权益是指财产所有权以外的有关权益,如名称权、自主经营权、平等竞争权、拒绝摊派权等。

(2) 个人独资企业从事经营活动必须遵守法律、行政法规，遵守诚实信用原则，不得损害社会公共利益。遵守法律、法规是每个企业应尽的义务，企业只有遵守法律、法规，才能保证生产经营活动的有序进行。个人独资企业遵守的诚实信用原则是我国民事活动的基本原则。诚实是指要客观真实，不欺人、不骗人；信用是指遵守承诺，并及时、全面履行承诺。企业只有诚实守信用，才能取得他人的信任，这既能增加企业的商业机会，也能树立企业形象，同时也是维护正常社会经济秩序的需要。个人独资企业不得损害社会公共利益也是我国民法规定的民事活动中必须遵循的基本原则之一。个人独资企业在经营活动中，还必须遵守社会公德，不得滥用权利。

(3) 个人独资企业应当依法履行纳税义务。依法纳税是每个公民和企业应尽的义务。个人独资企业在经营活动中应当依法缴纳国家税收法律、法规及规章规定的各项税款。

(4) 个人独资企业应当依法招用职工。个人独资企业应严格依照劳动法及有关规定招用职工。企业招用职工应当与职工签订劳动合同，劳动合同必须遵循平等自愿、协商一致的原则，并不得违反国家法律、法规和有关政策规定；企业不得招用不满16周岁的少年、儿童；企业必须遵守国家工时制度，即每日工作时间不得超过8小时，每星期不得超过40小时；企业应当遵守国家规定的休息休假制度，每个工作日内要有间歇时间，并保证职工每周公休日、法定节假日、探亲假、带薪年假等休假；企业应当遵守国家最低工资保障制度和特殊情况工资保障制度，企业支付给职工的工资不得低于由省、自治区、直辖市人民政府规定的最低工资标准，在法定节假日、婚丧假期间、依法参加选举和工会活动等社会活动期间都应发给工人工资，延长劳动时间的，应支付不低于原工资150%的工资报酬，休息日安排工作又不能补休的，应支付不低于原工资200%的工资报酬；企业应当遵守劳动保护制度，要依法制定劳动安全技术规程和劳动卫生规程，对女工人和未成年工人要给予特殊的劳动保护；企业应当遵守国家规定的社会保险与福利制度，如养老保险、待业保险、伤病保险等等。

(5) 个人独资企业职工的合法权益受法律保护。个人独资企业职工的自主签订合同权、合理的休息权、获取劳动报酬权、接受职业技能培训权、享受保险福利权等劳动法和其他有关法律规定的权利不受侵犯。个人独资企业职工依法建立工会，工会依法开展活动。

2.2.2 个人独资企业的设立

1. 个人独资企业的设立条件

根据《个人独资企业法》第8条的规定，设立个人独资企业应当具备下列条件。

1) 投资人为一个自然人，且只能是中国公民

根据《个人独资企业法》的规定，个人独资企业的投资人应为一个具有中国国籍的自然人，但法律、行政法规禁止从事营利性活动的人，不得作为投资人申请设立个人独资企业。根据我国有关法律、行政法规规定，国家公务员、党政机关领导干部、警官、法官、检察官、商业银行工作人员等人员，不得作为投资人申请设立个人独资企业。

2) 有合法的企业名称

名称是企业的标志，企业必须有相应的名称，并应符合法律、法规的要求。个人独资企业的名称应当符合国家关于企业名称登记管理的有关规定，企业名称应与其责任形式及从事的营业相符合，个人独资企业的名称中不得使用"有限"、"有限责任"或者"公司"字样，个人独资企业的名称可以叫厂、店、部、中心、工作室等等。

3) 有投资人申报的出资

《个人独资企业法》对设立个人独资企业的出资数额未作限制。根据国家工商行政管理局《关于实施〈个人独资企业登记管理办法〉有关问题的通知》的规定，设立个人独资企业可以用货币出资，也可以用实物、土地使用权、知识产权或者其他财产权利出资，且应将其折算成货币数额。投资人申报的出资额应当与企业的生产经营规模相适应。投资人可以个人财产出资，也可以家庭共有财产作为个人出资，且投资人应当在设立(变更)登记申请书上予以注明。

4) 有固定的生产经营场所和必要的生产经营条件

生产经营场所包括企业的住所和与生产经营相适应的处所。住所是企业的主要办事机构所在地，是企业的法定地址。

5) 有必要的从业人员

即要有与其生产经营范围、规模相适应的从业人员。

2. 个人独资企业的设立程序

1) 提出申请

申请设立个人独资企业，应当由投资人或者其委托代理人向个人独资企业所在地的登记机关提出设立申请。投资人申请设立登记，应当向登记机关提交下列文件：①投资人签署的个人独资企业设立申请书，设立申请书应当载明的事项有：企业的名称和住所、投资人的姓名和居所、投资人的出资额和出资方式、经营范围及方式。个人独资企业投资人以个人财产出资或者以其家庭共有财产作为个人出资的，应当在设立申请书中予以注明。②投资人身份证明，主要是身份证和其他有关证明材料。③企业住所证明和生产经营场所使用证明等文件，如土地使用证明、房屋产权证或租赁合同等。④委托代理人申请设立登记的，应当提交投资人的委托书和代理人的身份证明或者资格证明。⑤国家工商行政管理局规定提交的其他文件。从事法律、行政法规规定须报经有关部门审批的业务，应当提交有关部门的批准文件。

2) 工商登记

登记机关应当在收到设立申请文件之日起15日内，对符合《个人独资企业法》规定的予以登记，发给营业执照；对不符合规定条件的不予登记，并发给企业登记驳回通知书。个人独资企业的营业执照的签发日期，为个人独资企业的成立日期，在领取个人独资企业营业执照前，投资人不得以个人独资企业名义从事经营活动。

3) 分支机构登记

个人独资企业设立分支机构，应当由投资人或者其委托的代理人向分支机构所在地的登记机关申请设立登记。分支机构的登记事项应当包括：分支机构的名称、经营场所、负责人姓名和居所、经营范围及方式。个人独资企业申请设立分支机构，应当向登记机关提交下列文件：①分支机构设立登记申请书；②登记机关加盖印章的个人独资企业营业执照复印件；③经营场所证明；④国家工商行政管理局规定提交的其他文件。分支机构从事法律、行政法规规定须报经有关部门审批的业务，还应当提交有关部门的批准文件。个人独资企业投资人委派分支机构负责人的，应当提交投资人委派分支机构负责人的委托书及其身份证明。委托代理人申请分支机构设立登记的，应当提交投资人的委托书和代理人的身份证明或者资格证明。

登记机关应当在收到按规定提交的全部文件之日起 15 日内，作出核准登记或者不予登记的决定。核准登记的，发给营业执照；不予登记的，发给登记驳回通知书。个人独资企业分支机构申请变更登记、注销登记，比照本办法关于个人独资企业申请变更登记、注销登记的有关规定办理。个人独资企业应当在其分支机构经核准设立、变更或者注销登记后 15 日内，将登记情况报该分支机构隶属的个人独资企业的登记机关备案。个人独资企业向登记机关备案，应当提交下列文件：①分支机构登记机关加盖印章的分支机构营业执照复印件、变更登记通知书或者注销登记通知书；②国家工商行政管理局规定提交的其他文件。分支机构经核准登记后，应将登记情况报该分支机构隶属的个人独资企业的登记机关备案。分支机构的民事责任由设立该分支机构的个人独资企业承担。

2.2.3 个人独资企业的投资人及事务管理

1. 个人独资企业的投资人

个人独资企业投资人对本企业的财产依法享有所有权，其有关权利可以依法进行转让或继承。企业的财产不论是投资人的原始投入，还是经营所得，均归投资人所有。

个人独资企业投资人在申请企业设立登记时，明确以其家庭共有财产作为个人出资的，应当依法以家庭共有财产对企业债务承担无限责任。由于出资人与其家庭的特殊关系，出资人的财产往往与其家庭财产难以划清。夫妻一方取得的财产为夫妻双方的共同财产，既然财产是共有的，收益也是共同所有，对债务也应以共有财产清偿；从其他家庭成员之间的关系看，家庭成员允许出资人将家庭财产用于投资办企业本身就意味着许诺将这部分财产用于承担风险，而出资人取得的收益也是全家共同享用，这就意味着个人独资企业的收益是家庭共同财产的一部分。

2. 个人独资企业的事务管理

个人独资企业投资人可以自行管理企业事务，也可以委托或者聘用其他具有民事行为能力的人负责企业的事务管理，并且应当与受托人或者被聘用人签订书面合同。合同应明确委托的具体内容、授予的权利范围、受托人或者被聘用人应履行的义务、报酬和责任等。受托人或者被聘用的人员应当履行诚信、勤勉义务，以诚实信用的态度对待投资人、对待企业,尽其所能依法保障企业利益,按照与投资人签订的合同负责个人独资企业的事务管理。

投资人对受托人或者被聘用人员职权的限制,不得对抗善意第三人。所谓第三人是指除受托人或被聘用的人员之外与企业发生经济业务关系的人。所谓善意第三人是指第三人在就有关经济业务事项交往中,没有从事与受托人或者被聘用的人员串通,故意损害投资人利益的人。个人独资企业的投资人与受托人或者被聘用的人员之间有关权利义务的限制只对受托人或者被聘用的人员有效,对第三人并无约束力,受托人或者被聘用的人员超出投资人的限制与善意第三人的有关业务交往应当有效。

我国《个人独资企业法》规定,投资人委托或者聘用的管理个人独资企业事务的人员不得从事下列行为:①利用职务上的便利,索取或者收受贿赂;②利用职务或者工作上的便利侵占企业财产;③挪用企业的资金归个人使用或者借贷给他人;④擅自将企业资金以个人名义或者以他人名义开立账户储存;⑤擅自以企业财产提供担保;⑥未经投资人同意,从事与本企业相竞争的业务;⑦未经投资人同意,同本企业订立合同或者进行交易;⑧未经投资人同意,擅自将企业商标或者其他知识产权转让给他人使用;⑨泄露本企业的商业秘密;⑩法律、行政法规禁止的其他行为。

2.2.4 个人独资企业的权利和工商管理

1. 个人独资企业的权利

根据《个人独资企业法》的有关规定,个人独资企业享有以下权利。

1) 依法申请贷款

个人独资企业可以根据《商业银行法》、《合同法》和中国人民银行发布的《贷款通则》等一系列法律法规的规定申请贷款,以供企业生产经营之用。

2) 依法取得土地使用权

个人独资企业可根据《土地管理法》、《土地管理法实施细则》和《城镇国有土地使用权出让和转让暂行条例》等规定取得土地使用权。

3) 拒绝摊派权

摊派是指在法律、法规的规定之外,以任何方式要求企业提供财力、物力和人力的行为。《个人独资企业法》规定,"任何单位和个人不得违反法律、行政法规的规定,以任何方式强制个人独资企业提供财力、物力、人力;对于违法强制提供财力、物力、人力的行为,个人独资企业有权拒绝。"

4) 法律、行政法规规定的其他权利

个人独资企业除享有上述权利外,还依法享有十分广泛的权利,例如:根据《外贸法》的规定,企业可以依法取得外贸经营权或根据业务需要,委托具有外贸经营权的单位代为办理进出口业务;根据《专利法》,企业可以取得专利保护;根据《商标法》,企业可以取得商标保护等。

2. 个人独资企业的工商管理

根据《个人独资企业登记管理办法》的规定，个人独资企业存续期间登记事项发生变更的，应当办理变更登记。个人独资企业存续期间登记事项发生变更的，应当在作出变更决定之日起的 15 日内依法向登记机关申请办理变更登记。个人独资企业变更企业名称、企业住所、经营范围及方式，应当在作出变更决定之日起 15 日内向原登记机关申请变更登记。个人独资企业变更投资人姓名和居所、出资额和出资方式，应当在变更事由发生之日起 15 日内向原登记机关申请变更登记。个人独资企业申请变更登记，应当向登记机关提交下列文件：①投资人签署的变更登记申请书；②国家工商行政管理局规定提交的其他文件。从事法律、行政法规规定须报经有关部门审批的业务的，应当提交有关部门的批准文件。委托代理人申请变更登记的，应当提交投资人的委托书和代理人的身份证明或者资格证明。

登记机关应当在收到按规定提交的全部文件之日起 15 日内，作出核准登记或者不予登记的决定。予以核准的，换发营业执照或者发给变更登记通知书；不予核准的，发给企业登记驳回通知书。个人独资企业变更住所跨登记机关辖区的，应当向迁入地登记机关申请变更登记。迁入地登记机关受理的，由原登记机关将企业档案移送迁入地登记机关。个人独资企业因转让或者继承致使投资人变更的，个人独资企业可向原登记机关提交转让协议书或者法定继承文件，申请变更登记。个人独资企业改变出资方式致使个人财产与家庭共有财产变更的，个人独资企业可向原登记机关提交改变出资方式文件，申请变更登记。

根据《个人独资企业登记管理办法》的规定，个人独资企业应当按照登记机关的要求，在规定的时间内接受年度检验。登记机关依法对个人独资企业进行审查，以确认个人独资企业具有继续经营的资格。个人独资企业营业执照分为正本和副本，正本和副本具有同等法律效力。个人独资企业根据业务需要，可以向登记机关申请核发若干营业执照副本。个人独资企业营业执照遗失的，应当在报刊上声明作废，并向登记机关申请补领。个人独资企业营业执照毁损的，应当向登记机关申请更换。个人独资企业应当将营业执照正本置放在企业住所的醒目位置。任何单位和个人不得伪造、涂改、出租、转让营业执照。任何单位和个人不得承租、受让营业执照。个人独资企业的营业执照正本和副本样式，由国家工商行政管理局制定。

2.2.5 个人独资企业的解散和清算

1. 个人独资企业的解散

个人独资企业的解散是指个人独资企业终止活动使其民事主体资格消灭的行为；根据《个人独资企业法》第 26 条的规定，个人独资企业有下列情形之一时，应当解散：①投资人决定解散；②投资人死亡或者被宣告死亡，无继承人或者继承人决定放弃继承；③被依法吊销营业执照；④法律、行政法规规定的其他情形。

2. 个人独资企业的清算

个人独资企业解散时，应当进行清算。《个人独资企业法》对个人独资企业清算作了如下规定。

1）通知和公告债权人

《个人独资企业法》第27条规定，个人独资企业解散，由投资人自行清算或者由债权人申请人民法院指定清算人进行清算。投资人自行清算的，应当在清算前15日内书面通知债权人，无法通知的，应当予以公告。债权人应当在接到通知之日起30日内，未接到通知的应当在公告之日起60日内，向投资人申报其债权。

2）财产清偿顺序

《个人独资企业法》第29条规定，个人独资企业解散的，财产应当按照下列顺序清偿：①所欠职工工资和社会保险费用；②所欠税款；③其他债务。个人独资企业财产不足以清偿债务的，投资人应当以其个人的其他财产予以清偿。

3）清算期间对投资人的要求

《个人独资企业法》第30条规定，清算期间，个人独资企业不得开展与清算目的无关的经营活动。在按前述财产清偿顺序清偿债务前，投资人不得转移、隐匿财产。

4）投资人的持续偿债责任

《个人独资企业法》第28条规定，个人独资企业解散后，原投资人对个人独资企业存续期间的债务仍应承担偿还责任，但债权人在5年内未向债务人提出偿债请求的，该责任消灭。

5）注销登记

个人独资企业清算结束后，投资人或者人民法院指定的清算人应当编制清算报告，并于清算结束之日起15日内向原登记机关申请注销登记。并且应当向登记机关提交下列文件：①投资人或者清算人签署的注销登记申请书；②投资人或者清算人签署的清算报告；③国家工商行政管理局规定提交的其他文件。登记机关应当在收到按规定提交的全部文件之日起15日内，作出核准登记或者不予登记的决定。予以核准的，发给核准通知书；不予核准的，发给企业登记驳回通知书。经登记机关注销登记，个人独资企业终止。个人独资企业办理注销登记时，应当交回营业执照。

2.3 合伙企业法

2.3.1 合伙企业概念及分类

1. 合伙企业的概念

合伙企业，是指自然人、法人和其他组织按照《中华人民共和国合伙企业法》（下称《合伙企业法》）在中国境内设立的普通合伙企业和有限合伙企业。

2. 合伙企业的分类

《合伙企业法》规定了两种类型的企业,即普通合伙企业和有限合伙企业。

1) 普通合伙企业

这是指由普通合伙人组成,合伙人对合伙企业债务依照《合伙企业法》规定承担无限连带责任的一种合伙企业。

普通合伙企业具有以下特点:①由普通合伙人组成。所谓普通合伙人,是指在合伙企业中对合伙企业的债务依法承担无限连带责任的自然人、法人和其他组织。《合伙企业法》规定,国有独资公司、国有企业、上市公司以及公益性和事业单位、社会团体不得成为普通合伙人。②合伙人对合伙企业债务依法承担无限连带责任,法律另有规定的除外。所谓无限连带责任,包括两个方面:一是连带责任。即所有的合伙人对合伙企业的债务都有责任向债权人偿还,不管自己在合伙协议中所承担的比例如何。一个合伙人不能清偿对外债务的,其他合伙人都有清偿的责任。但是,当某一合伙人偿还合伙企业的债务超过自己所应承担的数额时,有权向其他合伙人追偿。二是无限责任。即所有的合伙人不仅以自己投入合伙企业的资金和合伙企业的其他资金对债权人承担清偿责任,而且在不够清偿时还要以合伙人自己所有的财产对债权人承担清偿责任。

所谓法律另有规定的除外,是指《合伙企业法》有特殊规定的,合伙人可以不承担无限连带责任。按照《合伙企业法》中"特殊的普通合伙企业"的规定,对以专业知识和专门技能为客户提供有偿服务的专业服务机构,可以设立为特殊的普通合伙企业。在这种特殊的普通合伙企业中,对合伙人在执业活动中因故意或者非重大过失造成合伙企业债务的,应当承担无限责任或者无限连带责任,其他合伙人以其在合伙企业中的财产份额为限承担责任;对合伙人在执业活动中非故意或者非重大过失造成的合伙企业债务以及合伙企业的其他债务,全体合伙人承担无限连带责任。对合伙人执业活动中因故意或者重大过失造成的合伙企业债务,以合伙企业财产对外承担责任后,该合伙人应当按照合伙协议的约定对给合伙企业造成的损失承担赔偿责任。

2) 有限合伙企业

有限合伙企业,是指由有限合伙人和普通合伙人共同组成,普通合伙人对合伙企业债务承担无限连带责任,而有限合伙人以其认缴的出资额为限对合伙企业债务承担责任的合伙组织。

有限合伙企业与普通合伙企业相比较,具有以下显著特征:①在经营管理上,普通合伙企业的合伙人,一般均可参与合伙企业的经营管理。而在有限合伙企业中,有限合伙人不执行合伙事务,而由普通合伙人从事具体的经营管理。②在风险承担上,普通合伙企业的合伙人之间对合伙债务承担无限连带责任。而在有限合伙企业中,不同类型的合伙人所承担的责任则存在差异,其中有限合伙人以其各自的出资额为限承担有限责任,普通合伙人之间承担无限连带责任。

2.3.2 合伙企业法的概念和基本原则

1. 合伙企业法的概念

《合伙企业法》有广义和狭义之分。狭义的《合伙企业法》,是指由国家最高立法机关依法制定的、规范合伙企业合伙关系的专门法律,即《中华人民共和国合伙企业法》。该法于 1997 年 2 月 23 日由第八届全国人民代表大会常务委员会第二十四次会议通过,2006 年 8 月 27 日第十届全国人民代表大会常务委员会第二十三次会议修订。广义的《合伙企业法》,是指国家立法机关或者其他权力机关依法制定的、调整合伙企业合伙关系的各种法律规范的总称。因此,除了《合伙企业法》外,国家有关法律、行政法规和规章中关于合伙企业的法律规范,都属于合伙企业法的范畴。

2. 合伙企业法的基本原则

《合伙企业法》遵循下列基本原则。

1) 协商原则

合伙协议是合伙人建立合伙关系,确定合伙人各自的权利义务,使合伙企业得以设立的前提,也是合伙企业的基础。合伙协议依法由全体合伙人协商一致、以书面形式订立。

2) 自愿、平等、公平、诚实信用原则

订立合伙协议、设立合伙企业,应当遵循自愿、平等、公平、诚实信用原则。自愿原则,是指全体合伙人在签订合伙协议、设立合伙企业的过程中,充分表达自己的真实意志,根据自己的真实意愿作出签订合伙协议、设立合伙企业的意思表示。平等原则,是指全体合伙人在签订合伙协议、设立合伙企业的过程中,具有平等法律地位、享受平等法律待遇以及享有平等的法律保护。公平原则,是指全体合伙人在签订合伙协议、设立合伙企业的过程中,应当本着公平的观念实施自己的行为,同时,司法机关也应当本着公平的观念处理有关纠纷。诚实信用原则,是指全体合伙人在签订合伙协议、设立合伙企业的过程中,讲诚实、守信用,以善意的方式处理有关问题。

3) 守法原则

合伙企业及其合伙人必须遵守法律、行政法规,遵守社会公德、商业道德,承担社会责任。

4) 合法权益受法律保护原则

合伙企业及其合伙人的合法财产和权益受法律保护。这主要包括两方面的内容:一是受法律保护的对象是合法的财产和权益,也就是合伙企业及其合伙人财产应属于合法占有的财产,其权益也属于依法所享有的权益。非法占有的财产、非法所得利益,不仅不受法律的保护,而且还要受到法律的制裁,责任人还应依法承担相应的法律责任。二是严禁任何单位和个人侵犯合伙企业及其合伙人合法占有的财产和依法应享有的权益。

5) 依法纳税原则

依法纳税是每个公民和企业应尽的义务。合伙企业的生产经营所得和其他所得,按照国家有关税收规定,由合伙人分别缴纳所得税。合伙企业的生产经营所得和其他所得,是指合伙企业从事生产经营以及与生产经营有关活动所取得的各项收入。合伙企业不缴纳企业所得税。

3. 合伙企业法律适用

有限合伙企业与普通合伙企业之间既有相同点,也有区别,其中两者的差别主要表现为合伙企业的内部构造上。普通合伙企业的成员均为普通合伙人(特殊的普通合伙企业除外),而有限合伙企业的成员则同时包括有限合伙人和普通合伙人。这两部分合伙人在主体资格、权利享有、义务承受与责任承担等方面存在着明显的差异。在法律适用中,凡是《合伙企业法》中对有限合伙企业有特殊规定的,应当适用相关的特殊规定。无特殊规定的,适用有关普通合伙企业及其合伙人的一般规定。

2.3.3 合伙企业的设立

1. 普通合伙企业的设立

1) 合伙企业的设立条件

根据《合伙企业法》的规定,设立普通合伙企业,应当具备下列条件。

(1) 有两个以上合伙人。合伙人为自然人的,应当具有完全民事行为能力。对于合伙企业合伙人数的最高限额,我国《合伙企业法》未作规定,完全由设立人根据所设企业的具体情况决定。

关于合伙人的资格,《合伙企业法》作了以下限定:①合伙人可以是自然人,也可以是法人或者其他经济组织。②合伙人是自然人的,应当具有完全民事行为能力。无民事行为能力人和限制民事行为能力人不得成为合伙企业的合伙人。③国有独资公司、国有企业、上市公司以及公益性和事业单位、社会团体不得成为普通合伙人。

(2) 有书面合伙协议。合伙协议,是指由各合伙人通过协商,共同决定相互间的权利义务,达成的具有法律约束力的协议。合伙协议应当依法由全体合伙人协商一致,以书面形式订立。合伙协议应当载明下列事项:合伙企业的名称和主要经营场所的地点;合伙目的和合伙经营范围;合伙人的姓名或者名称、住所;合伙人的出资方式、数额和缴付期限;利润分配、亏损分担方式;合伙事务的执行;入伙与退伙;争议解决办法;合伙企业的解散与清算;违约责任等。合伙协议经全体合伙人签名、盖章后生效。合伙人依照合伙协议享有权利、履行义务。修改或者补充合伙协议,应当经全体合伙人一致同意;但是,合伙协议另有约定的除外。合伙协议未约定或者约定不明确的事项,由合伙人协商决定;协商不成的,依照《合伙企业法》和其他有关法律、行政法规的规定处理。

(3) 有合伙人认缴或者实际缴付的出资。合伙协议生效后,合伙人应当按照合伙协议的规定缴纳出资。合伙人可以用货币、实物、知识产权、土地使用权或者其他财产权利出资,也可以用劳务出资。合伙人以实物、知识产权、土地使用权或者其他财产权利出资,需要评估作价的,可以由全体合伙人协商确定,也可以由全体合伙人委托法定评估机构评估。合伙人以劳务出资的,其评估办法由全体合伙人协商确定,并在合伙协议中载明。合伙人应当按照合伙协议约定的出资方式、数额和缴付期限,履行出资义务。以非货币财产出资的,依照法律、行政法规的规定,需要办理财产权转移手续的,应当依法办理。

(4) 有合伙企业的名称和生产经营场所。普通合伙企业应当在其名称中标明"普通合伙"字样,其中,特殊的普通合伙企业,应当在其名称中标明"特殊普通合伙"字样,合伙企业的名称必须和"合伙"联系起来,名称中必须有"合伙"二字。

(5) 法律、行政法规规定的其他条件。

2) 合伙企业的设立登记

根据《合伙企业法》和国务院发布的《合伙企业登记管理办法》的规定,合伙企业的设立登记,应按如下程序进行。

(1) 申请人向企业登记机关提交相关文件。该类文件有:①全体合伙人签署的设立登记申请书;②全体合伙人的身份证明;③全体合伙人指定的代表或者共同委托的代理人的委托书;④合伙协议;⑤出资权属证明;⑥经营场所证明;⑦国务院工商行政管理部门规定提交的其他文件。此外,合伙企业的经营范围中有属于法律、行政法规规定在登记前须经批准的项目的,该项经营业务应当依法经过批准,并在登记时提交批准文件。合伙协议约定或者全体合伙人决定,委托一名或者数名合伙人执行合伙企业事务的,还应当提交全体合伙人的委托书。

(2) 企业登记机关核发营业执照。申请人提交的登记申请材料齐全、符合法定形式,企业登记机关能够当场登记的,应予当场登记,发给营业执照。除此之外,企业登记机关应当自受理申请之日起20日内,作出是否登记的决定。对不符合规定条件的,不予登记,并应当给予书面答复,说明理由。合伙企业的登记事项包括:合伙企业的名称、经营场所、经营范围、经营方式、合伙人的姓名及住所、出资额及出资方式等。合伙企业确定执行合伙企业事务的合伙人或者设立分支机构的,登记事项中还应当包括执行合伙企业事务的合伙人或者分支机构的情况。

合伙企业的营业执照签发日期,为合伙企业成立日期。合伙企业领取营业执照前,合伙人不得以合伙企业的名义从事合伙业务。

合伙企业设立分支机构,应当向分支机构所在地的企业登记机关申请登记,领取营业执照。合伙企业登记事项发生变更的,执行合伙事务的合伙人应当自作出变更决定或者发生变更事由之日起15日内,向企业登记机关申请办理变更登记。

2. 有限合伙企业设立的特殊规定

1) 有限合伙企业人数

《合伙企业法》规定,有限合伙企业由2个以上50个以下合伙人设立;但是,法律另有规定的除外。有限合伙企业至少应当有1个普通合伙人。

在有限合伙企业存续期间,有限合伙人的人数可能发生变化。然而,无论如何变化,有限合伙企业中必须包括有限合伙人与普通合伙人两部分,否则,有限合伙企业应当进行组织形式变化。《合伙企业法》规定,有限合伙企业仅剩有限合伙人的,应当解散;有限合伙企业仅剩普通合伙人的,应当转为普通合伙企业。

2) 有限合伙企业名称

按照企业名称登记管理的有关规定,企业名称中应当含有企业的组织形式。为便于社会公众以及交易相对人对有限合伙企业的了解,有限合伙企业名称中应当标明"有限合伙"的字样,而不能标明"普通合伙"、"特殊普通合伙"、"有限公司"、"有限责任公司"等字样。

3) 有限合伙企业协议

有限合伙企业协议是有限合伙企业生产经营的重要法律文件。有限合伙企业协议除符合普通合伙企业合伙协议的规定外,还应当载明下列事项:①普通合伙人和有限合伙人的姓名或者名称、住所;②执行事务合伙人应具备的条件和选择程序;③执行事务合伙人权限与违约处理办法;④执行事务合伙人的除名条件和更换程序;⑤有限合伙人入伙、退伙的条件、程序以及相关责任;⑥有限合伙人和普通合伙人相互转变程序。

4) 有限合伙人出资形式

《合伙企业法》规定,有限合伙人可以用货币、实物、知识产权、土地使用权或者其他财产权利作价出资。有限合伙人不得以劳务出资。

5) 有限合伙人出资义务

《合伙企业法》规定,有限合伙人应当按照合伙协议的约定按期足额缴纳出资;未按期足额缴纳的,应当承担补缴义务,并对其他合伙人承担违约责任。按期足额出资是有限合伙人必须履行的义务,因此有限合伙人应当按照合伙协议的约定按期足额缴纳出资。合伙人未按照协议的约定履行缴纳出资义务的,首先应当承担补缴出资的义务,同时还应对其他合伙人承担违约责任。

6) 有限合伙企业登记事项

《合伙企业法》规定,有限合伙企业登记事项中应当载明有限合伙人的姓名或者名称及认缴的出资数额。

2.3.4 合伙企业财产

1. 合伙企业财产的构成

根据《合伙企业法》的规定,合伙人的出资、以合伙企业名义取得的收益和依法取得的其他财产,均为合伙企业的财产。从这一规定可以看出,合伙企业财产由以下三部分构成。

1) 合伙人的出资

合伙人的出资形成合伙企业的原始财产。需要注意的是,合伙企业的原始财产是全体合伙人"认缴"的财产,而非各合伙人"实际缴纳"的财产。

2) 以合伙企业名义取得的收益

合伙企业作为一个独立的经济实体,可以有自己的独立利益,因此,以其名义取得的收益作为合伙企业获得的财产,当然归属于合伙企业,成为合伙财产的一部分。以合伙企业名义取得的收益,主要包括合伙企业的公共积累资金、未分配的盈余、合伙企业债权、合伙企业取得的工业产权和非专利技术等财产权利。

3) 依法取得的其他财产

即根据法律、行政法规的规定合法取得的其他财产,如合法接受赠予的财产等。

2. 合伙企业财产的性质

合伙企业的财产具有独立性和完整性两方面的特征。所谓独立性,是指合伙企业的财产独立于合伙人,合伙人出资以后,一般说来,便丧失了对其作为出资部分的财产的所有权或者持有权、占有权,合伙企业的财产权主体是合伙企业,而不是单独的每一个合伙人。所谓完整性,是指合伙企业的财产作为一个完整的统一体而存在,合伙人对合伙企业财产权益的表现形式,仅是依照合伙协议所确定的财产收益份额或者比例。

根据《合伙企业法》的规定,合伙人在合伙企业清算前,不得请求分割合伙企业的财产;但是,法律另有规定的除外。合伙人在合伙企业清算前私自转移或者处分合伙企业财产的,合伙企业不得以此对抗善意第三人。在确认善意取得的情况下,合伙企业的损失只能向合伙人进行追索,而不能向善意第三人追索。合伙企业也不能以合伙人无权处分其财产而对抗善意第三人的合法权利要求,即不能以合伙人无权处分其财产而主张其与善意第三人订立的合同无效。当然,如果第三人是恶意取得,即明知合伙人无权处分而与之进行交易,或者与合伙人通谋共同侵犯合伙企业权益,则合伙企业可以据此对抗第三人。

3. 合伙人财产份额的转让与出质

合伙人财产份额的转让,是指合伙企业的合伙人向他人转让其在合伙企业中的全部或者部分财产份额的行为。

合伙人财产份额的出质,是指合伙人将其在合伙企业中的财产份额作为质押物来担保债权人债权实现的行为。

1) 普通合伙企业的规定

由于合伙人财产份额的转让将会影响到合伙企业以及各合伙人的切身利益,因此,《合伙企业法》对合伙人财产份额的转让作了以下限制性规定。

(1) 除合伙协议另有约定外,合伙人向合伙人以外的人转让其在合伙企业中的全部或者部分财产份额时,须经其他合伙人一致同意,表明其他合伙人同意与受让人共同维持原合伙企业,合伙企业才能存续下去。这是一项法定的原则,且这项原则是在合伙协议中没有另外规定的情况下才有法律效力。如果合伙协议有另外的约定,即合伙协议约定,合伙人向合伙人以外的人转让其在合伙企业中的全部或者部分财产份额时,无须经过其他合伙人一致同意,比如约定 2/3 以上合伙人同意或者一定出资比例同意的情况下,则应执行合伙协议的规定。

(2) 合伙人之间转让在合伙企业中的全部或者部分财产份额时,应当通知其他合伙人。合伙人财产份额的内部转让因不涉及合伙人以外的人参加,合伙企业存续的基础没有发生实质性变更,因此不需要经过其他合伙人一致同意,只需要通知其他合伙人即可产生法律效力。

(3) 合伙人向合伙人以外的人转让在合伙企业中的财产份额的,在同等条件下,其他合伙人有优先购买权;但是,合伙协议另有约定的除外。所谓优先购买权,是指在合伙人转让其财产份额时,在多数人接受转让的情况下,其他合伙人基于同等条件可优先于其他非合伙人购买的权利。优先购买权的发生存在两个前提:一是合伙人财产份额的转让没有约定的转让条件、转让范围的限制。也就是说,"合伙协议"没有"另有约定"或者另外的限制,如有另外约定或者限制,则应依约定或限制办理。二是优先购买的前提是同等条件。同等的条件,主要是指购买的价格条件,当然也包括其他条件。这一规定的目的在于维护合伙企业现有合伙人的利益,维护合伙企业在现有基础上的稳定。

合伙人以外的人依法受让合伙人在合伙企业中的财产份额的,经修改合伙协议即成为合伙企业的合伙人,依照《合伙企业法》和修改后的合伙协议享有权利,履行义务。未修改合伙协议的,不应算作是法律所称的"合伙企业的合伙人"。

此外,由于合伙人以财产份额出质可能导致该财产份额依法发生权利转移,《合伙企业法》规定,合伙人以其在合伙企业中的财产份额出质的,须经其他合伙人一致同意;未经其他合伙人一致同意,其行为无效,由此给善意第三人造成损失的,由行为人依法承担赔偿责任。

2) 有限合伙企业财产出质与转让的特殊规定

(1) 有限合伙人财产份额转让。《合伙企业法》规定,有限合伙人可以按照合伙协议的约定向合伙人以外的人转让其在有限合伙企业中的财产份额,但应当提前30日通知其他合伙人。这是因为有限合伙人向合伙人以外的其他人转让其在有限合伙企业中的财产份额,并不影响有限合伙企业债权人的利益。但是,转让其在有限合伙企业中的财产份额应当依法进行,一是要按照合伙协议的约定进行转让;二是应当提前30日通知其他合伙人。有限合伙人对外转让其在有限合伙企业的财产份额时,有限合伙企业的其他合伙人有优先购买权。

(2) 有限合伙人财产份额出质。《合伙企业法》规定,有限合伙人可以将其在有限合伙企业中的财产份额出质。但是合伙协议另有约定的除外。有限合伙人在有限合伙企业中的财产份额,是有限合伙人的财产权益,在有限合伙企业存续期间,有限合伙人可以对该财产权利进行一定的处分。有限合伙人将其在有限合伙企业中的财产份额进行出质,产生的后果仅仅是有限合伙企业的有限合伙人存在变更的可能,这对有限合伙企业的财产基础并无根本的影响。因此,有限合伙人可以按照《担保法》及其相关规定进行财产份额的出质。但是,有限合伙企业合伙协议可以对有限合伙人的财产份额出质作出约定,如有特殊约定,应按特殊约定进行。

2.3.5 合伙事务执行

1. 普通合伙企业合伙事务执行

1) 合伙事务执行的形式

根据《合伙企业法》的规定,合伙人执行合伙企业事务,可以有两种形式。

(1) 全体合伙人共同执行合伙事务。这是合伙事务执行的基本形式，也是在合伙企业中经常使用的一种形式，尤其是在合伙人较少的情况下更为适宜。在采取这种形式的合伙企业中，按照合伙协议的约定，各个合伙人都直接参与经营，处理合伙企业的事务，对外代表合伙企业。

(2) 委托一个或数个合伙人执行合伙事务。该形式是在各合伙人共同执行合伙事务的基础上引申而来。按照合伙协议的约定或者经全体合伙人决定，可以委托一个或者数个合伙人对外代表合伙企业，执行合伙事务。

《合伙企业法》明确规定，委托一个或数个合伙人执行合伙事务的，其他合伙人不再执行合伙事务。这一规定主要是考虑到按照合伙协议的约定或者经全体合伙人决定，将合伙事务委托给部分合伙人执行，没有必要再由其他合伙人执行，否则容易引起冲突与矛盾。当然，对合伙协议或者全体合伙人作出的决定以外的某些事项，如果没有委托一个或数个合伙人执行时，可以由全体合伙人共同执行或者由全体合伙人决定委托给某一个特定的合伙人办理。

但并非所有的合伙事务都可以委托给部分合伙人决定。根据《合伙企业法》的规定，除合伙协议另有约定外，合伙企业的下列事项应当经全体合伙人一致同意：①改变合伙企业的名称；②改变合伙企业的经营范围、主要经营场所的地点；③处分合伙企业的不动产；④转让或者处分合伙企业的知识产权和其他财产权利；⑤以合伙企业名义为他人提供担保；⑥聘任合伙人以外的人担任合伙企业的经营管理人员。

2) 合伙人在执行合伙事务中的权利和义务

(1) 合伙人在执行合伙事务中的权利。根据《合伙企业法》的规定，合伙人在执行合伙事务中的权利主要包括以下内容。

① 合伙人对执行合伙事务享有同等的权利。合伙企业的特点之一就是合伙经营，各合伙人无论其出资多少，都有权平等享有执行合伙企业事务的权利。

② 执行合伙事务的合伙人对外代表合伙企业。合伙人在代表合伙企业执行事务时，不是以个人的名义进行一定的民事行为，而是以合伙企业事务执行人的身份组织实施企业的生产经营活动。合伙企业事务执行人与代理人不同，代理人以被代理人的名义行事，代理权源于被代理人的授权；而合伙企业事务执行人虽以企业名义活动，但其权利来自于法律的直接规定。合伙企业事务执行人与法人的法定代表人也不同，法定代表人是法律规定的并经过一定登记手续而产生的法人单位的代表，他不一定是该法人单位的出资者；而合伙企业事务执行人则是因其出资行为取得合伙人身份，并可以对外代表合伙企业。考虑到法人和其他组织可以参与合伙，《合伙企业法》同时规定，作为合伙人的法人、其他组织执行合伙企业事务的，由其委托的代表执行。

③ 不执行合伙事务的合伙人的监督权利。《合伙企业法》规定，不执行合伙事务的合伙人有权监督执行事务合伙人执行合伙事务的情况。这一规定有利于维护全体合伙人的共同利益，同时也可以促进合伙事务执行人更加认真谨慎地处理合伙企业事务。合伙事务是合伙企业的公共事务，事务的执行情况涉及到每个合伙人的个人利益，每个合伙人都有权去关心合伙企业的利益。

④ 合伙人查阅合伙企业会计账簿等财务资料的权利。合伙经营是一种以营利为目的的经济活动，合伙人之间的财产共有关系、共同经营关系、连带责任关系决定了全体合伙人形成了以实现合伙目的为目标的利益共同体。每个合伙人都有权利而且有责任关心了解合伙企业的全部经营活动。因此，查阅合伙企业会计账簿等财务资料，作为了解合伙企业经营状况和财务状况的有效手段，成为合伙人的一项重要权利。

⑤ 合伙人有提出异议的权利和撤销委托的权利。在合伙人分别执行合伙事务的情况下，由于执行合伙事务的合伙人的行为所产生的亏损和责任要由全体合伙人承担，因此，《合伙企业法》规定，合伙人分别执行合伙事务的，执行事务合伙人可以对其他合伙人执行的事务提出异议。提出异议时，应当暂停该项事务的执行。如果发生争议，依照有关规定作出决定。受委托执行合伙事务的合伙人不按照合伙协议或者全体合伙人的决定执行事务的，其他合伙人可以决定撤销该委托。上述"依照有关规定作出决定"是指，合伙人对合伙企业有关事项作出决议，按照合伙协议约定的表决办法办理。合伙协议未约定或者约定不明确的，实行合伙人一人一票并经全体合伙人过半数通过的表决办法。

(2) 合伙人在执行合伙事务中的义务。根据《合伙企业法》的规定，合伙人在执行合伙事务中的义务主要包括以下内容。

① 合伙事务执行人向不参加执行事务的合伙人报告企业经营状况和财务状况。《合伙企业法》规定，由一个或者数个合伙人执行合伙事务的，执行事务合伙人应当定期向其他合伙人报告事务执行情况以及合伙企业的经营和财务状况，其执行合伙事务所产生的收益归合伙企业，所产生的费用和亏损由合伙企业承担。

② 合伙人不得自营或者同他人合作经营与本合伙企业相竞争的业务。各合伙人组建合伙企业是为了合伙经营、共享收益，如果某一合伙人自己又从事或者与他人合作从事与合伙企业相竞争的业务，势必影响合伙企业的利益，背离合伙的初衷；同时还可能形成不正当竞争，使合伙企业处于不利地位，损害其他合伙人的利益。

③ 合伙人不得同本合伙企业进行交易。合伙企业中每一合伙人都是合伙企业的投资者，如果自己与合伙企业交易，就包含了与自己交易，也包含了与别的合伙人交易，而这种交易极易造成损害他人利益。因此，《合伙企业法》规定，除合伙协议另有约定或者经全体合伙人一致同意外，合伙人不得同本合伙企业进行交易。

④ 合伙人不得从事损害本合伙企业利益的活动。合伙人在执行合伙事务过程中，不得为了自己的私利，坑害其他合伙人利益，也不得与其他人恶意串通，损害合伙企业的利益。

3) 合伙事务执行的决议办法

合伙事务执行决议的三种法定办法如下。

(1) 由合伙协议对决议办法作出约定。这种约定有两个前提：一是不与法律相抵触，即法律有规定的按照法律的规定执行，法律未作规定的可在合伙协议中约定。二是在合伙协议中作出的约定，应当由全体合伙人协商一致共同作出。至于在合伙协议中所约定的决议办法，是采取全体合伙人一致通过，还是采取 2/3 以上多数通过，或者采取其他办法，由全体合伙人视所决议的事项而作出约定。

(2) 实行合伙人一人一票并经全体合伙人过半数通过的表决办法。这种办法也有一个前提，即合伙协议未约定或者约定不明确的，才实行合伙人一人一票并经全体合伙人过半数通过的表决办法。需要注意的是，对各合伙人，无论出资多少和以何物出资，表决权数应以合伙人的人数为准，亦即每一个合伙人对合伙企业有关事项均有同等的表决权，使用经全体合伙人过半数通过的表决办法。

(3) 依照《合伙企业法》的规定作出决议。如《合伙企业法》规定，合伙人按照合伙协议的约定或者经全体合伙人决定，可以增加或者减少对合伙企业的出资；又如《合伙企业法》规定，处分合伙企业的不动产、改变合伙企业的名称等，除合伙协议另有约定外，应当经全体合伙人一致同意等等。

4) 合伙企业的损益分配

(1) 合伙损益。合伙损益包括两方面的内容：一是合伙利润。合伙利润，是指以合伙企业的名义所取得的经济利益，它反映了合伙企业在一定期间的经营成果。二是合伙亏损。合伙亏损，是指以合伙企业的名义从事经营活动所形成的亏损。合伙亏损是全体合伙人所共同面临的风险，或者说是共同承担的经济责任。

(2) 合伙损益分配原则。《合伙企业法》对合伙损益分配作了原则规定，主要内容为：①合伙企业的利润分配、亏损分担，按照合伙协议的约定办理；合伙协议未约定或者约定不明确的，由合伙人协商决定；协商不成的，由合伙人按照实缴出资比例分配、分担；无法确定出资比例的，由合伙人平均分配、分担。②合伙协议不得约定将全部利润分配给部分合伙人或者由部分合伙人承担全部亏损。

5) 非合伙人参与经营管理

在合伙企业中，往往由于合伙人经营管理能力不足，需要在合伙人之外聘任非合伙人担任合伙企业的经营管理人员，参与合伙企业的经营管理工作。《合伙企业法》规定，①合伙企业可以从合伙人之外聘任经营管理人员；②聘任非合伙人的经营管理人员，除合伙协议另有约定外，应当经全体合伙人一致同意；③被聘任的经营管理人员，仅是合伙企业的经营管理人员，不是合伙企业的合伙人，因而不具有合伙人的资格。

关于被聘任的经营管理人员的职责，《合伙企业法》作了明确规定，主要有：①被聘任的合伙企业的经营管理人员应当在合伙企业授权范围内履行职务；②被聘任的合伙企业的经营管理人员，超越合伙企业授权范围履行职务，或者在履行职务过程中因故意或者重大过失给合伙企业造成损失的，依法承担赔偿责任。

2. 有限合伙企业事务执行的特殊规定

1) 有限合伙企业事务执行人

《合伙企业法》规定，有限合伙企业由普通合伙人执行合伙事务。执行事务合伙人可以要求在合伙协议中确定执行事务的报酬及报酬提取方式。如合伙协议约定数个普通合伙人执行合伙事务，这些普通合伙人均为合伙事务执行人。如合伙协议无约定，全体普通合伙人是合伙事务的共同执行人。合伙事务执行人除享有一般合伙人相同的权利外，还有接受其他合伙人的监督和检查、谨慎执行合伙事务的义务，若因自己的过错造成合伙财产损失的,应向合伙企业或其他合伙人负赔偿责任。此外,由于执行事务合伙人较不执行事务合伙人对有限合伙企业要多付出劳动,因此,执行事务合伙人可以就执行事务的劳动付出,要求企业支付报酬。对于报酬的支付方式及其数额,应由合伙协议规定或全体合伙人讨论决定。

2)禁止有限合伙人执行合伙事务

《合伙企业法》规定,有限合伙人不执行合伙事务,不得对外代表有限合伙企业。有限合伙人的下列行为,不视为执行合伙事务:①参与决定普通合伙人入伙、退伙;②对企业的经营管理提出建议;③参与选择承办有限合伙企业审计业务的会计师事务所;④获取经审计的有限合伙企业财务会计报告;⑤对涉及自身利益的情况,查阅有限合伙企业财务会计账簿等财务资料;⑥在有限合伙企业中的利益受到侵害时,向有责任的合伙人主张权利或者提起诉讼;⑦执行事务合伙人怠于行使权利时,督促其行使权利或者为了本企业的利益以自己的名义提起诉讼;⑧依法为本企业提供担保。

另外,《合伙企业法》规定,第三人有理由相信有限合伙人为普通合伙人并与其交易的,该有限合伙人对该笔交易承担与普通合伙人同样的责任。有限合伙人未经授权以有限合伙企业名义与他人进行交易,给有限合伙企业或者其他合伙人造成损失的,该有限合伙人应当承担赔偿责任。

3)有限合伙企业利润分配

《合伙企业法》规定,有限合伙企业不得将全部利润分配给部分合伙人;但是,合伙协议另有约定的除外。

4)有限合伙人权利

(1)有限合伙人可以同本企业进行交易。《合伙企业法》规定,有限合伙人可以同本有限合伙企业进行交易;但是,合伙协议另有约定的除外。因为有限合伙人并不参与有限合伙企业事务的执行,对有限合伙企业的对外交易行为,有限合伙人并无直接或者间接的控制权,有限合伙人与本有限合伙企业进行交易时,一般不会损害本有限合伙企业的利益。有限合伙协议可以对有限合伙人与有限合伙企业之间的交易进行限定,如果有限合伙协议另有约定的,则必须按照约定的要求进行。普通合伙人如果禁止有限合伙人同本有限合伙企业进行交易,应当在合伙协议中作出约定。

(2)有限合伙人可以经营与本企业相竞争的业务。《合伙企业法》规定,有限合伙人可以自营或者同他人合作经营与本有限合伙企业相竞争的业务;但是,合伙协议另有约定的除外。与普通合伙人不同,有限合伙人一般不承担竞业禁止义务。普通合伙人如果禁止有限合伙人自营或者同他人合作经营与本有限合伙企业相竞争的业务,应当在合伙协议中作出约定。

2.3.6 合伙企业与第三人的关系

合伙企业与第三人关系,实际是指有关合伙企业的对外关系,涉及合伙企业对外代表权的效力、合伙企业和合伙人的债务清偿等问题。

1. 合伙企业对外代表权的效力

1) 合伙企业与第三人关系

所谓合伙企业与第三人关系,是指合伙企业的外部关系,即合伙企业与合伙企业的合伙人以外的第三人的关系。在合伙企业设立以后,必然要以合伙企业的名义从事生产经营活动,进行商品的交换、服务的供需和财产的流转,从而与其他市场主体(包括自然人、法人和其他组织)发生联系,形成其外部关系。因此,合伙企业与第三人关系也就是合伙企业与外部的关系。由于合伙企业在债务承担上是一种连带责任关系,这种关系在一定程度上就会与合伙人自身发生一定的牵连。例如,当合伙企业对外发生了债务并且合伙企业的财产不能清偿其债务时,这一关系即可转化为合伙人与债权人(第三人)之间的关系。

2) 合伙事务执行中的对外代表权

执行合伙企业事务的合伙人在取得对外代表权后,即可以合伙企业的名义进行经营活动,在其授权的范围内作出法律行为。合伙人的这种代表行为,对全体合伙人发生法律效力,即其执行合伙事务所产生的收益归合伙企业,所产生的费用和亏损由合伙企业承担。

3) 合伙企业对外代表权的限制

合伙人执行合伙事务的权利和对外代表合伙企业的权利,都会受到一定的内部限制。如果这种内部限制对第三人发生效力,必须以第三人知道这一情况为条件,否则,该内部限制不对该第三人发生抗辩力。《合伙企业法》规定,合伙企业对合伙人执行合伙事务以及对外代表合伙企业权利的限制,不得对抗善意第三人。这里所指的合伙人,是指在合伙企业中有合伙事务执行权与对外代表权的合伙人;这里所指的限制,是指合伙企业对合伙人所享有的事务执行权与对外代表权权利能力的一种界定;这里所指的对抗,是指合伙企业否定第三人的某些权利和利益,拒绝承担某些责任;这里所指的不知情,是指与合伙企业有经济联系的第三人不知道合伙企业所作的内部限制,或者不知道合伙企业对合伙人行使权利所作限制的事实;这里所指的善意第三人,是指本着合法交易的目的,诚实地通过合伙企业的事务执行人,与合伙企业之间建立民事、商事法律关系的法人、非法人团体或自然人。如果第三人与合伙企业事务执行人恶意串通、损害合伙企业利益,则不属善意的情形。需要指出的是,不得对抗善意第三人,主要是针对给第三人造成的损失而言,即当执行合伙事务的合伙人给善意第三人造成损失时,合伙企业不能因为有对合伙人执行合伙事务以及对外代表合伙企业权利的限制,就对善意第三人不承担责任。

保护善意第三人的利益是为了维护经济往来的交易安全,这是一项被广泛认同的法律原则。例如,合伙企业内部规定,有对外代表权的合伙人甲在签订合同时,须经乙和丙两个执行事务合伙人的同意,如果甲自作主张没有征求乙和丙的同意,与第三人丁签订了一份买卖合同,而丁不知道在合伙企业内部对甲所作的限制,在合同的履行中,也没有从中获得不正当的利益,这种情况下,第三人丁应当为善意第三人,丁所得到的利益应当予以保护,合伙企业不得以其内部所作的在行使权利方面的限制为由,否定善意第三人丁的正当权益,拒绝履行合伙企业应承担的责任。

2. 普通合伙企业和合伙人的债务清偿

1) 合伙企业的债务清偿与合伙人的关系

(1) 合伙企业财产优先清偿。《合伙企业法》规定，合伙企业对其债务，应先以其全部财产进行清偿。所谓合伙企业的债务，是指在合伙企业存续期间产生的债务。合伙企业的债权人应首先从合伙企业的全部财产中求偿，而不应当向合伙人个人直接请求债权。这样，既有利于理顺合伙企业与第三人的法律关系，明确合伙企业的偿债责任，也有利于保护债权人的债权实现。

(2) 合伙人的无限连带清偿责任。《合伙企业法》规定，合伙企业不能清偿到期债务的，合伙人承担无限连带责任。所谓合伙人的无限责任，是指当合伙企业的全部财产不足以偿付到期债务时，各个合伙人承担合伙企业的债务不是以其出资额为限，而是以其自有财产来清偿合伙企业的债务。合伙人的连带责任，是指当合伙企业的全部财产不足以偿付到期债务时，合伙企业的债权人对合伙企业所负债务，可以向任何一个合伙人主张，该合伙人不得以其出资的份额大小、合伙协议有特别约定、合伙企业债务另有担保人或者自己已经偿付所承担的份额的债务等理由来拒绝。当然，合伙人由于承担连带责任，所清偿数额超过其应分担的比例时，有权向其他合伙人追偿。

(3) 合伙人之间的债务分担和追偿。《合伙企业法》规定，合伙人由于承担无限连带责任，清偿数额超过规定的其亏损分担比例的，有权向其他合伙人追偿。这一规定，在重申合伙人对合伙债务负无限连带责任的基础上，明确了合伙人分担合伙债务的比例，以合伙企业分担亏损为准。《合伙企业法》规定，合伙企业的亏损分担，按照合伙协议的约定办理；合伙协议未约定或者约定不明确的，由合伙人协商决定；协商不成的，由合伙人按照实缴出资比例分担；无法确定出资比例的，由合伙人平均分担。

合伙人之间的分担比例对债权人没有约束力。债权人可以根据自己的清偿利益，请求全体合伙人中的一人或数人承担全部清偿责任，也可以按照自己确定的比例向各合伙人分别追索。依照《合伙企业法》的规定，该合伙人有权就超过部分向其他未支付或者未足额支付应承担数额的合伙人追偿。但是，合伙人的这种追偿权，应当具备以下3项条件：一是追偿人已经实际承担连带责任，并且其清偿数额超过了他应当承担的数额；二是被追偿人未实际承担或者未足额承担其应当承担的数额；三是追偿的数额不得超过追偿人超额清偿部分的数额或被追偿人未足额清偿部分的数额。

2) 合伙人的债务清偿与合伙企业的关系

在合伙企业存续期间，可能发生个别合伙人因不能偿还其私人债务而被追索的情况。由于合伙人在合伙企业中拥有财产利益，合伙人的债权人可能向合伙企业提出各种清偿请求。为了保护合伙企业和其他合伙人的合法权益，同时也保护债权人的合法权益，《合伙企业法》作了如下规定。

(1) 合伙人发生与合伙企业无关的债务，相关债权人不得以其债权抵销其对合伙企业的债务，也不得代位行使合伙人在合伙企业中的权利。否则，这无异于允许该合伙人将自己行为的责任风险转嫁于合伙企业的全体合伙人，这显然是不公平的。

（2）合伙人的自有财产不足清偿其与合伙企业无关的债务的，该合伙人可以以其从合伙企业中分取的收益用于清偿；债权人也可以依法请求人民法院强制执行该合伙人在合伙企业中的财产份额用于清偿。这既保护了债权人的清偿利益，也无损于全体合伙人的合法权益。因为在债权人取得其债务人从合伙企业中分取的收益用来清偿的情况下，该债权人并不参与合伙企业内部事务，也不妨碍其债务人作为合伙人正常行使其正当的权利。而在债权人依法请求人民法院强制执行债务人在合伙企业中的财产份额作为清偿的情况下，如果该债权人因取得该财产份额而成为合伙企业合伙人，则无异于合伙份额的转让，因此，债权人取得合伙人地位后，就要承担与其他合伙人同样的责任，因而不存在转嫁责任风险的问题。

人民法院强制执行合伙人的财产份额时，应当通知全体合伙人，其他合伙人有优先购买权；其他合伙人未购买，又不同意将该财产份额转让给他人的，依照《合伙企业法》的规定为该合伙人办理退伙结算，或者办理削减该合伙人相应财产份额的结算。这里需要注意3点：一是这种清偿必须通过民事诉讼法规定的强制执行程序进行，债权人不得自行接管债务人在合伙企业中的财产份额；二是人民法院强制执行合伙人的财产份额时，应当通知全体合伙人；三是在强制执行个别合伙人在合伙企业中的财产份额时，其他合伙人有优先购买权。也就是说，如果其他合伙人不愿意接受该债权人成为其合伙企业新的合伙人，可以由他们中的一人或者数人行使优先购买权，取得该债务人的财产份额。受让人支付的价金，用于向该债权人清偿债务。

2.3.7 入伙与退伙

1. 普通合伙企业入伙与退伙

1）入伙

入伙，是指在合伙企业存续期间，合伙人以外的第三人加入合伙，从而取得合伙人资格。

(1) 入伙的条件和程序。《合伙企业法》规定，新合伙人入伙，除合伙协议另有约定外，应当符合以下规定：一是新合伙人入伙，应当经全体合伙人一致同意，未获得一致同意的，不得入伙；二是合伙协议无另外约定，如果合伙协议对新合伙人入伙约定了相应的条件，则必须按照约定执行；三是新合伙人入伙，应当依法订立书面入伙协议，入伙协议应当以原合伙协议为基础，并对原合伙协议事项作相应变更，订立入伙协议不得违反公平原则、诚实信用原则；四是订立入伙协议时，原合伙人应当向新合伙人如实告知原合伙企业的经营状况和财务状况。

(2) 新合伙人的权利和责任。一般来讲，入伙的新合伙人与原合伙人享有同等权利，承担同等责任。但是，如果原合伙人愿意以更优越的条件吸引新合伙人入伙，或者新合伙人愿意以较为不利的条件入伙，也可以在入伙协议中另行约定。同时《合伙企业法》规定，新合伙人对入伙前合伙企业的债务承担无限连带责任。

2) 退伙

退伙，是指合伙人退出合伙企业，从而丧失合伙人资格。

（1）退伙的原因。合伙人退伙一般有两种原因：一是自愿退伙；二是法定退伙。

自愿退伙是指合伙人基于自愿而退伙。自愿退伙可以分为协议退伙和通知退伙两种。

关于协议退伙，《合伙企业法》规定，合伙协议约定合伙期限的，在合伙企业存续期间，有下列情形之一时，合伙人可以退伙：①合伙协议约定的退伙事由出现；②经全体合伙人一致同意；③发生合伙人难以继续参加合伙企业的事由；④其他合伙人严重违反合伙协议约定的义务。合伙人违反上述规定退伙的，应当赔偿由此给其他合伙人造成的损失。

关于通知退伙，《合伙企业法》规定，合伙协议未约定合伙期限的，合伙人在不给合伙企业事务执行造成不利影响的情况下，可以退伙，但应当提前30日通知其他合伙人。由此可见，法律对通知退伙有一定的限制，即附有以下3项条件：①必须是合伙协议未约定合伙企业的经营期限；②必须是合伙人的退伙不给合伙企业事务执行造成不利影响；③必须提前30日通知其他合伙人。这3项条件必须同时具备，缺一不可。合伙人违反上述规定退伙的，应当赔偿由此给合伙企业造成的损失。

法定退伙是指合伙人因出现法律规定的事由而退伙。法定退伙分为当然退伙和除名两类。

关于当然退伙，《合伙企业法》规定，合伙人有下列情形之一的，符合当然退伙：①作为合伙人的自然人死亡或者被依法宣告死亡；②个人丧失偿债能力；③作为合伙人的法人或者其他组织依法被吊销营业执照、责令关闭、撤销或者被宣告破产；④法律规定或者合伙协议约定合伙人必须具有相关资格而丧失该资格；⑤合伙人在合伙企业中的全部财产份额被人民法院强制执行。此外，合伙人被依法认定为无民事行为能力人或者限制民事行为能力人的，经其他合伙人一致同意，可以依法转为有限合伙人，普通合伙企业依法转为有限合伙企业。其他合伙人未能一致同意的，该无民事行为能力或者限制民事行为能力的合伙人退伙。退伙以退伙事由实际发生之日为退伙生效日。

关于除名，《合伙企业法》规定，合伙人有下列情形之一的，经其他合伙人一致同意，可以决议将其除名：①未履行出资义务；②因故意或者重大过失给合伙企业造成损失；③执行合伙事务时有不正当行为；④发生合伙协议约定的事由。对合伙人的除名决议应当书面通知被除名人。被除名人接到除名通知之日，除名生效，被除名人退伙。被除名人对除名决议有异议的，可以自接到除名通知之日起30日内，向人民法院起诉。

（2）退伙的效果。退伙的效果，是指退伙时退伙人在合伙企业中的财产份额和民事责任的归属变动。分为两类情况：一是财产继承；二是退伙结算。

关于财产继承，《合伙企业法》规定，合伙人死亡或者被依法宣告死亡的，对该合伙人在合伙企业中的财产份额享有合法继承权的继承人，按照合伙协议的约定或者经全体合伙人一致同意，从继承开始之日起，取得该合伙企业的合伙人资格。有下列情形之一的，合伙企业应当向合伙人的继承人退还被继承合伙人的财产份额：①继承人不愿意成为合伙人；②法律规定或者合伙协议约定合伙人必须具有相关资格，而该继承人未取得该资格；③合伙协议约定不能成为合伙人的其他情形。合伙人的继承人为无民事行为能力人或者限制民事行为能力人的,经全体合伙人一致同意,可以依法成为有限合伙人,普通合伙企业依法转为有限合伙企业。全体合伙人未能一致同意的,合伙企业应当将被继承合伙人的财产份额退还该继承人。根据这一法律规定,合伙人死亡时其继承人可依法定条件取得该合伙企业的合伙人资格:一是有合法继承权;二是有合伙协议的约定或者全体合伙人的一致同意;三是继承人愿意。死亡的合伙人的继承人取得该合伙企业的合伙人资格,从继承开始之日起获得。

关于退伙结算,除合伙人死亡或者被依法宣告死亡的情形外,《合伙企业法》对退伙结算作了以下规定:①合伙人退伙,其他合伙人应当与该退伙人按照退伙时的合伙企业财产状况进行结算,退还退伙人的财产份额。退伙人对给合伙企业造成的损失负有赔偿责任的,相应扣减其应当赔偿的数额。退伙时有未了结的合伙企业事务的,待该事务了结后进行结算。②退伙人在合伙企业中财产份额的退还办法,由合伙协议约定或者由全体合伙人决定,可以退还货币,也可以退还实物。③合伙人退伙时,合伙企业财产少于合伙企业债务的,退伙人应当依照法律规定分担亏损,即如果合伙协议约定亏损分担比例的,按照合伙协议的约定办理;合伙协议未约定或者约定不明确的,由合伙人协商决定;协商不成的,由合伙人按照实缴出资比例分担;无法确定出资比例的,由合伙人平均分担。

合伙人退伙以后,并不能解除对于合伙企业既往债务的连带责任。根据《合伙企业法》的规定,退伙人对基于其退伙前的原因发生的合伙企业债务,承担无限连带责任。

2. 有限合伙企业入伙与退伙的特殊规定

1) 入伙

《合伙企业法》规定,新入伙的有限合伙人对入伙前有限合伙企业的债务,以其认缴的出资额为限承担责任。这里需要注意,在普通合伙企业中,新入伙的合伙人对入伙前合伙企业的债务承担连带责任,而在有限合伙企业中,新入伙的有限合伙人对入伙前有限合伙企业的债务,以其认缴的出资额为限承担责任。

2) 退伙

(1) 有限合伙人当然退伙。《合伙企业法》规定,有限合伙人出现下列之一情形时符合当然退伙:①作为合伙人的自然人死亡或者被依法宣告死亡;②作为合伙人的法人或者其他组织依法被吊销营业执照、责令关闭、撤销,或者被宣告破产;③法律规定或者合伙协议约定合伙人必须具有相关资格而丧失该资格;④合伙人在合伙企业中的全部财产份额被人民法院强制执行。

(2) 有限合伙人丧失民事行为能力的处理。《合伙企业法》规定,作为有限合伙人的自然人在有限合伙企业存续期间丧失民事行为能力的,其他合伙人不得因此要求其退伙。这是因为有限合伙人对有限合伙企业只进行投资,而不负责事务执行。作为有限合伙人的自然在有限合伙企业存续期间丧失民事行为能力,并不影响有限合伙企业的正常生产经营活动,其他合伙人不能要求该丧失民事行为能力的合伙人退伙。

(3) 有限合伙人继承人的权利。《合伙企业法》规定,作为有限合伙人的自然人死亡、被依法宣告死亡或者作为有限合伙人的法人及其他组织终止时,其继承人或者权利承受人可以依法取得该有限合伙人在有限合伙企业中的资格。

（4）有限合伙人退伙后的责任承担。《合伙企业法》规定，有限合伙人退伙后，对基于其退伙前的原因发生的有限合伙企业债务，以其退伙时从有限合伙企业中取回的财产承担责任。

3) 合伙人性质转变的特殊规定

《合伙企业法》规定，除合伙协议另有约定外，普通合伙人转变为有限合伙人，或者有限合伙人转变为普通合伙人，应当经全体合伙人一致同意。有限合伙人转变为普通合伙人的，对其作为有限合伙人期间有限合伙企业发生的债务承担无限连带责任。普通合伙人转变为有限合伙人的，对其作为普通合伙人期间合伙企业发生的债务承担无限连带责任。

2.3.8 特殊的普通合伙企业

1. 特殊的普通合伙企业的概念

特殊的普通合伙企业，是指以专业知识和专门技能为客户提供有偿服务的专业服务机构。特殊的普通合伙企业名称中应当标明"特殊普通合伙"字样。

2. 特殊的普通合伙企业的责任形式

1) 责任承担

《合伙企业法》规定，一个合伙人或者数个合伙人在执业活动中因故意或者重大过失造成合伙企业债务的，应当承担无限责任或者无限连带责任，其他合伙人以其在合伙企业中的财产份额为限承担责任。合伙人在执业活动中非因故意或无重大过失造成的合伙企业债务以及合伙企业的其他债务，由全体合伙人承担无限连带责任。所谓重大过失，是指明知可能造成损失而轻率地作为或者不作为。根据这一法律规定，特殊的普通合伙企业的责任形式分为两种。

（1）有限责任与无限连带责任相结合。即一个合伙人或者数个合伙人在执业活动中因故意或者重大过失造成合伙企业债务的，应当承担无限责任或者无限连带责任，其他合伙人以其在合伙企业中的财产份额为限承担责任。这是因为其他合伙人出资后，该出资即形成合伙企业财产，由合伙企业享有财产权，合伙人对该出资即丧失占有、使用、收益和处分的权利。但由于特殊普通合伙企业的特殊性，为了保证特殊的普通合伙企业的健康发展，必须对合伙人的责任形式予以改变，否则，以专业知识和专门技能为客户提供服务的专业服务机构难以存续。这也符合公平、公正原则，如果不分清责任，简单地归责于无限连带责任或者有限责任，不但对其他合伙人不公平，而且债权人的利益也难以得到保障。

（2）无限连带责任。对合伙人在执业活动中非因故意或者无重大过失造成的合伙企业债务以及合伙企业的其他债务，全体合伙人承担无限连带责任。这是在责任划分的基础上作出的合理性规定，以最大限度地实现公平、正义和保障债权人的合法权益。当然，这种责任形式的前提是，合伙人在执业过程中不存在重大过错，即既没有故意，也不存在重大过失。

2) 责任追偿

《合伙企业法》规定,合伙人执业活动中因故意或者重大过失造成的合伙企业债务,以合伙企业财产对外承担责任后,该合伙人应当按照合伙协议的约定对给合伙企业造成的损失承担赔偿责任。

3. 特殊的普通合伙企业的执业风险防范

特殊的普通合伙企业应当建立执业风险基金、办理职业保险。

执业风险基金,主要是指为了化解经营风险,特殊的普通合伙企业从其经营收益中提取相应比例的资金留存或者根据相关规定上缴至指定机构所形成的资金。执业风险基金用于偿付合伙人执业活动造成的债务。执业风险基金应当单独立户管理。

职业保险,又称职业责任保险,是指承保各种专业技术人员因工作上的过失或者疏忽大意所造成的合同一方或者他人的人身伤害或者财产损失的经济赔偿责任的保险。

阅读案例

安永今日正式转制为特殊普通合伙制

安永华明会计师事务所(特殊普通合伙)2012年9月11日正式开业。安永候任全球主席兼首席执行官、Mark Weinberger表示,对于从中外合作会计师事务所转制成为特殊普通合伙,本土化将进一步提升安永华明的竞争力,有利于更好地服务于中国客户和中国市场,从而为中国经济和会计行业的发展做出更大贡献。

Mark认为,转制为中国年轻、优秀的专业人士创造了前所未有的职业发展机遇,"转制成为特殊普通合伙会计师事务所,加速了我们对本地人才的需求,对于那些有志为最成功和增长最快的中国以及跨国企业提供服务的优秀人才,我们可以提供更广阔的发展空间"。

据了解,财政部于2012年7月31日正式批准设立安永华明会计师事务所(特殊普通合伙制)。与以前的"有限责任公司制"相比,"特殊普通合伙制"的最大特点是合伙人将承担无限连带责任。分析认为,无限责任对于合伙人的专业水准和诚信水平提出了更高的要求。

1992年起,世界知名的4家会计事务所普华永道、德勤、安永和毕马威获准以合资形式进入中国时,承诺20年后按国际惯例在中国实现本土化。

2.3.9 合伙企业解散和清算

1. 合伙企业解散

合伙企业解散,是指各合伙人解除合伙协议,合伙企业终止活动。

根据《合伙企业法》的规定,合伙企业有下列情形之一的,应当解散:①合伙期限届满,合伙人决定不再经营;②合伙协议约定的解散事由出现;③全体合伙人决定解散;④合伙人已不具备法定人数满30天;⑤合伙协议约定的合伙目的已经实现或者无法实现;⑥依法被吊销营业执照、责令关闭或者被撤销;⑦法律、行政法规规定的其他原因。

2. 合伙企业清算

合伙企业解散的,应当进行清算。《合伙企业法》对合伙企业清算作了以下几方面的规定。

1) 确定清算人

合伙企业解散,应当由清算人进行清算。清算人由全体合伙人担任,或者经全体合伙人过半数同意,可以自合伙企业解散事由出现后15日内指定一个或者数个合伙人,或者委托第三人担任清算人。自合伙企业解散事由出现之日起15日内未确定清算人的,合伙人或者其他利害关系人可以申请人民法院指定清算人。

2) 清算人的职责

清算人在清算期间执行下列事务:①清理合伙企业财产,分别编制资产负债表和财产清单;②处理与清算有关的合伙企业未了结事务;③清缴所欠税款;④清理债权、债务;⑤处理合伙企业清偿债务后的剩余财产;⑥代表合伙企业参加诉讼或者仲裁活动。

3) 通知和公告债权人

清算人自被确定之日起10日内将合伙企业解散事项通知债权人,并于60日内在报纸上公告。债权人应当自接到通知书之日起30日内,未接到通知书的自公告之日起45日内,向清算人申报债权。债权人申报债权,应当说明债权的有关事项,并提供证明材料。清算人应当对债权进行登记。清算期间,合伙企业存续,但不得开展与清算无关的经营活动。

4) 财产清偿顺序

合伙企业财产在支付清算费用和职工工资、社会保险费用、法定补偿金以及缴纳所欠税款、清偿债务后的剩余财产,依照《合伙企业法》关于利润分配和亏损分担的规定进行分配。合伙企业财产清偿问题主要包括以下三方面的内容。

(1) 合伙企业的财产首先用于支付合伙企业的清算费用。清算费用包括:①管理合伙企业财产的费用,如仓储费、保管费、保险费等。②处分合伙企业财产的费用,如聘任工作人员的费用等。③清算过程中的其他费用,如通告债权人的费用、调查债权的费用、咨询费用、诉讼费用等。

(2) 合伙企业的财产支付合伙企业的清算费用后的清偿顺序如下:合伙企业职工工资、社会保险费用和法定补偿金;缴纳所欠税款;清偿债务。其中,法定补偿金主要是指法律、行政法规和规章所规定的应当支付给职工的补偿金,如《中华人民共和国劳动法》规定的解除劳动合同的补偿金。

(3) 分配财产。合伙企业财产依法清偿后仍有剩余时,对剩余财产依照《合伙企业法》的规定进行分配,即按照合伙协议的约定办理;合伙协议未约定或者约定不明确的,由合伙人协商决定;协商不成的,由合伙人按照实缴出资比例分配;无法确定出资比例的,由合伙人平均分配。

5) 注销登记

清算结束,清算人应当编制清算报告,经全体合伙人签名、盖章后,在15日内向企业登记机关报送清算报告,申请办理合伙企业注销登记。

合伙企业注销后,原普通合伙人对合伙企业存续期间的债务仍应承担无限连带责任。

6)合伙企业不能清偿到期债务的处理

合伙企业不能清偿到期债务的,债权人可以依法向人民法院提出破产清算申请,也可以要求普通合伙人清偿。合伙企业依法被宣告破产的,普通合伙人对合伙企业债务仍应承担无限连带责任。

本章小结

本章首先介绍了我国企业的概念分类和企业法的立法体系,接着介绍了我国个人独资企业法的基本内容;最后重点阐述了我国合伙企业法的基本内容;通过本章学习使学生提高运用法律处理关于企业设立及运作能力。

练习题

一、不定项选择题

1. 下列关于个人独资企业的表述中,正确的是(   )。
   A. 个人独资企业的投资人可以是自然人、法人或者其他组织
   B. 个人独资企业的投资人对企业债务承担无限责任
   C. 个人独资企业不能以自己的名义从事民事活动
   D. 个人独资企业具有法人资格

2. 某普通合伙企业委托合伙人张某单独执行合伙企业事务,张某定期向其他合伙人报告事务执行情况以及合伙企业的经营和财务状况。对于张某在执行合伙企业事务期间产生的亏损,应当承担责任的是(   )。
   A. 张某   B. 张某和有过错的第三人
   C. 提议委托张某的合伙人   D. 全体合伙人

3. 根据合伙企业法律制度的规定,普通合伙企业的下列事项中,不需要经全体合伙人一致同意的有(   )。
   A. 合伙人以劳务作为出资
   B. 合伙人之间转让其在合伙企业的部分财产份额
   C. 合伙人以其在合伙企业中的财产份额出质
   D. 合伙企业的执行人以合伙企业的名义为他人提供担保

4. 甲、乙、丙、丁共同投资设立合伙企业,约定利润分配比例为 4∶2∶2∶2。现甲、乙已退伙,丙、丁未就现有合伙企业的利润分配约定新的比例,经过协商后也无法确定,

亦无法确定二人的实缴出资比例。依照法律规定，现该合伙企业的利润在丙、丁之间如何分配（　　）。

  A. 全部利润还按2∶2的比例分配，剩余的部分作为企业的基金

  B. 全部利润的40%按3∶1的比例分配，其余部分平均分配

  C. 全部利润按二人的实际出资比例分配

  D. 全部利润平均分配

  5. 关于合伙事务执行中的对外代表权，下列说法错误的是（　　）。

  A. 由全体合伙人共同执行合伙企业事务的，全体合伙人都有权对外代表合伙企业

  B. 由部分合伙人执行合伙企业事务的，不参加执行合伙企业事务的合伙人则不具有对外代表合伙企业的权利

  C. 由于特别授权在单项合伙事务上有执行权的合伙人，依照授权范围可以对外代表合伙企业

  D. 取得合伙企业对外代表权的合伙人执行合伙事务所产生的亏损由该合伙人承担

  6. 某个人独资企业决定解散，并进行清算。该企业财产状况如下：企业尚有可用于清偿的财产10万元；欠缴税款3万元；欠职工工资1万元；欠社会保险费用0.5万元；欠甲公司到期债务5万元；欠乙未到期债务2万元。根据《个人独资企业法》的规定，该个人独资企业在清偿所欠税款前，应先行清偿的款项有（　　）。

  A. 所欠职工工资1万元　　　　　　B. 所欠社会保险费用0.5万元

  C. 所欠甲公司到期债务5万元　　　D. 所欠乙未到期债务2万元

  7. 根据《中华人民共和国合伙企业法》的规定，下列有关普通合伙企业的说法错误的是（　　）。

  A. 合伙人为自然人的，可以是限制民事行为能力人

  B. 利润分配和亏损分担办法是合伙协议应该记载的事项

  C. 合伙企业解散清算委托第三人担任清算人的，需要经全体合伙人一致同意

  D. 合伙人之间约定的合伙企业亏损的分担比例对合伙人和债权人均有约束力

  8. 甲是某普通合伙企业合伙人，因病身亡，其继承人只有乙。关于乙继承甲的合伙财产份额的下列表述中，符合《合伙企业法》规定的有（　　）。

  A. 乙可以要求退还甲在合伙企业的财产份额

  B. 乙只能要求退还甲在合伙企业的财产份额

  C. 乙因继承财产份额而当然成为合伙企业的合伙人

  D. 经其他合伙人同意，乙因继承而成为合伙企业的合伙人

  9. 甲、乙、丙共同出资设立一个普通合伙企业，在合伙企业存续期间，甲拟以其在合伙企业中的财产份额出质借款。根据《合伙企业法》的规定，下列表述中正确的有（　　）。

  A. 无须经乙、丙同意，甲可以出质

  B. 经乙、丙同意，甲可以出质

  C. 未经乙、丙同意，甲私自出质的，其行为无效

  D. 未经乙、丙同意，甲私自出质给善意第三人造成损失的，由甲承担赔偿责任

10. 赵某、钱某、孙某和李某共同出资设立一个普通合伙企业，钱某被委托单独执行合伙企业事务。钱某因重大过失给合伙企业造成了较大的损失，但自己并未牟取私利。为此，赵某、孙某和李某一致同意将钱某除名，并作出除名决议，书面通知钱某本人。对于该除名决议的下列表述中，错误的是(　　)。

  A. 赵某、孙某和李某不能决议将钱某除名，但可以终止对钱某单独执行合伙事务的委托

  B. 如果钱某对除名决议没有异议，该除名决议自作出之日起生效

  C. 如果钱某对除名决议有异议，可以在接到除名通知之日起30日内，向人民法院起诉

  D. 如果钱某对除名决议有异议，可以在接到除名通知之日起30日内，请求工商行政管理机关作出裁决

二、案例与分析

案例1　2013年1月15日，甲出资5万元设立A个人独资企业(下称"A企业")，主要从事服装的加工。甲聘请乙管理企业事务，同时规定，凡乙对外签订标的超过1万元以上的合同，须经甲同意。2月10日，乙未经甲同意，以A企业名义向善意第三人丙购入价值2万元的货物。3月15日，乙未经甲的同意，自己同A企业订立了一份材料供应合同。另外，乙还设立了一家服装加工的个人独资企业。2013年7月4日，A企业亏损，不能支付到期的丁的债务，甲决定解散该企业，并请求人民法院指定清算人。7月10日，人民法院指定戊作为清算人对A企业进行清算。

  要求：根据以上事实，并结合法律规定，回答下列问题。

  (1) 乙于2月10日以A企业名义向丙购买价值2万元货物的行为是否有效？并说明理由。

  (2) 乙在3月15日订立的合同是否有效？并说明理由。

  (3) 在本例中，乙另外设立服装加工企业的行为是否合法？并说明理由。

  (4) 试述A企业的财产清偿顺序。

案例2　2013年6月，甲、乙、丙、丁拟设立一普通合伙企业，并订立了一份合伙协议，部分内容如下：①甲的出资为现金1万元；②乙的出资为现金5万元，于合伙企业成立后半年内缴付；③丙的出资为作价8万元的房屋一栋，不办理财产权转移手续，且丙保留对该房屋的处分权；④丁以劳务作价5万元出资；⑤合伙企业的经营期限，于合伙企业成立满1年时再协商确定。2013年9月，合伙企业成立。2013年12月，因丙外出采购无法联系，乙经甲、丁同意，以自己在合伙企业的财产份额为其弟弟的公司提供质押担保。2014年2月，甲违反合伙企业的内部规定，越权代表合伙企业与某纺织公司签订一份标的额为2万元的供销合同，但纺织公司并不知道甲的越权行为。2014年4月，乙私自将拥有合伙企业的财产份额转让给丙，乙将此事通知甲和丁后，甲不同意。2014年5月，合伙企业为某关系户提供一般保证，结果债权人在债务人逾期未付款时，直接要求合伙企业承担保证责任，合伙企业拒绝承担保证责任。

  要求：根据以上事实，并结合法律规定，回答下列问题。

(1) 逐项分析该合伙协议的内容是否合法？说明理由。
(2) 乙的出质行为是否有效？说明理由。
(3) 合伙企业与纺织公司之间签订的合同是否有效？说明理由。
(4) 乙将拥有合伙企业财产份额转让给丙的行为是否合法？说明理由。
(5) 合伙企业拒绝债权人的要求是否合法？说明理由。

案例3 甲、乙、丙、丁决定成立一个生产服装的有限合伙企业，经协商初步拟定的合伙协议的主要内容有：①甲以现金出资；乙以自己的房屋出资；丙以服装加工设备出资；丁以劳务出资。②甲、乙、丙为有限合伙人，以出资额为限对企业债务承担有限责任；丁为普通合伙人，对企业债务承担无限责任。合伙企业成立后，由甲负责管理合伙企业的事务，其他人不再执行合伙事务。③合伙企业成立后任何人不得擅自退伙，否则将对退伙后一年内合伙企业的债务承担连带责任。合伙协议经修改后，合伙企业成立。在合伙企业经营过程中，发生以下事项：①甲未经其他合伙人同意，以自己在合伙企业的财产份额为其弟弟的公司提供质押保证。②乙要求以劳务作价增加出资份额，乙将此事通知甲、丙和丁后，甲不同意。③丙违反合伙企业的内部规定，越权代表合伙企业与某纺织公司签订一份供销合同，纺织公司不知道丙是有限合伙人。丙在签订合同时，与该公司的代理人私自串通加价，加价部分二人私分。④丁提出转为有限合伙人，甲、乙、丙表示同意，同时要求丁继续担任企业事务管理人，负责合伙企业的经营管理。

要求：根据以上事实，并结合法律规定，回答下列问题。
(1) 合伙企业初步拟定的合伙协议是否合法？说明理由。
(2) 甲的出质行为是否有效？说明理由。
(3) 乙是否可以以劳务作价增加出资份额？说明理由。
(4) 丙与纺织公司之间签订的合同是否有效？说明理由。
(5) 丁转为有限合伙人，合伙企业继续经营是否合法？说明理由。

第3章 公司法

教学要求

通过本章的学习，学生应当能够：
(1) 了解我国公司的概念、特征与分类；
(2) 掌握有限责任公司和股份有限公司设立的条件和程序；
(3) 掌握公司组织机构的构成和相应的职权等法律制度；
(4) 熟悉公司股票与公司债券的一般理论；
(5) 理解公司的基本财务会计制度等内容，学会运用公司法的法律制度解决相关问题。

引例

几年前，童晓岚的父亲童国建与另外两个人一起创办了一家公司，名叫鼎峰投资公司，专做电力方面的投资业务。鼎峰公司注册资本3000万元，父亲童国建出资1650万元，占55%股份，担任公司执行董事、总经理；徐耀波出资1050万元，占35%股份，担任公司副总经理，冯国强出资300万元，占10%股份，担任公司监事。三股东共同制定了公司章程。按照鼎峰公司章程规定，选举公司执行董事、总经理应由代表二分之一以上表决权的股东表决通过。作为大股东的女儿，父亲去世之后，如何进驻公司呢？如何当上总经理呢？

【分析提示】

律师建议，第一步要确认童晓岚在鼎峰公司的股东资格。按照《公司法》的规定，自然人股东死亡后，其合法继承人可以继承股东资格；2006年6月，童晓岚的奶奶和母亲同时声明，放弃继承童国建在鼎峰公司的股份，无锡市公证处对此进行了公证。2006年8月，童晓岚向无锡市南长区法院起诉，两个月后，法院判决确认童晓岚继承童国建在鼎峰公司股权及股东资格。

第二步：拿到法院的判决书之后，童晓岚向徐耀波和冯国强两位股东发函，要求召开临时股东会，议程为选举公司执行董事和总经理人选等事宜。在召开的过程中，其他两股东，首先是不同意进行选举，然后是要求修改关于选举章程的这些条款。之后三位股东又聚集在一起开了第二次股东会，徐耀波、冯国强提出必须在修改章程的前提下才能进行选举，童晓岚表示反对；随后童晓岚提出选举自己担任公司执行董事及总经理，并进行表决，另外两个股东表示反对，并拒绝在会议记录上签字。整个会议过程，无锡市公证处公证员进行了公证。

第三步：一个月以后，童晓岚再次向南长区法院提起诉讼，要求确认股东会上其担任公司执行董事、总经理的决议有效。

2007年9月，无锡市南长区法院对鼎峰公司股东权纠纷一案做出判决：童晓岚提议召开股东会及在股东会上提议并选举其为执行董事和总经理的程序符合公司章程的规定。故判决确认无锡市鼎峰公司2006年11月17日临时股东会决议有效。

《公司法》规定股东会会议由股东按照出资比例行使表决权；但是公司另有规定的除外。股东会的议事方式和表决程序，除本法有规定之外，由公司章程规定等内容。公司法中关于公司章程另有规定的除外，这些特殊内容多达30多处。所以股东在成立公司时应特别重视公司章程的规定。

（资料来源：http://www.cctv.com）

3.1 公司法概述

3.1.1 公司的概念与特征

1. 公司的概念

根据《中华人民共和国公司法》（以下简称《公司法》）规定，公司是企业法人，有独立的法人财产，享有法人财产权。公司以其全部财产对公司的债务承担责任。有限责任公司的股东以其认缴的出资额为限对公司承担责任；股份有限公司的股东以其认购的股份为限对公司承担责任。

2. 公司的特征

1）依照公司法设立的经济组织

公司要依照《公司法》设立，符合《公司法》规定的设立条件。《公司法》对公司的股东人数、公司组织机构的地位、性质、职权等，都作了明确规定。公司的外部关系和内部关系，都必须严格依照《公司法》等有关法律规定进行运作。

2）由法定数额的股东共同出资形成的经济组织

公司股东以其出资额或者所持股份为限，对公司承担有限责任；公司是由投资者按股出资、按股享受权利和承担责任与风险。公司以其全部财产对公司债务承担责任。

3）以营利为目的的经济组织

以营利为目的，是指公司从事的是经营活动，而经营活动的目的是为了获取利润，并将其分配给公司的股东。公司是企业，是从事生产、流通或其他服务性活动的经济组织，是为满足社会的各种需要并获取盈利的自主经营、独立核算、自负盈亏的社会经济组织。

4）具有法人资格的经济组织

公司的出资者所有权与企业法人财产权相分离。公司股东作为出资者以投入公司的资本享有所有者的权益，公司享有由股东投资形成的全部法人财产权，是具有法人资格的企业。

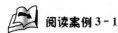

阅读案例 3-1

张×、李×、赵× 3 人投资设立一有限责任公司。张×出资 20 万元人民币,李×以价值 20 万元的房屋出资,赵×出资人民币 10 万元。后经营失败,公司欠甲 100 万元,公司资产价值 50 万元,甲知道张×具有偿还能力,在公司财产不足清偿债务时,要求张×偿还所欠的债务。

若你是甲的法律顾问,对甲的要求如何回答?

(资料来源:http://www.doc88.com)

【案例分析】

张、李、赵 3 人设立的有限责任公司所欠债务,应以其(公司)全部财产对外承担责任。在张、李、赵 3 人足额出资后,3 人只以各自出资额为限对公司承担责任,而公司以自身财产对外承担责任。据此,债权人甲只能要求公司清偿债务,而不能对张×本人提出清偿债务的请求。

3.1.2 公司的分类

1. 公司的分类

在法律和学理上对公司一般可以作如下分类。

1) 母公司和子公司

这是按公司外部组织关系所作的分类。在不同公司之间存在控制与依附关系时,处于控制地位的是母公司也称为控股公司,处于依附地位的则是子公司也称为被控股公司。母子公司之间虽然存在控制与被控制的组织关系,但它们都具有法人资格,在法律上是彼此独立的企业。控股股东:是指其出资额占有限责任公司资本总额 50% 以上或者其持有的股份占股份有限公司股本总额 50% 以上的股东;或者指出资额或者持有股份的比例虽然不足 50%,但依其出资额或者持有的股份所享有的表决权已足以对股东会或者股东大会的决议产生重大影响的股东。可称之为子公司的情形:①全资子公司。②绝对控股子公司(母公司持有子公司 50% 以上股权)。③相对控股子公司(母公司持有子公司 50% 以下股权,但足以控制子公司)。

母公司以及直接或者间接依附于母公司的公司(子公司、孙公司等),以及存在连锁控制关系的公司,属于关联企业的范畴。由于母子公司、关联企业都是独立法人,但彼此间又存在可能影响公司正常经营决策的控制和依附关系,为了防止控制公司滥用子公司法人人格与控制地位从事损害子公司少数股东及债权人利益的经营决策与交易,破坏社会经济秩序,法律上须对其相互关系加以控制和调整,由此形成调整关联企业暨关联交易的法律制度。

母公司与子公司是由持股关系形成的。此外,公司之间还可能由于其他原因形成控制与依附关系,成为控制公司与附属公司,如表决权控制、人事关系、契约关系、信贷及其他债务关系、婚姻、亲属关系等。所以,控制公司与附属公司的概念要大于母公司与子公司的概念。

2) 总公司和分公司

按照公司的内部管辖关系分为总公司和分公司。总公司也称本公司,是指在组织上统辖和管理若干个分公司的公司。总公司具有独立的法人资格,能够以自己的名义从事经营活动,对所属分公司的业务、资金、人事安排等方面具有统一的决定权、管理权和监督权。根据《企业名称登记管理规定》,具有三个以上分支机构的公司,才可以在名称中使用"总"字。

分公司是指在总公司住所以外设立的、被总公司管辖的公司分支经营机构。分公司不具有企业法人资格,其民事责任由公司承担。总公司应以自己的全部财产对分公司的债务承担责任。

分公司的设立无须经过一般公司设立的许多法律程序,只需在当地办理营业登记并领取营业执照即可。分公司虽然不具有法人资格,但具有经营资格,可以以自己的名义独立订立合同,以自己的名义参加诉讼。

3) 本国公司和外国公司

以公司国籍为标准,分为本国公司和外国公司。各国确定公司国籍的标准不同,有的以公司成立地(即注册登记地)为标准,有的以公司住所地(或管理中心地、基本商业地)为标准,有的以控制人国籍为标准,有的以股东国籍地为标准,有的以设立依据法律地为标准,还有的综合采用几种标准。根据我国《公司法》的规定,我国采用以公司注册登记地和设立依据法律地为结合标准确定公司的国籍。

4) 国内公司和跨国公司

以公司的组织机构和经营活动是否局限于一国为标准,分为国内公司和跨国公司。跨国公司往往并不是一个单独的公司,而是一个由控制公司与设在各国的众多附属公司形成的国际公司集团。

5) 无限公司、有限公司、股份有限公司、两合公司

这是大陆法系国家的公司法根据股东对公司债务承担责任的不同,对公司所作的法定分类。无限公司也称为无限责任公司,是指全体股东对公司债务负无限连带责任。无限公司的组织和设立程序都相对简单,没有最低注册资本额的限制,出资方式多样化,股东间关系密切,相互间有良好的信赖基础,清偿债务不以出资为限,对债权人是有利的,但是股东的投资风险过高、责任过重,不利于吸引投资。因此,无限公司并非当今世界各国公司的主要形式。

股东对公司债务以其出资额或所持股份为限承担责任的,是有限公司,包括有限责任公司和股份有限公司。

两合公司是指由一人以上的无限责任股东和一人以上的有限责任股东所组成的公司。无限责任股东对公司债务承担无限连带责任,有限责任股东仅以出资承担有限责任。无限责任股东代表公司执行业务,而有限责任股东没有业务执行权和代表权,只有一定的监察权。

6) 上市公司和非上市公司

这是以公司的股票是否上市流通为标准对公司所作的一种分类。上市公司,是指所发行的股票经国务院或者国务院授权证券管理部门批准在证券交易所上市交易的股份有限公司。非上市公司有时泛指上市公司以外的所有公司。

7) 人合公司、资合公司以及人合兼资合公司

根据公司信任基础不同,可以将公司分为人合公司、资合公司以及人合兼资合公司。人合公司是指经营活动中,以股东个人条件作为对外活动信用基础的公司。股东的个人条件包括个人信用、社会地位和社会声望等。无限公司是典型的人合公司。

资合公司是指在经营活动中,以资本的结合作为公司信用基础的公司。对于这类公司,债权人一般只关心公司本身的资本实力,而不关心股东个人的信用。为防止公司资本缺乏而损害债权人利益,绝大多数大陆法系国家的公司法对资合公司的设立条件予以严格限制,资合公司只有具备了法定最低注册资本额才可以设立。同时,公司在运营过程中必须按照法律的规定定期披露相关财务信息,使公司债权人、投资人及其他利害关系人及时准确了解公司的财产及经营状况。股份有限公司是典型的资合公司。

人合兼资合公司是指经营活动兼具人的信用和资本的信用的公司。两合公司就是典型的人合兼资合公司。在这种公司中,有限责任股东的出资为公司提供资本信用基础,而无限股东则以个人信用为公司债务提供担保。

8) 封闭式公司和开放式公司

按照公司股份筹集方式及其转让方式,分为封闭式公司和开放式公司。这是英美法系国家对公司的一种分类。封闭式公司又称少数人公司、不上市公司或私公司,其特点是股东人数有所限制,不能对外发行股份,股份全部由建立该公司的股东所占有,股票不能在证券交易所公开挂牌,不能在股票市场上自由流通。封闭式公司类似于大陆法中的有限责任公司。开放式公司又称多数人公司、上市公司,其特点是可以公开募集股份,股票可以在证券交易所挂牌,可以在股票市场上公开进行交易。开放式公司类似于大陆法系中的股份有限公司。

2. 我国现行立法体系下的公司

我国《公司法》所称公司为依照《公司法》在中国境内设立的公司;组织形式仅限于有限责任公司和股份有限公司,立法未对其他公司组织形式作规定,在实践中则不允许设立。

3.1.3 公司法的概念与特点

1. 公司法的概念

公司法是指规定公司设立、组织、活动的法律规范的总称。广义的公司法泛指国家关于公司设立、组织机构与经营活动的一切法律、法规和规章的总称。狭义的公司法仅指单个的《中华人民共和国公司法》(简称《公司法》)。新中国成立后,我国的第一部《公司法》于1993年12月29日由第八届全国人大常委会第五次会议正式审议通过。但随着我国市场经济的发展,最高立法机关多次修订了《公司法》,最新《公司法》全文于2013年12月28日第十二届全国人民代表大会常务委员会第六次会议通过修订,并于2014年3月1日起施行。

2. 公司法特点

公司法是组织法与行为法的结合，在调整公司组织关系的同时，也对与公司组织活动有关的行为加以调整，如公司股份的发行和转让等，其组织法性质为公司法的本质特点。

1）《公司法》是组织法

《公司法》规定了公司的设立条件、程序，公司章程，公司组织机构的设立、变更、终止条件和程序以及机构之间的权利义务，调整了公司与投资人的关系、公司与内部成员之间的关系，规范了公司财务会计制度和利润分配制度等等。因此，公司法体现出组织法特点。

2）《公司法》是行为法

公司作为一种企业组织形式，需要开展生产经营活动，需要直接参与社会的商品流通。《公司法》对其部分经营、交易行为进行调整，例如股份的发行、转让与交易，债券的发行与转让等。

3）《公司法》是强制性规范较多的法律

《公司法》中强制性规范较多，对公司的设立条件和程序、公司经营和解散、公司的责任等等都做了严格规定。当然公司在很多地方也需要尊重股东意愿，所以在注册资本的确定、机构负责人的确定等方面有不少任意性规范。

3. 公司法人财产权

《公司法》规定，公司作为企业法人享有法人财产权。公司的财产虽然源于股东投资，但股东一旦将财产投入公司，便丧失对该财产的直接支配权利，只享有对公司的股权，由公司享有对该财产的支配权利，即法人财产权。因此，不允许股东在公司成立后又抽逃投资，或占用、支配公司的资金、财产。

根据新《公司法》规定，公司向其他企业投资或者为他人提供担保，按照公司章程的规定由董事会或者股东会、股东大会决议；公司章程对投资或者担保的总额及单项投资或者担保的数额有限额规定的，不得超过规定的限额。公司为公司股东或者实际控制人提供担保的，必须经股东会或者股东大会决议。接受担保的股东或者受实际控制人支配的股东不得参加表决。该项表决由出席会议的其他股东所持表决权的过半数通过。

3.2 公司的登记管理

公司登记是国家赋予公司法人资格与企业经营资格，并对公司的设立、变更、注销加以规范、公示的行政行为。未经公司登记机关登记的，不得以公司名义从事经营活动。

公司登记分为设立登记、变更登记、注销登记。公司设立分公司也应进行必要的登记。此外，公司登记机关每年还对公司进行年度检验。

3.2.1 登记事项

《公司登记管理条例》对公司应当登记的事项作有列举规定，公司的登记事项包括：①名称；②住所；③法定代表人姓名；④注册资本；⑤公司类型；⑥经营范围；⑦营业期限；⑧有限责任公司股东或者股份有限公司发起人的姓名或者名称。公司申请登记的事项应当符合法律、行政法规的规定，否则公司登记机关不予登记。

1. 名称

在法定登记事项中，名称是公司法律人格的文字符号，是其区别于其他公司、企业的识别标志。

1) 公司名称的内容

(1) 公司所在地行政区域名称。公司名称前应当冠以公司所在地省(包括自治区、直辖市)或者市或者县(包括市辖区)行政区划名称。但经过国家工商行政管理局核准，下列公司的名称可以不冠以公司所在地行政区划名称：①历史悠久、字号驰名的公司；②外商投资的有限责任公司。此外，在企业名称中可以使用"中国"、"中华"或者"国际"等字样的公司，包括全国性公司、国务院或其授权的机关批准的大型进出口公司、国务院或其授权的机关批准的大型集团公司、国家工商行政管理局规定的其他公司，但是公司在使用这些字样前必须经过国家工商行政管理局的核准。

(2) 字号(商号)。字号是公司名称的核心内容，是公司名称中当事人唯一可以自由选择的部分。

(3) 行业或者经营特点。公司应当根据其主营业务，依照国家行业分类标准划分的类别，在公司名称中标明所属行业或者经营特点，如××电器××公司、纺织品批发××公司等。这样做，便于人们了解公司的经营范围和经营形式，有利于公司开展日常经营活动。

(4) 组织形式。有限责任公司必须在公司名称中标明"有限责任公司"或者"有限公司"字样。股份有限公司必须在公司名称中标明"股份有限公司"或者"股份公司"字样。

例如：某公司名称为"湖北省富华家具有限责任公司"，其中"湖北省"表明公司所在地的行政区划，"富华"是字号，"家具"表明公司生产经营的行业，"有限责任公司"表明公司类型。

我国的公司名称应当使用汉字，民族自治地方的公司名称可以同时使用本民族自治地方通用的民族文字；公司如果使用外文名称的，其外文名称应当与中文名称一致，并报主管机关登记注册。

根据《企业名称登记管理规定》的规定，公司名称中禁止出现的内容包括：①有损国家、社会公共利益的；②可能对公众造成欺骗或者误解的；③外国国家(地区)名称、国际组织名称；④政党名称、党政军机关名称、群众组织名称、社会团体名称及部队番号；⑤汉语拼音字母(外文名称中使用的除外)、数字；⑥其他法律、行政法规规定禁止的。

2）公司名称的登记管理

我国公司名称的登记管理机关是各级工商行政管理局，它们对公司名称实行分级管理。国家工商行政管理局负责核定《企业名称登记管理规定》中规定的可以"不冠以企业所在地行政区划名称"，或者可以使用"中国"、"中华"、"国际"等字样的公司、外商投资公司和外国公司的公司名称；省级工商行政管理局负责核定冠以省名或自治区或直辖市名的公司名称；市、县级工商行政管理局负责核定冠以市、县名的公司名称。

经公司登记机关核准登记的公司名称受法律保护。

2. 住所

住所是公司主要办事机构所在地。经公司登记机关登记的公司的住所只能有一个。公司的住所应当在其公司登记机关辖区内。在公司设有分公司时，以总公司的所在地为住所。经营场所是指公司进行生产、经营的所在地。经营场所除了住所，还包括进行各种业务活动的多个固定地点和设施，如生产制造场所、经营销售场所、办公楼等。对于公司经营场所，各国法律一般不做限制性规定。

确定公司住所的法律意义：①便于确定诉讼管辖。我国《民事诉讼法》规定，其他组织提起的民事诉讼，由被告住所地人民法院管辖。②便于确定登记机关。根据公司登记管辖规定，除依法应当由国家工商行政管理局或者省、自治区、直辖市工商行政管理局核准登记的公司外，其他公司由所在市、县（区）工商局核准登记。③便于确定合同的履行地点。《合同法》规定，如果履行合同的地点不明确，给付货币的，接受给付的一方的所在地为履行地；其他标的（不动产除外），在履行义务的一方所在地履行。这里的"所在地"就是指当事人的住所。

3. 法定代表人姓名

公司法定代表人依照公司章程的规定，由董事长、执行董事或者经理担任。

4. 注册资本

公司的注册资本应当以人民币表示，法律、行政法规另有规定的除外。

5. 公司类型

公司包括有限责任公司和股份有限公司。一人有限责任公司应当在公司登记中注明自然人独资或者法人独资，并在公司营业执照中载明。

6. 经营范围

经营范围是股东选择的公司生产和经营的商品类别、品种及服务项目。经营范围由公司章程规定，并应依法登记。公司的经营范围中属于法律、行政法规规定须经批准的项目，应当依法经过批准。公司可以修改公司章程，改变经营范围，但是应当办理变更登记。

3.2.2 登记程序

公司登记程序，是公司的设立人依照《公司法》规定的设立条件与程序向公司登记机关提出设立申请，并提交法定登记事项文件，公司登记机关审核后对符合法律规定者准予登记并发给《企业法人营业执照》的活动。

1. 公司名称预先核准

设立公司应当申请名称预先核准。如果设立法律、行政法规或者国务院决定中规定必须报经批准的公司，或者公司经营范围中有属于法律、行政法规或者国务院决定规定在登记前须经批准的项目的，应当在报送批准前办理公司名称预先核准，并以公司登记机关核准的公司名称报送批准。

预先核准的公司名称保留期为6个月。在保留期内，预先核准的公司名称不得用于从事经营活动，不得转让。

2. 设立登记的程序

有限责任公司，应当由全体股东指定的代表或者共同委托的代理人向公司登记机关申请设立登记。设立国有独资公司，应当由国务院或者地方人民政府授权的本级人民政府国有资产监督管理机构作为申请人，申请设立登记。法律、行政法规或者国务院决定规定设立有限责任公司必须报经批准的，应当自批准之日起90日内向公司登记机关申请设立登记；逾期申请设立登记的，申请人应当报批准机关确认原批准文件的效力或者另行报批。

设立股份有限公司，应当由董事会向公司登记机关申请设立登记。以募集方式设立股份有限公司的，应当于创立大会结束后30日内向公司登记机关申请设立登记。

以募集方式设立股份有限公司的，还应当提交创立大会的会议记录以及依法设立的验资机构出具的验资证明；以募集方式设立股份有限公司公开发行股票的，还应当提交国务院证券监督管理机构的核准文件。

法律、行政法规或者国务院决定规定设立股份有限公司必须报经批准的，还应当提交有关批准文件。

对符合法律规定的，予以登记，并颁发营业执照，营业执照的签发日期即为公司成立日期，公司取得法人资格；公司营业执照应当载明公司的名称、住所、注册资本、经营范围、法定代表人姓名等事项。对不符合法律规定的，不予登记，发给《公司登记驳回通知书》。

3. 申请设立有限责任公司

申请设立有限责任公司，应当向公司登记机关提交下列文件：公司法定代表人签署的设立登记申请书；全体股东指定代表或者共同委托代理人的证明；公司章程；股东的主体资格证明或者自然人身份证明；载明公司董事、监事、经理的姓名、住所的文件以及有关委派、选举或者聘用的证明；公司法定代表人任职文件和身份证明；企业名称预先核准通知书；公司住所证明；国家工商行政管理总局规定要求提交的其他文件。

法律、行政法规或者国务院决定规定设立有限责任公司必须报经批准的，还应当提交有关批准文件。

4. 申请设立股份有限公司

申请设立股份有限公司，应当向公司登记机关提交下列文件：公司法定代表人签署的设立登记申请书；董事会指定代表或者共同委托代理人的证明；公司章程；发起人的主体资格证明或者自然人身份证明；载明公司董事、监事、经理姓名、住所的文件以及有关委派、选举或者聘用的证明；公司法定代表人任职文件和身份证明；企业名称预先核准通知书；公司住所证明；国家工商行政管理总局规定要求提交的其他文件。

以募集方式设立股份有限公司的，还应当提交创立大会的会议记录以及依法设立的验资机构出具的验资证明；以募集方式设立股份有限公司公开发行股票的，还应当提交国务院证券监督管理机构的核准文件。

法律、行政法规或者国务院决定规定设立股份有限公司必须报经批准的，还应当提交有关批准文件。

5. 分公司的申请登记

公司设立分公司，应当自决定作出之日起 30 日内向分公司所在地的公司登记机关申请登记；法律、行政法规或者国务院决定规定必须报经有关部门批准的，应当自批准之日起 30 日内向公司登记机关申请登记，领取营业执照。分公司的登记事项包括：名称、营业场所、负责人、经营范围。分公司的名称应当符合国家有关规定。分公司的经营范围不得超出公司的经营范围。分公司的公司登记机关准予登记的发给《营业执照》。公司应当自分公司登记之日起 30 日内持分公司的《营业执照》到公司登记机关办理备案。

公司营业执照签发日期为公司成立日期。公司凭《企业法人营业执照》刻制印章，开立银行账户，申请纳税登记。公司的《企业法人营业执照》正本或者分公司的《营业执照》正本应当置于公司住所或者分公司营业场所的醒目位置。公司可以根据业务需要向公司登记机关申请核发营业执照若干副本。任何单位和个人不得伪造、涂改、出租、出借、转让营业执照。

6. 登记效力

设立登记的效力包括创立公司的效力（公司非经登记，不得成立）和对抗第三人（公司一经设立登记，即可对抗第三人）。应当登记而没有登记，或者登记不实的，不得对抗善意第三人。

3.2.3 变更登记

公司（包括分公司）变更登记事项，应当向原公司登记机关申请变更登记。未经变更登记，公司不得擅自改变登记事项。变更登记事项涉及《企业法人营业执照》载明事项的，公司登记机关应当换发营业执照。

公司申请变更登记,应当向公司登记机关提交公司法定代表人签署的变更登记申请书、依照《公司法》作出的变更决议或者决定、国家工商行政管理总局规定要求提交的其他文件。公司变更登记事项涉及修改公司章程的,应当提交由公司法定代表人签署的修改后公司章程或者公司章程修正案。变更登记事项依照法律、行政法规或者国务院决定规定在登记前须经批准的,还应当向公司登记机关提交有关批准文件。

1. 变更登记事项

1)变更名称、住所及法定代表人

公司变更名称的,应当自变更决议或者决定作出之日起 30 日内申请变更登记。公司变更住所的,应当在迁入新住所前申请变更登记,并提交新住所使用证明。公司变更住所跨公司登记机关辖区的,应当在迁入新住所前向迁入地公司登记机关申请变更登记;迁入地公司登记机关受理的,由原公司登记机关将公司登记档案移送迁入地公司登记机关。公司变更法定代表人的,应当自变更决议或者决定作出之日起 30 日内申请变更登记。

2)变更注册资本

公司增加注册资本的,应当自变更决议或者决定作出之日起 30 日内申请变更登记。

公司减少注册资本的,应当自公告之日起 45 日后申请变更登记,并应当提交公司在报纸上登载公司减少注册资本公告的有关证明和公司债务清偿或者债务担保情况的说明。

3)变更经营范围

公司变更经营范围的,应当自变更决议或者决定作出之日起 30 日内申请变更登记;变更经营范围涉及法律、行政法规或者国务院决定规定在登记前须经批准的项目的,应当自国家有关部门批准之日起 30 日内申请变更登记。公司的经营范围中属于法律、行政法规或者国务院决定规定须经批准的项目被吊销、撤销许可证或者其他批准文件,或者许可证、其他批准文件有效期届满的,应当自吊销、撤销许可证、其他批准文件或者许可证、其他批准文件有效期届满之日起 30 日内申请变更登记或者依照《公司登记管理条例》的规定办理注销登记。

4)变更类型

公司变更类型,应当在规定的期限内向公司登记机关申请变更登记,并提交有关文件。有限责任公司变更为股份有限公司,应当符合《公司法》规定的股份有限公司的条件。股份有限公司变更为有限责任公司,应当符合《公司法》规定的有限责任公司的条件。公司变更类型前的债权、债务由变更后的公司承继。

5)变更股权

有限责任公司股东转让股权的,应当自转让股权之日起 30 日内申请变更登记,并应当提交新股东的主体资格证明或者自然人身份证明。有限责任公司的自然人股东死亡后,其合法继承人继承股东资格的,公司应当依照转让股权的规定申请变更登记。

有限责任公司的股东或者股份有限公司的发起人改变姓名或者名称的,应当自改变姓名或者名称之日起 30 日内申请变更登记。

6) 公司章程变更

公司修改公司章程的,应当提交由公司法定代表人签署的修改后的公司章程或者公司章程修正案。

7) 合并、分立的变更

因合并、分立而存续的公司,其登记事项发生变化的,应当申请变更登记;因合并、分立而解散的公司,应当申请注销登记;因合并、分立而新设立的公司,应当申请设立登记。公司合并、分立的,应当自公告之日起45日后申请登记,提交合并协议和合并、分立决议或者决定以及公司在报纸上登载公司合并、分立公告的有关证明和债务清偿或者债务担保情况的说明。法律、行政法规或者国务院决定规定公司合并、分立必须报经批准的,还应当提交有关批准文件。

8) 其他

公司登记事项变更涉及分公司登记事项变更的,应当自公司变更登记之日起30日内申请分公司变更登记。

2. 备案事项

公司章程修改未涉及登记事项的,公司应当将修改后的公司章程或者公司章程修正案送原公司登记机关备案。公司董事、监事、经理发生变动的,应当向原公司登记机关备案。

3. 变更登记的效力

公司不按规定办理变更登记,不得以事项变更为由对抗善意第三人。例如:公司的法定代表人由甲更换为乙,但公司未按规定进行变更登记,第三人丙在不知情的情况下,仍然与甲签订了合同,则公司应该承担该合同的法律后果。

公司根据股东(大)会、董事会决议已办理变更登记,人民法院宣告该决议无效或者撤销该决议的,公司应当向公司登记机关申请撤销变更登记。公司申请撤销变更登记的,应当提交公司法定代表人签署的申请书和人民法院的裁判文书。

3.2.4 注销登记

公司解散有两种情况,其一是不需要清算的,如因合并、分立而解散的公司,因其债权债务由合并、分立后继续存续的公司承继;其二是应当清算的,即公司债权债务无人承继的。公司解散应当申请注销登记,经公司登记机关注销登记,公司终止。其中公司应当清算的,应当依法成立清算组。

公司发生下列情形之一的,公司清算组应当自公司清算结束之日起30日内向原公司登记机关申请注销登记:①被依法宣告破产。②章程规定的营业期限届满或者章程规定的其他解散事由出现且未通过修改公司章程而使公司无法存续。③股东(大)会决议解散或者一人有限责任公司的股东、外商投资的公司董事会决议解散。④依法被吊销营业执照、责令关闭或者被撤销。⑤人民法院依法予以解散。⑥法律、行政法规规定的其他解散情形。

公司申请注销登记，应当提交下列文件：①公司清算组负责人签署的注销登记申请书。②人民法院的破产裁定、解散裁判文书，公司依照《公司法》作出的决议或者决定，行政机关责令关闭或者公司被撤销的文件。③股东（大）会、一人有限责任公司的股东、外商投资的公司董事会或者人民法院、公司批准机关备案、确认的清算报告。④《企业法人营业执照》。⑤法律、行政法规规定应当提交的其他文件。

国有独资公司申请注销登记，应当提交国有资产监督管理机构的决定，其中，国务院确定的重要的国有独资公司，还应当提交本级人民政府的批准文件。

有分公司的公司申请注销登记，应当提交分公司的注销登记证明。如果仅是分公司被公司撤销、依法责令关闭、吊销营业执照的，公司应当自决定作出之日起30日内向该分公司的公司登记机关申请注销登记。

3.3 有限责任公司的设立和组织机构

3.3.1 有限责任公司的概念和特征

1. 有限责任公司概念

1）有限责任公司概念

有限责任公司是指由50个以下股东出资组成，股东以其出资额为限对公司承担有限责任，公司以其全部资产对其债务承担责任的公司。

2）股东

股东是公司的出资人。股东资格的取得有两种方式。①原始取得。原始取得又分为两种：公司设立时，参与公司设立而取得；公司成立后增资时加入公司取得；②继受取得。基于继承、遗赠、公司合并或出资的受让而取得股东资格。

（1）有限责任公司股东的权利。根据《公司法》规定，股东享有以下权利：①参加股东会并根据出资份额享有表决权；②制定和修改公司章程的权利；③选举和被选举为董事、监事的权利；④分取红利的权利。股东按照实缴出资比例分取红利；⑤依法转让出资的权利；⑥增资优先认购权；⑦优先购买其他股东转让的出资权利；⑧查阅公司会议记录和财务报告的权利；⑨剩余财产分配权；⑩股东代表诉讼的权利。

（2）有限责任公司股东的义务。有限责任公司股东的义务包括：遵守公司章程的义务；按期足额缴纳出资的义务；出资填补义务；不得抽逃出资的义务；依其所缴的出资额为限承担公司债务；依法转让出资的义务。

（3）股东名册。股东名册是记载股东自然状况、出资情况等事项的文件，置备股东名册是有限责任公司法定义务之一，是公司的重要材料。

有限责任公司股东名册应当记载下列事项：股东的姓名或者名称及住所；股东的出资额；出资证明书编号。名册上的记载事项应该真实、客观、合法。

2. 有限责任公司的特征

1）股东人数有所限制

股东可以是自然人，也可以是法人组织，但人数不得超过 50 人。

2）股东仅以出资额为限对公司负责

公司股东除了投入资本外，对公司债权人并无清偿义务，而公司对超过其资产的债务也不承担清偿义务。

3）有限责任公司是封闭性公司

有限责任公司不能公开募集股份，不能发行股票。股东拥有出资证明书，但它不同于股票，不能在股市上买卖。

4）有限责任公司是人合兼资合公司

公司的注册资本必须达到法定最低限额，每个股东都要尽到出资义务，具有资合性；但是在股东人数及向股东之外的人转让股份等方面有着严格限制，强调股东之间的信任与合作，所以，有限责任公司也具有一定的人合性。

5）设立程序和组织管理比较简单

例如，可以设立董事会，也可以只设一至二名执行董事；监事会是否设立也由公司自行决定；股东会的召集方式及决议方式也简便易行。

有限责任公司的优点是便于管理、容易协调和控制内部矛盾、工作效率高、决策及时灵活，能对市场作出及时反映，是适合于中小企业的一种组织形式。但由于股东人数有限，公司筹措资金的渠道有限，对企业的发展有所限制。

3.3.2 有限责任公司的设立

1. 设立条件

根据《公司法》规定，设立有限责任公司，应当具备下列条件。

1）股东符合法定人数

按我国《公司法》规定，有限责任公司的股东人数必须在 50 人以下。在我国，自然人、法人和国家都可以成为有限责任公司的股东。外国自然人、外国法人出资设立的有限责任公司也适用我国《公司法》，但如果外商投资法律另有规定，从其规定。另为还允许设立一人公司。

2）有符合公司章程规定的全体股东认缴的出资额

3）股东共同制定公司章程

公司章程是由股份有限公司的发起人或者有限责任公司的全体股东共同制定，规定公司的组织及行为的基本规则的书面文件。制定公司章程是公司设立的必备条件和必经程序之一。

关于公司章程的性质，目前一般认为是社团法人的自治法规。《公司法》规定，公司章程对公司、股东、董事、监事、高级管理人员具有约束力。高级管理人员，是指公司的经理、副经理、财务负责人,上市公司董事会秘书和公司章程规定的其他人员。

4) 有公司名称,建立符合有限责任公司要求的组织机构

5) 有公司住所

2. 股东缴纳出资

1) 注册资本

注册资本为在公司登记机关登记的全体股东认缴的出资额。法律、行政法规以及国务院决定对有限责任公司注册资本实缴、注册资本最低限额另有规定的,从其规定。

2) 股东的出资方式

(1) 股东出资方式可以多样化,除了货币出资,还可以用实物、知识产权、土地使用权等作价出资,不包括劳务和信用出资。非货币资产出资必须满足两个条件:一是可以用货币估价,具有市场价值;二是可以依法流通转让,而不是国家限制和禁止流通的财产。实物包括动产和不动产。

(2) 非货币出资必须由法定的资产评估机构依法评估作价,评估价格为股东的出资额。若估价过高,出资股东负填补责任。《公司法》规定:"有限责任公司成立后,发现作为设立公司出自的非货币财产的实际价额显著低于公司章程所定价额的,应当由交付该出资的股东补足其差额;公司设立时的其他股东承担连带责任。"

对非货币资产的估价,应以公司设立时的资产价值为标准,不能以公司成立后变化了的价值为依据。

(3) 股东以货币出资的,应当将货币出资足额存入有限责任公司在银行开设的账户;以非货币财产出资的,应当依法办理其财产权的转移手续。

股东如果不按规定缴纳出资的,除了应当向公司足额缴纳外,还应当向已按期足额缴纳出资的股东承担违约责任。公司成立后,股东不得抽逃出资。

另外股东的出资方式应当符合《公司法》的规定。《公司登记管理条例》规定,股东不得以劳务、信用、自然人姓名、商誉、特许经营权或者设定担保的财产等作价出资。

 阅读案例 3-2

A、B、C三人经协商,准备成立一家有限责任公司,主要从事家具的生产,其中A为公司提供厂房和设备,经评估作价25万元,B从银行借款20万元现金作为出资,C原为一国有企业的家具厂厂长,具有丰富的管理经验,提出以管理能力出资,作价15万元。A、B、C签订协议后,向工商局申请注册。请分析本案A、B、C的出资效力。

(资料来源:http://www.doc88.com)

【案例分析】

股东可以用货币出资,也可以用实物、知识产权、土地使用权等可以用货币估价并可以依法转让的非货币财产作价出资;但是,法律、行政法规规定不得作为出资的财产除外。本案例中A的出资为实物出资,符合规定;B虽然是从银行借的资金,当并不影响其出资能力,故属货币出资,符合规定;C以管理能力作为出资不符合我国《公司法》的规定。

3. 有限责任公司的设立程序

(1) 订立公司章程。
(2) 确立公司内部机构,即确立公司股东会、董事会或执行董事、监事会或监事等。
(3) 股东缴纳出资。
(4) 设立登记。
(5) 签发出资证明书。

公司成立后,应向股东签发出资证明书。出资证明书是有限责任公司的证券形式,表明股东已经履行出资义务,是其证明公司股东地位、享受股东权益的一种凭证。

出资证明书上应当载明下列事项:①公司名称;②公司成立日期;③公司注册资本;④股东的姓名或者名称、缴纳的出资额和出资日期(其中自然人的姓名或者法人的名称都应该是真实的本名);⑤出资证明书的编号和核发日期。出资证明书由公司盖章。

由于出资证明书的凭证作用,任何人不得擅自更改其记载的内容,也不能随意流通和转让出资证明书。

3.3.3 有限责任公司组织机构

根据《公司法》规定,有限责任公司组织机构包括:股东会、董事会、监事会。

1. 股东会

股东会由全体股东组成,是有限责任公司的最高权力机构,也是公司的决策机构,对公司一切重大事项有权做出决定。股东会对外并不代表公司,对内也不执行业务。

1) 股东会职权

股东会行使下列职权:①决定公司的经营方针和投资计划。②选举和更换由非职工代表担任的董事、监事,决定有关董事、监事的报酬事项。③审议批准董事会的报告。④审议批准监事会或者监事的报告。⑤审议批准公司的年度财务预算方案、决算方案。⑥审议批准公司的利润分配方案和弥补亏损方案。⑦对公司增加或者减少注册资本做出决议。⑧对发行公司债券做出决议。⑨对公司合并、分立、解散、清算或者变更公司形式做出决议。⑩修改公司章程。⑪公司章程规定的其他职权。

2) 股东会的召开

股东会会议分为定期会议和临时会议。定期会议应当按照公司章程的规定按时召开,每年至少召开一次。代表1/10以上表决权的股东、1/3以上董事、监事会或者不设监事会的公司的监事提议召开临时会议的,应当召开临时会议。

3) 股东会的召集和主持

首次股东会会议由出资最多的股东召集和主持,依照《公司法》规定行使职权。公司成立后,公司设立董事会的,股东会会议由董事会召集,董事长主持;董事长不能履行职务或者不履行职务的,由副董事长主持;副董事长不能履行职务或不履行职务的,由半数以上董事共同推举一名董事主持。未设立董事会的有限责任公司,股东会会议由执行董事召集和主持。

召开股东会会议,应当于会议召开15日以前通知全体股东;但是,公司章程另有规定或者全体股东另有约定的除外。

4) 股东出席会议方式

股东出席会议方式有:①亲自出席;②委托他人出席。特殊情况,本人不能出席会议的,可以委托代理人出席,代其行使表决权。代理人接受股东委托出席股东会会议的,应出具委托书。委托书由不能出席股东会会议的股东亲笔书写,并载明委托权限。

5) 股东会会议的议事方式和表决程序

公司股东会议的管理权和决策权通过表决权实现。《公司法》规定,股东会会议由股东按照出资比例行使表决权,公司章程另有规定的除外。

(1) 普通决议。普通决议由公司章程规定。哪些事项属于普通事项,适用普通决议程序,普通决议需要代表多少表决权的股东通过,都由公司章程规定。通常普通决议需代表1/2以上表决权的股东通过。

(2) 特殊决议。《公司法》规定,股东会会议做出修改公司章程、增加或者减少注册资本的决议,以及公司合并、分立、解散或者变更公司形式的决议,必须经代表2/3以上表决权的股东通过。

6) 会议记录

股东会应当对所议事项的决定做成会议记录。出席会议的股东应当在会议记录上签名。公司应妥善保管会议记录,以供股东查阅。

2. 董事会

董事会是有限责任公司的执行机构,执行公司业务,对股东会负责。董事会要无条件执行股东会决定。

1) 董事会的组成

(1) 有限责任公司设董事会,董事会成员为3~13人,设董事长一人,可以设副董事长。董事长、副董事长的产生办法由公司章程规定。

(2) 股东人数较少或者规模较小的有限责任公司,可以设一名执行董事,不设董事会。执行董事由股东会选举产生,其职权由公司章程规定,可参照《公司法》规定的董事会职权。

(3) 两个以上的国有企业或者两个以上的其他国有投资主体投资设立的有限责任公司,其董事会成员中应当有公司职工代表。其他有限责任公司董事会成员中可以有公司职工代表。董事会中的职工代表由公司职工通过职工代表大会、职工大会或者其他形式民主选举产生。职工代表在董事会成员中的比例由公司章程规定。

(4) 董事任期由公司章程规定,每届任期不得超过三年。董事任期届满,连选可以连任。

2) 董事会的职权

根据《公司法》规定,有限责任公司董事会有以下职权:①召集股东会会议,并向股东会报告工作。②执行股东会的决议。③决定公司的经营计划和投资方案。④制订公司的年度财务预算方案、决算方案。⑤制订公司的利润分配方案和弥补亏损方案。⑥制订公司增加或者减少注册资本以及发行公司债券的方案。⑦制订公司合并、分立、解散或者变更公司形式的方案。⑧决定公司内部管理机构的设置。⑨决定聘任或者解聘公司经理及规定其报酬事项,并根据经理的提名决定聘任或者解聘公司副经理、财务负责人及规定其报酬事项。⑩制订公司的基本管理制度。⑪公司章程规定的其他职权。

　　3)董事会的召集和主持
　　董事会会议由董事长召集和主持;董事长不能履行职务或者不履行职务的,由副董事长召集和主持;副董事长不能履行职务或者不履行职务的,由半数以上董事共同推举一名董事召集和主持。

　　4)董事会的议事方式和表决程序
　　董事会的议事方式和表决程序,除《公司法》另有规定,由公司章程规定。董事会决议的表决,实行一人一票。和股东会决议是不同的。董事会应当对所议事项的决定作出会议记录,出席会议的董事应当在会议记录上签名。

　　5)董事会可以任免经理
　　有限责任公司可以设经理。经理是公司的高级管理人员,由董事会聘任或者解聘。有限责任公司不设董事会的,执行董事可以兼任经理。经理对董事会负责,在董事会授权范围内,对外进行商务活动,并行使下列职权:①主持公司的生产经营管理工作,组织实施董事会决议。②组织实施公司年度经营计划和投资方案。③拟订公司内部管理机构设置方案。④拟订公司的基本管理制度。⑤制定公司的具体规章。⑥提请聘任或者解聘公司副经理、财务负责人。⑦决定聘任或者解聘除应由董事会决定聘任或者解聘以外的负责管理人员。⑧列席董事会会议。⑨董事会授予的其他职权。公司章程对经理职权另有规定的,从其规定。

3. 监事会

　　监事会是有限责任公司的监督机关,对公司股东会负责并报告工作。监事会对公司经营权实行全面监督,防止董事会及经理滥用权利,损害股东、公司及职工的权利,及时纠正经营者违反国家法律、法规及公司章程的行为。

　　1)监事会的组成
　　①有限责任公司设监事会,其成员不得少于3人。股东人数较少或者规模较小的有限责任公司,可以设一至二名监事,不设监事会。②监事会应当包括股东代表和适当比例的公司职工代表,其中职工代表的比例不得低于1/3,具体比例由公司章程规定。监事会中的职工代表由公司职工通过职工代表大会、职工大会或者其他形式民主产生。③监事会设主席一人,由全体监事过半数选举产生。④董事、高级管理人员不得兼任监事。⑤监事的任期每届为三年。监事任期届满,连选可以连任。

　　2)监事会会议的召集和主持
　　监事会每年至少召开一次,监事可以提议召开临时监事会会议。监事会主席召集和主持监事会会议;监事会主席不能履行职务或者不履行职务的,由半数以上监事共同推举一名监事召集和主持监事会会议。

3)监事会的议事方式和表决程序

《公司法》规定,监事会决议应当经半数以上监事通过。与董事会决议相同,监事会会议也实行一人一票。

监事会的议事方式和表决程序,除《公司法》规定的外,由公司章程规定。监事会应当对所议事项的决定做成会议记录,出席会议的监事应当在会议记录上签名。

4)监事会和不设监事会的公司的监事职权

监事会和不设监事会的公司的监事职权:①检查公司财务。监事可随时调查公司的财务状况,审核财务报表、会计账簿与凭证,要求董事会作出报告,并将其意见向股东会报告。②对董事、高级管理人员执行公司职务的行为进行监督,对违反法律、行政法规、公司章程或者股东会决议的董事、高级管理人员提出罢免的建议的行为进行监督。③当董事和经理的行为损害公司的利益时,要求董事、高级管理人员予以纠正。④提议召开临时股东会会议,在董事会不履行本法规定的召集和主持股东会会议职责时召集和主持股东会会议。⑤向股东会会议提出提案。⑥依照《公司法》的规定,对董事、高级管理人员提起诉讼。⑦公司章程规定的其他职权。监事可以列席董事会会议,并对董事会决议事项提出质询或者建议。

5)费用的承担

监事会、不设监事会的公司的监事行使职权所必需的费用由公司承担。当发现公司经营情况异常,监事会、不设监事会的公司的监事可以进行调查;必要时,可以聘请会计师事务所等协助其工作,公司承担费用。

阅读案例 3-3

某有限责任公司由 10 名股东投资,成立后其总股本为 100 万元人民币,公司章程规定:①公司成立后,由股东会选举董事、董事长;②总会计师由董事长任命;③董事、监事由股东担任;④董事长为公司法定代表人。

请分析该公司设立过程中及章程的规定是否符合公司法的规定?

(资料来源:http://www.doc88.com)

【案例分析】

公司章程规定中,不符合《公司法》要求的规定有:董事长由董事会选举产生,而非股东会选举产生;公司总会计师应由总经理提名,董事会聘任;董事、监事均可以是自然人,并非一定是股东。

3.3.4 有限责任公司的股权转让

1. 股东转让股权

1)股东之间转让股权

有限责任公司的股东之间可以相互转让其全部或部分股权,不受限制。如果在同等条件下，出现多位欲购买股权的股东，则按照股东的出资比例决定购买比例。

2）股东向股东以外的人转让股权

股东向股东以外的人转让股权，应当经其他股东过半数同意。股东应就其股权转让事项书面通知其他股东征求同意，其他股东自接到书面通知之日起满30日未答复的，视为同意转让。其他股东半数以上不同意转让的，不同意的股东应当购买该转让的股权；不购买的，视为同意转让。

3）在同等条件下股东有优先购买权

《公司法》规定，经股东同意转让的股权，在同等条件下，其他股东有优先购买权。两个以上股东主张行使优先购买权的，协商确定各自的购买比例；协商不成的，按照转让时各自的出资比例行使优先购买权。

4）公司章程对股权转让另有规定时，从其规定

股东转让股权后应履行的手续：原股东部分转让股份或原股东接受股份，则出资证明书上关于出资金额的部分应该修改；原股东转让全部股份退出公司，则原股东的出资证明书应该被注销；股东以外的人购得股份，成为新股东，则应当向新股东签发新的出资证明书。此外，还应当修改公司章程和股东名册中有关股东及其出资额的记载。对公司章程的此项修改不需股东会表决。

2. 人民法院依法强制转让股东的股权

人民法院依照法律规定的强制执行程序转让股东的股权，是指人民法院依照《民事诉讼法》等法律规定的执行程序，强制执行生效的法律文书时，以拍卖、变卖或其他方式转让有限责任公司股东的股权。《公司法》规定了人民法院依法转让股权的程序：①人民法院应当通知公司及全体股东；②其他股东在同等条件下有优先购买权，人民法院在通知公司及全体股东以后，如果有股东与股东以外的人所出的购买条件相同，那么，该股东可以优先购得该股权；③其他股东的优先购买权应当在法定的期限内行使，《公司法》规定的其他股东享有优先购买权的法定期限是自人民法院通知之日起20日内。

人民法院依法强制执行转让股权后，所需办理的手续与股东转让股权所需履行的手续完全相同。

3. 股权的继承

《公司法》对股权的继承有如下规定。

1）自然人股东的合法继承人可以继承其股东资格

自然人股东死亡后，以其合法继承人继承股东资格为原则。即自然人股东死亡后，其合法继承人依法继承其出资额，并同时继承其股东资格，成为公司的股东，依法享有资产收益、参与重大决策等各项股东权利，当然也要承担股东应尽的义务。

2）公司章程可以做出除外规定

虽然自然人股东的合法继承人原则上可以继承其股东资格，但就有限责任公司的人合性考虑，继承人与公司的其他股东之间，并不一定存在相互信任的关系。为了防止这种情

况的发生，同时也为了防止年老体弱、智力低下、品行较差的继承人成为股东等情况，股东可以在制订公司章程或者依法修改公司章程时，规定自然人股东死亡以后，其合法继承人不能继承其股东资格。这样的规定同样可以发生法律效力。

4. 股权的回购

有限责任公司成立以后，其股东不得随意退出公司。但在现实生活中，有限责任公司的某些大股东利用其对公司的控制权，长期地、严重地损害了其他中小股东的权益。针对这种情况，《公司法》规定股东通过法定程序可以退出公司，应当满足以下两个条件。①具有以下情形之一：公司连续5年不向股东分配利润，而公司该5年连续赢利，并且符合我国公司法规定的分配利润条件；公司合并、分立或者转让其主要财产；公司章程规定的营业期限届满或者章程规定的其他解散事由出现，股东会会议通过决议修改章程使公司存续。②对股东会上述事项的决议投了反对票。在股东会对上述事项的决议，投反对票的股东才可以退出公司，投赞成票的股东因其对所表决的事项并无异议，就不能以上述事项为由，要求退出公司。

符合以上条件的股东，可以要求公司按照合理价格收购其股权。自股东会决议通过之日起60日内，股东与公司不能达成股权收购协议的，股东可以自股东会会议决议通过之日起90日内向人民法院提起诉讼。

3.3.5 一人有限责任公司的特别规定

1. 一人有限责任公司概念

一人有限责任公司，也称一人公司，是指只有一个自然人股东或者一个法人股东的有限责任公司。一人公司可以分为设立时的一人公司和成立后的一人公司，前者指公司设立时便只有一个出资人；后者指公司成立后，因出资转让等原因，导致股东只剩下一人。一人公司还可以分为自然人一人公司和法人一人公司，法人一人公司主要表现为母公司设立的全资子公司。

2. 一人有限责任公司的特别规定

1) 投资人的限制

一个自然人只能投资设立一个一人有限责任公司；另外，该一人有限责任公司不能投资设立新的一人有限责任公司。需要注意的是，法律对法人设立的一人公司并没有这样的限制性规定。

2) 设立登记的特别要求

一人有限责任公司应当在公司登记中注明自然人或者法人独资，并在公司营业执照中载明。

3) 一人有限责任公司不设股东会

一人公司股东只有一人，没有必要设立股东会，该股东有权行使公司法中规定的一般有限责任公司股东会的所有职权。但该股东行使股东会的主要权利事项时，应当采用书面形式，并由股东签字后置备于公司，作为该决定的记录和证明。

4）一人有限责任公司的公司财务

《公司法》规定，一人有限责任公司应当在每一会计年度终了时编制财务会计报告，并经会计师事务所审计。

5）一人有限责任公司的人格否认

《公司法》规定，如果一人有限责任公司的股东不能证明公司财产独立于自己的财产的，则应当以其全部财产对公司债务承担连带责任。

这是因为一人公司特别容易发生公司人格滥用的现象。由于缺乏内部制约，一人公司的财产与股东的财产容易发生混同，投资人往往会利用公司独立人格和有限责任制度，将公司财产转移成为个人财产，恶意逃避公司债务。

3.3.6 国有独资公司的特殊规定

1. 国有独资公司的概念

国有独资公司是指国家单独出资、由国务院或者地方人民政府委托本级人民政府国有资产监督管理机构履行出资人职责的有限责任公司。

其特征如下：①国家是设立国有独资公司的唯一主体。国有独资公司只能由国有资产监督管理机构单独投资设立，非国有资产监督管理机构、其他法人或个人均无权设立国有独资公司。②国有独资公司的组织形式为有限责任公司。国有独资公司符合有限责任公司的一般特征，但同时国有独资公司是一种特殊的有限责任公司，其特殊性表现为股东只有一个——国家。

国有独资公司是属于生产特殊产品的公司或属于特定行业的公司，例如军工、国防企业，具有重要意义的原材料生产企业，国家专卖行业企业以及关系到国计民生、经济命脉的特殊行业的企业。这些企业的经营好坏直接关系到国家的安全或影响国家的财政状况。因此，《公司法》对国有独资公司做出了一些特殊规定，其目的在于保障国有独资企业的正常运作，维护国家的政治、经济利益。

2. 国有独资公司的公司章程

《公司法》规定，国有独资公司通过两种方式制定公司章程：一是由国有资产监督管理机构制定公司章程；二是公司章程由董事会制定，报国有资产监督管理机构批准。这实质上是董事会经国家股东授权行使了股东会的职权。

3. 国有独资公司的组织机构

1）不设股东会

国有独资公司不设股东会，由国有资产监督管理机构行使股东会职权。国有资产监督管理机构可以授权公司董事会行使股东会的部分职权，决定公司的重大事项，但公司的合并、分立、解散、增加或者减少注册资本和发行公司债券，必须由国有资产监督管理机构决定；其中，重要的国有独资公司合并、分立、解散、申请破产的，应当由国有资产监督管理机构审核后，报本级人民政府批准。

2）董事会的组成和职权

国有独资公司应按照以下要求设立董事会。①董事会成员为3～13人，每届任期不得超过三年。董事任期届满的，经国有资产监督管理机构委派，可以连任。董事在任职期限届满前，上述机构或部门不得无故解除其职务。②董事会成员中应当有公司职工代表，职工代表由公司职工代表大会选举产生。③董事会设董事长一人，可以设副董事长。董事长、副董事长由国有资产监督管理机构从董事会成员中指定，既可以指定董事会中的职工代表，也可以指定上述机构或部门委派的董事。

董事会除享有《公司法》规定的一般职权外，还享有经国家有关部门授权后行使的部分股东会职权。因此，国有独资公司的董事会比一般有限责任公司的董事会职权范围要大。

3）经理

国有独资公司设经理，由董事会聘任或者解聘。国有独资公司经理的职权与一般有限责任公司的经理职权相同。经国有资产监督管理机构同意，董事会成员可以兼任经理。国有独资公司的董事长、副董事长、董事、高级管理人员，未经国有资产监督管理机构同意，不得在其他有限责任公司、股份有限公司或者其他经济组织兼职。

4）监事会

国有独资公司监事会成员不得少于5人，其中职工代表的比例不得低于1/3，具体比例由公司章程规定。监事会成员由国有资产监督管理机构委派，其中的职工代表由公司职工代表大会选举产生。监事会主席由国有资产监督管理机构从监事会成员中指定。

 阅读案例3-4

某大型国有企业，经国家授权投资的机构转变为国有独资公司，公司内无股东会，由董事会行使股东会的部分职权。董事会成员有4人，全部是国家投资机构任命的干部，无一职工代表，董事长王某还兼任另一有限责任公司的负责人。本案中的国有独资公司董事会成员的规定是否合法？

（资料来源：http://www.doc88.com）

【案例分析】

依据《公司法》的规定，公司的董事会成员中应当有公司的职工代表，董事会中的职工代表由公司职工民主选举产生。而本案中的国有独资公司中的董事会中无职工代表，不符合《公司法》。另外，国有独资公司的董事长、副董事长、董事、经理，未经国家授权投资的机构或者国家授权的部门同意，不得兼任其他有限责任公司、股份有限公司和其他经营组织的负责人。该公司董事长还兼任其他公司的负责人，也是不符合法律规定的。

3.4 股份有限公司的设立和组织机构

3.4.1 股份有限公司的概念和特征

1. 股份有限公司的概念

股份有限公司是指由一定人数以上的股东设立的，公司全部资本分成等额股份，可以通过发行股票筹集资本，股东以其所持股份为限对公司承担责任、公司以其全部资产对其债务承担责任的公司。

2. 股份有限任公司的特征

1) 股份有限公司是典型的资合公司
公司的信用基础在于股东所投入的资本。
2) 公司资本划分为等额股份
股份有限公司注册资本总额由若干股份组成，股份单位的数额由公司根据自身情况而定，但无论多少都必须是等额的。股份每股面值金额与股份数的乘积即是公司资本总额。
3) 股份有限公司是开放式公司
公司的股份体现为股票形式，并且可以向社会公开发行股票募集资本；股票可以自由转让，无须经过其他股东同意。
4) 股东以所认购的股份为限承担公司债务
公司不得以章程或者决议扩大股东的责任范围。

股份有限公司是最有利于集资的公司形式，因为它可以面向社会公众募资，所以资金渠道广，筹集时间快；对投资者而言，任何人都可以通过购买股票成为公司股东，不受身份和个人的其他条件限制，而且公司实行的有限责任制度有利于分散投资风险。股份有限公司的缺点在于：①设立程序严格，设立责任较重，公司管理机关相对复杂，公司活动也受到较多约束和限制；②股东人数多；流动性大，不易控制和掌握，股东对公司缺乏责任感，对公司的投资大多出于投机目的，一旦公司经营状况不佳，就会抛售股票，转移风险；③由于股份有限公司大多资金雄厚，所以容易通过投资，控制其他公司，形成垄断组织；④由于持股分散，少数股东只要所持股份达到一定比例，即可操纵和控制公司，容易做出损害中小股东利益的决议。

3.4.2 股份有限公司的设立

1. 设立条件

1) 发起人符合法定人数
所谓发起人是指按照法律规定承担公司筹办事务的人。发起人其实也是公司的投资人,当公司成立后并对公司的设立承担责任,成为公司股东。

《公司法》规定,股份有限公司由 2 人以上 200 人以下发起人发起设立,其中必须有半数以上的发起人在中国境内有住所。发起人包括自然人和法人。公司成立后,股东人数没有上限限制,可以吸引更多人投资。

股份有限公司的发起人应当承担下列责任:①公司不能成立时,对设立行为所产生的债务和费用负连带责任。②公司不能成立时,对认股人已缴纳的股款,负返还股款并加算银行同期存款利息的连带责任。③在公司设立过程中,由于发起人的过失致使公司利益受到损害的,应当对公司承担赔偿责任。

2) 有符合公司章程规定的全体发起人认购的股本总额或者募集的实收股本总额

3) 股份发行、筹办事项符合法律规定

股份有限公司的设立及股份的发行,都需要经过国务院授权的部门或省级人民政府批准。发起人必须按照法律、行政法规规定的内容和程序设立。

4) 发起人制定公司章程,采用募集方式设立的经创立大会通过

5) 有公司名称,建立符合股份有限公司要求的组织机构

6) 有公司住所

2. 设立方式

股份有限公司的设立方式有两种:发起设立和募集设立。①发起设立是指由发起人认购公司应发行的全部股份并缴足股款从而使公司得以成立的方式。②募集设立是指由发起人认购公司应发行股份的一部分,其余股份向社会公开募集或者向特定对象募集从而使公司得以成立的方式。发起人认购的股份不得少于公司股份总数的 35%;但法律、行政法规另有规定的,从其规定。

3. 设立程序

1) 发起设立股份有限公司的程序

(1) 签订发起人协议书。

(2) 全体发起人订立公司章程。公司章程以获得登记机关的登记备案为发生效力的前提,如果仅经全体发起人同意并签署但未登记,则只在签署人之间发生一定法律效力。

(3) 认购股份。①发起设立股份有限公司的注册资本为在公司登记机关登记的全体发起人认购的股本总额。也就是说,发起人应当书面认购公司章程中所规定的全部股份,即认足公司的注册资本;②发起人的出资方式,适用有限责任公司股东出资方式的规定。股份有限公司成立后,发现设立公司时出资的非货币财产的实际价额显著低于公司章程所定价额的,应当由交付该出资的发起人补足其差额,其他发起人承担连带责任;③注册资本在依法缴足前不得向他人募集股份。

(4) 选举董事会、监事会。发起人认足公司章程规定的出资后,应当选举董事会和监事会。

(5) 设立登记。由董事会向公司登记机关报送公司章程以及法律、行政法规规定的其他文件，申请设立登记。登记的程序、相关法律责任与有限责任公司大致相同。

公司设立登记后，才能向股东交付股票，股东才能转让股份。

2) 募集设立股份有限公司的程序

(1) 签订发起人协议书。

(2) 发起人订立公司章程。募集设立股份有限公司的公司章程由全体发起人制定并签名盖章，但其制定的公司章程草案，须提交创立大会表决通过。公司章程同样以获得登记机关的登记备案为发生效力的前提。

(3) 认购股份。①发起人先行认购股份。股份有限公司采取募集方式设立的，注册资本为公司登记机关登记的实收股本总额。例如，公司章程中规定的注册资本为500万元，即公司资本总额为500万元，在认股过程中，500万元必须实缴到位。换言之，注册资本与实收资本必须相等。发起人认购的股份应根据发起人协议、章程中的规定按期足额缴纳。发起人的出资方式、出资填补责任与发起设立中所述相同；②募股和认股。认股书应当载明法律所列事项，由认股人填写认购股数、金额、住所，并签名、盖章。认股人按照所认购股数缴纳股款。

发起人向社会公开募集股份，应当由依法设立的证券公司承销，签订承销协议，应当同银行签订代收股款协议。代收股款的银行应当按照协议代收和保存股款，向缴纳股款的认股人出具收款单据，并负有向有关部门出具收款证明的义务。

(4) 催缴股款。承销机构承销的股份总数被认足后，发起人应立即向各认股人催缴股款。认股人有依照认股书缴纳的义务，不得借故拖延。除发起人以外，认股人一律以现金交付。股款由代收银行收缴和保存。银行收款后，向缴纳人交付由发起人签名的股款缴纳凭证。

如果认股人在规定的期限内不能缴纳股款，便自动丧失其认股人的资格。其所认的股份，发起人可另行招募。如果发起人无法找到新的认股人，由此造成的损失，发起人可根据认股数要求原认股人予以赔偿。

发起人、认股人缴纳股款或者交付抵作股款的出资后，除法定情形，不得抽回出资。

根据《公司法》的规定，公司设立阶段允许抽回出资的法定情形包括：超过招股说明书规定的截止期限尚未募足股份；发起人未按期召开创立大会；创立大会决议不设立公司。出现上述情形之一，认股人可以要求发起人返还所缴股款并加算银行同期存款利息。

(5) 召开创立大会。创立大会由全体发起人参与，相当于股东大会的前身，它将决定所创公司的基本重大问题。召开创立大会是股份有限公司成立的必经程序。①创立大会召开时间：发起人在全部股款缴足后的30日内召开；②创立大会参加人员：全体发起人、认股人；③创立大会召开程序：在创立大会召开15日前将会议日期通知各认股人或者予以公告。创立大会应当有代表股份总数过半数的发起人、认股人出席，方可举行；④创立大会的职权：审议发起人关于公司筹办情况的报告；通过公司章程；选举董事会成员；选举监事会成员；对公司的设立费用进行审核；对发起人由于抵作股款的财产的作价进行审核；发生不可抗力或者经营条件发生重大变化直接影响公司设立的，可以做出不设立公司的决议；⑤创立大会的表决方式：创立大会对上述事项做出决议，必须经出席会议的认股人所持表决权过半数通过。

(6) 设立登记。董事会于创立大会结束后30日内，依法向公司登记机关申请设立登记。

股份有限公司成立后，发起人未按照公司章程的规定缴足出资的，应当补缴；其他发起人承担连带责任。股份有限公司成立后，发现作为设立公司出资的非货币财产的实际价额显著低于公司章程所定价额的，应当由交付该出资的发起人补足其差额；其他发起人承担连带责任。

4. 有限责任公司变更为股份有限公司

1) 有限责任公司变更为股份有限公司应当满足的条件

(1) 折合的股份总额不得超过公司的净资产额。如果折合股份总额超过公司的净资产额，意味着公司的股份总额缺乏相应的实际财产基础，带有虚假成分，对于公司的债权人或其他利害关系人不利。

(2) 符合设立股份有限公司的其他法定条件。例如，有限责任公司仅以原公司进行变更，而不向社会增发股份，那么其现有股东人数必须达到两人以上，且半数以上在中国境内有住所。如果现有股东不足两人，则需要增加股东人数。

2) 有限责任公司在变更为股份有限公司的一般程序

(1) 股东会决议，必须经代表2/3以上表决权的股东通过。

(2) 必须对公司资产进行评估。为了准确地核定净资产额，公司需要按照国家规定的通行的会计准则和财务通则，对资产负债情况、债权、债务进行调查清理，对公司资产的现值进行重新、准确地评估。在按照财务会计处理原则确定公司的净资产后，如实地折合股份。

(3) 如果公司净资产未达到500万元以上，只能采取向社会公众发行股份的办法筹集资本。在这种情况下，有限责任公司的法定代表人应当向国务院证券监督管理机构报请核准，按照《公司法》关于募集设立股份有限公司的法定程序办理。当股份发行募足相应的资本后，依法办理变更登记手续。

(4) 修改公司章程。有限责任公司的章程必载事项及内容与股份有限公司的章程有许多不同。有限责任公司在变更公司形式时，必须修改其公司章程，其中最重要的是建立和健全内部组织机构，确定这些机构的组成人员。

(5) 履行设立股份有限公司的其他相关程序。例如，认股程序，相关的报批、核准程序，召开创立大会等。

有限责任公司在依法变更为股份有限公司过程中，其民事主体资格一直保有，只是在内部组织形式和公司名称发生了变更。由此，公司变更前的债权、债务由变更后的股份有限公司承继。

3.4.3 股份有限公司的组织机构

1. 股东大会

1) 股东

股份有限公司股东的主要权利有：①参加股东大会并根据所持股份比例享有表决权。②依其股份取得股利和剩余财产的权利。③股份自由转让的权利。④查阅文件权和建议质询权（《公司法》规定，股份有限公司股东有权查阅公司章程、股东名册、公司债券存根、股东大会会议记录、董事会会议决议、监事会会议决议、财务会计报告，对公司的经营提出建议或者质询）。⑤股东代表诉讼的权利。⑥公司章程规定的其他权利。

股份有限公司股东的主要义务有：①遵守公司章程。②缴纳出资。③不得抽逃出资。④依其所持股份为限承担公司债务。

2) 股东大会

股东大会由全体股东组成，是股份有限公司的最高权力机构和决策机构，对外并不代表公司，对内也不执行业务。

（1）股东大会职权。关于有限责任公司股东会职权的规定，适用于股份有限公司股东大会。上市公司股东大会还有以下职权：对公司聘用、解聘会计事务所作出决议；审议批准变更募集基金用途；审议股权激励计划；审议公司在一年内购买、出售重大资产超过公司最近一期经审计总资产30%的事项；审议批准下列对外担保行为：①上市公司对外担保总额超过最近一期经审计净资产50%以后提供的任何担保；②公司对外担保总额，达到或超过最近一期经审计总资产的30%以后提供的任何担保；③为资产负债率超过70%的担保对象提供的担保；④单笔担保额超过最近一期经审计净资产10%的担保；⑤对股东、实际控制人及其关联方提供的担保。

（2）股东大会会议分类。股东大会分为年会与临时大会。股东大会年会应当每年召开一次。有下列情形之一的，应当在两个月内召开临时股东大会：①董事人数不足《公司法》规定人数或者公司章程所定人数的2/3时；②公司未弥补的亏损达实收股本总额1/3时；③单独或者合计持有公司10%以上股份的股东请求时；④董事会认为必要时；⑤监事会提议召开时；⑥公司章程规定的其他情形。

（3）股东大会召开前的工作。召开股东大会会议，应当将会议召开的时间、地点和审议的事项于会议召开20日前通知各股东；临时股东大会应当于会议召开15日前通知各股东；发行无记名股票的，应当于会议召开30日前公告会议召开的时间、地点和审议事项。"通知各股东"是指根据股东名册上记载的住所通知各记名股东，而对无记名股东采取公告方式。无记名股票持有人出席股东大会会议的，应当于会议召开5日前至股东大会闭会时将股票交存于公司，否则不得出席会议。

单独或者合计持有公司3%以上股份的股东，可以在股东大会召开10日前提出临时提案并书面提交董事会；董事会应当在收到提案后2日内通知其他股东，并将该临时提案提交股东大会审议。临时提案的内容应当属于股东大会职权范围，并有明确议题和具体决议事项。

(4) 股东大会的召集和主持。股东大会会议由董事会召集,董事长主持;董事长不能或者不履行职务的,由副董事长主持;副董事长不能或者不履行职务的,由半数以上董事共同推举一名董事主持。董事会不能或者不履行召集股东大会会议职责的,监事会应当及时召集和主持;监事会不召集和主持的,连续90日以上单独或者合计持有公司10%以上股份的股东可以自行召集和主持。

(5) 股东出席会议的方式有:①亲自出席;②委托他人出席。委托他人出席时,代理人应当向公司提交股东授权委托书,并在授权范围内行使表决权。

(6) 议事规则和表决方式。①股东大会不得对上述通知中未列明的事项做出决议;②资本多数表决权:股东出席股东大会会议,所持每一股份有一表决权。股东可以委托代理人出席股东大会会议,代理人应当向公司提交股东授权委托书,并在授权范围内行使表决权。公司持有的本公司股份没有表决权;③表决规则:股东大会做出决议,必须经出席会议的股东所持表决权过半数通过。但是,股东大会做出修改公司章程、增加或者减少注册资本的决议,以及公司合并、分立、解散或者变更公司形式的决议,必须经出席会议的股东所持表决权的2/3以上通过;④累积投票制度:股东大会选举董事、监事,可以根据公司章程的规定或者股东大会的决议,实行累积投票制。所谓累积投票制,是指股东大会选举董事或者监事时,每一股份拥有与应选董事或者监事人数相同的表决权,股东拥有的表决权可以集中使用。累积投票制的实施有利于中小股东按照其持股比例选举代表进入公司管理层,参与董事会的活动,保护其利益。

(7) 会议记录。股东大会应当对所议事项的决定做成会议记录,主持人、出席会议的董事应当在会议记录上签名。会议记录应当与出席股东的签名册及代理出席的委托书一并保存。

2. 董事会

股份有限公司必须设立董事会,董事会是公司的执行机构。董事会执行公司业务,对股东大会负责。

1) 董事会的组成和任期

(1) 董事会成员为5~19人,其中可以有公司职工代表。董事会中的职工代表由公司职工通过职工代表大会、职工大会或者其他形式民主选举产生。

(2) 董事会设董事长一人,可以设副董事长。董事长和副董事长由董事会以全体董事的过半数选举产生。

(3) 董事的任期适用有限责任公司董事任期的规定。

2) 董事会的职权

董事会的职权适用有限责任公司董事会职权的规定。

3) 董事会的召开

(1) 董事会每年度至少召开两次会议,每次会议应当于会议召开10日前通知全体董事和监事。

(2) 代表1/10以上表决权的股东、1/3以上董事或者监事会,可以提议召开董事会临时会议。董事长应当自接到提议后 10 日内，召集和主持董事会会议。董事会召开临时会议，可以另定召集董事会的通知方式和通知时限。

（3）董事会会议应有过半数的董事出席方可举行。

4）董事会的召集和主持

董事长召集和主持董事会会议，检查董事会决议的实施情况。副董事长协助董事长工作，董事长不能履行职务或者不履行职务的，由副董事长履行职务；副董事长不能履行职务或者不履行职务的，由半数以上董事共同推举一名董事履行职务。

5）董事出席方式

董事会会议，应由董事本人出席；董事因故不能出席，可以书面委托其他董事代为出席，委托书中应载明授权范围。

6）董事会的议事规则和表决方式

（1）董事会决议的表决，实行一人一票，即人头数表决。

（2）董事会做出决议，必须经全体董事的过半数通过。

7）会议记录

董事会应当对会议所议事项的决定作成会议记录，出席会议的董事应当在会议记录上签名。

8）董事对公司的赔偿责任和免责条件

董事会的决议违反法律、行政法规或者公司章程、股东大会决议，致使公司遭受严重损失的，参与决议的董事对公司负赔偿责任。但经证明在表决时曾表明异议并记载于会议记录的，该董事可以免除责任。

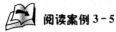
阅读案例 3-5

2012 年 12 月 8 日，某建筑材料股份有限公司召开董事会临时会议，讨论召开股东大会临时会议和解决债务问题。该公司共有董事 9 人，这天出席会议的有李某、章某、王某、丁某、唐某，另有 4 名董事知悉后由于有事未出席会议。在董事会议上，章某、王某、丁某、唐某同意召开股东临时会，并作出决议。李某不同意，便在表决之前中途退席。此后，公司根据董事会临时决议召开股东大会临时会议，并在大会上通过了偿还债务的决议。李某对此表示异议，认为股东大会临时决议无效。

（资料来源：http://www.doc88.com）

请分析以下问题：

（1）该董事会临时会议的召开是否合法？说出其法律依据。

（2）作出召开股东大会临时会议的决议是否有效？说出其法律依据。

【案例分析】

（1）董事会的召开是合法的。我国《公司法》规定，董事会可根据需要随时决定召开董事会会议，并应当于会议召开前 10 日通知全体董事，但紧急事项可以另定通知方式和时间。董事会会议由 1/2 以上的董事出席即可举行。该建筑材料股份公司召开董事会通知了公司全体董事，并且出席会议的董事超过 1/2，因此董事会临时会议的召开是合法的。

（2）作出召开股东大会临时会议的决议是无效的。我国《公司法》规定，董事会决议须经全体董事过半数同意。而该案例中，董事李某反对，另有 4 名董事未参加临时董事会，只有董事章某、王某、丁某、唐某 4 人同意该决议，未达到全体董事的过半数的要求，因此是无效的。

9）经理

股份有限公司可以设经理。经理对董事会负责,在董事会授权范围内,对外进行商务活动,并负责公司日常经营管理活动。

经理由董事会决定聘任或者解聘。公司董事会可以决定由董事会成员兼任经理。经理的职权适用有限责任公司经理职权的规定。

3. 监事会

股份有限公司设立监事会。监事会是公司必要的常设的监督机关,对股东大会负责。

1）监事会的组成和任期

（1）监事会成员不得少于3人,其中应当包括股东代表和适当比例的公司职工代表。职工代表的比例不得低于1/3,具体比例由公司章程规定。职工代表由公司职工通过职工代表大会、职工大会或者其他形式民主选举产生。

（2）监事会设主席一人,可以设副主席。监事会主席和副主席由全体监事过半数选举产生。

（3）董事、高级管理人员不得兼任监事。

（4）监事的任期适用有限责任公司监事任期的规定。

2）监事会的召集和主持

监事会每6个月至少召开一次会议。监事可以提议召开临时监事会会议。

监事会主席召集和主持监事会会议；监事会主席不能履行职务或者不履行职务的,由监事会副主席召集和主持监事会会议；监事会副主席不能履行职务或者不履行职务的,由半数以上监事共同推举一名监事召集和主持监事会会议。

3）监事会的议事规则和表决方式

监事会的议事方式和表决程序,《公司法》并没有强制性规定,主要由公司章程规定。

4）会议记录

监事会应当对所议事项的决定做成会议记录,出席会议的监事应当在会议记录上签名。

5）监事会职权及行使职权费用的承担

监事会职权适用有限责任公司监事会职权的规定。监事会行使职权所必需的费用,由公司承担。

阅读案例 3-6

某房地产股份公司注册资本为人民币2亿元。后来由于房地产市场不景气,公司年底出现了无法弥补的经营亏损,亏损总额为人民币7000万元。某股东据此请求召开临时股东大会。公司决定于次年4月10日召开临时股东大会,并于3月20日在报纸上刊登了向所有的股东发出了会议通知。通知确定的会议议程包括以下事项：①选举更换部分董事,选举更换董事长；②选举更换全部监事；③更换公司总经理；④就发行公司债券作出决议；⑤就公司与另一房地产公司合并作出决议。在股东大会上,上述各事项均经出席大会的股东所持表决权的半数通过。

（资料来源：http://www.doc88.com）

根据上述材料，回答以下问题：

（1）公司发生亏损后，在股东请求时，是否应该召开股东大会？为什么？

（2）公司在临时股东大会的召集、召开过程中，有无与法律规定不相符的地方？如有，请指出，并说明理由？

【案例分析】

（1）公司发生经营亏损后，在股东请求时，应当召开临时股东大会。召开的理由是，该公司的未弥补亏损7000万元已超过注册资本2亿元的1/3。

（2）该公司在临时股东大会的召集、召开过程中，存在以下与法律不符的地方：召开股东大会应提前30日通知股东，该公司通知股东的时间少于30日；选举更换董事长，不属于股东大会的职权，应由董事会选举更换董事长；股东大会不能选举、更换全部监事，因其中有公司职工选出的监事，股东大会只能选举更换由股东代表出任的监事；更换聘任公司经理，是董事会的职权，不是股东大会的职权；公司合并决议应经出席股东大会的股东所持表决权的2/3，而不是半数通过。

3.4.4 上市公司的特别规定

1. 上市公司的概念

上市公司，是指其股票在证券交易所上市交易的股份有限公司。所谓上市是指股份有限公司的股票经国务院或国务院证券监督管理机构核准后在证券交易所公开挂牌交易。

2. 上市公司组织机构与活动原则的特别规定

《公司法》对上市公司组织机构与活动原则的特别规定主要有以下几项。

1）上市公司设立独立董事，具体办法由国务院规定

（1）独立董事的概念。上市公司独立董事是指不在公司担任除董事外的其他职务，并与其所受聘的上市公司及其主要股东不存在可能妨碍其进行独立客观判断的关系的董事。

独立董事对上市公司及全体股东负有诚信与勤勉义务。独立董事应当按照法定要求，认真履行职责，维护公司整体利益，尤其要关注中小股东的合法权益不受损害。独立董事应当独立履行职责，不受上市公司主要股东、实际控制人或者其他与上市公司存在利害关系的单位或个人的影响。

（2）上市公司必须聘任独立董事。境内上市公司应当聘任适当人员担任独立董事，董事会成员中应当至少包括1/3独立董事，其中至少包括一名会计专业人士（会计专业人士是指具有高级职称或注册会计师资格的人士）。

（3）独立董事的任职资格。担任独立董事应当符合下列基本条件。①根据法律、行政法规及其他有关规定，具备担任上市公司董事的资格；②具有《中国证券监督管理委员会关于在上市公司建立独立董事制度指导意见》所要求的独立性；③具备上市公司运作的基本知识，熟悉相关法律、行政法规、规章及规则；④具有5年以上法律、经济或者其他履行独立董事职责所必需的工作经验。

（4）特别职权。上市公司独立董事除具有公司董事的一般职权，还享有以下特别职

权。①重大关联交易(指上市公司拟与关联人达成的总额高于300万元或高于上市公司最近经审计净资产值的5%的关联交易)应由独立董事认可后,提交董事会讨论;②向董事会提议聘用或解聘会计师事务所;③向董事会提请召开临时股东大会;④提议召开董事会;⑤独立聘请外部审计机构和咨询机构;⑥可以在股东大会召开前公开向股东征集投票权;独立董事行使上述职权应当取得全体独立董事的1/2以上同意。如上述提议未被采纳或上述职权不能正常行使,上市公司应将有关情况予以披露。

除此之外,独立董事还应当对上市公司重大事项发表独立意见。独立董事发表独立意见的形式分为同意、保留意见及其理由、反对意见及其理由、无法发表意见及其障碍4种。

(5) 上市公司为独立董事提供必要的条件。上市公司应当保证独立董事享有与其他董事同等的知情权,应提供独立董事履行职责所必需的工作条件和费用,应当给予独立董事适当的津贴,还可以建立必要的独立董事责任保险制度,以降低独立董事正常履行职责可能导致的风险。独立董事行使职权时,上市公司有关人员应当积极配合,不得拒绝、阻碍或隐瞒,不得干预其独立行使职权。

2) 设立董事会秘书

上市公司设立董事会秘书,负责公司股东大会和董事会会议的筹备、文件保管以及公司股权管理,办理信息披露事务等事宜。

3) 增设关联关系董事的表决权排除制度

上市公司董事与董事会会议决议事项所涉及的企业有关联关系的,不得对该项决议行使表决权,也不得代理其他董事行使表决权。该董事会会议由过半数的无关联关系董事出席即可举行,董事会会议所作决议须经无关联关系董事过半数通过。出席董事会的无关联关系董事人数不足3人的,应将该事项提交上市公司股东大会审议。

3.4.5 公司董事、监事、高级管理人员的资格和义务

1. 公司董事、监事、高级管理人员的资格

公司董事、监事、高级管理人员在公司中处于重要的地位并具有法定的职权,因此需要对其任职资格作必要的限制性规定,以保证其具有正确履行职责的能力与条件。

《公司法》规定,有下列情形之一的,不得担任公司的董事、监事、高级管理人员:①无民事行为能力或者限制民事行为能力。无民事行为能力的人是指10周岁以下的未成年人和不能辨认自己行为的精神病人。限制民事行为能力的人是指10周岁以上的未成年人和不能完全辨认自己行为的精神病人。②因贪污、贿赂、侵占财产、挪用财产或者破坏社会主义市场经济秩序,被判处刑罚,执行期满未逾5年,或者因犯罪被剥夺政治权利,执行期满未逾5年。③担任破产清算的公司、企业的董事或者厂长、经理,对该公司、企业的破产负有个人责任的,自该公司、企业破产清算完结之日起未逾3年。④担任因违法被吊销营业执照、责令关闭的公司、企业的法定代表人,并负有个人责任的,自该公司、企业被吊销营业执照之日起未逾3年。⑤个人所负数额较大的债务到期未清偿。

公司违反《公司法》的上述规定选举、委派董事、监事或者聘任高级管理人员的，该选举、委派或者聘任无效。公司董事、监事、高级管理人员在任职期间出现上述所列情形的，公司应当解除其职务。

2. 公司董事、监事、高级管理人员的义务

公司董事、监事、高级管理人员应当遵守法律、行政法规和公司章程，对公司负有忠实和勤勉义务。公司董事、监事、高级管理人员不得利用职权收受贿赂或者获取其他非法收入，不得侵占公司的财产。

《公司法》规定，公司董事、高级管理人员不得有下列行为：①挪用公司资金。②将公司资金以其个人名义或者以其他个人名义开立账户存储。③违反公司章程的规定，未经股东会、股东大会或者董事会同意，将公司资金借贷给他人或者以公司财产为他人提供担保。④违反公司章程的规定或者未经股东（大）会同意，与本公司订立合同或者进行交易。⑤未经股东（大）会同意，利用职务便利为自己或者他人谋取属于公司的商业机会，自营或者为他人经营与所任职公司同类的业务。⑥接受他人与公司交易的佣金归为己有。⑦擅自披露公司秘密。⑧违反对公司忠实义务的其他行为。公司董事、高级管理人员违反上述规定所得的收入应当归公司所有。

公司董事、监事、高级管理人员执行公司职务时违反法律、行政法规或者公司章程的规定，给公司造成损失的，应当承担赔偿责任。

公司股东会或者股东大会要求董事、监事、高级管理人员列席会议的，董事、监事、高级管理人员应当列席并接受股东的质询。董事、高级管理人员应当如实向公司监事会或者不设监事会的有限责任公司的监事提供有关情况和资料，不得妨碍监事会或者监事行使职权。

3.4.6 股东诉讼

1. 股东代表诉讼

股东代表诉讼，也称股东间接诉讼，是指当董事、监事、高级管理人员或者他人的违反法律、行政法规或者公司章程的行为给公司造成损失，公司拒绝或者怠于向该违法行为人请求损害赔偿时，具备法定资格的股东有权代表其他股东，代替公司提起诉讼，请求违法行为人赔偿公司损失的行为。股东代表诉讼的目的，是为了保护公司利益和股东的共同利益，而不仅仅是个别股东的利益。为保护个别股东利益而进行的诉讼是股东直接诉讼。

根据侵权人身份的不同与具体情况的不同，提起股东代表诉讼有以下几种程序。

1) 股东对公司董事、监事、高级管理人员给公司造成损失行为提起诉讼的程序

按照《公司法》规定，公司董事、监事、高级管理人员执行公司职务时违反法律、行政法规或者公司章程的规定，给公司造成损失的，应当承担赔偿责任。为了确保责任者真正承担相应的赔偿责任，《公司法》对股东代表诉讼作了如下规定。

（1）股东通过监事会或者监事提起诉讼。公司董事、高级管理人员执行公司职务时违

反法律、行政法规或者公司章程的规定，给公司造成损失的，有限责任公司的股东、股份有限公司连续180日以上单独或者合计持有公司1%以上股份的股东，可以书面请求监事会或者不设监事会的有限责任公司的监事向人民法院提起诉讼。

（2）股东通过董事会或者董事提起诉讼。监事执行公司职务时违反法律、行政法规或者公司章程的规定，给公司造成损失的，有限责任公司的股东、股份有限公司连续180日以上单独或者合计持有公司1%以上股份的股东，可以书面请求董事会或者不设董事会的有限责任公司的执行董事向人民法院提起诉讼。

（3）股东直接提起诉讼。监事会、不设监事会的有限责任公司的监事，或者董事会、执行董事收到上述股东的书面请求后拒绝提起诉讼，或者自收到请求之日起30日内未提起诉讼，或者情况紧急、不立即提起诉讼将会使公司利益受到难以弥补的损害的，有限责任公司的股东、股份有限公司连续180日以上单独或者合计持有公司1%以上股份的股东，有权为了公司的利益以自己的名义直接向人民法院提起诉讼。

2）股东对他人给公司造成损失行为提起诉讼的程序

公司董事、监事、高级管理人员以外的他人侵犯公司合法权益，给公司造成损失的，有限责任公司的股东、股份有限公司连续180日以上单独或者合计持有公司1%以上股份的股东可以书面请求监事会或者监事、董事会或者董事向人民法院提起诉讼，或者直接向人民法院提起诉讼。提起诉讼的具体程序，依照上述股东对公司董事、监事、高级管理人员给公司造成损失行为提起诉讼的程序进行。

2. 股东直接诉讼

这是指股东对董事、高级管理人员损害股东利益行为提起的诉讼。根据《公司法》规定，公司董事、高级管理人员违反法律、行政法规或者公司章程的规定，损害股东利益的，股东可以依法向人民法院提起诉讼。

阅读案例3-7

某百货公司是以商品零售为主的公司，由两个股东设立。一个为执行董事，一个为财务负责人，其中执行董事兼任监事。该公司聘请在市财政局工作的丁某作为公司的总经理。此时，丁某买回的一批服装正欲卖出，上任后未经任何人同意私下和某百货公司签订了合同，用公司名义买下了他买来的服装，总价款达12.5万元，占用了公司的大量流动资金。后该批服装由于数量过多，款式陈旧而积压，致使该公司下半年的投资计划流产，大量的购货合同难以履行。公司执行董事向人民法院起诉，要求丁某赔偿经济损失。丁某认为：他是公司的经营主管，有权同任何人签订合同，确定经营方式，公司起诉他是没有任何道理的。

（资料来源：http://www.njtw.edu.cn）

请分析以下问题：

（1）本案中，某百货有限公司的法人机构是否合法？

（2）丁某能否担任公司的总经理？

（3）丁某和本公司签订的合同是否有效？

（4）丁某是否应向公司赔偿损失？

【案例分析】

（1）本案中某百货公司股东人数少，不设董事会是合法的。本案中某百货公司只设一名监事也是合法的。本案中，执行董事兼任监事，这是不符合《公司法》规定的。

（2）本案中，丁某身为财政局工作人员，不能任公司总经理。

（3）本案中丁某滥用职权，未经任何人同意，为谋私利和本公司订立合同，是违反《公司法》的。

（4）不仅丁某和本公司签订的合同是无效的，而且丁某还应承担因此而给公司造成的损失。

3.5 公司股票与公司债券

3.5.1 公司股票的一般理论

1. 股份、股票的概念

股份是股份有限公司资本的组成成分，是计算公司资本的基本计量单位。股份有限公司资本总额分成若干相等的单位，股东每持有其中一单位，即持有公司一股份。股东以持有的股份数来作为行使股东权利、承担义务以及流通转让的依据。股份总数是公司章程中必须载明的事项之一。

股票是股份有限公司股份的表现形式，是由公司签发的证明股东所持股份的凭证。股票具有以下特征。

（1）股票是一种证权证券。股票表明公司股东的权利和义务，是用来证明股权的工具。

（2）股票是一种要式证券。根据《公司法》规定，股票采用纸面形式（实物券式股票）或者国务院证券监督管理机构规定的形式，如簿记式股票（簿记式股票是发行人按照中国证监会规定的格式制作的，记载股东权益的书面名册）。

股票应当载明下列主要事项：①公司名称；②公司成立日期；③股票的种类、票面金额及代表的股份数；④股票的编号。股票由法定代表人签名，公司盖章。发起人的股票，应当标明"发起人股票"字样。

（3）股票是一种流通证券。由于股份可以转让，所以股票具有流通性。

2. 股份、股票的分类

股票是股份的外在表现形式，股份、股票可采用下述相同标准进行分类。

1）按照股份所代表的股东权利，股份可分为普通股和优先股

普通股是股东持有的权利义务平等、无差别待遇的股份。普通股的股息随公司利润的大小而增减。股份有限公司在一般情况下发行的都是普通股。

优先股是公司筹集资本时，给予认购人某种优惠条件的股份，例如：优先于普通股分得股息及公司解散后的剩余财产，或优先于普通股行使表决权。优先股的股息一般是固定

的，或者是设定股息限额(上限或下限)。一般而言，公司只有在迫不得已时才会发行优先股，以种种优惠条件来吸引投资，例如公司资金周转困难，需要增资时发行。

2) 按照股份是否以金额表示，股份可分为额面股和无额面股

额面股是指在股票上表示一定金额的股份。无额面股是指在股票上不表示一定金额，而注明其在公司股份总数中所占比例的股份。例如，在股票上标明 1/10000 字样，标明该股票代表的股份占公司股份总数的一万分之一。无额面股起源于美国，克服了额面股的弊端。

我国《公司法》规定，股票上必须记载股票的票面金额及代表的股份数。所以我国不允许发行无额面股。

3) 按照股份是否记载股东姓名，股份可以分为记名股和无记名股

记名股是指股东姓名或者名称必须记载于股票票面之上的股份。记名股只能由所记载的股东行使股东权利，其他任何人不得行使其权利。《公司法》规定，公司向发起人、法人发行的股票，应当为记名股票，并应当记载该发起人、法人的名称或者姓名，不得另立户名或者以代表人姓名记名。

无记名股是股票上不记载股东姓名的股份。无记名股股东行使股东权利时，必须出示股票。所以，无记名股份与股票不可分离，持有股票的人就是拥有该股份的人，就取得股东资格；一旦丧失对股票的持有或无法出示股票，即丧失股东资格。无记名股份的持有人可以随时请求公司将无记名股票改为记名股票。

4) 按照股份的拥有者划分，股份可分为国家股、法人股、个人股

国家股是指有权代表国家投资的政府部门或机构以国有资产投入股份制企业形成的股份。各级国有资产管理机构及其所属的国有资产经营公司是具体的持股人。

法人股是指企业法人、事业单位法人和社会团体法人以其依法可支配的资产或国家允许经营的资产向独立于自己的股份公司投资形成的股份。法人股包括外资法人股份。外资法人包括外国法人和我国香港、澳门、台湾地区法人。

个人股是指自然人以个人合法财产向股份公司投资形成的股份。个人股分为职工个人股和社会个人股。职工个人股是本公司职工持有本公司发行的股票或股权证。社会个人股是社会公众持有的股份，包括外资个人股。外资个人股的持有者是外国自然人和我国香港、澳门、台湾地区自然人。

5) 按照股份发行的先后划分，股份可分为原始股和新股

原始股是指公司设立时发行的股份，即第一次发行的股份。新股是指公司成立后发行的股份，即非公司设立时第一次发行的股份。

3. 股份的发行

股份发行的原则：公开原则、公平原则、公正原则。

根据《公司法》规定，公司发行的股票可以为记名股票或无记名股票。公司发行记名股票的，应当置备股东名册，记载下列事项：①股东的姓名或者名称及住所；②各股东所持股份数；③各股东所持股票的编号；④各股东取得股份的日期。

记名股票若有遗失，记名股东的资格和权利并不因此消失，可按法定程序办理补发手续。《公司法》规定："记名股票被盗、遗失或者灭失，股东可以依照《中华人民共和国民事诉讼法》规定的公示催告程序，请求人民法院宣告该股票失效。人民法院宣告该股票失效后，股东可以向公司申请补发股票。"

公司发行无记名股票的，公司应当记载其股票数量、编号及发行日期。对于无记名股票的发行，必须在公司章程中说明，如果章程中未规定该事项，则不能发行。此外，即使章程中说明可以发行无记名股票，其发行额也通常规定不得超过已发行股份总数的一定比例。

4. 股份的转让

《公司法》规定，股份有限公司股东持有的股份可以依法转让。

1) 转让的规则

无记名股票的转让，由股东将该股票交付给受让人后即发生转让效力。记名股票，由股东以背书方式或者法律、行政法规规定的其他方式转让；转让后，由公司将受让人的姓名或者名称及住所记载于股东名册。若未变更股东名册，受让人不得以其转让对抗公司，例如不得要求参加股东大会。公司股东大会召开前20日内或者公司决定分配股利的基准日前5日内，不得因股份转让而变更股东名册。但是，法律对上市公司股东名册变更登记另有规定的，从其规定。

2) 转让的限制

(1)《公司法》规定，发起人持有的本公司股份，自公司成立之日起1年内不得转让。

(2)《公司法》规定，公开发行股份前已经发行的股份自公司股票在证券交易所上市交易之日起1年内不得转让。

(3)《公司法》规定，公司董事、监事、高级管理人员应当向公司申报所持有的本公司股份及其变动情况，在任职期间每年转让的股份不得超过其所持有本公司股份总数的25%，所持本公司股份自公司股票上市交易之日起1年内不得转让。上述人员离职后半年内，不得转让其所持有的本公司股份。公司章程可以对公司董事、监事、高级管理人员转让其所持有的本公司股份做出其他限制性规定。

5. 股份的回购

一般而言，公司不得回购股份，因为回购股份实际上是减少了公司资本，违背资本维持原则，这种行为将影响公司财产基础，对公司债权人的利益有所损害；其次，公司成为自己的股东，会造成法律关系上的混乱；第三，股份的大量回购会造成股票市场价格的波动，对投资者有误导作用。

但我国《公司法》规定，股份有限公司有下列情形之一时，可收购本公司股份：①减少公司注册资本；②与持有本公司股份的其他公司合并；③将股份奖励给本公司职工；④股东因对股东大会做出的公司合并、分立决议持异议，要求公司收购其股份的。

属于第①项至第③项的原因收购本公司股份的，应当经股东大会决议。公司依法收购本公司股份后,属于第①项情形的,应当自收购之日起 10 日内注销;属于第②项、第④项情形的,应当在 6 个月内转让或者注销;属于第③项情形收购股份的,不得超过本公司已发行股份总额的 5%;用于收购的资金应当从公司的税后利润中支出;所收购的股份应当在 1 年内转让给职工。

股份回购后,公司应在法定期限内办理变更登记手续,并在国家或者当地的主要报纸上进行公告。公告的目的在于使社会公众了解公司资本减少的情况,以便保护自己的合法权益。

6. 股份的质押

质押,属于担保的一种形式,即债务人或者第三人在不转移所有权的前提下,将某一动产或者权利转由债权人占有和控制,以保证债权人权利的实现;在债务人不履行债务时,债权人有权以该动产或者权利折价或者以变卖、拍卖该动产或者权利的价款优先受偿。

《公司法》规定,公司不得接受本公司的股票作为质押权的标的。

3.5.2 公司债券的一般理论

1. 公司债券的概念

公司债券是指公司依照法定程序发行、约定在一定期限还本付息的有价证券。公司债券与公司股票有不同的法律特征:①公司债券的持有人是公司的债权人,对于公司享有民法上规定的债权人的所有权利,而股票的持有人则是公司的股东,享有《公司法》所规定的股东权利。②公司债券的持有人,无论公司是否有盈利,对公司享有按照约定给付利息的请求权,而股票持有人,则必须在公司有盈利时才能依法获得股利分配。③公司债券到了约定期限,公司必须偿还债券本金,而股票持有人仅在公司解散时方可请求分配剩余财产。④公司债券的持有人享有优先于股票持有人获得清偿的权利,而股票持有人必须在公司全部债务清偿之后,方可就公司剩余财产请求分配。⑤公司债券的利率一般是固定不变的,风险较小,而股票股利分配的高低,与公司经营好坏密切相关,故常有变动,风险较大。

2. 公司债券的种类

依照不同的标准,对公司债券可作不同的分类。

1) 记名公司债券和无记名公司债券

记名公司债券是指在公司债券上记载债权人姓名或者名称的债券;无记名公司债券是指在公司债券上不记载债权人姓名或者名称的债券。区分记名公司债券和无记名公司债券的法律意义在于两者转让的要求不同。

2) 可转换公司债券和不可转换公司债券

可转换公司债券是指可以转换成公司股票的公司债券。这种公司债券在发行时规定了转换为公司股票的条件与办法,当条件具备时,债券持有人拥有将公司债券转换为公司股票的选择权。凡在发行债券时未作出转换约定的,均为不可转换公司债券。

3. 公司债券的发行

《公司法》规定,公司发行公司债券应当符合《证券法》规定的发行条件与程序。

公司以实物券方式发行公司债券的,必须在债券上载明公司名称、债券票面金额、利率、偿还期限等事项,并由法定代表人签名,公司盖章。

公司发行公司债券应当置备公司债券存根簿。发行记名公司债券的,应当在公司债券存根簿上载明下列事项:①债券持有人的姓名或者名称及住所。②债券持有人取得债券的日期及债券的编号。③债券总额,债券的票面金额、利率、还本付息的期限和方式。④债券的发行日期。发行无记名公司债券的,应当在公司债券存根簿上载明债券总额、利率、偿还期限和方式、发行日期及债券的编号。

上市公司发行可转换为股票的公司债券,应当报国务院证券监督管理机构核准。发行可转换为股票的公司债券,应当在债券上标明可转换公司债券字样,并在公司债券存根簿上载明可转换公司债券的数额。

4. 公司债券的转让

《公司法》规定,公司债券可以转让,转让价格由转让人与受让人约定。公司债券在证券交易所上市交易的,按照证券交易所的交易规则转让。

根据公司债券种类的不同,公司债券的转让有两种不同的方式。记名公司债券,由债券持有人以背书方式或者法律、行政法规规定的其他方式转让;转让后由公司将受让人的姓名或者名称及住所记载于公司债券存根簿,以备公司存查。无记名公司债券的转让,由债券持有人将该债券交付给受让人后即发生转让的效力;受让人一经持有该债券,即成为公司的债权人。

发行可转换为股票的公司债券的,公司应当按照其转换办法向债券持有人换发股票,但债券持有人对转换股票或者不转换股票有选择权。

 阅读案例 3-8

美伦公司是集体所有制企业,由于市场疲软,濒临倒闭。但由于美伦公司一直是其所在县的利税大户,县政府采取积极扶持的政策。为了转产筹集资金,美伦公司经理向县政府申请发行债券,县政府予以批准,并协助美伦公司向社会宣传。于是美伦公司发行的价值 150 万元的债券很快顺利发行完毕。债权的票面记载为:票面金额 100 元,年利率 15%,美伦公司以及发行日期和编号。

通过分析回答美伦公司债券的发行有哪些问题?

(资料来源:http://www.njtw.edu.cn)

【案例分析】

(1) 我国《公司法》规定,公司债券是指公司依照法定程序发行、约定在一定期限还本付息的有价证券。美伦公司是集体所有制企业,不具备发行公司债券的资格,发行主体不合格。

(2) 发行公司债权要由公司董事会作出方案,有股东大会作出决议后,由公司向国务院授权的部门核准后才能发行。而本案中，由县政府批准发行债券，这是不符合法律规定的。

（3）公司法规定，公司以实物券方式发行公司债券的，必须在债券上载明公司名称、债券票面金额、利率、偿还期限等事项，并由法定代表人签名，公司盖章。本案中，债券票面缺少法定记载事项。

（4）证券的发行应当由证券公司承销，而不能由美伦公司自行发售。

3.6　公司的财务会计

3.6.1　公司财务会计的基本要求

（1）公司应当依照法律、行政法规和国务院财政部门的规定建立本公司的财务、会计制度。

（2）公司应当依法编制财务会计报告。公司应当在每一会计年度终了时编制财务会计报告，并依法经会计师事务所审计。公司财务会计报告主要包括：①资产负债表；②利润表；③现金流量表等报表及附注。公司财务会计报告应当依照《会计法》、《企业财务会计报告条例》等法律、行政法规和国务院财政部门的规定制作。

（3）公司应当依法披露有关财务、会计资料。有限责任公司应当按照公司章程规定的期限将财务会计报告送交各股东。股份有限公司的财务会计报告应当在召开股东大会年会的 20 日前置备于本公司，供股东查阅；公开发行股票的股份有限公司必须公告其财务会计报告。

（4）公司除法定的会计账簿外，不得另立会计账簿。对公司资产，不得以任何个人名义开立账户存储。

（5）公司应当依法聘用会计师事务所对财务会计报告审查验证。公司聘用、解聘承办公司审计业务的会计师事务所，依照公司章程的规定，由股东会、股东大会或者董事会决定。公司股东会、股东大会或者董事会就解聘会计师事务所进行表决时，应当允许会计师事务所陈述意见。公司应当向聘用的会计师事务所提供真实、完整的会计凭证、会计账簿、财务会计报告及其他会计资料，不得拒绝、隐匿、谎报。

阅读案例 3－9

科华股份有限公司属于发起设立的股份公司，注册资本为人民币 3000 万元，公司章程规定每年 6 月 1 日召开股东大会年会。科华公司管理混乱，自 2008 年起，陷入亏损境地。2009 年 5 月，部分公司股东要求查阅财务账册遭拒绝。2009 年股东大会年会召开，股东们发觉公司仍不向他们公开财务会计报表，理由是公司的商业秘密股东们无需知道。经股东们强烈要求，公司才提供了一套财会报表，包括资产负债表和利润分配表。股东大会年会闭会后，不少股东了解到公司提供给他们的财会报表与送交工商部门、税务部门的不一致，公司对此的解释是送交有关部门的会计报表是为应付检查的，股东们看到的才是真正的账册。

（资料来源：http://www.njtw.edu.cn）

请分析并回答问题：根据你所学习的《公司法》知识，指出科华公司的错误，并说明理由。

【案例分析】

本案中,科华股份有限公司所犯的错误有以下几点。

(1) 拒绝股东查阅公司财务会计报表,剥夺了股东的法定权利。

(2) 未在公司召开股东大会年会的 20 日以前将财务会计报表置备于本公司,供股东查阅。

(3) 财务会计报表不完整,缺少损益表、财务状况变动表和财务情况说明书。

(4) 公司除法定的会计账册外,又另立会计账册。

3.6.2 公积金

公积金又称储备金,是公司在资本之外所保留的资本金额。公积金可分为盈余公积金和资本公积金。

1. 盈余公积金

公司为增强自身财力,扩大业务范围和预防营业亏损,从利润中提取一定比例的资金。公司当年有盈余则提取,没有则不提。盈余公积金的用途为弥补亏损、扩大公司生产经营和转为增加公司注册资本。盈余公积金可分为法定公积金和任意公积金。

1) 法定公积金

法定公积金是国家法律规定必须从公司税后利润中按一定比例提取的盈余公积金。

我国《公司法》规定,公司分配当年税后利润时,应当提取利润的 10% 列入公司法定公积金;公司法定公积金累计额为公司注册资本的 50% 以上的,可以不再提取。

法定公积金转为资本时,所留存的该项公积金不得少于转增前公司注册资本的 25%。

2) 任意公积金

任意公积金是由公司自主决定从公司税后利润中按一定比例提取的盈余公积金。我国《公司法》规定,公司从税后利润中提取法定公积金后,经股东会或者股东大会决议,还可以从税后利润中提取任意公积金。提取比例也由公司自主决定。

2. 资本公积金

资本公积金是直接由资本原因形成的公积金,如超过票面价额发行的股份所得的溢价额、法定资产重估增值、接受捐赠的资产价值、资本汇率折算差额等。

资本公积金的用途为扩大公司生产经营或者转为增加公司资本,但不得弥补亏损。

3.6.3 公司利润分配

1. 公司利润的分配原则

1) 先行弥补亏损原则

公司出现亏损直接影响到公司资本的充实、公司的稳定发展和公司股东、债权人的权益。因此,我国法律规定公司亏损必先弥补。

2) 无利润不分配原则

公司利润分配须以公司有利润为前提。如果公司在某经营年度发生亏损，则该年度不能进行利润分配。

3) 按股分红原则

公司向股东分配利润时，以各股东的出资比例或所持股份作为分配的依据。在分配过程中，应充分贯彻"同股同权"、"同股同利"的原则。

2. 公司利润分配顺序

1) 弥补以前年度亏损

首先，用以前年度提取的盈余公积金弥补。其次，盈余公积金不足以弥补时，用当年的税前利润弥补。最后，当年利润仍不足以弥补时，可以在5年内用公司税前利润延续弥补，即以税前利润弥补亏损不得超过5年。

2) 缴纳企业所得税

公司连续5年仍未以税前利润完全弥补亏损时，本年度的税前利润不得再直接用于弥补亏损，必须首先用于缴纳国家规定的企业所得税。

3) 继续弥补亏损

公司本年度的盈利缴纳所得税后，其税后利润继续用于弥补以前年度亏损。

4) 提取法定公积金

5) 提取任意公积金

6) 分配股利

税后利润在提取公积金后仍有剩余，可向股东分配利润，支付股息和红利。利润分配方案经股东(大)会决议通过。有限责任公司按照股东实缴的出资比例分配股利，股份有限公司按照股东持有的股份比例分配，但股份有限公司章程规定不按持股比例分配的除外。

股东(大)会或者董事会在公司弥补亏损和提取法定公积金之前向股东分配利润的，股东必须将违反规定分配的利润退还公司。公司持有的本公司股份不得分配利润。

 阅读案例 3-10

华声股份有限公司属于募集设立的股份有限公司，注册资本为人民币5000万元，在设立过程中，经有关部门批准，以超过股票票面金额1.2倍的发行价格发行，实际所得人民币6000万元。溢价款1000万元当年被股东作为股利分配。两年后，由于市场行情变化，华声公司开始亏损，连续亏损两年，共计亏损人民币1200万元。股东大会罢免了原董事长，重新选举新的董事长。经过一年的改革，公司开始盈利人民币600万元，公司考虑到各股东多年来经济利益一直受损，故决定将该利润分配给股东。自此以后，公司业务蒸蒸日上，不仅弥补了公司多年的亏损，而且发展越来越快。2013年，公司财务状况良好，法定公积金占公司注册资本55%，公司决定，鉴于公司良好的财务状况，法定公积金可以不再提取了。为了增大企业规模，公司股东大会决定把全部法定公积金转为公司资本。

(资料来源：http://www.njtw.edu.cn)

请分析并回答下列问题：

(1) 华声公司将股票溢价发行款作为股利分配，正确与否，请说明理由。

(2) 华声公司在刚开始盈利时将盈利分配给各股东的做法对不对，正确的做法是什么？
(3) 2013年华声公司决定不再提取法定公积金的理由充分不充分，为什么？
(4) 公司股东会能否决定将公司的法定公积金全部转为公司资本，为什么？

【案例分析】

(1) 股份有限公司依法溢价发行的款项属于公司资本公积金，不能作为股利分配，华声公司将股票发行的溢价款作为股利分配是错误的。

(2) 公司向股东分配股利时应遵循非有盈余不得分配原则，按照法定顺序分配。华声公司在刚开始盈利时未弥补以往公司的亏损就分配股利，违反法律规定，必须将分配的利润退还给公司。

(3) 2013年华声公司法定公积金占公司注册资本的55%，可以不再提取法定公积金。

(4) 本案中华声公司将全部法定公积金转为公司资本，显然违反了《公司法》的有关规定。

3.7 公司合并、分立、增资、减资

3.7.1 公司合并

公司的合并是指两个或两个以上的公司依照法定程序，变为一个公司的法律行为。

1. 公司合并的形式

1) 吸收合并

一个公司吸收其他公司后继续存在，其他被吸收公司解散。基本形式为：A+B=A。

2) 新设合并

两个或两个以上的合并设立为一个新公司，合并各方解散。基本形式为：A+B=C。

2. 公司合并的程序

根据我国《公司法》的有关规定，公司合并的法定程序如下。

1) 董事会拟定合并方案

各方公司的董事会应就合并事宜进行协商，通过参与合并的决议，并提出合并方案。合并方案主要涉及：合并的原因和目的、现有公司债务的清偿、合并后公司的股权结构以及向各合并公司股东发行股份的价格。

2) 股东（大）会作出决议

合并决议属于公司的重大事项，需要经过特殊决议。股东（大）会应当同时授权董事会负责具体实施合并方案。国有独资公司的合并，必须由国有资产监督管理机构决定。其中重要的国有独资公司的合并，应当由国有资产监督管理机构审核后，报本级人民政府批准。

3) 签订书面合并协议

合并的各方公司的法定代表人在协商一致的基础上签订书面合并协议。

4) 董事会或执行董事编制资产负债表和财产清单

5) 通知和公告

公司应当自做出合并决议之日起 10 日内通知债权人，并于 30 日内在报纸上公告。债权人自接到通知书之日起 30 日内，未接到通知书的自公告之日起 45 日内，可以要求公司清偿债务或者提供相应的担保。不清偿债务或不提供相应担保的，公司不得合并。公司合并必须提前还债或者提供担保，目的在于保护债权人利益。

6) 办理登记手续

由公司完成上述程序后，公司即可合并股份或出资并进行财产移交。同时，在法定期限内，向工商行政管理部门提出申请、递交文件，办理设立登记、变更登记或者注销登记。

3. 公司合并的法律效果

《公司法》规定："公司合并时，合并各方的债权、债务，应当由合并后存续的公司或者新设的公司承继。"

3.7.2 公司的分立

公司的分立是指一个公司因某种原因而分开设立为两个以上的公司。

1. 公司分立的形式

1) 派生分立

公司将其部分财产或业务分离而设立一个或数个新公司，原公司继续存在。基本形式为：A 分为 A 和 B。

2) 新设分立

新设分立是指公司将其全部财产分别归入两个或两个以上的新设公司，原公司解散。基本形式为：A 分为 B 和 C。

2. 公司分立的程序

公司分立的程序与公司合并的程序基本一样。

3. 公司分立的法律效果

《公司法》规定："公司分立前的债务由分立后的公司承担连带责任。但是，公司在分立前与债权人就债务清偿达成的书面协议另有约定的除外。"

由此可见，分立后的公司关于债务承担所达成的协议是有效的，但其效力仅发生在分立后的公司内部之间，不得对抗原公司的债权人，除非公司分立前已与债权人另有约定。

3.7.3 公司注册资本的增减

1. 公司增加注册资本

公司增加注册资本的途径：①股东增加出资或者发行新股。②用公积金转增。

不论采取何种途径，具体步骤如下：①董事会拟定增资方案。②股东(大)会作出决议。增加注册资本是公司重大事项，以特殊决议方式通过。③股份有限公司按规定发行新股、由投资者认购，追加出资，或者公司按规定转增公积金。④办理变更登记。

2. 公司减少注册资本

公司减少注册资本通常是在缩小公司经营规模或遭受重大经济损失，不能分配盈利时发生。公司减少注册资本对公司、股东及公司债权人利益会产生不利影响，属于公司的重大变更，因此必须严格按照法定程序进行，具体如下：①董事会拟定减资方案。②股东(大)会会议通过减资决议。减少注册资本是公司重大事项，以特殊决议方式通过。③编制表册。公司决议减少注册资本时，董事会必须编制资产负债表。④通知和公告。公司应当自作出减少注册资本决议之日起 10 日内通知债权人，并于 30 日内在报纸上公告。债权人自接到通知书之日起 30 日内，未接到通知书的自公告之日起 45 日内，有权要求公司清偿债务或者提供相应的担保。⑤办理变更登记。股份有限公司通过收购本公司股票的方式减资的，应当自收购之日起 10 日内注销该部分股票。

阅读案例 3-11

2013 年 3 月 1 日，某有限责任公司甲经董事会 2/3 以上董事决议，分立为两个有限责任公司乙和丙。其中，甲企业的厂房、机器设备和人员等主要资源都分给了乙公司，只有一小部分资产分给了丙公司，甲公司同时终止。公司在 2013 年 3 月 13 日，通知原甲公司的债仅人丁和戊，并于 4 月 10 日在报纸上公告了其分立的事项。丁于 2013 年 4 月 3 日向原甲公司发出公函，要求对其所持有的 10 万元债权提供担保。2008 年 4 月 30 日，原甲公司的债权人己向原甲公司提出要求对其 15 万元的债权予以清偿。但原甲公司对戊和己的要求未予理睬。乙公司和丙公司于 2013 年 6 月 1 日正式挂牌营业，未进行登记。

(资料来源：http://blog.sina.com.cn)

请分析并回答下列问题：

(1) 甲公司的分立属于那种？
(2) 甲公司的分立行为有哪些违法之处？
(3) 是否可以认为甲方公司已经分立？

【案例分析】

(1) 甲公司的分立属于解散分立。因为甲公司终止。
(2) 甲公司的分立有以下违法之处：①本案中，董事会决议公司分立是不符合法律规定的。②本案中，公司向债权人作出通知和在报纸上作出公告的时间均超过了法定的时间。③本案中，丁公司和己的要求是合法的，却未得到甲公司的回答，根据法律规定，甲公司不得分立。④本案中，甲公司未作注销登记；乙公司和丙公司也未作开业登记。
(3) 根据上述分析，甲公司的分立程序是违法的，公司的分立无效。

3.8 公司解散和清算

3.8.1 公司解散的原因

公司解散将使公司丧失对外进行业务活动的能力,但并不意味着公司法人资格立即消灭。《公司法》规定,公司解散的原因有以下情形:①公司章程规定的营业期限届满或者公司章程规定的其他解散事由出现。②股东(大)会决议解散。③因公司合并或者分立需要解散。④依法被吊销营业执照、责令关闭或者被撤销。⑤人民法院依法予以解散。

公司有上述第①项情形的,可以通过修改公司章程而存续。公司依照规定修改公司章程的,有限责任公司须经持有 2/3 以上表决权的股东通过,股份有限公司须经出席股东大会会议的股东所持表决权的 2/3 以上通过。

公司经营管理发生严重困难,继续存续会使股东利益受到重大损失,通过其他途径不能解决的,持有公司全部股东表决权 10% 以上的股东,可以请求人民法院解散公司。

3.8.2 公司解散时的清算

1. 成立清算组

公司解散时,除因合并或者分立者外,应当依法进行清算。根据《公司法》的规定,公司应当在解散事由出现之日起 15 日内成立清算组,开始清算。有限责任公司的清算组由股东组成,股份有限公司的清算组由董事或者股东大会确定的人员组成。逾期不成立清算组进行清算的,债权人可以申请人民法院指定有关人员组成清算组进行清算。人民法院应当受理该申请,并及时组织清算组进行清算。

2. 清算组的职权

根据《公司法》的规定,清算组在清算期间行使下列职权:①清理公司财产,分别编制资产负债表和财产清单。②通知、公告债权人。③处理与清算有关的公司未了结的业务。④清缴所欠税款以及清算过程中产生的税款。⑤清理债权、债务。⑥处理公司清偿债务后的剩余财产。⑦代表公司参与民事诉讼活动。

清算组在公司清算期间代表公司进行一系列民事活动,全权处理公司经济事务和民事诉讼活动。根据《公司法》规定,清算组成员应当忠于职守,依法履行清算义务。清算组成员不得利用职权收受贿赂或者其他非法收入,不得侵占公司财产。清算组成员因故意或者重大过失给公司或者债权人造成损失的,应当承担赔偿责任。

3. 清算工作程序

1) 登记债权

清算组应当自成立之日起 10 日内通知债权人,并于 60 日内在报纸上公告。债权人应当自接到通知书之日起 30 日内，未接到通知书的自公告之日起 45 日内，向清算组申报其债权。债权人申报债权，应当说明债权的有关事项，并提供证明材料。清算组应当对债权进行登记。在申报债权期间，清算组不得对债权人进行清偿。

2) 清理公司财产，制定清算方案

清算组应当对公司财产进行清理，编制资产负债表和财产清单，制定清算方案。清算方案应当报股东(大)会或者人民法院确认。清算组在清理公司财产、编制资产负债表和财产清单后，发现公司财产不足清偿债务的，应当依法向人民法院申请宣告破产。公司经人民法院裁定宣告破产后，清算组应当将清算事务移交给人民法院。

3) 清偿债务

公司财产在分别支付清算费用、职工的工资、社会保险费用和法定补偿金，缴纳所欠税款，清偿公司债务后的剩余财产，有限责任公司按照股东的出资比例分配，股份有限公司按照股东持有的股份比例分配。清算期间，公司存续，但不得开展与清算无关的经营活动。公司财产在未按上述规定清偿前，不得分配给股东。

4) 公告公司终止

公司清算结束后，清算组应当制作清算报告，报股东(大)会或者人民法院确认，并报送公司登记机关，申请注销公司登记，公告公司终止。

 阅读案例 3-12

2012 年 1 月，三被告共同投资入股，创办了天元装饰材料有限公司，工商登记载明企业性质为有限责任公司，法定代表人罗高卫，注册资金 59 万元。经营期间，原告黄丽萍受雇在该公司打工。2014 年 1 月，该公司停产歇业，工商行政管理部门依法吊销了营业执照。但该公司对其经营期间的债权债务未进行清算，其中包括拖欠原告的工资计人民币 349 元。原告为此诉至法院。

(资料来源: http://ielaw.uibe.edu.cn/html)

请分析并回答: 有限责任公司歇业未清算，股东对公司债务是否承担清偿责任？

【案例分析】

有限责任公司以包括歇业在内的方式终止的，在终止后应当进行清算，在清算后进行公司注销登记，即是《公司法》的强制性规定，也是债权人通过非诉方式实现债权的最后保障手段。

公司不论以何种原因终止，不进行清算而欺骗公司登记部门办理了注销登记，或者不进行清算而等待公司登记部门给予吊销营业执照(指《企业法人营业执照》)处理的，不仅规避了《公司法》的强制性规定，而且不符合诚实信用原则而损害了债权人的利益。故公司的这种行为具有侵害债权的故意侵权性质。同时，依据《公司法》的规定，全体股东有责任在公司解散(终止)的法定时间内成立清算组，这也可以说是在公司解散时股东承担有限责任的程序性条件。如果股东在公司解散时拒不成立清算组进行清算，一般情况下，债权人可以申请法院指定清算组成员以便进行清算，但在公司已越过清算程序而获得了注销登记或吊销营业执照的法律后果时，则说明是股东违反了股东义务，具有侵害债权的故意。在这种情况下，参照法人人格否定制度，由股东承担无限责任，应是一种维护债权人利益和维护交易安全的一种可行方法。

3.9 外国公司的分支机构

3.9.1 外国公司的分支机构的法律地位

外国公司是指依照外国法律在中国境外设立的公司，属于外国法人。外国公司在中国境内设立的分支机构，是外国公司的一个组成部分，不具有中国法人资格。外国公司对其分支机构在中国境内进行经营活动承担民事责任。

3.9.2 外国公司的分支机构的设立

1. 外国公司的分支机构的设立条件

外国公司在中国境内设立分支机构应当符合以下条件：①必须在中国境内指定负责该分支机构的代表人或者代理人。②必须向该分支机构拨付与其所从事的经营活动相适应的资金。对外国公司分支机构的经营资金需要规定最低限额的，由国务院另行规定。

2. 外国公司的分支机构的设立程序

外国公司在中国境内设立分支机构的主要程序是：①提出申请。外国公司在中国境内设立分支机构，必须向中国主管机关提出申请，并提交其公司章程、所属国的公司登记证书等有关文件。②进行工商登记。外国公司向中国主管机关提出在中国境内设立分支机构的申请经中国主管机关审查批准后，应当向中国的公司登记机关依法办理登记，领取营业执照。外国公司的分支机构在中国办理了工商登记并领取营业执照后，即可在中国境内从事生产经营活动。外国公司分支机构的审批办法由国务院另行规定。

3.9.3 外国公司的分支机构的权利义务

1. 外国公司的分支机构的权利

外国公司的分支机构的权利主要有：①依法从事生产经营活动。②合法权益受中国法律保护。

2. 外国公司的分支机构的义务

外国公司的分支机构的义务主要有：①必须遵守中国的法律，不得损害中国的社会公共利益。②应当在其名称中标明该外国公司的国籍及责任形式，在本机构中置备该外国公司章程。③外国公司撤销其在中国境内的分支机构时，必须依法清偿债务，依照《公司法》有关公司清算程序的规定进行清算。未清偿债务之前，外国公司不得将其分支机构的财产移至中国境外。

3.10 违反公司法的法律责任

本节所指法律责任是指行政责任和刑事责任。

3.10.1 公司发起人、股东的法律责任

(1) 违反《公司法》规定，虚报注册资本、提交虚假材料或者采取其他欺诈手段隐瞒重要事实取得公司登记的，由公司登记机关责令改正，对虚报注册资本的公司，处以虚报注册资本金额5%以上15%以下的罚款；对提交虚假材料或者采取其他欺诈手段隐瞒重要事实的公司，处以5万元以上50万元以下的罚款；情节严重的，撤销公司登记或者吊销营业执照。构成犯罪的，依法追究刑事责任，处3年以下有期徒刑或者拘役，并处或者单处虚报注册资本金1%以上5%以下的罚金。单位犯此罪的，对单位处以罚金，并对其直接负责的主管人员和其他直接责任人员，处3年以下有期徒刑或者拘役。

(2) 公司的发起人、股东虚假出资，未交付或者未按期交付作为出资的货币或者非货币财产的，由公司登记机关责令改正，处以虚假出资金额5%以上15%以下的罚款。构成犯罪的，依法追究刑事责任。处5年以下有期徒刑或者拘役，并处或者单处虚假出资金额2%以上10%以下的罚金。单位犯此罪的，对单位处以罚金，并对其直接负责的主管人员和其他直接责任人员，处5年以下有期徒刑或者拘役。

(3) 公司的发起人、股东在公司成立后，抽逃其出资的，由公司登记机关责令改正，处以所抽逃出资金额5%以上15%以下的罚款。构成犯罪的，依法追究刑事责任，处5年以下有期徒刑或者拘役，并处或者单处抽逃出资金额2%以上10%以下的罚金。单位犯此罪的，对单位处以罚金，并对其直接负责的主管人员和其他直接责任人员，处5年以下有期徒刑或者拘役。

3.10.2 公司的法律责任

(1) 公司违反《公司法》规定，在法定的会计账簿以外另立会计账簿的，由县级以上人民政府财政部门责令改正，处以5万元以上50万元以下的罚款。构成犯罪的，依法追究刑事责任。

(2) 公司在依法向有关主管部门提供的财务会计报告等材料上作虚假记载或者隐瞒重要事实的，由有关主管部门对直接负责的主管人员和其他直接责任人员处以3万元以上30万元以下的罚款。

(3) 公司不依照《公司法》规定提取法定公积金的，由县级以上人民政府财政部门责令如数补足应当提取的金额，可以对公司处以20万元以下的罚款。

(4) 公司在合并、分立、减少注册资本或者进行清算时，不依照《公司法》规定通知或者公告债权人的，由公司登记机关责令改正，对公司处以1万元以上10万元以下的罚款。

(5) 公司在进行清算时，隐匿财产，对资产负债表或者财产清单作虚假记载或者在未清偿债务前分配公司财产的，由公司登记机关责令改正，对公司处以隐匿财产或者未清偿

债务前分配公司财产金额5%以上10%以下的罚款;对直接负责的主管人员和其他直接责任人员处以1万元以上10万元以下的罚款。构成犯罪的,依法追究刑事责任,对直接负责的主管人员和其他直接责任人员,处5年以下有期徒刑或者拘役,并处或者单处2万元以上20万元以下罚金。

(6) 公司在清算期间开展与清算无关的经营活动的,由公司登记机关予以警告,没收违法所得。

(7) 公司成立后无正当理由超过6个月未开业的,或者开业后自行停业连续6个月以上的,可以由公司登记机关吊销营业执照。

(8) 公司登记事项发生变更时,未依照《公司法》规定办理有关变更登记的,由公司登记机关责令限期登记;逾期不登记的,处以1万元以上10万元以下的罚款。

(9) 外国公司违反《公司法》规定,擅自在中国境内设立分支机构的,由公司登记机关责令改正或者关闭,可以并处5万元以上20万元以下的罚款。

公司违反《公司法》规定,应当承担民事赔偿责任和缴纳罚款、罚金的,其财产不足以支付时,先承担民事赔偿责任。

3.10.3 承担资产评估、验资或者验证的机构的法律责任

承担资产评估、验资或者验证的机构提供虚假材料的,由公司登记机关没收违法所得,处以违法所得1倍以上5倍以下的罚款,并可以由有关主管部门依法责令该机构停业、吊销直接责任人员的资格证书,吊销营业执照。构成犯罪的,依法追究刑事责任,处5年以下有期徒刑或者拘役,并处罚金。如果犯此罪并有索取他人财物或者非法收受他人财物的,处5年以上10年以下有期徒刑,并处罚金。

承担资产评估、验资或者验证的机构因过失提供有重大遗漏的报告的,由公司登记机关责令改正,情节较重的,处以所得收入1倍以上5倍以下的罚款,并可以由有关主管部门依法责令该机构停业、吊销直接责任人员的资格证书,吊销营业执照。严重不负责任,出具的证明文件有重大失实,造成严重后果的,处3年以下有期徒刑或者拘役,并处或者单处罚金。

承担资产评估、验资或者验证的机构因其出具的评估结果、验资或者验证证明不实,给公司债权人造成损失的,除能够证明自己没有过错的外,在其评估或者证明不实的金额范围内承担赔偿责任。

本 章 小 结

本章主要内容:一是我国公司的概念、特征与分类,公司法概念与特点等。二是公司登记管理的相关规定。三是有限责任公司和股份有限公司的设立条件、程序,组织机构和相关的特殊规定;四是公司股票与公司债券的一般理论;五是公司的基本财务会计制度等内容。六是公司的合并、分立、增资、减资和解散、清算,外国公司的分支机构,违反公司法的相关法律责任等相关法律规定。

经济法

练习题

一、不定项选择题

1. 根据公司法律制度的规定，下列各项中属于有限责任公司股东会职权的是（　　）。
   A. 拟定公司的基本管理制度　　　　B. 选举和更换全部监事
   C. 审议批准董事会或者执行董事的报告　D. 组织实施公司年度经营计划和投资方案

2. 根据《中华人民共和国公司法》的规定，下列选项中不属于有限责任公司监事会职权的是（　　）。
   A. 提议召开临时股东会
   B. 检查公司财务
   C. 要求董事和经理纠正损害公司利益的行为
   D. 选举和更换由股东代表出任的董事

3. 某股份有限公司章程确定的董事会成员为9人，但截止到2013年9月30日时，该公司董事会成员因种种变故，实际为5人，下列说法正确的是（　　）。
   A. 该公司应当在2013年11月30日前召开临时股东大会
   B. 该公司应当在2013年10月30日前召开临时股东大会
   C. 该公司董事会人数不符合公司法的规定
   D. 由于该公司董事会成员没有少于《公司法》所规定的人数，因此该公司可以不召开临时股东大会

4. 甲、乙、丙3人成立一家有限责任公司，甲以一台机器设备作为出资，评估作价20万，后因市场变化，该机器设备市场价仅为15万元，则下列说法正确的是（　　）。
   A. 乙和丙可以请求甲补足5万元的差额
   B. 人民法院可以认定甲未履行全面出资义务
   C. 甲不必补足差额
   D. 甲需补足差额

5. 公司应当自作出减少注册资本决议之日起（　　）通知债权人，并于（　　）在报纸上公告。债权人自接到通知书之日起（　　）内，未接到通知书的自第一次公告之日起（　　）内，有权要求公司清偿债务或者提供相应的担保。
   A. 10日内；10日内；30日；30日　　　B. 10日内；30日内；30日；45日
   C. 15日内；15日内；15日；30日　　　D. 30日内；90日内；15日；30日

6. 按照《公司法》的规定，股东可以复制（　　）。
   A. 公司章程　　　　　　　　　　　B. 股东会会议记录
   C. 董事会会议决议　　　　　　　　D. 监事会会议决议

7. 乙有限责任公司不设监事会，只设了一名监事甲。甲的下列做法中，符合公司法规定的有（　　）。

A. 提议召开临时股东会会议

B. 制订公司的年度财务预算方案，提交股东会讨论

C. 制定公司分立的方案，提交股东会讨论

D. 向股东会提议罢免违反公司章程的董事职务

8. 甲为持有某有限责任公司全部股东表决权10%以上的股东，根据公司法律制度的规定，在某些事由下，若公司继续存续会使股东利益受到重大损失，且通过其他途径又不能解决的，甲提起解散公司诉讼时，人民法院应予受理，下列选项中，属于上述"某些事由"的有（　　）。

A. 公司亏损、财产不足以偿还全部债务的

B. 公司被吊销营业执照未进行清算的

C. 公司持续2年以上无法召开股东会，且经营管理发生严重困难的

D. 公司董事长期冲突，且无法通过股东会解决，致使公司经营管理发生严重困难的

9. A公司于2013年6月注册成立。2013年10月A公司分立为B公司和C公司，分立前与债权人就债务清偿达成的书面协议约定各承担50%债务。2014年3月C公司与D公司合并为E公司。如果2014年5月A公司和D公司的债权人要求清偿债务，下列说法正确的有（　　）。

A. A公司的债务由B公司和C公司承担　　B. A公司的债务由B公司和E公司承担

C. D公司的债务由D公司承担　　　　　　D. D公司的债务由E公司承担

10. 关于公司法人财产权的限制，下列说法不正确的有（　　）。

A. 除法律另有规定外，公司不得成为对所投资企业的债务承担连带责任的投资人

B. 公司为他人提供担保，必须由股东会或者股东大会作出决议

C. 公司为公司股东或者实际控制人提供担保的，该表决由出席会议的其他股东所持表决权的过半数通过

D. 公司董事、经理一律不得将公司资金借贷给他人

二、简答题

1. 请阐述公司章程的概念及性质。
2. 试述有限责任公司的概念和设立条件。
3. 试述一人有限责任公司特别规定。
4. 试述股份有限责任公司的概念、设立条件和组织机构。
5. 试述上市公司组织机构与活动原则的特别规定。

三、案例分析题

案例1　爱兰有限责任公司董事会议拟增加注册资本，公司监事会全部7名成员坚决反对，但董事会坚持决议。于是，监事会中的3名成员联名通知全体股东召开临时股东会议。除两名股东因故未参加股东会以外，其他股东全部参加。与会股东最终以2/3人数通过了公司增加注册资本的董事会决议。监事会认为会议的表决未到法定人数，因而决议无

效。董事会认为，监事越权召开股东会，会后又对会议通过的决议横加指责，纯属无理之举。请分析并回答下列问题：

(1) 公司董事会是否有权作出增加注册资本的决议？

(2) 临时股东会的召集程序是否合法？

(3) 临时股东会通过的决议是否有效？

案例2 2013年3月，甲、乙、丙3个企业决定共同投资设立远方有限责任公司（以下简称远方公司）。发起人协议的部分内容如下：远方公司的注册资本拟定为3000万元人民币。2013年4月1日远方公司正式登记成立，并进行了公告。同年5月，远方公司召开了一次股东会，并作出了如下决议：①认为公司监事会中的两名职工代表业务能力不行，决定由在职工中有影响力的李某和该市税务局张某来代替两人的位置；②决定各股东不按出资比例分配红利，而由3个股东平均分配；③决定发行公司债券1200万元，所募资金用于扩大生产经营和改善职工福利。但不久，远方公司因经营决策发生重大失误很快陷入亏损。同年9月股东决定解散公司。在清算过程中发现公司董事赵某在清算期间曾同本公司进行过一次经营交易活动，但赵某表示这是经公司董事会同意的。

根据上述事实，回答下列问题：

(1) 远方公司的成立是否应当公告？

(2) 2013年公司召开的股东会作出的决议①是否符合法律规定？并说明理由。

(3) 2013年公司召开的股东会作出的决议②是否符合法律规定？并说明理由。

(4) 2013年公司召开的股东会作出的决议③是否符合法律规定？并说明理由。

(5) 赵某与远方公司的交易是否合法？并说明理由。

案例3 某市侨兴股份有限公司因经营管理不善造成亏损，公司未弥补的亏损达股本的1/4，公司董事长李某决定在2014年4月6日召开临时股东大会，讨论如何解决公司面临的困境。董事长李某在2014年4月1日发出召开2014年临时股东大会会议的通知，其内容如下：为讨论解决本公司面临的亏损问题，凡持有股份10万股（含10万股）以上的股东直接参加股东大会会议，小股东不必参加股东大会。股东大会如期召开，会议议程为两项：①讨论解决公司经营所遇困难的措施。②改选公司监事二人。出席会议的有90名股东。经大家讨论，认为目前公司效益太差，无扭亏希望，于是表决解散公司。表决结果80名股东（占出席大会股东表决权3/5）同意解散公司，董事会决议解散公司。会后某小股东认为公司的上述行为侵犯了其合法权益，向人民法院提起诉讼。

分析并回答下列问题：

(1) 本案中公司召开临时股东大会合法吗？程序有什么问题？

(2) 临时股东大会的通知存在什么问题？

(3) 临时股东大会的议程合法吗？作出解散公司的决议有效吗？

(4) 该小股东的什么权益受到了侵害？

第 4 章 外商投资企业法律制度

教学要求

通过本章的学习，学生应当能够：

（1）了解外商投资企业种类，外商投资企业的投资项目规定等基本内容；

（2）理解中外合资企业与中外合作企业的区别、审批制度等；

（3）掌握中外合资企业与中外合作企业注册资本、投资总额、设立条件、出资期限与方式、组织机构职权与构成、利润分配、出资额的转让等基本内容。

外国的月亮比中国圆吗

在过去的 30 年中，"Made in China"几乎成了中国改革开放的标志，几乎成了每家企业一个至高无上的经济目标，成了各级政府至高无上的政治目标。三来一补企业（来料加工、来样加工、来件装配及补偿贸易）是早期的特色，"大进大出、两头在外"的热潮则源于 20 世纪 90 年代，2000 年后才有了一些反思。赚外国人的钱是没错的，关键是看我们付出了多大代价。那些外商独资企业标注的"Made in China"，对中国有何意义？外资得到了实实在在的利润，中国得到了表面上的 GDP 和"Made in China"以及严重的环境污染，还给了外国政府贸易顺差的口实。究竟是我们利用了外资，还是外资利用了我们？据国务院研究发展中心 2006 年 8 月发表的一份研究报告指出，在中国已开放的产业中，排名前 5 位的企业几乎都由外资控制。在 39 个工业行业中，外企在 23 个行业中占有优势地位。在轻工、化工、医药、机械、电子等行业，外资公司的产品已占据 1/3 以上的市场份额。外资企业在高新技术出口领域占据了 80%，而 90% 的出口产品使用的知识产权来自国外。

【分析】

上述案例说明了中国的很多行业都采用了先对外开放再对内开放的策略，外资企业凭借超国民待遇和避税手段，使其能以较低价格开拓和占领国内市场，已对内资企业产生了巨大的挤出效应，大大压制了国有企业和民营企业的发展。该案例给我们什么启示？

4.1 外商投资企业法律制度概述

4.1.1 外商投资企业的概念

外商投资企业是指依照中国的法律规定，经中国政府批准，在中国境内设立的，由中国投资者和外国投资者共同投资或者仅由外国投资者投资的企业。外商投资企业具有以下基本特征。

1. 外商投资企业是外商直接投资举办的企业

直接投资是指投资者将资金投入企业，并不同程度地参与企业的经营决策，通过企业盈利分配获取投资收益的投资方法。其相对于间接投资而言，具有更大的稳定性。

2. 外商投资企业是吸引外国私人投资举办的企业

私人投资是指以公司、企业和其他经济组织或者个人的名义进行的投资。它与政府的对外援助不同，具有民间经济技术合作的色彩。

3. 外商投资企业是依照中国的法律和行政法规，经中国政府批准，在中国境内设立的企业

按照我国的法律和行政法规规定，设立外商投资企业必须经中国政府批准，并在中国境内设立。外商投资企业设立后，必须遵守中国的法律法规。同时，也受中国法律的保护。

4.1.2 外商投资企业的种类

根据我国有关法律和行政法规的规定，我国目前的外商投资企业主要有以下几种。

1. 中外合资经营企业

中外合资经营企业亦称股权式合营企业。它是由外国公司、企业和其他经济组织或者个人同中国的公司、企业或者其他经济组织，依照中国的法律和行政法规，经中国政府批准，设在中国境内，由双方共同投资、共同经营，按照各自的出资比例共担风险、责任和进行利润分配，各自的权利和义务十分明确，中外投资者多数愿意采取这种企业形式。这种企业形式较多地应用于投资多、技术性强、合作时间长的项目。

2. 中外合作经营企业

中外合作经营企业亦称契约式合营企业。它是由外国公司、企业和其他经济组织或者个人同中国的公司、企业或者其他经济组织，依照中国的法律和行政法规，经中国政府批准，设在中国境内的，由双方通过合作经营企业合同约定各自的权利和义务的企业。这种

企业形式的特点是合作企业方式较为灵活,中方投资者可以将无形资产等要素作为合作的条件,解决了我国企业投资资金缺乏的问题。中外合作经营企业允许外方投资者先行回收投资,对外国投资者有较大的吸引力。在合作企业合作期满后,企业全部固定资产无偿归中方所有。

3. 外资企业

外资企业亦称外商独资经营企业。它是指外国的公司、企业和其他经济组织或者个人,依照中国的法律和行政法规,经中国政府批准,设在中国境内的,全部资本由外国投资者投资的企业。但其不包括外国公司、企业和其他经济组织在中国境内设立的分支机构。这一企业形式的股权完全属于外国投资者,因而外国投资者愿意采用更加先进的技术和设备,引进一些通过合资形式也难以引进的技术,在国家不投入大量配套资金的情况下,可以扩大就业,增加税收。

4. 中外合资股份有限公司

中外合资股份有限公司是指外国的公司、企业和其他经济组织或者个人(简称外国股东)同中国的公司、企业或者其他经济组织(简称中国股东),依照中国的法律和行政法规,在中国境内设立的,全部资本由等额股份构成,股东以其所认购的股份对公司承担责任,公司以其全部财产对公司债务承担责任,中外股东是共同持有公司股份的企业法人。

4.1.3 外商投资企业的权利和义务

1. 外商投资企业的权利

外商投资企业享有的权利主要表现在以下几点。
1) 生产经营计划权
外商投资企业有权在批准的合同范围内,自行制定企业的生产经营计划。
2) 资金筹措使用权
外商投资企业可以向中国境内的金融机构借款,也可以在中国境外借款,并有权依照规定支配使用企业自有资金。
3) 物资采购权
外商投资企业在批准的经营范围内对所需的原材料、燃料等物资,有权自行决定在中国市场购买或者在国际市场购买。
4) 产品销售权
外商投资企业有权自行销售产品,中国政府鼓励外商投资企业向国际市场销售产品。
5) 外汇收入使用权
外商投资企业有权按照法律规定使用外汇收入。外国投资者对依照法律规定和合同约定分配的利润、其他合法收入以及企业终止时分得的资金可以依法汇往国外。企业的外籍职工的工资收入和其他合法收入,依法缴纳个人所得税后,可以汇往国外。

6) 劳动用工管理权

外商投资企业在遵守中国的法律和行政法规规定的前提下享有劳动用工管理自主权，但对职工的雇用和解雇、工资形式、工资标准、福利、劳动保险和奖惩措施等事项，应当依法通过订立合同加以规定。

7) 机构设置和人员编制权

外商投资企业可以根据企业生产经营需要，自行确定企业内部机构的设立、调整和撤销，决定企业的人员编制。

2. 外商投资企业的义务

外商投资企业在享有权利的同时，也必须承担义务，包括：①必须遵守中国的法律、行政法规，不得损害中国的社会公共利益；②必须履行依法签订的协议、合同、章程；③必须依照中国税法的规定缴纳税款；④接受中国政府有关部门的管理和监督；⑤承担中国法律、行政法规规定的其他义务。

4.1.4 外商投资企业的投资项目

为了使外商投资企业的投资项目与我国国民经济和社会发展规划相适应，并有利于保护投资者的合法权益，2002年2月21日国务院发布了《指导外商投资方向规定》，并自2002年4月1日起施行。根据《指导外商投资方向规定》的规定，外商投资企业的投资项目分为鼓励、允许、限制和禁止4类。

1. 鼓励类外商投资项目

属于下列情形之一的，列为鼓励类外商投资项目：①属于农业新技术、农业综合开发和能源、交通、重要原材料工业的；②属于高新技术、先进适用技术，能够改进产品性能、提高企业技术经济效益或者生产国内生产能力不足的新设备、新材料的；③适应市场需求，能够提高产品档次、开拓新兴市场或者增加产品国际竞争能力的；④属于新技术、新设备，能够节约能源和原材料、综合利用资源和再生资源以及防治环境污染的；⑤能够发挥中西部地区的人力和资源优势，并符合国家产业政策的；⑥法律、行政法规规定的其他情形。

鼓励类外商投资项目，除依照有关法律、行政法规的规定享受优惠待遇外，从事投资额大、回收期长的能源、交通、城市基础设施(煤炭、石油、天然气、电力、铁路、公路、港口、机场、城市道路、污水处理、垃圾处理等)建设经营的，经批准，可以扩大与其相关的经营范围。

2. 限制类外商投资项目

属于下列情形之一的，列为限制类外商投资项目：①技术水准落后的；②不利于节约资源和改善生态环境的；③从事国家规定实行保护性开采的特定矿种勘探、开采的；④属于国家逐步开放的产业的；⑤法律、行政法规规定的其他情形。

3. 禁止类外商投资项目

属于下列情形之一的,列为禁止类外商投资项目:①危害国家安全或者损害社会公众利益的;②对环境造成污染损害,破坏自然资源或者损害人体健康的;③占用大量耕地,不利于保护、开发土地资源的;④危害军事设施安全和使用效能的;⑤运用我国特有工艺或者技术生产产品的;⑥法律、行政法规规定的其他情形。

4. 允许类外商投资项目

不属于鼓励类、限制类和禁止类的外商投资项目,为允许类外商投资项目。产品全部直接出口的允许类外商投资项目,视为鼓励类外商投资项目。产品出口销售额占其产品销售总额70%以上的限制类外商投资项目,经省、自治区、直辖市及计划单列市人民政府或者国务院主管部门批准,可以视为允许类外商投资项目。

阅读案例 4-1

究竟是我们利用了外资,还是外资利用了我们?

据国务院研究发展中心 2006 年 8 月发表的一份研究报告指出,在中国已开放的产业中,排名前 5 位的企业几乎都由外资控制。在 39 个工业行业中,外企在 23 个行业中占有优势地位。在轻工、化工、医药、机械、电子等行业,外资公司的产品已占据 1/3 以上的市场份额。外资企业在高新技术出口领域占据了 80%,而 90% 的出口产品使用的知识产权来自国外。

4.1.5 外国投资者并购境内企业

外国投资者并购境内企业,是指外国投资者购买境内非外商投资企业(以下称"境内公司")股东的股权或认购境内公司增资,使该境内公司变更设立为外商投资企业(以下称"股权并购")。或者,外国投资者设立外商投资企业,并通过该企业协议购买境内企业资产且运营该资产。或者,外国投资者协议购买境内企业资产,并以该资产投资设立外商投资企业运营该资产(以下称"资产并购")。为了促进和规范外国投资者来华投资,引进国外的先进技术和管理经验,提高利用外资的水平,实现资源的合理配置,外国投资者并购境内企业应符合特定原则与要求。

1. 外国投资者并购境内企业应遵循的原则

外国投资者并购境内企业,应遵守中国的法律、行政法规和规章,遵循公平合理、等价有偿、诚实信用的原则,不得造成过度集中、排除或限制竞争,不得扰乱社会经济秩序和损害社会公共利益,不得导致国有资产流失,应符合中国法律、行政法规和规章对投资者资格的要求及产业、土地、环保等政策。

2. 外国投资者并购境内企业的要求

境内公司、企业或自然人以其在境外合法设立或控制的公司名义并购与其有关联关系的境内公司，应报商务部审批。当事人不得以外商投资企业境内投资或其他方式规避上述要求。外国投资者并购境内企业并取得实际控制权，涉及重点行业、存在影响或可能影响国家经济安全因素或者导致拥有驰名商标或中华老字号的境内企业实际控制权转移的，当事人应就此向商务部进行申报。当事人未予申报，但其并购行为对国家经济安全造成或可能造成重大影响的，商务部可以会同相关部门要求当事人终止交易或采取转让相关股权、资产或其他有效措施，以消除并购行为对国家经济安全的影响。外国投资者股权并购的，并购后所设外商投资企业承继被并购境内公司的债权和债务。外国投资者资产并购的，出售资产的境内企业承担其原有的债权和债务。外国投资者、被并购境内企业、债权人及其他当事人可以对被并购境内企业的债权债务的处置另行达成协议，但是该协议不得损害第三人利益和社会公共利益。债权债务的处置协议应报送审批机关。出售资产的境内企业应当在投资者向审批机关报送申请材料之前至少15日，向债权人发出通知书，并在全国发行的省级以上报纸上发布公告。

3. 外国投资者并购境内企业的注册资本与投资总额

1）外国投资者并购境内企业的注册资本

外国投资者协议购买境内公司股东的股权，境内公司变更设立为外商投资企业后，该外商投资企业的注册资本为原境内公司注册资本，外国投资者的出资比例为其所购买股权在原注册资本中所占比例。外国投资者认购境内有限责任公司增资的，并购后所设外商投资企业的注册资本为原境内公司注册资本与增资额之和。外国投资者与被并购境内公司原其他股东，在境内公司资产评估的基础上，确定各自在外商投资企业注册资本中的出资比例。外国投资者认购境内股份有限公司增资的，按照《公司法》有关规定确定注册资本。

外国投资者在并购后所设外商投资企业注册资本中的出资比例一般不低于25%。外国投资者的出资比例低于25%的，除法律、行政法规另有规定外，应依照现行设立外商投资企业的审批、登记程序进行审批、登记。审批机关在颁发外商投资企业批准证书时加注"外资比例低于25%"的字样。登记管理机关在颁发外商投资企业营业执照时加注"外资比例低于25%"的字样。

2）外国投资者并购境内企业的投资总额

外国投资者股权并购的，除国家另有规定外，对并购后所设外商投资企业应按照以下比例确定投资总额的上限：①注册资本在210万美元以下的，投资总额不得超过注册资本的10/7；②注册资本在210万美元以上至500万美元的，投资总额不得超过注册资本的2倍；③注册资本在500万美元以上至1200万美元的，投资总额不得超过注册资本的2.5倍；④注册资本在1200万美元以上的，投资总额不得超过注册资本的3倍。

外国投资者资产并购的，应根据购买资产的交易价格和实际生产经营规模确定拟设立的外商投资企业的投资总额。拟设立的外商投资企业的注册资本与投资总额的比例应符合有关规定。

4. 外国投资者并购境内企业的出资

外国投资者并购境内企业设立外商投资企业，外国投资者应自外商投资企业营业执照颁发之日起 3 个月内向转让股权的股东，或出售资产的境内企业支付全部对价。对特殊情况需要延长者，经审批机关批准后，应自外商投资企业营业执照颁发之日起 6 个月内支付全部对价的 60% 以上，1 年内付清全部对价，并按实际缴付的出资比例分配收益。

外国投资者认购境内公司增资，有限责任公司和以发起方式设立的境内股份有限公司的股东应当在公司申请外商投资企业营业执照时缴付不低于 20% 的新增注册资本，其余部分的出资时间应符合《公司法》、有关外商投资的法律和《公司登记管理条例》的规定。其他法律和行政法规另有规定的，从其规定。股份有限公司为增加注册资本发行新股时，股东认购新股，依照设立股份有限公司缴纳股款的有关规定执行。

5. 反垄断审查

外国投资者并购境内企业有下列情形之一的，投资者应就所涉情形向商务部和国家工商行政管理总局报告：①并购一方当事人当年在中国市场营业额超过 15 亿元人民币；②1 年内并购国内关联行业的企业累计超过 10 个；③并购一方当事人在中国的市场占有率已经达到 20%；④并购导致并购一方当事人在中国的市场占有率达到 25%。虽未达到上述条件，但是应有竞争关系的境内企业、有关职能部门或者行业协会的请求，商务部或国家工商行政管理总局认为外国投资者并购涉及市场份额巨大。上述所称并购一方当事人包括与外国投资者有关联关系的企业。

外国投资者并购境内企业涉及上述所述情形之一，商务部和国家工商行政管理总局认为可能造成过度集中，妨害正当竞争、损害消费者利益的，应自收到规定报送的全部材料之日起 90 日内，共同或经协商单独召集有关部门、机构、企业以及其他利害关系方举行听证会，并依法决定批准或不批准。

境外并购有下列情形之一的，并购方应在对外公布并购方案之前或者报所在国主管机构的同时，向商务部和国家工商行政管理总局报送并购方案。商务部和国家工商行政管理总局应审查是否存在造成境内市场过度集中，妨害境内正当竞争、损害境内消费者利益的情形，并作出是否同意的决定：①境外并购一方当事人在我国境内拥有资产 30 亿元人民币以上；②境外并购一方当事人当年在中国市场上的营业额 15 亿元人民币以上；③境外并购一方当事人及与其有关联关系的企业在中国市场占有率已经达到 20%；④由于境外并购，境外并购一方当事人及与其有关联关系的企业在中国市场占有率达到 25%；⑤由于境外并购，境外并购一方当事人直接或间接参股境内相关行业的外商投资企业将超过 15 家。

有下列情况之一的并购，并购一方当事人可以向商务部和国家工商行政管理总局申请审查豁免：①可以改善市场公平竞争条件的；②重组亏损企业并保障就业的；③引进先进技术和管理人才并能提高企业国际竞争力的；④可以改善环境的。

阅读案例 4-2

(1) 微软收购 Intuit 软件公司案。就收购本身，双方企业和股东都皆大欢喜，Intuit 的股东希望通过收购而获得注资，并从微软庞大的国际分销网获得好处；微软则希望获得 Intuit 公司开发的已占有个人财务软件市场近70%份额的Quicken软件。就此项交易本身而言，双方主体可谓平等互利、公平绝伦，然而美国政府担心收购后，微软会独霸全美个人财务软件市场，执意向法院起诉，最终挫败了此项交易。

（资料来源：《美国司法部将微软收购Intuit之举提交法院》，载《国际电子报》1995年8月7日，第39页）

（2）美国可口可乐公司与中国汇源果汁集团有限公司的收购案。我国商务部于2009年3月18日发布公告，决定禁止美国可口可乐公司与中国汇源公司的经营者集中。之前商务部依法对此项集中进行了全面评估，确认集中将产生如下不利影响：①集中完成后，可口可乐公司有能力将其在碳酸软饮料市场上的支配地位传导到果汁饮料市场，对现有果汁饮料企业产生排除、限制竞争效果，进而损害饮料消费者的合法权益。②集中完成后，可口可乐公司通过控制"美汁源"和"汇源"两个知名果汁品牌，对果汁市场控制力将明显增强，集中将使潜在竞争对手进入果汁饮料市场的障碍明显提高。③集中挤压了国内中小型果汁企业生存空间，给中国果汁饮料市场有效竞争格局造成不良影响。

4.2 中外合资经营企业法律制度

4.2.1 中外合资经营企业的设立

1. 设立合营企业的条件

在中国境内设立合营企业，应当能够促进中国经济的发展和科学技术水准的提高，有利于社会主义现代化建设。国家鼓励、允许、限制或者禁止设立合营企业的行业，按照国家《指导外商投资方向的规定》及外商投资产业指导目录执行。

申请设立合营企业有下列情况之一的，不予批准：①有损中国主权的；②违反中国法律的；③不符合中国国民经济发展要求的；④造成环境污染的；⑤签订的协定、合同、章程明显不公平，损害合营一方权益的。

2. 设立合营企业的审批机关

根据《中外合资经营企业法》的规定，设立合营企业的审批机关是国务院对外经济贸易主管部门（即商务部，下同）。国家规定的限额以上、限制投资和涉及配额、许可证管理的合营企业的设立由国务院对外经济贸易主管部门负责核准。当拟设立的合营企业的投资总额在国务院规定的投资审批权限以内，中国合营者的资金来源已经落实，并且不需要国家增拨原材料，不影响燃料、动力、交通运输、外贸出口配额等全国平衡的情况下，可由国务院授权的省、自治区、直辖市人民政府及国务院有关行政机关审批，报国务院对外经济贸易主管部门备案。

3. 设立合营企业的法律程序

根据《中外合资经营企业法》及其实施条例的规定，设立合营企业一般要经过以下程序。

1) 由中外合营者共同向审批机关报送有关材料

申请设立合营企业,中外合营者须共同向审批机关报送下列材料:①设立合营企业的申请书;②合营各方共同编制的可行性研究报告;③由合营各方授权代表签署的合营企业协议、合同和章程;④由合营各方委派的合营企业董事长、副董事长、董事人选名单;⑤审批机关规定的其他文件。

2) 审批机关审批

审批机关应当在收到全部材料之日起3个月内决定批准或者不批准。审批机关如发现报送的材料有不当之处,应当要求限期修改,否则不予批准。合营企业经批准后由审批机关发给批准证书。须经国务院对外经济贸易主管部门审批批准的,由其发给批准证书。国务院授权的省级人民政府或国务院有关部门审批批准的,应当报国务院对外经济贸易主管部门备案,并由国务院对外经济贸易主管部门发给批准证书。

3) 办理工商登记

合营企业应当自收到批准证书后1个月内按照国家有关规定,向工商行政管理机关办理登记手续,领取营业执照,开始营业。合营企业的营业执照签发日期,即为该合营企业的成立日期。

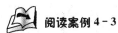
阅读案例 4-3

《中外合资经营企业法》的诞生及两次修改

1979年,当时刚从政治斗争中醒悟过来、从经济崩溃边缘掉转身来的中国,冒着"立法超前"的危险,决然地用法律向世界宣示了它对外开放的决心。

刚刚恢复自由回京不久的彭真同志带领他的同事们在人民大会堂不熄的灯光里,创造了3个月制定7部法律的奇迹:其中6部法律都是涉及中国政治生活的重要基本法,那第7部便是《中外合资经营企业法》。

对于当时的中国人来说,中外合资经营,是一个遥远而艰深的字眼。但中国领导人高瞻远瞩,看到了中国的未来需要对外开放,需要外资的进入,使百废待兴的中国具有更大的经济发展动力。

据称,中国在1979年到1982年开办的中外合资企业只有几百家,外资在一个为期不短的观望期后才相率走进中国,1985年9个月的开办数就达到上述3年总和的3倍。通过这些踏上中国国土的外资和企业,中国也开始蹒跚地迈向世界。

(资料来源:法制日报2001年03月09日)

4.2.2 中外合资经营企业的注册资本与投资总额

1. 合营企业的注册资本

合营企业的注册资本,是指为设立合营企业在工商行政管理机关登记注册的资本,应为合营各方认缴的出资额之和。依照我国有关法律、法规的规定,合营企业的注册资本应当符合下列要求。

(1) 在合营企业的注册资本中,外国合营者的出资比例一般不得低于25%,这是外国合营者认缴出资的最低限额。对其最高限额法律没有明确规定。

(2) 合营企业在合营期限内,不得减少其注册资本。但因投资总额和生产经营规模等发生变化,确需减少注册资本的,须经审批机关批准。对合营企业在合营期限内增加注册资本,法律没有禁止。但是,合营企业增加注册资本应当经合营各方协商一致,并由董事会会议通过,报经原审批机关核准。合营企业增加、减少注册资本,应当修改合营企业章程,并办理变更注册资本登记手续。

(3) 合营企业的注册资本应符合《公司法》规定的有限责任公司的注册资本的最低限额。

2. 合营企业的投资总额

合营企业的投资总额,是指按照合营企业的合同、章程规定的生产规模需要投入的基本建设资金和生产流动资金的总和。由注册资本与借款构成。合营企业的借款是指为弥补投资总额的不足,以合营企业的名义向金融机构借入的款项。

合营企业的注册资本和投资总额之间应当保持适当、合理的比例。现行有关规定如下:①合营企业的投资总额在300万(含300万)美元以下的,注册资本至少应占投资总额的7/10;②合营企业的投资总额在300万美元以上至1000万(含1000万)美元的,注册资本至少应占投资总额的1/2,其中投资总额在420万美元以下的,注册资本不得低于210万美元;③合营企业的投资总额在1000万美元以上至3000万(含3000万)美元的,注册资本至少应占投资总额的2/5,其中投资总额在1250万美元以下的,注册资本不得低于500万美元;④合营企业的投资总额在3000万美元以上的,注册资本至少应占投资总额的1/3,其中投资总额在3600万美元以下的,注册资本不得低于1200万美元。

合营企业如遇特殊情况不能执行此规定的,由国务院对外经济贸易主管部门会同国家工商行政管理机关批准。

4.2.3 中外合资经营企业合营各方的出资方式、出资期限

1. 合营企业合营各方的出资方式

合营企业合营各方可以用货币出资,也可以用建筑物、厂房、机器设备或者其他物料、工业产权、专有技术、场地使用权等作价出资。以建筑物、厂房、机器设备或者其他物料、工业产权、专有技术作为出资的,其作价由合营各方按照公平合理的原则协商确定,或者聘请合营各方同意的第三者评定。

外国合营者以货币出资时,只能以外币缴付出资,不能以人民币缴付出资。外国合营者出资的外币,应当按缴款当日中国人民银行公布的基准汇率折算成人民币或者套算成约定的外币。中国合营者出资的人民币现金,需要折算成外币的,应当按缴款当日中国人民银行公布的基准汇率折算。

作为外国合营者出资的机器设备或者其他物料,应当是合营企业生产所必需的,且出资的机器设备或者其他物料的作价,不得高于同类机器设备或者其他物料当时的国际市场

价格。外国合营者作为出资的机器设备或者其他物料，应当报审批机关批准。

作为外国合营者出资的工业产权或专有技术，必须符合下列条件之一：①能显著改进现有产品的性能、质量，提高生产效率的；②能显著节约原材料、燃料、动力的。外国合营者以工业产权或者专有技术作为出资，应当提交该工业产权或专有技术的有关数据，包括专利证书或者商标注册证书的复制件、有效状况及其技术特性、实用价值、作价的计算根据、与中国合营者签订的作价协议等有关材料，作为合营合同的附件。外国合营者作为出资的工业产权或专有技术，应当报审批机关批准。

中国合营者可以用为合营企业经营期间提供的场地使用权作为出资，其作价金额应当与取得同类场地使用权所应缴纳的使用费相同。如果场地使用权未作为中国合营者出资的一部分，合营企业应向中国政府缴纳场地使用费。

合营各方按照合营合同的规定向合营企业认缴的出资，必须是合营者自己所有的现金、自己所有并且未设立任何担保物权的建筑物、厂房、机器设备或者其他物料、工业产权、专有技术等。凡是以建筑物、厂房、机器设备或者其他物料、工业产权、专有技术作价出资的，出资者应当出具拥有所有权和处置权的有效证明。

合营企业任何一方不得用以合营企业名义取得的贷款、租赁的设备或者其他财产以及合营者以外的他人财产作为自己的出资，也不得以合营企业的财产和权益或者合营他方的财产和权益为其出资担保。

2. 合营企业合营各方的出资期限

合营各方应当在合营合同中订明出资期限，并且应当按照合营合同规定的期限缴清各自的出资。合营合同规定一次缴清出资的，合营各方应当自营业执照签发之日起6个月内缴清。合营合同规定分期缴付出资的，合营各方第一期出资不得低于各自认缴出资额的15%，并且应当在营业执照签发之日起3个月内缴清。合营企业合营各方未能在规定的期限内缴付出资的，视同合营企业自动解散，合营企业批准证书自动失效。合营企业应当向工商行政管理机关办理注销登记手续，缴销营业执照。不办理注销登记手续和缴销营业执照的，由工商行政管理机关吊销其营业执照，并予以公告。合营企业合营一方未按照合同的规定如期缴付或者缴清其出资的，即构成违约。守约方应当催告违约方在1个月内缴付或者缴清出资，逾期仍未缴付或者缴清的，视同违约方放弃在合同中的一切权利，自动退出合营企业。守约方应当在逾期1个月内，向原审批机关申请批准解散合营企业或者申请批准另找外国合营者承担违约方在合同中的权利和义务。守约方可以依法要求违约方赔偿因未缴付或者缴清出资造成的经济损失。如果守约方未按照有关规定向原审批机关申请批准解散合营企业或者申请批准另找外国投资者的，审批机关有权吊销对该合营企业的批准证书。批准证书吊销后，合营企业应当向工商行政管理机关办理注销登记手续，缴销营业执照。不办理注销登记手续和缴销营业执照的，工商行政管理机关有权吊销其营业执照，并予以公告。

通过收购国内企业资产或股权设立合营企业的外国投资者，应自合营企业营业执照颁发之日起3个月内支付全部购买金。对特殊情况需要延长支付者，经审批机关批准后，应自营业执照颁发之日起6个月内支付购买总金额的60%以上，在1年内付清全部购买金，并按实际缴付的出资额的比例分配收益。控股投资者在付清全部购买金额之前，不能取得企业决策权，不得将其在企业中的权益、资产以合并报表的方式纳入该投资者的财务报表。

合营企业合同经审批后，如确因特殊情况需要超过合同规定的缴资期限延期缴资的，应报原审批机关批准和登记机关备案，并办理相关手续。合营企业的投资者均须按合同规定的比例和期限同步缴付认缴的出资额。因特殊情况不能同步缴付的，应报原审批机关批准，并按实际缴付的出资比例分配收益。对合营企业中控股的投资者，在其实际缴付的投资额未达到其认缴的全部出资额之前，不能取得企业决策权，不得将其在企业中的权益、资产以合并报表的方式纳入该投资者的财务报表。

4.2.4 中外合资经营企业出资额的转让

合营企业出资额的转让，是指在合营企业中合营一方将其全部或部分出资额转让给合营企业另一方或第三者。

1. 合营企业出资额的转让条件

根据《中外合资经营企业法》及其实施条例的规定，合营企业出资额的转让必须具备如下条件，才能具有法律效力。

1) 合营企业出资额的转让须经合营各方同意

虽然出资额的转让是转让方与受让方之间的协议，但转让生效后，受让方一般会成为合营企业的主体，参与企业的经营管理，必然涉及合营他方的利益。为了保护合营他方的合法权益，出资额的转让必须经合营各方同意。

2) 合营企业出资额的转让须经董事会会议通过后，报原审批机关批准

出资额转让生效后，合营企业的主体一般会发生变更，有时会影响到企业法律性质的变化。为了维护国家利益和加强对合营企业的管理，合营企业出资额的转让必须经董事会会议通过后报原审批机关批准，接受国家对出资额转让的审查。

3) 合营企业一方转让其全部或部分出资额时，合营他方有优先购买权

即合营一方向第三者转让出资额的条件，不得比向合营他方转让的条件优惠。

2. 合营企业出资额的转让程序

合营企业出资额的转让一般分4个步骤。

1) 申请出资额转让

当合营一方提出转让出资额要求时，合营他方应认真研究其是否正当、合法。如确实必须转让的，合营他方应作出明确表示，告知同意转让。同时合营他方应考虑是否购买部分或全部转让的出资额，如决定不买，应及时通知对方寻找第三者。在此基础上，由合营企业提出出资额转让的书面申请。

2) 董事会审查决定

在确定合营企业出资额转让时，董事会应召集董事会会议进行审查。董事会审查时应

注意掌握：①出资额的转让是否经合营各方同意；②出资额的转让董事会会议是否通过；②是否对出资额的受让方进行了资格审查，是否符合转让条件。

3) 报审批机关批准

合营企业出资额转让经董事会审查通过后，应报原审批机关批准。报批时应报送以下材料：①转让出资额的申请书；②转让出资额的协议书；③原合营企业合同、章程修正本；④受让者资信情况及营业执照副本；⑤受让者委托的董事名单；⑥审批机关规定的其他文件。审批机关受理后，应在3个月内作出批准或不批准的决定。

4) 办理变更登记手续

转让出资额经审批机关批准后，合营企业应向原登记管理机关办理变更登记手续。

4.2.5 中外合资经营企业的组织形式和组织机构

1. 合营企业的组织形式

合营企业的组织形式为有限责任公司。合营企业合营各方对合营企业的责任以各自认缴的出资额为限，合营企业以其全部资产对其债务承担责任。

2. 合营企业的组织机构

根据《中外合资经营企业法》及其实施条例的规定，合营企业的组织机构是董事会和经营管理机构。

1) 董事会

合营企业的董事会是合营企业的最高权力机构，决定合营企业的一切重大问题。合营企业的组织形式虽然是有限责任公司，但并不设立股东会。

董事会由董事长、副董事长及董事组成。董事会成员不得少于3人。董事长和副董事长由合营各方协商确定或者由董事会选举产生。中外合营者的一方担任董事长的，由他方担任副董事长。董事长是合营企业的法定代表人。董事名额的分配由合营各方参照出资比例协商确定，董事由合营各方按照分配的名额委派和撤换。董事任期4年，可以连任。

董事会的职权是按照合营企业章程的规定，讨论决定合营企业的一切重大问题，包括：企业发展规划、生产经营活动方案、收支预算、利润分配、劳动工资计划、停业，以及总经理、副总经理、总工程师、总会计师、审计师的任命或聘请及其职权和待遇等。

董事会会议由董事长召集并主持，董事长不能召集或主持时，可以由董事长委托副董事长或者其他董事召集并主持董事会会议。董事会会议每年至少召开1次。经1/3以上的董事提议，可以由董事长召开董事会临时会议。董事会会议应有2/3以上董事出席方能举行。董事不能出席的，可出具委托书委托他人代表其出席和表决。董事会会议一般应在合营企业的法定地址所在地举行。

下列事项由出席董事会会议的董事一致通过方可作出决议：①合营企业章程的修改；②合营企业的中止、解散；③合营企业注册资本的增加、减少；④合营企业的合并、分立。

2）经营管理机构

合营企业的经营管理机构负责企业的日常经营工作。

经营管理机构设总经理1人，副总经理若干人，其他高级管理人员若干人。总经理、副总经理由合营企业董事会聘请，可以由中国公民担任，也可以由外国公民担任。

经董事会聘请，董事长、副董事长、董事可以兼任合营企业的总经理、副总经理或者其他高级管理职务。

总经理执行董事会会议的各项决议，组织领导合营企业的日常经营管理工作。在董事会授权范围内，总经理对外代表合营企业，对内任免下属人员，行使董事会授予的其他职权。副总经理协助总经理工作。总经理或副总经理不得兼任其他经济组织的总经理或副总经理，不得参与其他经济组织对本企业的商业竞争。总经理、副总经理及其他高级管理人员有营私舞弊或者严重失职行为的，经董事会决议可以随时解聘。

4.2.6 中外合资经营企业的财务会计管理

合营企业应当建立健全财务会计管理机构，执行国家统一的财务会计制度，根据中国有关的法律和财务会计制度的规定，制定适合本企业的财务会计制度，并报当地财政、税务机关备案。合营企业应当向合营各方、当地税务机关和财政部门报送季度和年度会计报表。

合营企业设总会计师，协助总经理负责企业的财务会计工作。必要时，可以设副总会计师。合营企业可以设审计师，负责审查、稽核合营企业的财务收支和会计账目，向董事会、总经理提出报告。

合营企业原则上采用人民币为记账本位币，但经合营各方商定，也可采用某一种外国货币为记账本位币。以外国货币记账的合营企业，除编制外币的会计报表外，还应另编折算成人民币的会计报表。

合营企业的税后利润中可向出资人分配的利润，按照合营企业各方出资比例进行分配。合营企业以前年度尚未分配的利润，可并入本年度的可分配利润中进行分配。合营企业以前年度的亏损未弥补前不得分配利润。

合营企业的下列文件、证件、报表，应当经中国注册会计师验证和出具证明方为有效：①合营各方的出资证明书（以物料、场地使用权、工业产权、专有技术作为出资的，应当包括合营各方签字同意的财产估价清单及其协议文件）；②合营企业的年度会计报表；③合营企业清算的会计报表。

4.2.7 中外合资经营企业的合营期限、解散和清算

1. 合营企业的合营期限

合营企业的合营期限是指合营各方根据中国的法律、行政法规的规定和合营企业的经营目标的期望，在合营合同中对合营企业存续期间的规定。有关合营企业的合营期限的具体规定如下。

(1) 举办的合营企业属于下列行业的,合营各方应当依照国家有关法律、行政法规的规定,在合营合同中约定合营企业的合营期限。

这些行业包括:①服务性行业的,如饭店、公寓、写字楼、娱乐、饮食、出租车、彩扩、洗像、维修、咨询等;②从事土地开发及经营房地产的;③从事资源勘查开发的;④国家规定限制投资项目的;⑤国家其他法律、法规规定需要约定合营期限的。

合营企业的合营期限,一般项目原则上为 10 年至 30 年。投资大、建设周期长、资金利润率低的项目以及外国合营者提供先进技术或者关键技术生产尖端产品的项目,或者在国际上有竞争能力的产品的项目,其合营期限可以延长到 50 年。经国务院特别批准的,可以在 50 年以上。

(2) 对于属于国家规定鼓励投资和允许投资项目的合营企业,除上述行业外,合营各方可以在合同中约定合营期限,也可以不约定合营期限。

(3) 约定合营期限的合营企业,合营各方同意延长合营期限的,应当在距合营期限届满 6 个月前向审批机关提出申请。

审批机关应当在收到申请之日起 1 个月内决定批准或者不批准。经批准,合营期限可以延长。合营企业合营各方如一致同意将合营合同中约定的合营期限条款修改为不约定合营期限的条款,应提出申请,报原审批机关审查,原审批机关应当自收到上述申请材料之日起 90 日内决定批准或者不批准。

2. 合营企业的解散

根据《中外合资经营企业法》及其实施条例的规定,合营企业解散的原因主要有:①合营期限届满。合营企业合同或章程确定的合营期限已经到期,而投资各方又无意继续延长合营期限,则合营企业解散。②合营企业发生严重亏损,无力继续经营。企业因经营管理不善或者其他原因,造成严重亏损,企业无力继续经营,则合营企业解散。③合营一方不履行合营企业协议、合同、章程规定的义务,致使企业无法继续经营。④因自然灾害、战争等不可抗力遭受严重损失,无法继续经营。⑤合营企业未达到其经营目的,同时又无发展前途。⑥合营合同、章程所规定的其他解散原因已经出现。

上述第②、④、⑤、⑥项情况发生的,由董事会提出解散申请书,报审批机关批准。第③项情况发生的,由履行合同的一方提出申请,报审批机关批准。

根据企业破产法律制度的规定,企业无力偿还到期债务的,企业债权人可以向法院申请宣告该企业破产。企业也可以自行申请破产。法院宣告企业破产后,企业应予解散。

3. 合营企业的清算

合营企业宣告解散时,应当进行清算。除企业破产清算应当按照有关法律规定的程序进行清算外,合营企业的清算应当按照外商投资企业清算办法的规定成立清算委员会,由清算委员会负责清算事宜。

清算委员会的成员一般应当在合营企业的董事中选任。董事不能担任或者不适合担任清算委员会成员时,合营企业可以聘请中国的注册会计师、律师担任。审批机关认为必要时,可以派人进行监督。

合营企业的清算工作结束后,由清算委员会提出清算结束报告,提请董事会会议通过后,报告审批机关,并向登记管理机关办理注销登记手续,缴销营业执照。

4.3 中外合作经营企业法律制度

4.3.1 中外合作经营企业的设立

1. 设立合作企业的条件

在中国境内设立合作企业,应当符合国家的发展政策和产业政策,遵守国家关于指导外商投资方向的规定。根据《中外合作经营企业法》的规定,国家鼓励举办的合作企业是:①产品出口的生产型合作企业,是指企业产品主要用于出口创汇的生产型合作企业;②技术先进的生产型合作企业,是指外国合作者提供先进技术,从事新产品的开发,实现产品升级换代,以增加出口创汇或者替代进口的生产型合作企业。

2. 设立合作企业的法律程序

1) 由中国合作者向审查批准机关报送有关材料

中国合作者向审查批准机关报送的有关材料包括:①设立合作企业的项目建议书;②合作各方共同编制的可行性研究报告;③合作企业协定、合同、章程;④合作各方的营业执照或注册登记证明、资信证明及法定代表人的有效证明材料,外国合作者是自然人的,应当提供有关身份、履历和资信情况的有效证明材料;⑤合作各方协商确定的合作企业董事长、副董事长、董事或者联合管理委员会主任、副主任、委员的人选名单;⑥审查批准机关要求报送的其他材料。

2) 审查批准机关审批

审查批准机关应当自收到规定的全部材料之日起 45 日内决定批准或者不予批准。审查批准机关认为报送的材料不全或者有不当之处的,有权要求合作各方在指定期间内补全或修正。

3) 办理工商登记

批准设立的合作企业依法向工商行政管理机关申请登记,领取营业执照。合作企业的营业执照签发日期,即为该合作企业的成立日期。

以上所称审查批准机关,是指国务院对外经济贸易主管部门或者国务院授权的部门和地方人民政府。国务院对外经济贸易主管部门和国务院授权的部门批准设立的合作企业,由国务院对外经济贸易主管部门颁发批准证书。国务院授权的地方人民政府批准设立的合作企业,由有关地方人民政府颁发批准证书,并自批准之日起 30 日内将有关批准材料报送国务院对外经济贸易主管部门备案。

4.3.2 中外合作经营企业的注册资本与投资、合作条件

1. 合作企业的注册资本

合作企业的注册资本,是指为设立合作企业,在工商行政管理机关登记的合作各方认缴的出资额之和。注册资本可以用人民币表示,也可以用合作各方约定的一种可自由兑换的外币表示。合作企业的注册资本在合作期限内不得减少。但因投资总额和生产经营规模等变化,确需减少的,须经审查批准机关批准。

合作企业的投资总额,是指按照合作企业合同、章程规定的生产经营规模,需要投入的资金总和。合作企业的注册资本与投资总额的比例,参照中外合资经营企业注册资本与投资总额比例的有关规定执行。

2. 合作企业的投资和合作条件

1) 合作各方的出资方式

合作各方向合作企业投资或者提供合作条件的方式可以是货币,也可以是实物或者工业产权、专有技术、土地使用权等财产权利。合作各方应当以其自有的财产或者财产权利作为投资或者提供合作条件,对该投资或者提供的合作条件不得设置抵押或者其他形式的担保。中国合作者的投资或者提供的合作条件,属于国有资产的,应当依照有关法律、行政法规的规定进行资产评估。

2) 合作各方的出资比例

在依法取得中国法人资格的合作企业中,外国合作者的投资一般不低于合作企业注册资本的25%。在不具有法人资格的合作企业中,对合作各方向合作企业投资或者提供合作条件的具体要求,由国务院对外经济贸易主管部门确定。

3) 合作各方的出资期限

合作各方应当根据合作企业的生产经营需要,依照有关法律、行政法规的规定,在合作企业合同中约定合作各方向合作企业投资或者提供合作条件的期限。合作各方未按照合同约定缴纳投资或者提供合作条件的,工商行政管理机关应当限期要求其履行。限期届满仍未履行的,审查批准机关应当撤销合作企业的批准证书,工商行政管理机关应当吊销合作企业的营业执照,并予以公告。未按照合作企业合同约定缴纳投资或者提供合作条件的一方,应当向已缴纳投资或者提供合作条件的他方承担违约责任。合作各方缴纳投资或者提供合作条件后,应当由中国注册会计师验证并出具验资报告,由合作企业据以发给合作各方出资证明书。出资证明书应当抄送审查批准机关及工商行政管理机关。

4) 合作各方的出资转让

合作各方之间相互转让或者合作一方向合作他方以外的他人转让属于其在合作企业合同中全部或者部分权利的,须经合作他方书面同意,并报审查批准机关批准。审查批准机关应当自收到有关转让材料之日起30日内决定批准或者不批准。

4.3.3 中外合作经营企业的组织形式和组织机构

1. 合作企业的组织形式

合作企业可以申请为具有法人资格的合作企业,也可以申请为不具有法人资格的合作企业。

具有法人资格的合作企业,其组织形式为有限责任公司。除合作企业合同另有约定外,合作各方对合作企业承担的责任以各自认缴的出资额或者提供的合作条件为限。合作企业以其全部资产对其债务承担责任。

不具有法人资格的合作企业,合作各方的关系是一种合伙关系。合作各方依照中国民事法律的有关规定,承担民事责任。

2. 合作企业的组织机构

合作企业在组织机构的设置上有较大的灵活性,同合营企业相比有很大的区别。

具备法人资格的合作企业,一般设立董事会。不具备法人资格的合作企业,一般设立联合管理委员会。董事会或者联合管理委员会是合作企业的权力机构,按照合作企业章程的规定,决定合作企业的重大问题。

董事会或者联合管理委员会成员不得少于3人,其名额的分配由中外合作者参照其投资或者提供的合作条件协商确定。董事会或者联合管理委员会成员由合作各方自行委派或者撤换。董事会董事长、副董事长或者联合管理委员会主任、副主任的产生办法由合作企业章程规定。中外合作者一方担任董事长、主任的,副董事长、副主任由他方担任。董事长或者主任是合作企业的法定代表人。董事长或者主任因特殊原因不能履行职务时,应当授权副董事长、副主任或者其他董事、委员对外代表合作企业。董事或者委员的任期由合作企业章程规定,但是每届任期不得超过3年。董事或者委员任期届满,委派方继续委任的,可以连任。

董事会会议或者联合管理委员会会议每年至少召开1次,由董事长或者主任召集并主持。董事长或者主任因特殊情况不能履行职务时,由董事长或者主任指定副董事长、副主任或者其他董事、委员召集并主持。1/3以上董事或者委员可以提议召开董事会会议或者联合管理委员会会议。董事会会议或者联合管理委员会会议应当有2/3以上董事或者委员出席方能举行。不能出席董事会会议或者联合管理委员会会议的董事或者委员,应当书面委托他人代表其出席和表决。董事会会议或者联合管理委员会会议作出的决议,董事或者委员无正当理由不参加又不委托他人代表其参加董事会会议或者联合管理委员会会议的,视为出席会议并在表决中弃权。召开董事会会议或者联合管理委员会会议,应当在会议召开的10日前通知全体董事或者委员。董事会或者联合管理委员会也可以用通信的方式作出决议。

下列事项由出席董事会会议或者联合管理委员会会议的董事或者委员一致通过,方可作出决议：①合作企业章程的修改；②合作企业注册资本的增加或者减少；③合作企业的资产抵押；④合作企业的解散；⑤合作企业合并、分立和变更组织形式；⑥合作各方约定由董事会会议或者联合管理委员会会议一致通过方可作出决议的其他事项。

合作企业设总经理1人，负责合作企业日常经营管理工作，对董事会或者联合管理委员会负责。合作企业的总经理由董事会或者联合管理委员会聘任、解聘。总经理及其他高级管理人员可以由中国公民担任，也可以由外国公民担任。经董事会或者联合管理委员会聘任，董事或者委员可以兼任合作企业的总经理或者其他高级管理职务。合作企业成立后，经合作各方一致同意，可以委托合作一方进行经营管理，另一方不参加管理。也可以委托合作各方以外的第三人经营管理。合作企业委托第三人经营管理的，必须经董事会或者联合管理委员会一致同意，并报审批机关批准，向工商行政管理机关办理变更登记手续。

4.3.4 中外合作经营企业的经营管理

1. 合作企业的收益分配

合作企业的中外合作者可以在合同中约定采用分配利润、分配产品或者其他方式分配收益。合作企业合作各方约定采用分配产品或者其他方式分配收益的，应当按照中国税法的有关规定，计算应纳税额。

2. 合作企业外国合作者先行回收投资

1) 外国合作者先行回收投资的方式

根据《中外合作经营企业法》及其实施细则的规定，中外合作者在合作企业合同中约定合作期限届满时合作企业的全部固定资产无偿归中国合作者所有的，外国合作者在合作期限内可以申请以下列方式先行回收其投资：①在按照投资或者提供合作条件进行分配的基础上，在合作企业合同中约定扩大外国合作者的收益分配比例；②经财政税务机关审查批准，外国合作者在合作企业缴纳所得税前回收投资；③经财政税务机关和审查批准机关批准的其他回收投资方式。

2) 外国合作者先行回收投资的条件

外国合作者在合作期限内先行回收投资，应符合下列条件：①中外合作者在合作企业合同中约定合作期满时，合作企业的全部固定资产无偿归中国合作者所有；②对于税前回收投资的，必须向财政税务机关提出申请，并由财政税务机关依法审查批准；③中外合作者应当依照有关法律的规定和合作企业合同的约定，对合作企业的债务承担责任；④外国合作者提出先行回收投资的申请，应当具体说明先行回收投资的总额、期限和方式，经财政税务机关审核同意后，报审查批准机关审批；⑤外国合作者应当在合作企业的亏损弥补之后，才能先行回收投资。

4.3.5 中外合作经营企业的合作期限、解散和清算

1. 合作企业的合作期限

合作企业的合作期限由中外合作者协商，在合作企业合同中订明。合作企业合作期限届满，合作各方协商同意要求延长合作期限的，应当在距合作期限届满的180天前向审查批准机关提出申请，说明原合作企业合同执行情况，延长合作期限的原因。同时报送合作各方就延长的期限内各方的权利、义务等事项所达成的协议。审查批准机关应当自接到申请之日起30日内，决定批准或者不批准。经批准延长合作期限的，合作企业凭批准材料向工商行政管理机关办理变更登记手续，延长的期限从期限届满后第一天计算。

合作企业合同约定外国合作者先行回收投资的，并且投资已经回收完毕的，合作企业期限届满不再延长。但外国合作者增加投资的，经合作各方协商同意，可以依照有关法律规定向审查批准机关申请延长合作期限。

2. 合作企业的解散

根据《中外合作经营企业法》及其实施细则的规定，合作企业解散的原因主要有：①合作期限届满；②合作企业发生严重亏损，或者因不可抗力遭受严重损失，无力继续经营；③中外合作者一方或者数方不履行合作企业合同、章程规定的义务，致使合作企业无法继续经营；④合作企业合同、章程中规定的其他解散原因已经出现；⑤合作企业违反法律、行政法规，被依法责令关闭。

上述第②项、第④项所列情形发生，应当由合作企业的董事会或者联合管理委员会作出决定，报审查批准机关批准。在上述第③项所列情形下，不履行合作企业合同、章程规定的义务的中外合作者一方或者数方，应当对履行合同的他方因此遭受的损失承担赔偿责任。履行合同的一方或者数方有权向审查批准机关提出申请，解散合作企业。

3. 合作企业的清算

《中外合作经营企业法》规定，合作企业期满或者提前终止时，应当依照法定程序对资产和债权、债务进行清算。中外合作者应当依照合作企业合同的约定确定合作企业财产的归属。也就是说，合作企业的清算事宜，应依照国家有关法律、行政法规及合作企业合同、章程的规定办理。

4.3.6 中外合资与中外合作经营的区别

在投资回收方面：中外合资经营企业的外国合营者在合营期限内不能收回投资，只有在企业依法解散时，才有可能收回投资。而中外合作经营企业的外国合作者在合作期限内，可以在一定的条件下先行回收投资。

在收益分配方面：中外合资经营企业的合营者按照各自的出资比例分配收益。而中外合作经营企业的合作者按照合作合同的约定，采取分配利润、分配产品或者其他方式分配收益。

4.4 外资企业法律制度

4.4.1 外资企业的设立

1. 设立外资企业的条件

根据《外资企业法》及其实施细则的规定,设立外资企业,必须有利于中国国民经济的发展,能够取得显著的经济效益。国家鼓励外资企业采用先进技术和设备,从事新产品开发,实现产品升级换代,节约能源和原材料,并鼓励成立产品出口的外资企业。

申请设立外资企业,有下列情况之一的,不予批准:①有损中国主权或者社会公共利益的;②危及中国国家安全的;③违反中国法律、法规的;④不符合中国国民经济发展要求的;⑤可能造成环境污染的。

2. 设立外资企业的法律程序

根据《外资企业法》及其实施细则的规定,设立外资企业的法律程序一般有申请、审批和登记3个阶段。但在申请之前,须经企业所在地县级或者县级以上人民政府签署意见。设立外资企业的具体程序如下。

1)提出申请

外国投资者向拟设外资企业所在地的县级或者县级以上人民政府提交报告。报告的内容包括:①设立外资企业的宗旨;②经营范围、规模;③生产的产品;④使用的技术设备;⑤用地面积及要求;⑥需要的能源条件和数量;⑦对公共设施的要求等。收到报告的人民政府应自收到之日起30日内以书面形式答复外国投资者。

外国投资者通过外资企业所在地的县级或者县级以上人民政府向审批机关提出申请,并报送下列文件:①设立外资企业申请书;②可行性研究报告;③外资企业章程;④外资企业法定代表人名单;⑤外国投资者的法律证明材料和资信证明材料;⑥拟设立外资企业所在地的县级或者县级以上人民政府的书面答复;⑦需要进口的物资清单等。

2)审批机关审批

审批机关在收到申请材料之日起90日内决定批准或者不批准。审批机关是指国务院对外经济贸易主管部门及国务院授权的省级人民政府和计划单列市、经济特区人民政府。

3)办理工商登记

外国投资者在收到批准证书之日起30日内向工商行政管理机关申请登记,领取营业执照。外资企业的营业执照签发之日为该企业成立日期。外国投资者在收到批准证书之日起满30日未向工商行政管理机关申请登记的,外资企业批准证书自动失效。外资企业在企业成立之日起30日内向税务机关办理税务登记。

外资企业的分立、合并或者由于其他原因导致资本发生重大变化,须经审批机关批准,并应聘请中国的注册会计师验证和出具验资报告。经审批机关批准后,向工商行政管理机关办理变更登记手续。

4.4.2 外资企业的注册资本与外国投资者的出资

1. 外资企业的注册资本

外资企业的注册资本是指为设立外资企业在工商行政管理机关登记的资本总额，即外国投资者认缴的全部出资额。外资企业的注册资本要与其经营规模相适应，注册资本与投资总额的比例应当符合中国的有关规定，目前参照中外合资经营企业的有关规定执行。

外资企业在经营期限内不得减少其注册资本，但因投资总额和生产经营规模等发生变化，确需减少注册资本的，须经审批机关批准。外资企业注册资本的增加、转让，须经审批机关批准，并向工商行政管理机关办理变更登记手续。外资企业将其财产或者权益对外抵押、转让，须经审批机关批准，并向工商行政管理机关备案。

2. 外国投资者的出资

1）外国投资者的出资方式

外国投资者可以用可自由兑换的外币出资，也可以用机器设备、工业产权、专有技术等作价出资。经审批机关批准，外国投资者也可以用其从中国境内兴办的其他外商投资企业获得的人民币利润出资。

2）外国投资者的出资期限

外国投资者缴付出资的期限应当在设立外资企业申请书和外资企业章程中载明。外国投资者可以分期缴付出资，但最后一期出资应当在营业执照签发之日起3年内缴清。其中第一期出资不得少于外国投资者认缴的出资额的15%，并应当在外资企业营业执照签发之日起90天内缴清。

外国投资者未能在外资企业营业执照签发之日起90天内缴付第一期出资的，或者无正当理由逾期30天不缴付其他各期出资的，外资企业批准证书即自动失效。外资企业应当向工商行政管理机关办理注销登记手续，缴销营业执照。不办理注销登记手续和缴销营业执照的，由工商行政管理机关吊销其营业执照，并予以公告。

外国投资者有正当理由要求延期出资的，应当经审批机关同意，并报工商行政管理机关备案。

外国投资者缴付每期出资后，外资企业应当聘请中国的注册会计师验证，并出具验资报告，报审批机关和工商行政管理机关备案。

4.4.3 外资企业的组织形式、组织机构和财务会计管理

1. 外资企业的组织形式

根据《外资企业法》及其实施细则的规定，外资企业的组织形式为有限责任公司，经批准也可以为其他责任形式。外资企业为有限责任公司的，外国投资者对企业的责任以其认缴的出资额为限，外资企业以其全部资产对其债务承担责任。外资企业为其他责任形式

的,外国投资者对企业的责任适用有关中国法律和法规的规定。

2. 外资企业的组织机构

外资企业的组织机构可以由外国投资者根据企业不同的经营内容、经营规模、经营方式,本着精简、高效、科学合理的原则自行设置,中国政府不加干涉。按照国际惯例,设立外资企业的权力机构应遵循资本占有权同企业控制权相统一的原则,即外资企业的最高权力机构由资本持有者组成。

外资企业应根据其组织形式设立董事会并推选出董事长,同时向审批机关备案。董事长是企业的法定代表人。

3. 外资企业的财务会计管理

外资企业应当按照国家统一的财务会计制度,并根据中国有关法律和财务会计制度的规定,制定适合本企业的财务会计制度,报当地财政、税务机关备案。

外资企业以往会计年度的亏损未弥补前,不得分配利润。外资企业以往会计年度未分配的利润,可与本会计年度可供分配的利润一并分配。

外资企业的年度会计报表和清算会计报表,应当依照中国财政、税务机关的规定编制。以外币编报会计报表的,应当同时编报外币折合为人民币的会计报表。外资企业的年度会计报表和清算会计报表,应当聘请中国的注册会计师进行验证并出具报告。外资企业的年度会计报表和清算会计报表,连同中国注册会计师出具的报告,应当在规定的时间内报送财政、税务机关,并报审批机关和工商行政管理机关备案。

4.4.4　外资企业的经营期限、终止和清算

1. 外资企业的经营期限

根据《外资企业法》及其实施细则的规定,外资企业的经营期限,根据不同行业和企业的具体情况,由外国投资者在设立外资企业的申请书中拟订,经审批机关批准。外资企业的经营期限,从其营业执照签发之日起计算。

外资企业经营期限届满需要延长经营期限的,应当在距经营期满180天前向审批机关报送延长经营期限的申请书,审批机关应当在收到申请书之日起30天内决定批准或者不批准。外资企业经批准延长经营期限的,应当自收到批准延长期限材料之日起30天内,向工商行政管理机关办理变更登记手续。

2. 外资企业的终止

根据《外资企业法》及其实施细则的规定,外资企业有下列情形之一的,应予终止:①经营期限届满;②经营不善,严重亏损,外国投资者决定解散;③因自然灾害、战争等不可抗力而遭受严重损失,无法继续经营;④破产;⑤违反中国法律、法规,危害社会公共利益被依法撤销;⑥外资企业章程规定的其他解散事由已经出现。

外资企业如存在上述第②项、第③项、第④项所列情形，应当自行提交终止申请书，报审批机关核准，审批机关作出核准的日期为企业的终止日期。

3. 外资企业的清算

外资企业宣告终止时，应当进行清算。除企业破产或者撤销清算，应当按照中国有关法律规定进行清算外，外资企业的清算应由外资企业提出清算程序、原则和清算委员会人选，报审批机关审核后进行清算。清算委员会应当由外资企业的法定代表人、债权人代表以及有关主管机关的代表组成，并聘请中国的注册会计师、律师等参加。

外资企业清算结束，其资产净额或剩余财产超过注册资本的部分视同利润，应当依照中国税法缴纳所得税。同时，应当向工商行政管理机关办理注销登记手续，缴销营业执照。

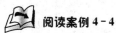
阅读案例 4-4

跨国公司持双重标准　外资企业傲慢底气何来？

2012年1月13日，苹果iPhone 4S正式在中国内地市场上市，这比欧美晚了90多天。而此前，强生公司22次产品召回都与中国市场无关，沃尔玛、麦当劳等在国内外实施双重产品标准……在经济增长强劲的中国市场，外资企业"傲慢"的底气何来？到底是谁"宠坏"了这些洋品牌？

本 章 小 结

本章主要内容为外商投资企业法律制度概述。外商投资企业是指依照中国的法律规定，经中国政府批准，在中国境内设立的，由中国投资者和外国投资者共同投资或者仅由外国投资者投资的企业。外商投资企业主要包括中外合资经营企业、中外合作经营企业、外资企业和中外合资股份有限公司等。

练 习 题

一、单项选择题

1. 国内企业甲与外国投资者乙共同投资设立一家中外合资经营企业丙，其中甲出资40%，乙出资60%。投资总额为1200万美元，双方在合营合同中商定分期交付出资。根据中外合资经营企业法律制度的规定，外国投资者乙第一期出资额至少为（　　）。

　　A. 43.2万美元　　　B. 45万美元　　　C. 75万美元　　　D. 108万美元

2. A外国投资者协议购买B境内企业的资产，并以该资产投资设立C外商投资企业。对于B境内企业被并购前既有的债权债务，应由（　　）享有和承担。

A. A继承   B. B承担   C. C承担   D. 以上任何一方承担

3. 某外商投资企业由外国投资者并购境内企业设立，注册资本800万美元，其中外国投资者以现金出资160万美元。下列有关该外国投资者出资期限的表述中，符合外国投资者并购境内企业有关规定的是(　　)。

A. 外国投资者应自外商投资企业营业执照颁发之日起3个月内缴清出资
B. 外国投资者应自外商投资企业营业执照颁发之日起6个月内缴清出资
C. 外国投资者应自外商投资企业营业执照颁发之日起9个月内缴清出资
D. 外国投资者应自外商投资企业营业执照颁发之日起1年内缴清出资

4. 外国合营者的下列出资方式中，符合中外合资经营企业法律制度规定的是(　　)。

A. 以人民币缴付出资
B. 以美元缴付出资
C. 以劳务作价出资
D. 以已设立担保物权的机器设备作价出资

5. 国内企业甲与外国投资者乙共同投资设立一家中外合资经营企业丙，其中甲出资40%，乙出资60%。投资总额为410万美元，双方在合营合同中商定分期交付出资。根据中外合资经营企业法律制度的规定，外国投资者乙第一期出资额至少为(　　)。

A. 16万美元   B. 18.9万美元   C. 20万美元   D. 25万美元

6. 中国某公司拟与外国某公司共同投资设立一家中外合资经营企业。双方约定，企业总投资额为1200万美元，注册资本为520万美元。其中，中方出资360万美元，外方出资160万美元。各方出资自企业营业执照签发之日起6个月内一次缴清。下列有关该约定的说法正确的是(　　)。

A. 中外双方这一约定符合中外合资经营企业法律制度的规定
B. 投资总额与注册资本的比例不符合规定，但是外国投资者的出资比例和出资期限均符合规定
C. 外国投资者的出资比例不符合规定，但是其出资期限和投资总额与注册资本的比例符合规定
D. 投资总额与注册资本的比例、外国投资者的出资比例以及出资期限均不符合规定

7. 中国甲公司与美国乙公司拟在中国境内共同投资设立一家中外合资经营企业，在其拟订的中外合资经营企业合同中，下列选项的出资方式，符合《中外合资经营企业法》的有(　　)。

A. 甲公司以已设定抵押的厂房作为出资
B. 甲公司以一项技术难度较大的劳务作为出资
C. 乙公司以合营企业名义租赁的机器设备作为出资
D. 乙公司以其境外的母公司为担保人向美国某银行取得的贷款作为出资

8. 下列规定中，符合中外合资经营企业法规定的是(　　)。

A. 合营企业的最高权力机构是股东会，每次会议至少有2/3的股东参加方为有效
B. 最高权力机构是董事会，董事每届任期4年
C. 合营各方应平均分配利润
D. 合营一方转让其出资的，须经半数以上股东同意

9. 下列关于合营企业组织机构的说法正确的是（   ）。

    A. 中外合资经营企业增加注册资本的决议，必须经出席董事会会议的董事一致通过

    B. 中外合资经营企业的最高权力机构为股东会，执行机构为董事会，监督机构为监事会

    C. 中外合资经营企业董事会会议应有过半数董事出席方能举行

    D. 中外合资经营企业董事会董事的任期不得超过 4 年

10. 根据中外合作经营企业法律制度的规定，下列有关中外合作经营企业组织形式和组织机构的表述中，正确的是（   ）。

    A. 合作企业的组织形式均为有限责任公司

    B. 合作企业均应设联合管理委员会

    C. 合作企业的董事长由主管部门任命

    D. 合作企业总经理负责企业日常经营管理工作

二、多项选择题

1. 外国甲公司收购中国境内乙公司部分资产，价款为 100 万美元，并以该资产作为出资与丙公司于 2013 年 4 月 1 日成立了一家中外合资经营企业。甲公司支付乙公司购买金的下列方式中，不符合中外合资经营企业法律制度规定的有（   ）。

    A. 2013 年 6 月 30 日一次支付 100 万美元

    B. 2013 年 6 月 30 日支付 50 万美元，2009 年 3 月 30 日支付 50 万美元

    C. 2013 年 9 月 30 日支付 80 万美元，2009 年 6 月 30 日支付 20 万美元

    D. 2014 年 3 月 30 日一次支付 100 万美元

2. 根据外国投资者并购境内企业的有关规定，外国投资者采取股权并购方式设立外商投资企业的，并购后所设外商投资企业的注册资本与投资总额的下列约定中，符合规定的有（   ）。

    A. 注册资本 150 万美元，投资总额 200 万美元

    B. 注册资本 300 万美元，投资总额 620 万美元

    C. 注册资本 700 万美元，投资总额 1500 万美元

    D. 注册资本 1500 万美元，投资总额 3900 万美元

3. 外国投资者并购境内企业，在下列各项中，投资者应就所涉情形向国家对外贸易经济合作管理部门和国家工商行政管理部门报告的有（   ）。

    A. 并购一方当事人当年在中国市场营业额超过 15 亿元人民币

    B. 并购一方当事人在中国的市场占有率已经达到 20%

    C. 并购导致并购一方当事人在中国的市场占有率达到 25%

    D. 一年内并购国内企业累计超过 3 个

4. 根据中外合资经营企业法律制度的规定，中外合资经营企业的下列事项中，必须经审批机构批准的有（   ）。

    A. 利润分配　　　　　　　　　　B. 减少注册资本

C. 聘请企业总经理　　　　　　　　D. 合营一方向第三者转让出资

5. 下列关于中外合作经营企业董事会会议的表述中，正确的有(　　)。
   A. 会议每年至少召开1次
   B. 1/3以上董事可以提议召开董事会
   C. 应当有2/3以上董事出席方能举行
   D. 不能出席会议的董事应当书面委托其他董事代表其出席和表决

6. 根据规定，中外合资经营企业的董事会应符合的规定有(　　)。
   A. 董事会的成员不得少于3人
   B. 董事会每年至少应召开一次董事会会议
   C. 经1/3以上董事会提议，可以召开临时会议
   D. 董事会会议应有2/3以上董事出席

7. 根据中外合资经营企业法律制度的规定，下列关于合营企业董事长产生方式的表述中，正确的有(　　)。
   A. 合营企业的董事长既可以由中方担任，也可以由外方担任
   B. 合营企业的董事长必须由出资最多的一方担任
   C. 合营企业的董事长可以由合营企业各方协商确定
   D. 合营企业的董事长和副董事长均可以由一方担任

8. 下列关于中外合资经营企业财务与会计管理的说法中，正确的是(　　)。
   A. 合营企业原则上采用人民币为记账本位币，但经合营各方商定也可采用某一种外国货币为记账本位币。以外国货币记账的合营企业，无须另编折算成人民币的会计报表
   B. 合营企业设总会计师，必要时可以设副总会计师
   C. 合营企业必须设审计师，负责审查、稽核合营企业的财务收支和会计账目，向董事会、总经理提出报告
   D. 合营各方的出资证明书应当经中国注册会计师验证和出具证明，方为有效

9. 中外合作经营企业成立后，改为委托合作各方以外的第三人经营管理的，应当履行的程序是(　　)。
   A. 必须经董事会或者联合管理委员会一致同意
   B. 报审批机关批准
   C. 向工商行政管理机关办理变更登记手续
   D. 报工商行政管理机关备案

10. 中外合作经营企业的外国合作者在合作期内先行收回投资，应符合下列(　　)法定条件。
    A. 在合作企业合同中约定合作期满时，合作企业的固定资产无偿归中国合作者所有
    B. 税前收回投资的，必须向财政税务机关申请批准
    C. 合作各方应当依照法律和合作企业合同的约定，对合作企业的债务承担责任
    D. 外国合作者应当在合作企业亏损弥补后，方能先行收回投资

三、判断题

1. 中国某公司拟与外国某公司共同投资设立一中外合资经营企业，双方约定，企业总投资额为800万美元，注册资本为420万美元。其中，中方出资300万美元，外方出资120万美元。各方出资自企业营业执照签发之日起3个月内一次缴清。中外双方这一约定，符合中外合资经营企业法律制度的规定。（　　）

2. 外国投资者股权并购的，并购后所设外商投资企业注册资本在210万美元以上至500美元的，投资总额不得超过注册资本的3倍。（　　）

3. 外国投资者股权并购的，并购后所设外商投资企业注册资本在500万美元以上至1200美元的，投资总额不得超过注册资本的3倍。（　　）

4. 外国投资者并购境内企业并取得控制权，涉及重点行业、存在影响或者可能影响国家经济安全因素或者导致拥有驰名商标或者中华老字号的境内企业实际控制权转移的，当事人应当向国家工商行政管理总局进行申报。（　　）

5. 某外国投资者并购境内企业设立外商投资企业，企业在2013年3月15日取得营业执照，该企业的注册资本为2500万美元，其中外国投资者以现金出资500万美元，该外国投资者应该在2013年6月15日前缴清出资。（　　）

6. 设立合营企业的申请者应当自收到批准证书之日起90日内，按照国家有关规定，向工商行政管理机关办理登记手续。合营企业的营业执照签发日期，即为该合营企业的成立日期。（　　）

7. 国内企业甲与外国投资者乙共同投资设立中外合资经营企业，甲出资55%，乙出资45%。如果合营企业的投资总额为1200万美元，则甲至少应出资275万美元，乙至少应出资225万美元。甲、乙双方的出资额符合中外合资经营企业法律制度的规定。（　　）

8. 某中外合资经营企业的中国合营者拟通过外国合营者为保证人，以向银行取得的贷款作为其出资。这一做法不符合中外合资经营企业法律制度的规定。（　　）

9. A有限责任公司为中外合资经营企业。某日，该公司召开董事会会议，董事甲因故不能出席会议，便书面委托乙代表其出席会议并表决。经查，乙为该公司市场开发部经理，并不是该公司的董事。因此，甲委托乙代表其出席会议和表决是不符合规定的。（　　）

10. 某中外合资经营企业的董事会就一项资产抵押事项进行表决，该决议必须经过全体董事一致通过。（　　）

第5章 企业破产法律制度

教学要求

通过本章的学习，学生应当能够：

（1）了解破产基本理论，破产申请的提出与受理，破产案件受理裁定的法律效力等；

（2）掌握破产界限的实质标准、破产债权与破产财产构成及计算等基本内容；

（3）理解管理人制度，债务人破产，债权人会议的性质、职权、会议制度，和解整顿程序等基本内容。

新华视点：企业破产法给我们带来什么

刚刚闭幕的十届全国人大常委会第二十三次会议审议并表决通过了《中华人民共和国企业破产法》。这是我国市场经济体制改革进程中一部具有标志性的法律，从1994年起草，历经12年多次修改，终于"破茧而出"。《企业破产法》的出台，将会给企业职工、国有企业、其他企业带来什么影响？记者在第一时间对他们进行了采访。

1. 企业职工：工资清偿不再优先

"听说今后我们再被拖欠工资，就不能优先得到补偿了。为什么保护职工权益，只管过去不管将来？"北京邮电器材公司职工杜玉珩有些担心。"现在，我们公司效益不错，但将来要是不行了，工资发不下来了怎么办？"

根据规定，在《企业破产法》公布之前形成的职工工资拖欠，必须优先清偿给职工，就是设定了担保权的财产也要随后清偿。而这次《企业破产法》明确规定，法律公布后形成的拖欠，则是担保权优先清偿，职工工资只能通过无担保的财产清偿。

"《企业破产法》的主要作用是通过保障债权人和债务人合法权益，维护市场经济秩序。职工权益的保护更多应通过健全社会保障体制来完成"中国人民大学法学院教授王欣新说。

2. 国有企业：破产不再享受"特殊照顾"

如何保证国有企业及其职工的稳定一直是这部新破产法审议的重点，也是法律迟迟不能出台的一个重要因素。另外,作为国有企业"最后保护伞"的政策性关闭破产将于2008年底退出历史舞台,这就意味着,今后国企只能依据《企业破产法》,选择市场化的退出机制。

据国务院国资委的统计,截至去年底,全国实施政策性关闭破产项目3658家,需要退出市场的国有大中型特困企业和资源枯竭矿山,已有近三分之二实施了关闭破产。2008年前,还有约2000家企业等待进行政策性破产。

"国有困难企业通过政策性破产平稳退出市场,使国有企业的结构得到优化。政策性破产可以说是在市场经济体制不完善的情况下,解决国有困难企业退出市场的一项成功的制度创新"国资委副主任邵宁说。

(资料来源:新华网 2006 年 08 月 27 日)

5.1 企业破产法律制度概述

5.1.1 破产的概念

破产是在债务人不能清偿到期债务,并且资产不足以清偿全部债务或者明显缺乏清偿能力的情况下,由法院主持强制执行其全部财产,公平清偿全体债权人的法律制度。就破产的性质而言,破产是一种法律规定的债务清偿的特殊手段,其目的在于通过破产的程序使全体债权人获得公平受偿、保护债权人的合法权益。

破产制度与同是解决债务纠纷的民事诉讼和执行制度相比,具有以下特征:①民事诉讼与执行程序中的债务人通常具有清偿能力,故强调债务人的自动履行,并在必要时强制其履行。而破产程序中的债务人已丧失清偿能力,其对个别债权人的自动履行违背对全体债权人公平清偿的原则,是为法律所限制的。②民事诉讼与执行是为个别债权人利益进行的,而破产程序则是为全体债权人利益进行的,前者的目的是债的履行,而后者则更强调在债权人间的公平履行以及对债务人正当权益的维护。③破产程序是对债务人全部财产与经济关系进行的彻底清算,在作出破产宣告的情况下,将终结债务人的经营业务,并使其丧失民事主体资格。而民事执行不涉及民事主体资格问题,其范围限于债务人的相关财产。

5.1.2 我国现行企业破产法律制度

我国现行的企业破产法律制度主要是《中华人民共和国企业破产法》(以下简称《企业破产法》),该法于2006年8月27日由第十届全国人民代表大会常务委员会第二十三次会议通过,自2007年6月1日起施行。

阅读案例 5-1

破产——打破铁饭碗的需要

建国以后,我国形成以全民所有制为核心的企业制度,但由于种种原因,国营企业一直有相当部分长期亏损。过去，这些实际上早已破产的企业一直由国家给予财政补贴，一直到1986年8月3日，我国破产第一案——沈阳市防爆器材厂破产的出现。这一年底，《中华人民共和国企业破产法（试行）》颁布实施，这是我国民商制度的重大事件，它弥补了新中国成立后破产法律规范长期存在的空白，使得破产这一市场的必然现象成为一种法律事实，并为法律规范所调整，改变了破产案件无法可依的状况。首部试行破产法的颁布实施，对建立优胜劣汰的市场竞争机制及规范市场秩序、推进经济改革、完善我国法律体系等方面起到了很大的促进作用。然而，此法针对的是全民所有制企业，而非全部企业。作为一部试行的法律，由于一直没有正式的《企业破产法》出台，这一试行就是21年。2006年8月27日，新《破产法》得以通过，这也是中国转型时期的标志性事件。新《破产法》的适用范围扩大到所有的企业法人，包括国有企业与法人型私营企业、三资企业、上市公司与非上市公司、有限责任公司与股份有限公司，甚至金融机构。它的诞生填补了市场经济规则体系中关于退出法与再生法的一大缺口，是一个历史性的进步，也是我国市场经济体制改革进程中具有标志性的一部法律。

【分析】

国企也可以破产了，这一举措打破了铁饭碗制度，更适应现代企业制度的需要，也更适应经济形势的发展。从这部法律开始，中国的企业，尤其是国有企业开始按照制度破产，国有企业整体活力开始明显提高。

5.2 破产申请和受理

5.2.1 破产界限

破产界限是指法院据以宣告债务人破产的法律标准，亦称破产原因。

《企业破产法》规定："企业法人不能清偿到期债务，并且资产不足以清偿全部债务或者明显缺乏清偿能力的，依照本法规定清理债"。根据该条规定，破产界限有两个可供选择的原因：一是企业法人不能清偿到期债务，并且资产不足以清偿全部债务。二是企业法人不能清偿到期债务，并且明显缺乏清偿能力。由此可见，破产界限的实质标准就是企业法人不能清偿到期债务，通常简称为不能清偿。

不能清偿在法律上的着眼点是债务关系能否正常维系，其要点为：①债务人丧失清偿能力，不能以财产、信用或能力等任何方法清偿债务。②债务人不能清偿的是已到期、债权人提出偿还要求的、无争议或已有确定名义（指已经生效的判决、裁决确定）的债务。③债务人对全部或主要债务长期连续不能偿还。为了解决债权人提出破产申请时的举证责任问题，最高人民法院在其司法解释中规定："债务人停止支付到期债务并呈连续状况，如无相反证据，可推定为不能清偿到期债务。"

宣告债务人企业破产必须符合法律规定的破产界限，但并非所有达到破产界限的企业均应被宣告破产。《企业破产法》规定："企业法人有前款规定情形，或者有明显丧失清偿能力可能的，可以依照本法规定进行重整"。根据这一规定，达到破产界限的企业法人，不一定马上被宣告破产，可以依照《企业破产法》规定的程序进行重整。重整作为企业破产的一个程序，是为防止企业破产，经企业债权人或债务人向法院申请，对该企业实施强制治理,以避免破产清算的制度。大多数国家的企业破产法都规定了重整制度,目的在于防止一些企业尤其是大中型企业的破产引发失业等社会问题,以稳定经济、稳定社会。

5.2.2 破产申请

《企业破产法》规定:"债务人有本法第二条规定的情形,可以向人民法院提出重整、和解或者破产清算申请。债务人不能清偿到期债务,债权人可以向人民法院提出对债务人进行重整或者破产清算的申请。企业法人已解散但未清算或者未清算完毕,资产不足以清偿债务的,依法负有清算责任的人应当向人民法院申请破产清算"。根据这一规定,破产申请主要涉及如下问题。

1. 破产申请的主体

破产申请的主体包括:债务人、债权人以及依法负有清算责任的人。

《企业破产法》赋予债务人重整、和解或者破产清算申请权,目的在于使其得以主动通过破产程序解决纠纷,摆脱债务困境,甚至避免破产清算,恢复生产经营。赋予债权人重整或者破产清算申请权,即债权人可以根据情况提出对债务人进行重整的申请,也可以提出对债务人进行破产清算的申请,目的在于保护债权人的利益。此外,对于债务人和债权人而言,申请破产是一项民事权利,但在特殊情况下提出破产则是一项义务。在企业法人已解散但未清算或者未清算完毕且资产不足以清偿债务的情况下,负有清算责任的人有向法院申请破产清算的法律义务。

2. 破产案件的管辖

破产申请应向对破产案件有管辖权的人民法院提出。企业破产案件由债务人住所地人民法院管辖。债务人住所地是指债务人的主要办事机构所在地,债务人主要办事机构不明确的,由其注册地人民法院管辖。基层人民法院一般管辖县、县级市或者区的工商行政管理机关核准登记企业的破产案件。中级人民法院一般管辖地区、地级市(含本级)以上的工商行政管理机关核准登记企业的破产案件。纳入国家计划调整的企业破产案件,由中级人民法院管辖。另外,根据《民事诉讼法》的规定,上级人民法院可以审理下级人民法院管辖的企业破产案件,或者将本院管辖的企业破产案件移交下级人民法院审理,以及下级人民法院需要将自己管辖的企业破产案件交由上级人民法院审理的,可以报请上级人民法院审理。省、自治区、直辖市范围内因特殊情况需对个别企业破产案件的地域管辖作调整的,须经共同上级人民法院批准。

3. 破产申请的形式

破产申请应以书面的形式提出。提出破产申请时,应当向人民法院提交破产申请书和有关证据。破产申请书应当载明下列事项:①申请人、被申请人的基本情况。②申请目的,即和解、重整或者破产清算。③申请的事实和理由,包括债权债务的由来、债权的性质和数额、债权到期债务人不能清偿的事实和理由等。④人民法院认为应当载明的其他事项。债务人提出申请的,还应当向人民法院提交财产状况说明、债务清册、债权清册、有关财务会计报告、职工安置预案及职工工资的支付和社会保险费用的缴纳情况等。

5.2.3 破产受理

1. 破产申请受理的期限

债权人提出破产申请的,人民法院应当自收到申请之日起 5 日内通知债务人。债务人对申请有异议的,应当自收到人民法院通知之日起 7 日内向人民法院提出。人民法院应当自异议期满之日起 10 日内裁定是否受理。除上述规定的情形外,人民法院应当自收到破产申请之日起 15 日内裁定是否受理。特殊情况下需要延长裁定受理期限的,经上一级人民法院批准,可延长 15 日。

2. 破产申请受理的效力

(1) 自人民法院受理破产申请的裁定送达债务人之日起至破产程序终结之日,债务人的有关人员应当承担下列义务。①妥善保管其占有和管理的财产、印章和账簿、文书等资料。②根据人民法院、管理人的要求进行工作,并如实回答询问。③列席债权人会议并如实回答债权人的询问。④未经人民法院许可,不得离开住所地。⑤不得新任其他企业的董事、监事、高级管理人员。上述所称有关人员,是指企业的法定代表人。经人民法院决定,可以包括企业的财务管理人员和其他经营管理人员。

(2) 人民法院受理破产申请后,债务人不得对个别债权人的债务进行清偿,否则清偿无效。清偿无效是指清偿没有法律的效力,清偿的财产将被追回。人民法院受理破产申请后,是指人民法院裁定受理破产申请之日起,而不是受理裁定送达债务人之日起。

(3) 人民法院受理破产申请后,债务人的债务人或财产持有人应当向管理人清偿债务或交付财产人民法院指定的管理人应当对债务人对外享有的债权予以追偿,该收回的财产予以收回。债务人的债务人或财产持有人必须向管理人清偿债务或交付财产,如果故意违反规定不向管理人而向债务人清偿债务或交付财产,导致债权人受到损失的,不免除清偿债务或交付财产的义务,即仍然要向管理人清偿债务或交付财产。

(4) 人民法院受理破产申请后,管理人对破产申请受理前成立而债务人和对方当事人均未履行完毕的合同,有权决定解除或继续履行,并通知对方当事人管理人自破产申请受理之日起 2 个月内未通知对方当事人,或者自收到对方当事人催告之日起 30 日内未答复的,视为解除合同。管理人决定继续履行合同的,对方当事人应当履行。但是对方当事人有权要求管理人提供担保。管理人不提供担保的,视为解除合同。

(5) 人民法院受理破产申请后,有关债务人财产的保全措施应当解除,执行程序应当中止这里的财产保全措施,包括诉讼中的财产保全和诉前的财产保全。这是人民法院依民事诉讼法的规定,对债务人的财产采取的限制债务人处分该财产的强制措施,包括对财产的查封、扣押、冻结等措施。

(6) 人民法院受理破产申请后,已经开始而尚未终结的有关债务人的民事诉讼或者仲裁应当中止。在管理人接管债务人的财产后,该诉讼或者仲裁继续进行。所谓中止是指诉讼或仲裁过程中,因法定的事由出现,由人民法院或者仲裁机构依法裁定暂时停止本案的诉讼或仲裁的制度。人民法院裁定受理破产申请的同时指定管理人,但是管理人从由人民法院指定到实际接管债务人的财产,仍需要有一个时间上的过程,因此在破产申请受理后,对尚未终结的民事诉讼或者仲裁应当中止,以便于管理人接管财产,从而更好地保护全体债权人的合法权益。

(7) 人民法院受理破产申请后,有关债务人的民事诉讼,只能向受理破产申请的人民法院提起。

阅读案例 5-2

甲与乙之间有 100 万的债务,甲为债权人,乙为债务人。由于甲不能从乙处得到清偿,于 4 月 1 日将乙诉至法院,要求解决纠纷。乙同时是丙的债务人,其债务为 1000 万,乙一直未向丙清偿债务,于是丙于 4 月 3 日向人民法院申请乙破产。在这种情况下,甲乙之间的债务债权纠纷中止审理,由受理乙破产案件的法院并案处理。如果甲乙之间的债务债权纠纷事实清楚、证据充分,双方当事人均无异议,法院判决乙向甲支付 100 万元以及 10 万元的违约罚款,双方当事人均未上诉,裁定尚未执行,执行程序中止,甲可以凭生效的法律文书申报债权。如果甲在起诉乙的同时,将乙的办公楼申请财产的保全措施,在执行程序中止后,将办公楼计入破产财产。

5.3 破产管理人

5.3.1 管理人的概念

管理人,也称破产管理人,是人民法院依法受理破产申请的同时指定的全面接管破产企业并负责破产财产的保管、清理、估价、处理和分配,总管破产事务的人。破产管理人制度是企业破产法律制度中一项重要的内容。

5.3.2 管理人的产生和组成

1. 管理人的产生

《企业破产法》规定,管理人由人民法院指定。债权人会议认为管理人不能依法、公正地执行职务或者有其他不能胜任职务情形的,可以申请人民法院予以更换。管理人没有正当理由不得辞去职务。管理人辞去职务应当经人民法院许可。

管理人的报酬由人民法院确定。管理人是独立于债权人会议、法院、债务人之外的组织,管理人的破产管理是有偿的服务,管理人依法履行职责的同时理应获得相应的报酬。管理人的报酬属于破产费用,标准由人民法院确定。债权人会议对管理人的报酬有异议的,有权向人民法院提出,由人民法院决定是否需要对管理人的报酬进行调整。

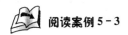

阅读案例 5-3

管理人的报酬

人民法院应根据债务人最终清偿的财产价值总额,在以下比例限制范围内分段确定管理人报酬:①不超过100万元(含本数,下同)的,在12%以下确定;②超过100万元至500万元的部分,在10%以下确定;③超过500万元至1000万元的部分,在8%以下确定;④超过1000万元至5000万元的部分,在6%以下确定;⑤超过5000万元至1亿元的部分,在3%以下确定;⑥超过1亿元至5亿元的部分,在1%以下确定;⑦超过5亿元的部分,在0.5%以下确定。担保人优先受偿的担保物价值,不计入前款规定的财产价值总额。高级人民法院认为有必要的,可以参照上述比例在30%的浮动范围内制定符合当地实际情况的管理人报酬比例限制范围,并通过当地有影响的媒体公告,同时报最高人民法院备案。

2. 管理人的组成

《企业破产法》规定,管理人可以由有关部门、机构的人员组成的清算组或者依法设立的律师事务所、会计师事务所、破产清算事务所等社会中介机构担任。

根据这一规定,依法能够担任管理人的组织的情形有:①由有关部门、机构的人员组成的清算组担任。②由依法设立的律师事务所担任。③由依法设立的会计师事务所担任。④由依法设立的破产清算事务所担任。⑤由其他依法设立的社会中介机构担任,如资产评估机构、税务师事务所等。管理人除了可以由有关组织担任外,也可以由自然人担任。《企业破产法》规定,人民法院根据债务人的实际情况,可以在征询有关社会中介机构的意见后,指定该机构具备相关专业知识并取得执业资格的人员担任管理人。个人担任管理人的,应当参加执业责任保险。

根据《企业破产法》的规定,有下列情形之一的,不得担任管理人:①因故意犯罪受过刑事处罚。②曾被吊销相关专业执业证书。③与本案有利害关系。④人民法院认为不宜担任管理人的其他情形。

5.3.3 管理人的职责

管理人依法执行职务,向人民法院报告工作,并接受债权人会议和债权人委员会的监督。

根据《企业破产法》的规定,管理人履行下列职责:①接管债务人的财产、印章和账簿、文书等资料。②调查债务人财产状况,制作财产状况报告。③决定债务人的内部管理事务。④决定债务人的日常开支和其他必要开支。⑤在第一次债权人会议召开之前,决定继续或者停止债务人的营业。⑥管理和处分债务人的财产。⑦代表债务人参加诉讼、仲裁或者其他法律程序。⑧提议召开债权人会议。⑨人民法院认为管理人应当履行的其他职责。

以上管理人的具体职责,概括起来可以归纳为5个方面。

(1) 全面接管债务人即破产企业。

(2) 保管和清理与债务人有关的财产。

(3) 对外代表债务人。

(4) 提议召开债权人会议。

(5) 其他职责。

除以上职责外，还包括人民法院认为管理人应履行的其他职责。

此外，为了避免因管理人履行职责不当而危及债权人的利益，《企业破产法》对管理人履行职责设定了一定的限制。《企业破产法》规定，在第一次债权人会议召开之前，管理人实施下列行为时，应当经人民法院许可。

(1) 决定继续或者停止债务人的营业。

(2) 涉及土地、房屋等不动产权益的转让。

(3) 探矿权、采矿权、知识产权等财产权的转让。

(4) 全部库存或者营业的转让。

(5) 借款。借款属于债务的增加。

(6) 设定财产担保。

(7) 债权和有价证券的转让。

(8) 履行债务人和对方当事人均未履行完毕的合同。

(9) 放弃权利。

(10) 担保物的取回。

(11) 对债权人的利益有重大影响的其他财产处分行为。

5.4 债务人财产

5.4.1 债务人财产的概念及范围

债务人财产，是指破产申请受理时属于债务人的全部财产，以及破产申请受理后至破产程序终结前债务人取得的财产。

以人民法院受理破产申请为标准，债务人财产划分为两部分。

(1) 破产申请受理时属于债务人的全部财产，包括动产、不动产、财产权利。其中动产主要有债务人的货币、机器设备、办公用品、原材料、尚未出售的产品或商品、交通工具等。不动产主要有房屋、构筑物及林木等。财产权利主要是指土地使用权、债权、知识产权、票据权利、股权、物权等。

(2) 破产申请受理后至破产程序终结前债务人取得的财产，包括动产、不动产、财产权利。人民法院受理破产申请后，债务人的财产即由管理人接管，管理人可以决定是否继续营业、接受第三人的交付和给付等。这样在破产申请受理后至破产程序终结前，债务人的财产仍然可以处在变化的状态，如果在这期间因继续经营或者因第三方交付财产而取得财产，仍应属于债务人的财产。

5.4.2 撤销权

1. 撤销权的概念

撤销权，是指因债务人实施的减少债务人财产的行为危及债权人的债权时，管理人可以请求人民法院撤销该行为的权利。设立撤销权制度的目的在于恢复债务人财产，防止因债务人对财产的不当处理损害债权人的利益，最大限度地确保债权人债权的实现。

2. 可撤销行为

《企业破产法》规定，人民法院受理破产申请前1年内，涉及债务人财产的下列行为，管理人有权请求人民法院予以撤销：①无偿转让财产的。②以明显不合理的价格进行交易的。③对没有财产担保的债务提供财产担保的。④对未到期的债务提前清偿的。⑤放弃债权的。

3. 撤销权的行使

根据《企业破产法》的规定，撤销权的行使应当符合下列要求。
1) 必须由管理人行使撤销权

在人民法院受理破产申请后，管理人即全面接管破产企业并负责破产财产的保管、清理、估价、处理和分配，总管破产事务。因此应由管理人向人民法院请求撤销债务人的不当行为，其他任何人不能行使这一权利。

2) 可撤销的行为必须发生在人民法院受理破产申请前1年内，超过1年的，债务人即使发生上述行为，也不属于可撤销的行为。

经管理人的请求被人民法院撤销的行为即归于消灭。如果据此取得财产，管理人有权予以追回。对于已领受债务人财产的第三人，应负有返还财产的义务，原物不存在时，应折价赔偿。

4. 个别清偿的撤销

个别清偿是指债务人在对多个债权人承担债务的情况下，只对个别债权人进行债务清偿的行为。债务人进行个别清偿，损害的是其他多数债权人的利益，因此，为了公平清理债权债务，保护所有债权人的利益，对于个别清偿行为应予以撤销。

《企业破产法》规定，人民法院受理破产申请前6个月内，债务人有不能清偿到期债务，并且资产不足以清偿全部债务或者明显缺乏清偿能力，仍对个别债权人进行清偿的，管理人有权请求人民法院予以撤销。但是，个别清偿使债务人财产受益的除外。

个别债权人的债权，与其他债权人的债权一样计入破产债权。

5.4.3 债务人的无效行为

所谓无效行为，也称无效民事行为，是指行为人的行为因不具备法律规定的有效条件而没有法律效力。无效行为自始无效,即行为从实施时起就没有法律约束力。因实施无效行为取得的财产,应当通过返还财产、赔偿损失等方式使行为人的财产恢复到行为之前的状态。

《企业破产法》规定,涉及债务人财产的下列行为无效:①为逃避债务而隐匿、转移财产的。②虚构债务或者承认不真实的债务的。

5.4.4 抵销权

抵销权是指当事人双方互付债务,又互享债权,各自以自己的债权充抵对方所负债务,使自己的债务与对方的债务在等额内消灭的制度。

《企业破产法》规定:"债权人在破产申请受理前对债务人负有债务的,可以向管理人主张抵销"。抵销权对破产债权人具有重要意义,因为债权人的债权按破产程序清偿通常只能得到部分偿还,而债权人对破产企业所负的债务却须偿还,抵销权可使破产债权人在抵销的破产债权额内得到全额偿还。

根据《企业破产法》的规定,抵销权的行使应当符合下列要求。

(1)债权人对债务人负有债务,且债权人对债务人所负债务产生于破产申请受理之前。这种互付债务,无论是否已到清偿期限,无论债务标的、给付种类是否相同,均可主张抵消。在破产申请受理之后,债权人对债务人负有的债务,不能主张抵销。

(2)抵销权只能由债权人行使,且债权人必须向管理人提出。抵销权的行使目的是对债权人债权的一种保障,但实际上会导致破产财产的减少,对其他债权人不利,因此,抵销权只能由债权人行使,而不能由其他人如管理人行使。在破产申请受理后,管理人已经接管债务人财产,因此债权人应当向管理人主张抵销,而不能向债务人直接提出。

《企业破产法》规定,有下列情形之一的,不得抵销。

(1)债务人的债务人在破产申请受理后取得他人对债务人的债权的。

(2)债权人已知债务人有不能清偿到期债务或者破产申请的事实,对债务人负担债务的。但是,债权人因为法律规定或者有破产申请1年前所发生的原因而负担债务的除外。

(3)债务人的债务人已知债务人有不能清偿到期债务或者破产申请的事实,对债务人取得债权的。但是,债务人的债务人因为法律规定或者有破产申请1年前所发生的原因而取得债权的除外。

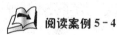
阅读案例 5-4

甲是乙的债权人,丙是甲的债权人,甲乙之间有 100 万的债权债务关系,甲与丙之间有 120 万的债权债务关系。丙作为甲的债权人申请甲破产,法院受理破产申请。如果乙从丙以 10 万元受让丙与甲之间 120 万的债权,以受让的债权与欠甲的债务抵销,是法律不允许的。

5.4.5 其他由管理人依法处理的债务人财产

《企业破产法》除规定因涉及债务人财产的行为被撤销或者无效而取得的债务人的财产,管理人有权追回外,还对其他由管理人依法处理的债务人财产的情形作出了规定,主要包括以下几点。

(1) 人民法院受理破产申请后，债务人的出资人尚未完全履行出资义务的，管理人应当要求该出资人缴纳所认缴的出资，而不受出资期限的限制。

(2) 债务人的董事、监事和高级管理人员利用职权从企业获取的非正常收入和侵占的企业财产，管理人应当追回。

(3) 人民法院受理破产申请后，管理人可以通过清偿债务或者提供为债权人接受的担保，取回质物、留置物。

上述规定的债务清偿或者替代担保，在质物或者留置物的价值低于被担保的债权额时，以该质物或者留置物当时的市场价值为限。

(4) 人民法院受理破产申请后，债务人占有的不属于债务人的财产，该财产的权利人可以通过管理人取回。但是，《企业破产法》另有规定的除外。

(5) 人民法院受理破产申请时，出卖人已将买卖标的物向作为买受人的债务人发运，债务人尚未收到且未付清全部价款的，出卖人可以取回在运途中的标的物。但是，管理人可以支付全部价款，请求出卖人交付标的物。

5.5 破产费用和共益债务

5.5.1 破产费用

1. 破产费用的概念

破产费用是指人民法院受理破产申请后，为破产程序的顺利进行及对债务人财产的管理、变价、分配过程中，必须支付的且用债务人财产优先支付的费用。

2. 破产费用的范围

《企业破产法》规定，人民法院受理破产申请后发生的下列费用为破产费用：①破产案件的诉讼费用。②管理、变价和分配债务人财产的费用。③管理人执行职务的费用、报酬和聘用工作人员的费用。

5.5.2 共益债务

1. 共益债务的概念

共益债务是指人民法院受理破产申请后，管理人为全体债权人的共同利益，管理债务人财产时所负担或产生的债务，以及因债务人财产而产生的，以债务人财产优先支付的债务。

共益债务具有以下特点：①共益债务发生于人民法院受理破产申请后。因为只有在人民法院受理破产申请后,才指定管理人,管理人才有权对债务人的财产进行管理,才能因管理而产生债务,如在受理破产申请后,管理人决定继续经营而支付的劳动报酬、社会保险费等。如果此类债务发生在人民法院受理破产申请之前,只能作为破产债权,而不作为共益债务。②共益债务是管理人在管理债务人财产过程中因债务人和债务人财产而发生的债务。③共益债务是管理人在管理债务人财产过程中为全体债权人的共同利益而发生的债务。

2. 共益债务的范围

《企业破产法》规定,人民法院受理破产申请后发生的下列债务,为共益债务:①因管理人或者债务人请求对方当事人履行双方均未履行完毕的合同所产生的债务。②债务人财产受无因管理所产生的债务。③因债务人不正当获利所产生的债务。④为债务人继续营业而应支付的劳动报酬和社会保险费用以及由此产生的其他债务。⑤管理人或者相关人员执行职务致人损害所产生的债务。⑥债务人财产致人损害所产生的债务。由于债务人自己财产的原因而导致他人财产损失的,作为共益债务。

5.5.3 破产费用和共益债务的清偿

根据《企业破产法》的规定,破产费用和共益债务的清偿,按照下列原则进行。

(1) 破产费用和共益债务由债务人财产随时清偿。

(2) 债务人财产不足以清偿所有破产费用和共益债务的,先行清偿破产费用。

(3) 债务人财产不足以清偿所有破产费用或者共益债务的,按照比例清偿。

(4) 债务人财产不足以清偿破产费用的,管理人应当提请人民法院终结破产程序。人民法院应当自收到请求之日起15日内裁定终结破产程序,并予以公告。

5.6 债权申报

5.6.1 债权申报的概念

债权申报是指债务人的债权人在接到人民法院的破产申请受理裁定通知或者公告后,在法定期限内向人民法院申请登记债权,以取得破产债权人地位的行为。

债权人在法定期限内申报了债权即成为破产债权人,因而享有破产债权人的权利,但是如未在法定期限内申报债权,则视为放弃债权。破产债权人在破产过程中享有的权利主要有:①参加债权人会议,并享有表决权。债权人经依法申报后成为债权人会议的成员,通过债权人会议可以对破产程序中的有关事项,如通过和解协议、重整计划、债务人财产的管理方案等享有表决权。②提出对债务人重整申请。债权人在债务人不能清偿到期债务时,可以直接向人民法院提出对债务人进行重整的申请。并在债权人会议上通过重整计划。③参加破产财产的分配。债务人被宣告破产后,破产财产的变价方案要经债权人会议通过，破产财产的分配方案也要经债权人会议通过，并最终使其债权按清偿顺序进行清偿。

5.6.2 债权申报的期限

债权申报的期限是指《企业破产法》规定或经人民法院允许债权人向人民法院申报债权的期间。

1. 法定申报期限

法定申报期限是指企业破产法规定的债权申报期限。《企业破产法》规定，人民法院受理破产申请后。应当确定债权人申报债权的期限。债权申报期限自人民法院发布受理破产申请公告之日起计算，最短不得少于30日，最长不得超过3个月。对于案件较为简单、债权人较少的，可以确定较短的申报期限，但不得短于30日。对于案件较为复杂、债权人数较多且涉及金额巨大的，可以确定较长的申报期限，但不得长于3个月。

2. 延展申报期限

延展申报期限也称补充申报期限，是指在人民法院确定的债权申报期限内，债权人未申报债权的，可以在破产财产最后分配前补充申报。但是，此前已进行的分配，不再对其补充分配。补充申报必须在破产财产最后分配前提出，得到的清偿以补充申报后的破产财产为限。《企业破产法》规定，在人民法院确定的债权申报期限内，债权人未申报债权的，可以在破产财产最后分配前补充申报。但是，此前已进行的分配，不再对其补充分配。为审查和确认补充申报债权的费用，由补充申报人承担。

5.6.3 债权申报的要求

根据《企业破产法》的规定，债权人申报债权时，应当按照下列要求进行。
（1）未到期的债权，在破产申请受理时视为到期。附利息的债权自破产申请受理时起停止计息。
（2）附条件、附期限的债权和诉讼、仲裁未决的债权，债权人可以申报。
（3）债权人应当在人民法院确定的债权申报期限内向管理人申报债权。
债务人所欠职工的工资和医疗、伤残补助、抚恤费用，所欠的应当划入职工个人账户的基本养老保险、基本医疗保险费用，以及法律、行政法规规定应当支付给职工的补偿金不必申报，由管理人调查后列出清单并予以公示。职工对清单记载有异议的，可以要求管理人更正。管理人不予更正的，职工可以向人民法院提起诉讼。
（4）债权人申报债权时，应当书面说明债权的数额和有无财产担保，并提交有关证据申报的债权是连带债权的，应当说明。有财产担保的债权是指对债务人的特定财产享有抵押权、质权、留置权等担保物权的债权。有财产担保的债权对特定的财产享有优先受偿权。连带债权是指债权人人数为两人以上的多数债权人中的任何一人都有权要求债务人履行全部债务，债务人也可以向多数债权人中的任何一人履行全部债务的债权。

（5）连带债权人可以由其中一人代表全体连带债权人申报债权，也可以共同申报债权。由其中一人代表全体连带债权人申报债权的，应说明其能够代表其他连带债权人及所代表的其他连带债权人的基本情况，该申请人的行为对其他连带债权人发生效力。连带债权人共同申报债权的，他们作为共同的债权人，在对破产财产清偿时，只解决所申报债权的清偿情况，连带债权人之间的内部关系，不在破产程序中解决。

（6）债务人是保证人或者其他连带债务人已经代替债务人清偿债务的，以其对债务人的求偿权申报债权。

债务人的保证人或者其他连带债务人尚未代替债务人清偿债务的，以其对债务人的将来求偿权申报债权。但是，债权人已经向管理人申报全部债权的除外。

（7）连带债务人数人被裁定适用《企业破产法》规定程序的，其债权人有权就全部债权分别在个破产案件中申报债权。

（8）管理人或者债务人依照《企业破产法》规定解除合同的，对方当事人以因合同解除所产生的损害赔偿请求权申报债权。

（9）债务人是委托合同的委托人，被裁定适用《企业破产法》规定的程序，受托人不知该事实，继续处理委托事务的，受托人以由此产生的请求权申报债权。

（10）债务人是票据的出票人，被裁定适用《企业破产法》规定的程序，该票据的付款人继续付款或者承兑的，付款人以由此产生的请求权申报债权。

5.6.4 债券表的编制

债权人申报债权后，为便于清算管理，必须进行登记造册，审核核实，编制债权表。编制的债权表经人民法院确认后，就成为债权人进入破产程序行使权力的重要依据，因此债权表的编制必须依法进行。

1. 债权表依法由管理人编制

《企业破产法》规定，管理人收到债权申报材料后，应当登记造册，对申报的债权进行审查，并编制债权表。根据这一规定，首先，债权表必须由管理人编制，而不能由其他组织或个人编制。其次，管理人必须依法编制，即在收到债权申报材料后，应当登记造册，并且对申报的债权进行审查。

2. 债权表的保存

债权表和债权申报材料由管理人保存，供利害关系人查阅。

3. 债权表的审查和确认

债权表应当提交第一次债权人会议核查。债务人、债权人对债权表记载的债权无异议的，由人民法院裁定确认。债务人、债权人对债权表记载的债权有异议的，可以向受理破产申请的人民法院提起诉讼。

5.7 债权人会议

5.7.1 债权人会议的性质

债权人会议是破产程序中全体债权人的自治性组织,以维护债权人共同利益为目的,讨论决定有关破产事宜,表达债权人意志的机构。债权人会议是债权人行使破产参与权的场所,本身不是执行机关,也不是民事权利主体,但是债权人会议在破产程序中是重要的机构。在债权人会议内部可以协调、平衡债权人之间的利益关系,在债权人会议之外可以通过参与和监督破产程序,维护全体债权人的利益。

5.7.2 债权人会议的组成

《企业破产法》规定,依法申报债权的债权人为债权人会议的成员,有权参加债权人会议,享有表决权。这一规定包含两层含义:①债权人会议由申报债权的债权人组成。债权人要成为债权人会议成员,必须依法申报债权,依法申报债权后才能成为正式的债权人会议成员。②凡是债权人会议的成员,都享有出席会议和对会议所议事项进行表决的权利。但是《企业破产法》规定,债权尚未确定的债权人,除人民法院能够为其行使表决权而临时确定债权额的外,不得行使表决权。对债务人的特定财产享有担保权的债权人,未放弃优先受偿权利的,其对通过和解协议和破产财产的分配方案事项不享有表决权。

债权人可以委托代理人出席债权人会议,行使表决权。代理人出席债权人会议,应当向人民法院或者债权人会议主席提交债权人的授权委托书。

债权人会议应当有债务人的职工和工会的代表参加,对有关事项发表意见。

债权人会议设主席1人,由人民法院从有表决权的债权人中指定,债权人会议主席主持债权人会议。也就是说,债权人会议主席必须由有表决权的债权人担任,既不能是非债权人,也不能是无表决权的债权人,且必须是经人民法院指定,而不能由债权人会议选任。

5.7.3 债权人会议的召集

第一次债权人会议由人民法院召集,自债权申报期限届满之日起15日内召开,由人民法院主持。其内容应包括:宣布债权人会议职权和其他有关事项。宣布债权人资格审查结果。指定并宣布债权人会议主席。由管理人通报债务人的生产经营、财产、债务的基本情况等。

第一次债权人会议以后的债权人会议,在人民法院认为必要时,或者管理人、债权人委员会、占债权总额1/4以上的债权人向债权人会议主席提议时召开。

召开债权人会议,管理人应当提前15日将会议的时间、地点、内容、目的等事项通知已知的债权人。

5.7.4 债权人会议的职权

《企业破产法》规定,债权人会议行使下列职权。

(1) 核查债权。
(2) 申请人民法院更换管理人,审查管理人的费用和报酬。
(3) 监督管理人。
(4) 选任和更换债权人委员会成员。
(5) 决定继续或者停止债务人的营业。
(6) 通过重整计划。
(7) 通过和解协议。
(8) 通过债务人财产的管理方案。
(9) 通过破产财产的变价方案。
(10) 通过破产财产的分配方案。
(11) 人民法院认为应当由债权人会议行使的其他职权。

债权人会议所商议事项都是破产程序中的重大事项,应当对所议事项的决议作成会议记录,以备今后查阅。

5.7.5 债权人会议的决议

债权人会议的决议,由出席会议的有表决权的债权人过半数通过,并且其所代表的债权额占无财产担保债权总额的1/2以上。但《企业破产法》另有规定的除外。债权人会议的决议,对全体债权人均有法律约束力。

《企业破产法》同时还规定了特殊情况下更为严格的条件。

(1) 通过和解协议草案的决议,由出席会议的有表决权的债权人过半数通过,并且其所代表的债权额占无财产担保债权总额的2/3以上。

(2) 通过重整计划草案的决议,按债权类型分组进行表决,由出席会议同一表决组的债权人过半数同意,并且其所代表的债权额占该组债权总额的2/3以上的,为该组通过。各表决组均通过时,重整计划即为通过。

债权人会议通过债务人财产的管理方案以及破产财产的变价方案等事项时,经债权人会议表决未通过的,由人民法院裁定。债权人对人民法院作出的裁定不服的,可以自裁定宣布之日或者收到通知之日起15日内向该人民法院申请复议。复议期间不停止裁定的执行。

债权人会议通过破产财产的分配方案事项时,经债权人会议两次表决仍未通过的,由人民法院裁定。债权额占无财产担保债权总额1/2以上的债权人对人民法院作出的裁定不服的,可以自裁定宣布之日或者收到通知之日起15日内向该人民法院申请复议。复议期间不停止裁定的执行。

人民法院作出的裁定,可以在债权人会议上宣布或者另行通知债权人。

5.7.6 债权人委员会

债权人会议可以决定设立债权人委员会。由于债权人会议是债权人的非常设机构,在闭会期间无法行使其权利,不足以保护全体债权人的利益。因此债权人会议可以根据实际情况决定设立债权人委员会,专门行使日常监督权。

债权人委员会由债权人会议选任的债权人代表和 1 名债务人的职工代表或者工会代表组成。债权人委员会成员不得超过 9 人。选任的债权人委员会成员并非当然成为债权人委员会成员,债权人委员会成员还应当经人民法院书面决定认可才有效。

根据《企业破产法》的规定,债权人委员会行使下列职权。

(1) 监督债务人财产的管理和处分。
(2) 监督破产财产分配。
(3) 提议召开债权人会议。
(4) 债权人会议委托的其他职权。

债权人委员会执行职务时,有权要求管理人、债务人的法定代表人、财务人员等管理人员对其职权范围内的事务作出说明或者提供有关文件。管理人、债务人的有关人员违反规定拒绝接受监督的,债权人委员会有权就监督事项请求人民法院作出决定。人民法院应当在 5 日内作出决定。

为了切实保护债权人的利益,《企业破产法》规定,管理人实施的下列行为,应当及时向债权人委员会报告:①涉及土地、房屋等不动产权益的转让。②探矿权、采矿权、知识产权等财产权的转让。③全部库存或者营业的转让。④借款。⑤设定财产担保。⑥债权和有价证券的转让。⑦履行债务人和对方当事人均未履行完毕的合同。⑧放弃权利。⑨担保物的取回。⑩对债权人利益有重大影响的其他财产处分行为。未设立债权人委员会的,管理人实施上述行为时,应当及时报告人民法院。

5.8 重　　整

5.8.1 重整的概念

重整是指当企业法人不能清偿到期债务时,不立即进行破产清算,而是在法院的主持下,由债务人与债权人达成协议,制定债务人重整计划,债务人继续营业,并在一定期限内全部或部分清偿债务的制度。

重整的目的是使面临破产的企业能够摆脱困境,重获经营能力,实现债务的清偿。重整是防止企业破产的重要制度,是企业破产制度的重要组成部分。

5.8.2 重整申请和重整期间

1. 重整申请

根据《企业破产法》的规定,债务人在不同的阶段重整申请人不同。

(1) 债务人尚未进入破产程序时，债务人或者债权人可以直接向人民法院申请对债务人进行重整。

(2) 债权人申请对债务人进行破产清算的，在人民法院受理破产申请后，宣告债务人破产前，债务人或者出资额占债务人注册资本 1/10 以上的出资人，可以向人民法院申请重整人民法院经审查认为重整申请符合规定的，应当裁定债务人重整，并予以公告。

2. 重整期间

重整期间是指自人民法院裁定债务人重整之日起至重整程序终止时的期间。

在重整期间，经债务人申请，人民法院批准，债务人可以在管理人的监督下自行管理财产和营业事务。在这种情形下，已接管债务人财产和营业事务的管理人应当向债务人移交财产和营业事务，有关管理人的职权由债务人行使。

在重整期间，对债务人的特定财产享有的担保权暂停行使。但是，担保物有损坏或者价值明显减少的可能，足以危害担保权人权利的，担保权人可以向人民法院请求恢复行使担保权。债务人或者管理人为继续营业而借款的，可以为该借款设定担保。

债务人合法占有的他人财产，该财产的权利人在重整期间要求取回的，应当符合事先约定的条件。

在重整期间，债务人的出资人不得请求投资收益分配。债务人的董事、监事、高级管理人员不得向第三人转让其持有的债务人的股权。但是，经人民法院同意的除外。

在重整期间，有下列情形之一的，经管理人或者利害关系人请求，人民法院应当裁定终止重整程序，并宣告债务人破产：①债务人的经营状况和财产状况继续恶化，缺乏挽救的可能性。②债务人有欺诈、恶意减少债务人财产或者其他显著不利于债权人的行为。③由于债务人的行为致使管理人无法执行职务。

5.8.3 重整计划的制定和批准

1. 重整计划的制定

1) 重整计划草案由债务人或管理人制定

债务人自行管理财产和营业事务的，由债务人制作重整计划草案。管理人负责管理财产和营业事务的，由管理人制作重整计划草案。

2) 重整计划草案应当在法定期限内制定

债务人或者管理人应当自人民法院裁定债务人重整之日起 6 个月内，同时向人民法院和债权人会议提交重整计划草案。上述规定的期限届满后，经债务人或者管理人请求，有正当理由的，人民法院可以裁定延期 3 个月。

债务人或者管理人未按期提出重整计划草案的，人民法院应当裁定终止重整程序，并宣告债务人破产。

3) 重整计划草案的内容

重整计划草案应当包括下列内容：①债务人的经营方案。②债权分类。③债权调整方案。④债权受偿方案。⑤重整计划的执行期限。⑥重整计划执行的监督期限。⑦有利于债务人重整的其他方案。

2. 重整计划的批准

债权人参加讨论重整计划草案的债权人会议，依照下列债权分类，分组对重整计划草案进行表决：①对债务人的特定财产享有担保权的债权。②债务人所欠职工的工资和医疗、伤残补助、抚恤费用，所欠的应当划入职工个人账户的基本养老保险、基本医疗保险费用，以及法律、行政法规规定应当支付给职工的补偿金。③债务人所欠税款。④普通债权。此外，人民法院在必要时可以决定在普通债权组中设小额债权组对重整计划草案进行表决。重整计划不得规定减免债务人欠缴的上述第②项规定以外的社会保险费用，该项费用的债权人不参加重整计划草案的表决。

人民法院应当自收到重整计划草案之日起30日内召开债权人会议，对重整计划草案进行表决。出席会议的同一表决组的债权人过半数同意重整计划草案，并且其所代表的债权额占该组债权总额的2/3以上的，即为该组通过重整计划草案。债务人或者管理人应当向债权人会议就重整计划草案作出说明，并回答询问。

债务人的出资人代表可以列席讨论重整计划草案的债权人会议。重整计划草案涉及出资人权益调整事项的，应当设出资人组，对该事项进行表决。

各表决组均通过重整计划草案时，重整计划即为通过。自重整计划通过之日起10日内，债务人或者管理人应当向人民法院提出批准重整计划的申请。人民法院经审查认为符合规定的，应当自收到申请之日起30日内裁定批准，终止重整程序，并予以公告。

部分表决组未通过重整计划草案的，债务人或者管理人可以同未通过重整计划草案的表决组协商。该表决组可以在协商后再表决一次。双方协商的结果不得损害其他表决组的利益。未通过重整计划草案的表决组拒绝再次表决或者再次表决仍未通过重整计划草案，但重整计划草案符合下列条件的，债务人或者管理人可以申请人民法院批准重整计划草案：①按照重整计划草案，上述债权分类第①项所列债权就该特定财产将获得全额清偿，其因延期清偿所受的损失将得到公平补偿，并且其担保权未受到实质性损害，或者该表决组已经通过重整计划草案。②按照重整计划草案，上述债权分类第②、③项所列债权将获得全额清偿，或者相应表决组已经通过重整计划草案。③按照重整计划草案，普通债权所获得的清偿比例，不低于其在重整计划草案被提请批准时依照破产清算程序所能获得的清偿比例，或者该表决组已经通过重整计划草案。④重整计划草案对出资人权益的调整公平、公正，或者出资人组已经通过重整计划草案。⑤重整计划草案公平对待同一表决组的成员，并且所规定的债权清偿顺序不违反《企业破产法》的规定。⑥债务人的经营方案具有可行性。人民法院经审查认为重整计划草案符合规定的，应当自收到申请之日起30日内裁定批准，终止重整程序，并予以公告。

重整计划草案未获得通过且未依照《企业破产法》的规定获得批准，或者已通过的重整计划未获得批准的，人民法院应当裁定终止重整程序，并宣告债务人破产。

5.8.4 重整计划的执行

1. 重整计划由债务人负责执行

重整计划由债务人负责执行的主要原因,是债务人对企业的经营和财务状况最为了解,执行重整计划易于操作。如在重整期间债务人财产和营业事务由管理人接管的,在人民法院裁定批准重整计划后,已接管财产和营业事务的管理人应当向债务人移交财产和营业事务。

2. 重整计划的执行由管理人监督

《企业破产法》规定,自人民法院裁定批准重整计划之日起,在重整计划规定的监督期内,由管理人监督重整计划的执行。在监督期内,债务人应当向管理人报告重整计划执行情况和债务人财务状况。监督期届满时,管理人应当向人民法院提交监督报告。自监督报告提交之日起,管理人的监督职责终止。管理人向人民法院提交的监督报告,重整计划的利害关系人有权查阅。此外,经管理人申请,人民法院可以裁定延长重整计划执行的监督期限。

人民法院裁定批准的重整计划,对债务人和全体债权人均有约束力。债权人未依照规定申报债权的,在重整计划执行期间不得行使权利。在重整计划执行完毕后,可以按照重整计划规定的同类债权的清偿条件行使权利。债权人对债务人的保证人和其他连带债务人所享有的权利,不受重整计划的影响。

3. 重整计划执行的终止

债务人不能执行或者不执行重整计划的,人民法院经管理人或者利害关系人请求,应当裁定终止重整计划的执行,并宣告债务人破产。人民法院裁定终止重整计划执行的,债权人在重整计划中作出的债权调整的承诺失去效力。债权人因执行重整计划所受的清偿仍然有效,债权未受清偿的部分作为破产债权。上述规定的债权人,只有在其他同顺位债权人同自己所受的清偿达到同一比例时,才能继续接受分配。

按照重整计划减免的债务,自重整计划执行完毕时起,债务人不再承担清偿责任。

5.9 和　　解

5.9.1 和解的概念

和解是指具备破产原因的债务人,为了避免破产清算,而与债权人会议达成协商解决债务的协议的制度。

和解并非法院作出破产宣告的必经程序,是否和解完全依债务双方当事人意思而定。

和解制度与破产清算制度一样,都重在清偿,但是破产清算是一种消极的处理方法,无论对债权人还是债务人都必然会造成损失,而和解可以起到减少损失、预防破产的积极作用。

5.9.2 和解的提出

债务人可以依照《企业破产法》的规定,直接向人民法院申请和解。也可以在人民法院受理破产申请后、宣告债务人破产前,向人民法院申请和解。

债务人申请和解,应当提出和解协议草案。和解协议草案的主要内容是债务清偿方案,其中包括延长清偿的期限、分期清偿的数额、申请减免债务的额度及比例等。

5.9.3 和解协议的通过及裁定

和解协议草案是债务人向人民法院提交的文件,该文件直接涉及债权人债权的清偿,因此必须经债权人会议讨论通过,同时还必须经由人民法院审查认可。

对债务人提出的和解申请,人民法院经审查认为符合规定的,应当裁定和解,予以公告,并召集债权人会议讨论和解协议草案。对债务人的特定财产享有担保权的权利人,自人民法院裁定和解之日起可以行使权利。

债权人会议通过和解协议的决议,由出席会议的有表决权的债权人过半数同意,并且其所代表的债权额占无财产担保债权总额的2/3以上。也就是说,债权人会议通过和解协议的决议必须同时具备两个条件:①必须由出席会议的有表决权的债权人过半数同意。其中债权人必须是有表决权的债权人,且必须出席了会议,没有表决权的和虽然有表决权但是未出席会议的债权人均不计算在内,对债务人的特定财产享有担保权的债权人,未放弃优先受偿权的对和解协议不享有表决权。同意的人数要求过半数,不包括半数。②同意和解协议的债权人,其所代表的债权额必须占无财产担保债权总额的2/3以上。目的为了保护占债权额较大比例的债权人的利益。其中无财产担保债权总额是指债务人向人民法院提交的债权清册上记载的债权总额中,减去有财产担保的债权额后剩余的债权额,即为无财产担保债权总额。

债权人会议通过和解协议的,由人民法院裁定认可,终止和解程序,并予以公告。管理人应当向债务人移交财产和营业事务,并向人民法院提交执行职务的报告。和解协议草案经债权人会议表决未获得通过,或者已经债权人会议通过的和解协议未获人民法院认可的,人民法院应当裁定终止和解程序,并宣告债务人破产。

5.9.4 和解协议的效力

和解协议的法律效力体现在以下几个方面。

(1) 经人民法院裁定认可的和解协议,对债务人和全体和解债权人均有约束力。

(2) 和解债权人对债务人的保证人和其他连带债务人所享有的权利,不受和解协议的影响。

(3) 债务人应当按照和解协议规定的条件清偿债务。

(4) 和解协议无强制执行效力，如债务人不履行协议，债权人不能请求人民法院强制执行，只能请求人民法院终止和解协议的执行，宣告其破产。

5.9.5 和解协议的终止

和解协议执行过程中，可能因债务人的行为导致和解协议无法继续执行，如继续执行可能给债权人造成更大损失，为保障债权人的合法权益，《企业破产法》对和解协议的终止作出了具体的规定。

债务人不能执行或者不执行和解协议的行为有：①拒不执行或者延迟执行和解协议。②财务状况继续恶化，足以影响执行和解协议。③给个别债权人和解协议以外的特殊利益。④转移财产、隐匿或私分财产。⑤非正常压价出售财产、放弃自己的债权。⑥对原来没有财产担保的债务提供财产担保、对未到期的债务提前清偿等行为。

按照和解协议减免的债务，自和解协议执行完毕时起，债务人不再承担清偿责任。

人民法院受理破产申请后，债务人与全体债权人就债权债务的处理自行达成协议的，可以请求人民法院裁定认可，并终结破产程序。

5.10 破产清算

5.10.1 破产宣告

破产宣告是人民法院依据当事人的申请或法定职权裁定宣告债务人破产以清偿债务的活动。

根据《企业破产法》的规定，有下列情形之一的，人民法院应当以书面裁定宣告债务人企业破产：①企业不能清偿到期债务，又不具备法律规定的不予宣告破产条件的。②企业被人民法院依法裁定终止重整程序的。③人民法院依法裁定终止和解协议执行的。

人民法院宣告企业破产，必须符合下列规定：①破产宣告必须由人民法院以裁定的方式作出，其他任何机关或个人均无权宣告债务人破产。②宣告债务人破产的裁定应当在法定时间内依法定的方式告知相关人员，即裁定作出之日起 5 日内送达债务人和管理人。自裁定作出之日起 10 日内通知已知债权人，对未知的债权人以公告的方式送达。

债务人被宣告破产后，债务人称为破产人，债务人财产称为破产财产，人民法院受理破产申请时对债务人享有的债权称为破产债权。破产人是指被依法宣告破产的债务人，在未被宣告破产之前，即使法院已经受理破产申请，进入破产程序，只要还未被宣告破产就不是破产人，只能称为债务人。凡不属于破产人财产的其他财产，如破产人代管的财产，基于租赁、代销、寄存、加工等原因占有、使用的他人财产等，都不能称为破产财产。破产债权是指人民法院受理破产申请时对债务人享有的债权，破产债权在债务人被宣告破产之前并不称为破产债权，只称为债权人的债权，只有在债务人被宣告破产之后才称为破产债权。

破产宣告前,有下列情形之一的,人民法院应当裁定终结破产程序,并予以公告:①第三人为债务人提供足额担保或者为债务人清偿全部到期债务的。②债务人已清偿全部到期债务的。

5.10.2 破产财产的变价

1. 由管理人及时拟订破产财产变价方案

在破产财产变价过程中,破产财产变价方案的制定是一个关键的环节。由管理人制定破产财产变价方案。但是破产财产变价方案关系破产案件当事人尤其是债权人的利益,因此,管理人拟订的破产财产变价方案,应提交债权人会议讨论通过。

2. 破产财产变价方案的执行

《企业破产法》规定,管理人应当按照债权人会议通过的或者人民法院依法裁定的破产财产变价方案,适时变价出售破产财产。破产财产变价方案的执行应符合以下要求:①管理人是破产财产变价方案的执行主体。破产财产变价方案既不是由人民法院执行,也不是由债权人会议执行,而是由管理人执行。管理人不仅依法制定破产财产变价方案,而且依法负责执行该方案。②管理人变价出售破产财产必须按债权人会议通过的或者人民法院依法裁定的破产财产变价方案进行。如果管理人不按破产财产变价方案变价出售破产财产,造成债权人、第三人损失的,应依法承担赔偿责任。③管理人变价出售破产财产必须适时。所谓适时是指管理人应根据破产财产的性质、市场的调查及使其价值得到最大实现为目标,确定出售破产财产的时间。

3. 破产财产变价出售的方式

为了规范破产财产变价出售行为,保护破产过程中各当事人的合法权益,《企业破产法》对破产财产变价出售作出如下规定:①变价出售破产财产应当通过拍卖方式进行。②破产企业可以全部或者部分变价出售。③按照国家规定不能拍卖或者限制转让的财产,应当按照国家规定的方式处理。

5.10.3 破产财产的分配

1. 破产财产的分配顺序

破产财产的分配顺序是指将破产财产分配给债权人的先后顺序,即下一顺序的债权只有在上一顺序的债权受偿后才能受偿。同一顺序的债权或依法律规定平等受偿,或者按法律规定按比例受偿。破产财产的分配顺序关系破产案件各方当事人特别是债权人的利益能否实现或实现的程度,因此必须由法律作出明确规定。

根据《企业破产法》的规定,破产财产按照下列顺序进行分配。

1) 破产财产优先清偿破产费用和共益债务

破产费用和共益债务是一种特殊的债权,既不同于一般的破产债权,也不同于对破产企业特定财产享有优先受偿权的债权。它具有优于一般破产债权受偿的权利,但是它对破产企业特定财产享有优先受偿权的债权没有优先权。破产费用可随时用破产财产支付,破产财产不足以支付破产费用的,人民法院根据管理人的申请裁定终结破产程序。

2) 破产财产在清偿破产费用和共益债务后的清偿顺序

破产财产在清偿破产费用和共益债务后,依照下列顺序清偿。

(1) 破产人所欠职工的工资和医疗、伤残补助、抚恤费用,所欠的应当划入职工个人账户的基本养老保险、基本医疗保险费用,以及法律、行政法规规定应当支付给职工的补偿金。

(2) 破产人欠缴的除前项规定以外的社会保险费用和破产人所欠税款。这里的社会保险是指除基本养老保险、基本医疗保险费用以外的其他社会保险,如失业保险等。如果企业没有依法律规定为职工缴纳,企业破产时职工就享有优先受偿权。破产人所欠税款是破产人对国家负有的一种法定义务,是一种特殊债务。为确保国家的财政收入,《企业破产法》赋予税收优于普通债权受偿的权利。

(3) 普通破产债权。普通债权是指除对破产人的特定财产享有优先权的债权、法律规定享有优先权的债权、劳动债权以及国家税款以外的破产债权,具体包括以下几种:无财产担保债权、放弃优先受偿权的债权、行使优先权后未能完全受偿的债权部分。

破产财产不足以清偿同一顺序的清偿要求的,按照比例分配。即按照各债权人的债权额在该顺序中占债权总额的比例进行清偿。

在清偿职工工资时,应当注意的是,破产企业的董事、监事和高级管理人员的工资不能完全按破产人破产前其实际的工资清偿,而是按照该企业职工的平均工资计算。

2. 破产财产的分配方案

管理人应当及时拟订破产财产分配方案,破产财产分配方案应当载明下列事项。

(1) 参加破产财产分配的债权人名称或者姓名、住所。债权人是自然人的,载明其姓名和住所。债权人是组织或机构的,包括代表国家行使征税权的税务机关,载明其名称和住所。

(2) 参加破产财产分配的债权额,应包括各债权人的债权数额和全体债权人的债权总额。

(3) 可供分配的破产财产数额,包括破产企业的账户存款、变卖破产财产后所得家价款及剩余的实物财产和财产性权利等。

(4) 破产财产分配的顺序、比例及数额。按《企业破产法》确定的各债权人的债权分配顺序、同一顺序的债权清偿比例及各顺序中债权人的债权数额。

(5) 实施破产财产分配的方法。是指将分配的破产财产一次性分配还是多次分配,是以货币分配还是实物分配等。

管理人拟定的破产财产分配方案,首先应当提交债权人会议讨论。破产财产分配方案的表决必须由出席会议的有表决权的债权人过半数通过,并且其所代表的债权额占无财产担保债权总额的 1/2 以上。经债权人会议表决通过的破产财产分配方案对全体债权人有约束力。

债权人会议通过破产财产分配方案后,由管理人将该方案提请人民法院裁定认可。

3. 破产财产分配方案的实施

破产财产分配方案经人民法院裁定认可后,由管理人执行。管理人按照破产财产分配方案实施多次分配的,应当公告本次分配的财产额和债权额。管理人实施最后分配的,应当在公告中指明。对于附生效条件或者解除条件的债权,管理人应当将其分配额提存。管理人依照规定提存的分配额,在最后分配公告日,生效条件未成就或者解除条件成就的,应当分配给其他债权人。在最后分配公告日,生效条件成就或者解除条件未成就的,应当交付给债权人。债权人未受领的破产财产分配额,管理人应当提存。债权人自最后分配公告之日起满 2 个月仍不领取的,视为放弃受领分配的权利,管理人或者人民法院应当将提存的分配额分配给其他债权人。

破产财产分配时,对于诉讼或者仲裁未决的债权,管理人应当将其分配额提存。自破产程序终结之日起满 2 年仍不能受领分配的,人民法院应当将提存的分配额分配给其他债权人。

5.10.4 破产程序的终结

破产程序的终结,又称破产程序的终止,是指人民法院受理破产案件后,在出现法定事由时,由人民法院依法裁定终结破产程序,结束破产案件的审理。

1. 破产程序终结的事由

破产程序的终结根据事由的不同分为正常的终结和非正常的终结。正常的终结是因破产财产分配完毕,破产目的已经实现而终结破产程序。非正常的终结是指没有经过破产财产的分配就终结破产程序。《企业破产法》规定下列情况终结破产程序。

(1) 债务人财产不足以清偿破产费用的,管理人应当提请人民法院终结破产程序。

(2) 人民法院受理破产申请后,债务人与全体债权人就债权债务的处理自行达成协议的,可以请求人民法院裁定认可,并终结破产程序。

(3) 破产人无财产可供分配的,管理人应当请求人民法院裁定终结破产程序。破产程序的目的是依法清理破产企业的债权债务,以便于公平、公正地清偿债权人的债权。

如果债务人无财产可供分配,任何债权人无法从破产程序中分配到财产,破产程序也无继续的必要,因此破产程序自然应终结。

(4) 破产财产分配完毕。这是破产程序终结中最为普遍的方式,也是破产程序正常终结的方式。《企业破产法》规定,管理人在最后分配完结后,应当及时向人民法院提交破产财产分配报告,并提请人民法院裁定终结破产程序。

2. 破产程序终结的裁定

破产程序的终结必须由人民法院依法作出裁定。人民法院应当自收到管理人终结破产程序的请求之日起 15 日内作出是否终结破产程序的裁定。裁定终结的，应当予以公告。

管理人应当自破产程序终结之日起 10 日内，持人民法院终结破产程序的裁定，向破产人的原登记机关办理注销登记。管理人于办理注销登记完毕的次日终止执行职务。但是，存在诉讼或者仲裁未决情况的除外。

3. 破产财产的追加分配

破产程序终结后，债权人通过破产分配未能得到清偿的债权不再予以清偿，破产企业未偿清余债的责任依法免除。但是，自破产程序依法终结之日起 2 年内，有下列情形之一的，债权人可以请求人民法院按照破产财产分配方案进行追加分配。

1) 发现有依照规定应当追回的财产的

依照规定应当追回的财产包括：①人民法院受理破产申请前 1 年内，债务人的财产处理行为依法被撤销涉及的财产，包括：无偿转让的财产、以明显不合理的价格进行交易的财产、对没有财产担保的债务提供财产担保的财产、对未到期的债务提前清偿的清偿额以及债务人放弃的债权。②人民法院受理破产申请前 6 个月内，债务人处于破产状态时对个别债权人清偿的数额。③债务人为逃避债务而隐匿、转移的财产、虚构的债务或者承认不真实的债务。④债务人的董事、监事和高级管理人员利用职权从企业获取的非正常收入和侵占的企业财产。

2) 发现破产人有应当供分配的其他财产的

有上述规定情形，但财产数量不足以支付分配费用的，不再进行追加分配，由人民法院将其上交国库。破产人的保证人和其他连带债务人，在破产程序终结后，对债权人依照破产清算程序未受清偿的债权，依法继续承担清偿责任。

4. 破产事宜的特殊规定

(1)《企业破产法》施行后，破产人在《企业破产法》公布之日前所欠职工的工资和医疗、伤残补助、抚恤费用。

(2) 在《企业破产法》施行前国务院规定的期限和范围内的国有企业实施破产的特殊事宜，按照国务院有关规定办理。

(3) 商业银行、证券公司、保险公司等金融机构有不能清偿到期债务情形的，国务院金融监督管理机构可以向人民法院提出对该金融机构进行重整或者破产清算的申请。

(4) 其他法律规定企业法人以外的组织的清算，属于破产清算的，参照适用《企业破产法》规定的程序。

5.11 违反破产法的法律责任

《企业破产法》对造成企业破产以及违反企业破产法律规定的行为规定了具体的法律责任，主要有以下几点。

（1）企业董事、监事或者高级管理人员违反忠实、勤勉义务，致使所在企业破产的，依法承担民事责任。有上述规定情形的人员，自破产程序终结之日起3年内不得担任任何企业的董事、监事、高级管理人员。

（2）有义务列席债权人会议的债务人的有关人员，经人民法院传唤，无正当理由拒不列席债权人会议的，人民法院可以拘传，并依法处以罚款债务人的有关人员违反规定，拒不陈述、回答，或者作虚假陈述、回答的，人民法院可以依法处以罚款。

（3）债务人违反规定，拒不向人民法院提交或者提交不真实的财产状况说明、债务清册、债权清册、有关财务会计报告以及职工工资的支付情况和社会保险费用的缴纳情况的，人民法院可以对直接责任人员依法处以罚款债务人违反规定，拒不向管理人移交财产、印章和账簿、文书等资料的，或者伪造、销毁有关财产证据材料而使财产状况不明的，人民法院可以对直接责任人员依法处以罚款。

（4）债务人违反规定处理债务人财产，损害债权人利益的，债务人的法定代表人和其他直接责任人员依法承担赔偿责任。

（5）债务人的有关人员违反规定，擅自离开住所地的，人民法院可以予以训诫、拘留，可以依法并处罚款。

（6）管理人未按照规定勤勉尽责，忠实执行职务的，人民法院可以依法处以罚款。给债权人、债务人或者第三人造成损失的，依法承担赔偿责任。

（7）违反规定，构成犯罪的，依法追究刑事责任。

本 章 小 结

破产申请及受理。企业法人不能清偿到期债务，并且资产不足以清偿全部债务或者明显缺乏清偿能力的，依照破产法规定清理债务，破产还债。债务人不能清偿到期债务时，债务人和债权人均可以向人民法院提出重整或者破产清算申请。人民法院应当自收到破产申请之日起15日内裁定是否受理。

破产管理人。破产管理人是人民法院依法受理破产申请的同时指定的全面接管破产企业并负责破产财产的保管、清理、估价、处理和分配，总管破产事务的人。管理人可以由有关部门、机构的人员组成的清算组或者依法设立的律师事务所、会计师事务所、破产清算事务所等社会中介机构担任。管理人依法执行职务，向人民法院报告工作，并接受债权人会议和债权人委员会的监督。

债务人财产。债务人财产是指破产申请受理时属于债务人的全部财产，以及破产申请受理后至破产程序终结前债务人取得的财产。撤销权，是指因债务人实施的减少债务人财产的行为危及债权人的债权时，管理人可以请求人民法院撤销该行为的权利。

抵销权是指当事人双方互负债务，又互享债权，各自以自己的债权充抵对方所负债务，使自己的债务与对方的债务在等额内消灭的制度。

破产费用和共益债务。破产费用是指人民法院受理破产申请后,为破产程序的顺利进行及对债务人财产的管理、变价、分配过程中,必须支付的且用债务人财产优先支付的费用。共益债务是指人民法院受理破产申请后,管理人为全体债权人的共同利益,管理债务人财产时所负担或产生的债务,以及因债务人财产而产生的,以债务人财产优先支付的债务。

　　债权申报。债权申报是指债务人的债权人在接到人民法院的破产申请受理裁定通知或者公告后,在法定期限内向人民法院申请登记债权,以取得破产债权人地位的行为。债权申报的期限是指《企业破产法》规定或经人民法院允许债权人向人民法院申报债权的期间。

　　债权人会议。债权人会议是破产程序中全体债权人的自治性组织,以维护债权人共同利益为目的,讨论决定有关破产事宜,表达债权人意志的机构。债权人会议可以决定设立债权人委员会,专门行使日常监督权。

　　重整。重整是指当企业法人不能清偿到期债务时,不立即进行破产清算,而是在法院的主持下,由债务人与债权人达成协议,制定债务人重整计划,债务人继续营业,并在一定期限内全部或部分清偿债务的制度。

　　和解。和解是指具备破产原因的债务人,为了避免破产清算,而与债权人会议达成协商解决债务的协议的制度。

　　破产宣告和破产清算。破产宣告是人民法院依据当事人的申请或法定职权裁定宣告债务人破产以清偿债务的活动。破产财产是指被宣告破产的债务人即破产人的财产。破产债权是指人民法院受理破产申请时对债务人享有的债权,破产债权在债务人被宣告破产之前并不称为破产债权,只称为债权人的债权,只有在债务人被宣告破产之后才称为破产债权。

练 习 题

一、单项选择题

1. 根据我国《企业破产法》的规定,破产界限的实质标准是债务人不能清偿到期债务。下列情形中,不能界定为债务人不能清偿到期债务的有(　　)。

　A. 债务人不能以财产、信用或能力等任何方式清偿债务

　B. 债务人停止支付到期债务并呈连续状况,且无相反证据

　C. 债务人资不抵债

　D. 债务人对主要债务长期持续不能偿还

2. 根据企业破产法律制度的有关规定,下列各项中,对企业破产有管辖权的是(　　)。

　A. 债务人住所地人民法院　　　　　B. 债权人住所地人民法院

　C. 破产财产所在地人民法院　　　　D. 债务合同履行地人民法院

3. 人民法院受理破产申请后,已经开始而尚未终结的有关债务人的民事诉讼或者仲裁(　　)。

　A. 继续进行　　　　　　　　　　　B. 可以中止

　C. 应当中止　　　　　　　　　　　D. 移送受理破产申请的法院审理

4. 根据企业破产法律制度的规定，人民法院受理破产申请后，管理人对破产申请受理前成立而债务人和对方当事人均未履行完毕的合同，有权决定解除或者继续履行，并通知对方当事人。管理人自破产申请受理之日起（　　）内未通知对方当事人，或者自收到对方当事人催告之日起（　　）内未答复的，视为解除合同。

  A. 30日　　30日　　　　　　　　B. 30日　　2个月
  C. 2个月　　30日　　　　　　　D. 2个月　　2个月

5. 甲企业与乙企业发生了合同纠纷，经过审理，人民法院作出判决：甲企业向乙企业承担相应的违约责任。但甲企业仍然拒绝执行判决，此时乙企业向A人民法院提出强制执行申请，A人民法院依法查封了甲企业的100吨货物。同时，B人民法院受理了其他债权人提出的对甲企业的破产申请，针对A人民法院的强制执行程序，下列说法正确的是（　　）。

  A. 应该中止强制执行程序，暂时解除对甲企业货物的查封
  B. 继续执行强制执行程序，变卖货物取得的价款用于清偿乙企业
  C. 继续执行强制执行程序，变卖货物取得的价款提存
  D. 该强制执行程序交给B人民法院来继续执行

二、多项选择题

1. 根据《企业破产法》规定，下列选项中可以担任管理人的有（　　）。
  A. 律师事务所　　　　　　　　B. 会计师事务所
  C. 破产清算事务所　　　　　　D. 破产企业的法定代表人

2. 在第一次债权人会议召开之前，管理人不得自行实施的行为有（　　）。
  A. 涉及土地、房屋等不动产权益的转让　　B. 决定债务人的内部管理事务
  C. 设定财产担保　　　　　　　　　　　　D. 担保物的取回

3. 假设人民法院于2013年9月10日受理某企业法人破产案件，12月10日作出破产宣告裁定。在破产企业清算时，下列选项中，管理人不能行使撤销权的有（　　）。
  A. 该企业于2012年3月12日对应于同年10月1日到期的债务提前予以清偿
  B. 该企业上级主管部门于2012年4月1日从该企业无偿调出价值10万元的机器设备一套
  C. 该企业于2013年5月8日与其债务人签订协议，放弃其15万元债权
  D. 该企业于2012年9月1日将价值25万元的车辆作价8万元转让他人

4. 人民法院于2013年9月10日受理甲企业法人破产案件，12月10日作出破产宣告裁定。在破产企业清算时，下列选项中，相关当事人不能依法主张抵销的是（　　）。
  A. 甲企业的债务人乙，在2013年9月30日时取得了对甲的债权
  B. 甲企业的债权人丙，在明知甲企业不能清偿到期债务的事实的情况下，于2012年10月10日对甲企业负担债务
  C. 甲企业的债务人丁，于2012年9月1日取得了对甲企业的债权
  D. 甲企业的债权人戊，于2012年9月5日取得了对甲企业的债务

5. 下列各项中，属于破产费用的是（　　）。

A. 破产案件的诉讼费用

B. 管理、变价和分配债务人财产的费用

C. 管理人执行职务的费用、报酬和聘用工作人员的费用

D. 破产人所欠职工的工资和医疗、伤残补助、抚恤费用

三、判断题

1. 人民法院受理破产申请后，有关债务人的民事诉讼只能向受理破产申请的人民法院提起。（　　）

2. 申请人对人民法院驳回申请的裁定不服的，可以自裁定送达之日起 15 日内向上一级人民法院提起上诉。（　　）

3. 管理人在第一次债权人会议召开之前可以自主决定取回担保物。（　　）

4. 债权人在破产申请受理前对债务人负有债务的，可以向债权人会议主张抵销。（　　）

5. 债权人在破产申请受理前对债务人负有债务的，一定可以向管理人主张抵销。（　　）

第 6 章 证券法律制度

教学要求

通过本章的学习，学生应当能够：

（1）了解证券、证券法的概念、证券交易的基本原则等；

（2）掌握股票的发行与交易，公司债券的发行与交易，证券投资基金的发行与交易，禁止的交易行为，上市公司的收购，股份转让的法律限制等基本内容；

（3）理解持续信息公开，我国的证券监管制度等基本内容。

引例

"安然"唱起悲歌，会计路在何方

【基本回顾】

1. "安然"的神话

1985年7月，美国休斯顿天然气公司与奥马哈的安然天然气公司合并，成立了后来的安然石油天然气公司。15年以后，该公司成为美国、一度也是全球的头号能源交易商，其市值曾高达700亿美元、年收入达1000亿美元。2000年12月28日，安然公司的股票价格达到84.87美元(有资料说是90.75美元)。2001年初，被美国《财富》杂志连续4年评为美国"最具创新精神的公司"。

2. "安然"的轰然倒地

美国创造了"安然"，"安然"创造了现代神话。谁知美梦苦短，一瞬间"安然"大厦轰然倒地：2001年10月16日，"安然"公布其第三季度亏损6.38亿美元。11月"安然"向美国证券交易委员会承认，自1997年以来，共虚报利润5.86亿美元。当月29日，"安然"股价一天之内猛跌超过75%，创下纽约股票交易所和纳斯达克市场有史以来的单日下跌之最。次日，"安然"股票暴跌至每股0.26美元，成为名副其实的垃圾股，其股价缩水近360倍！两天后，即12月2日，"安然"向纽约破产法院申请破产保护，其申请文件中开列的资产总额468亿美元。"安然"又创造两个之最——美国(或许是世界)有史以来最大宗的破产申请记录以及最快的破产速度。

3. "安然"到底做了什么

一是在财务报表上隐瞒并矫饰公司的真实财务状况。二是利用错综复杂的关联方交易虚构利润，利用现行财务规则漏洞"不进入资产负债表"隐藏债务,以其回避法律和规则对其提出的信息披露要求。三是夸大公司业绩并向投资者隐瞒公司业务等违法手段来误导投资者。而世界"五大"会计师公司之一的安达信公司又为其提供了不实的审计报告,从而使"安然"神话套上了"皇帝的新衣"。

4."安然"轰然倒塌的根本原因

(1) 制度腐败:"安然"事件,其实是现代企业制度、公司治理制度、现代会计制度、证券及金融市场制度、社会审计制度等存在问题,使内部人滥用职权而没有有效的监督和约束机制。此案不仅涉及美国两党政要,而且涉及那么多政府高官和国会议员,可以说,这与其社会制度不无关系,安然公司的破产揭示了现代资本主义的各种弊端。

(2) 道德沦丧:媒体披露,安然公司与布什家族、众多政府要员、国会议员关系非同一般,在其破产前后,更是接触频繁。公司总裁肯尼斯·莱在公司破产前已经秘密抛售了其掌握的全部股票,那些持有安然公司股份的布什政府某些部长、副部长们,也在公司倒闭前卖出了自己手中的股票。安然公司的一般雇员们却因为金字塔顶的少数人把钱抽走,一夜之间数亿美元的退休金化为乌有,失去了他们一生的积蓄。

【分析】

自20世纪90年代中期以来,"安达信"既是"安然"的外部审计人,又是内部审计人和提供管理咨询服务人。既一只手教其做账,另一只手证明这只做账的手。换言之,"安达信"既是"安然"的裁判员,又是"安然"的运动员。为此,"安达信"每年从"安然"得到上千万美元的丰厚报酬,就这样,"安达信"还能保持最起码的独立性吗?因此,"安然"的丑闻同时也必定成为"安达信"的丑闻。该案例给我们什么启示?

6.1 证券法律制度概述

6.1.1 证券的概念

一般认为,证券有广义和狭义之分。广义的证券是指记载并且代表一定权利的所有凭证,主要包括三类:一是财物证券,如提货单、购物券等。二是货币证券,如支票、本票、汇票等。三是资本证券,如股票、债券等。狭义的证券仅指资本证券。《中华人民共和国证券法》规定的证券为股票、公司债券以及国务院依法认定的其他证券。

6.1.2 证券市场的概念

证券市场是指证券发行与交易的场所。证券市场分为发行市场和流通市场。发行市场又称一级市场,是发行新证券的市场,证券发行人通过证券发行市场将已获准公开发行的证券第一次销售给投资者,以获取资金。证券流通市场又称二级市场,是对已发行的证券进行买卖、转让交易的场所。通过一级市场取得的证券可以到二级市场进行买卖,投资者可以在二级市场对证券进行不间断的交易。证券市场的主体包括证券发行人、投资者、中介机构、交易场所,以及自律性组织和监管机构。

6.1.3 证券法的概念

证券法有广义和狭义之分。广义的证券法是指一切与证券有关的法律规范的总称。狭义的证券法专指《中华人民共和国证券法》（以下简称《证券法》），它是规范证券发行、交易及监管过程中产生的各种法律关系的基本法，是证券市场各类行为主体必须遵守的行为规范，由国家权力机关制定，以国家强制力保障实施。

1998年12月29日，第九届全国人民代表大会常务委员会第六次会议通过了《证券法》，自1999年7月1日起施行。2004年8月28日，第十届全国人民代表大会常务委员会第十一次会议通过了《关于修改(中华人民共和国证券法)的决定》，对《证券法》个别条款作了修改。2005年10月27日，第十届全国人民代表大会常务委员会第十八次会议审议通过了重新修订的《证券法》，自2006年1月1日起施行。制定并修订完善《证券法》，其根本宗旨是规范证券发行和交易行为，保护投资者的合法权益，维护社会经济秩序和社会公众利益，促进社会主义市场经济的健康发展。

6.2 证券发行

6.2.1 证券发行的一般规定

1. 公开发行证券的有关规定

《证券法》规定，公开发行证券，必须符合法律、行政法规规定的条件，并依法报经国务院证券监督管理机构或者国务院授权的部门核准。未经依法核准，任何单位和个人不得公开发行证券。

有下列情形之以一的，为公开发行证券。

（1）向不特定对象发行证券的。这是指向社会公众发行证券。发行对象的不特定性，是公开发行证券的特征之一。无论发行对象人数多少，只要是不特定的社会公众，都属于公开发行。

（2）向特定对象发行证券累计超过200人的。"特定对象"主要包括发行人的内部人员如股东、公司员工及其亲朋好友等，以及与发行人有联系的公司、机构和人员等。还有一类是机构投资者，比如基金管理公司、保险公司等。向特定对象发行证券，一般涉及人数较少，发行对象与发行人有一定联系，对发行人的情况比较了解。向特定对象发行证券本来是非公开发行的特征之一，但是如果特定对象人数过多，就失去了非公开发行人数较少的特征，实质上属于变相的公开发行。因此，《证券法》规定向特定对象发行证券累计超过200人的属于公开发行。

（3）法律、行政法规规定的其他发行行为。应当注意，《证券法》还对非公开发行证券作了规范，即向200人以下的特定对象发行证券，不得采用广告、公开劝诱和变相公开方式，否则就属于公开发行。

2. 公开发行证券实行保荐制度的有关规定

《证券法》规定，发行人申请公开发行股票、可转换为股票的公司债券，依法采取承销方式的，或者公开发行法律、行政法规规定实行保荐制度的其他证券的，应当聘请具有保荐资格的机构担任保荐人。

2003年12月，中国证监会发布第18号令，颁布《证券发行上市保荐制度暂行办法》（以下简称《办法》），于2004年2月1日起正式施行。《办法》设立了对保荐机构和保荐代表人的注册登记制度，明确了保荐责任和保荐期限，建立了监管部门对保荐机构和保荐代表人施行责任追究的监管机制。

6.2.2 股票的发行

1. 设立股份有限公司公开发行股票的条件及报送文件

1) 设立股份有限公司公开发行股票的条件

《证券法》规定，设立股份有限公司公开发行股票，应当符合《公司法》规定的条件和经国务院批准的国务院证券监督管理机构规定的其他条件。

根据这一规定，设立股份有限公司公开发行股票应当具备以下条件：①符合《公司法》规定的条件。根据《公司法》的规定，设立股份有限公司，应当具备的条件包括：发起人符合法定人数；发起人认购和募集的股本达到法定资本最低限额；股份发行、筹办事项符合法律规定；发起人制定公司章程，采用募集方式设立的经创立大会通过；有公司名称，建立符合股份有限公司要求的组织机构；有公司住所。②符合经国务院批准的国务院证券监督管理机构规定的其他条件。

2) 设立股份有限公司公开发行股票应报送的文件

设立股份有限公司公开发行股票，除符合上述条件外，还应当向国务院证券监督管理机构报送募股申请和以下文件：①公司章程。②发起人协议。③发起人姓名或者名称，发起人认购的股份数、出资种类及验资证明。④招股说明书。⑤代收股款银行的名称及地址。⑥承销机构名称及有关的协议。依法应当聘请保荐人的，还应当报送保荐人出具的发行保荐书。法律、行政法规规定设立公司必须报经批准的，还应当提交相应的批准文件。

2. 公司公开发行新股的条件及报送文件

1) 公司公开发行新股的条件

《证券法》规定，公司公开发行新股，应当符合下列条件：①具备健全且运行良好的组织机构。②具有持续盈利能力，财务状况良好。③最近3年财务会计文件无虚假记载，且无其他重大违法行为。④经国务院批准的国务院证券监督管理机构规定的其他条件。

上市公司非公开发行新股，应当符合经国务院批准的国务院证券监督管理机构规定的条件，并报国务院证券监督管理机构核准。

2)公司公开发行新股应报送的文件

公司公开发行新股,应当向国务院证券监督管理机构报送募股申请和下列文件:①公司营业执照。②公司章程。③股东大会决议。④招股说明书。⑤财务会计报告。⑥代收股款银行的名称及地址。⑦承销机构名称及有关的协议。依法应当聘请保荐人的,还应当报送保荐人出具的发行保荐书。

为了规范公开发行股票所募集资金的使用,《证券法》规定,公司对公开发行股票所募集资金,必须按照招股说明书所列资金用途使用。改变招股说明书所列资金用途,必须经股东大会作出决议。擅自改变用途而未作纠正的,或者未经股东大会认可的,不得公开发行新股。

6.2.3 公司债券的发行

1. 公开发行公司债券的条件

公开发行公司债券,应当符合下列条件:①股份有限公司的净资产不低于人民币3000万元,有限责任公司的净资产不低于人民币6000万元。②累计债券余额不超过公司净资产额的40%。累计债券余额是指已发行尚未到期的债券金额。③最近3年平均可分配利润足以支付公司债券1年的利息。④筹集的资金投向符合国家产业政策。⑤债券的利率不超过国务院限定的利率水平。⑥国务院规定的其他条件。

公开发行公司债券筹集的资金,必须用于核准的用途,不得用于弥补亏损和非生产性支出。上市公司发行可转换为股票的公司债券,除应当符合上述规定外,还应当符合《证券法》关于公开发行股票的条件,并报国务院证券监督管理机构核准。

2. 公开发行公司债券报送的文件

申请公开发行公司债券,应当向国务院授权的部门或者国务院证券监督管理机构报送下列文件:①公司营业执照。②公司章程。③公司债券募集办法。④资产评估报告和验资报告。⑤国务院授权的部门或者国务院证券监督管理机构规定的其他文件。依照规定聘请保荐人的,还应当报送保荐人出具的发行保荐书。

3. 不得再次公开发行公司债券的情形

有下列情形之一的,不得再次公开发行公司债券:①前一次公开发行的公司债券尚未募足。②对已公开发行的公司债券或者其他债务有违约或者延迟支付本息的事实,仍处于继续状态。③违反《证券法》规定,改变公开发行债券所募集资金的用途。比如违反规定,将所募集资金用于弥补亏损和非生产性支出。

6.2.4 证券的发行程序

1. 证券发行的核准

发行人发行证券,应当依照法定程序向国务院证券监督管理机构或者国务院授权的部门报送证券发行申请文件。发行人依法申请核准发行证券所报送的申请文件的格式、报送方式,由依法负责核准的机构或者部门规定。发行人向国务院证券监督管理机构或者国务院授权的部门报送的证券发行申请文件,必须真实、准确、完整。为证券发行出具有关文件的证券服务机构和人员,必须严格履行法定职责,保证其所出具文件的真实性、准确性和完整性。

2. 证券的承销

1) 证券承销的概念

证券承销是指证券经营机构依照协议包销或者代销发行人向社会公开发行的证券的行为。发行人向不特定对象公开发行的证券,法律、行政法规规定应当由证券公司承销的,发行人应当同证券公司签订承销协议。公开发行证券的发行人有权依法自主选择承销的证券公司。证券公司不得以不正当竞争手段招揽证券承销业务。

2) 证券承销的方式

证券承销采取代销和包销两种方式。证券代销是指证券公司代发行人发售证券,在承销期结束时,将未售出的证券全部退还给发行人的承销方式。证券包销分两种情况:一是证券公司将发行人的证券按照协议全部购入,然后再向投资者销售,当卖出价高于购入价时,其差价归证券公司所有。当卖出价低于购入价时,其损失由证券公司承担。二是证券公司在承销期结束时,将售后剩余证券全部自行购入。在这种承销方式下,证券公司要与发行人签订合同,在承销期内,是一种代销行为。在承销期满后,是一种包销行为。

3) 证券承销的协议

证券公司承销证券,应当同发行人签订代销或者包销协议,载明下列事项:①当事人的名称、住所及法定代表人姓名。②代销、包销证券的种类、数量、金额及发行价格。③代销、包销的期限及起止日期。④代销、包销的付款方式及日期。⑤代销、包销的费用和结算办法。⑥违约责任。⑦国务院证券监督管理机构规定的其他事项。

证券公司承销证券,应当对公开发行募集文件的真实性、准确性、完整性进行核查。发现有虚假记载、误导性陈述或者重大遗漏的,不得进行销售活动。已经销售的,必须立即停止销售活动,并采取纠正措施。

4) 承销团承销证券

向不特定对象发行的证券票面总值超过人民币 5000 万元的,应当由承销团承销。承销团应当由主承销和参与承销的证券公司组成。主承销即牵头组织承销团的证券公司。主承销可以由证券发行人按照公平竞争的原则,通过竞标的方式产生,也可以由证券公司之间协商确定。主承销一般要承担组建承销团、代表承销团与证券发行者签订承销合同和有关文件等事项。作为主承销的证券公司与参与承销的证券公司之间应签订承销团协议,就当事人的情况、承销股票的种类、数量、金额、发行价格、承销的具体方式、各承销成员承销的份额及报酬以及承销组织工作的分工、承销期及起止日期、承销付款的日期及方式等达成一致意见。应当注意,《证券法》并未排除发行证券面值总额在 5000 万元以下的也可以由承销团承销。

5) 证券承销的期限

证券的代销、包销期限最长不得超过 90 日。证券公司在代销、包销期内,对所代销、包销的证券应当保证先行出售给认购人,证券公司不得为本公司预留所代销的证券和预先购入并留存所包销的证券。

股票发行采用代销方式,代销期限届满,向投资者出售的股票数量未达到拟公开发行股票数量 70% 的,为发行失败。发行人应当按照发行价并加算银行同期存款利息返还给股票认购人。公开发行股票,代销、包销期限届满,发行人应当在规定的期限内将股票发行情况报国务院证券监督管理机构备案。

6.2.5 证券投资基金的发行

1. 证券投资基金的概念和种类

1) 证券投资基金的概念

证券投资基金是指一种利益共享、风险共担的集合证券投资方式,即通过发行基金单位,集中基金投资者的资金,由基金托管人托管,由基金管理人管理和运用资金,从事股票、债券等金融工具投资的方式。

基金投资者,是指基金出资人、基金资产所有者和基金投资收益受益人。投资者权利一般包括取得基金收益、获取基金业务及财务状况资料、监督基金运作情况、出席或委派代表出席股东大会或基金单位持有人大会等。投资者义务一般包括遵守基金契约、支付基金认购款项及有关费用、承担基金亏损等。

基金托管人,是指投资人权益的代表,是基金资产的名义持有人或管理机构。基金托管人通常由具备一定条件的商业银行、信托公司等专业性金融机构担任。为了保证基金资产的安全,按照资产管理和资产保管分开的原则运作基金,基金设有专门的基金托管人保管基金资产。基金托管人应为基金开设独立的基金资产账户,负责款项收付、资金划拨、证券清算、分红派息等,所有这些,基金托管人都是按照基金管理人的指令行事,而基金管理人的指令也必须通过基金托管人来执行。

基金管理人,是指具有专业的投资知识与经验,根据法律、法规及基金章程或基金契约的规定,经营管理基金资产,谋求基金资产的不断增值,以使基金持有人收益最大化的机构。

证券投资基金主要有如下特点:①单位面值一般较低。在我国,每份基金单位面值为人民币 1 元。②实行专家管理。投资者的资金集中起来组成基金,一般都是由投资基金管理公司去管理使用资产,这种公司一般都聘请具有相当业务素质和专业经验的专家来管理。③实行组合投资。《证券投资基金法》规定,基金管理人运用基金财产进行证券投资,应当采用资产组合的方式。④以间接投资的形式,取得直接投资的效果。

2) 证券投资基金的种类

证券投资基金,依照其运作方式,主要分为开放式基金和封闭式基金。开放式基金是指基金份额总额不固定,基金份额可以在基金合同约定的时间和场所申购或者赎回的一种基金。封闭式基金是指经核准的基金份额总额在基金合同期限内固定不变，基金份额可以在依法设立的证券交易场所交易，但基金份额持有人不得申请赎回的一种基金。

2. 设立基金管理公司的条件

基金管理人，由依法设立并经国务院证券监督管理机构核准的基金管理公司担任。

根据《证券投资基金法》的规定，设立基金管理公司，应当具备下列条件，并经国务院证券监督管理机构批准：①有符合《证券投资基金法》和《公司法》规定的章程。②注册资本不低于1亿元人民币，且必须为实缴货币资本。③主要股东具有从事证券经营、证券投资咨询、信托资产管理或者其他金融资产管理的较好的经营业绩和良好的社会信誉，最近3年没有违法记录，注册资本不低于3亿元人民币。④取得基金从业资格的人员达到法定人数。⑤有符合要求的营业场所、安全防范设施和与基金管理业务有关的其他设施。⑥有完善的内部稽核监控制度和风险控制制度。⑦法律、行政法规规定的和经国务院批准的国务院证券监督管理机构规定的其他条件。

3. 基金的募集

基金管理人应当依照《证券投资基金法》的规定，发售基金份额，募集基金。基金管理人应当向国务院证券监督管理机构提交下列文件，并经国务院证券监督管理机构核准：①申请报告。②基金合同草案。③基金托管协议草案。④招募说明书草案。⑤基金管理人和基金托管人的资格证明文件。⑥经会计师事务所审计的基金管理人和基金托管人最近3年或者成立以来的财务会计报告。⑦律师事务所出具的法律意见书。⑧国务院证券监督管理机构规定提交的其他文件。

基金募集不得超过国务院证券监督管理机构核准的基金募集期限。基金募集期限自基金份额发售之日起计算。基金募集期限届满，封闭式基金募集的基金份额总额达到核准规模的80%以上，开放式基金募集的基金份额总额超过核准的最低募集份额总额，并且基金份额持有人人数符合国务院证券监督管理机构规定的，基金管理人应当自募集期限届满之日起10日内聘请法定验资机构验资，自收到验资报告之日起10日内，向国务院证券监督管理机构提交验资报告，办理基金备案手续，并予以公告。

6.3 证券交易

6.3.1 证券交易的一般规定

证券交易是指证券所有人转移证券的所有权于买受人，买受人支付相应价款的法律行为。根据《证券法》的规定，证券交易当事人依法买卖的证券，必须是依法发行并交付的证券。非依法发行的证券，不得买卖。在证券交易中应当遵守以下基本规则。

1. 证券交易的标的物必须合法

这主要包括两层含义：第一，交易的证券必须是依法发行的证券。所谓依法发行是指依照《证券法》、《公司法》等有关法律、行政法规发行证券。证券交易的前提条件是该证券已经发行，而只有依法发行的证券，才能作为证券交易的标的物。第二，交易的证券必须是已交付的证券。已交付的证券是指已经实际由发行人转移至购买人的证券。证券发行以后，并不一定立即交付给购买证券的人。比如《公司法》规定，公司登记成立前不得向股东交付股票。即使是依法发行的证券，也必须在交付后才能转让。未交付的证券，不得进行买卖。

2. 禁止证券在限制转让的期限内进行买卖

《证券法》规定，依法发行的股票、公司债权和其他债券，法律对其转让期限有限制性规定的，在限定的期限内不得买卖。从我国目前的法律规定看，对股票、公司债券和其他债券的转让期限有限制性规定的情形主要包括以下几种。

1）对股份有限公司发起人持有本公司股份转让的限制

《公司法》规定，发起人持有的本公司股份，自公司成立之日起 1 年内不得转让。

2）对股份有限公司股东持有股份转让的限制

《公司法》规定，公开发行股份前已经发行的股份自公司股票在证券交易所上市交易之日起 1 年内不得转让。

3）对公司董事、监事、高级管理人员持有本公司股份转让的限制

《公司法》规定，公司董事、监事、高级管理人员应当向公司申报所持有的本公司股份及其变动情况，在任职期间每年转让的股份不得超过其所持有本公司股份总数的 25%，所持本公司股份自公司股票上市交易之日起 1 年内不得转让。

4）对上市公司董事、监事、高级管理人员和大股东买卖所持本公司股份的限制

《证券法》规定，上市公司董事、监事、高级管理人员、持有上市公司股份 5% 以上的股东，将其持有的该公司的股票在买入后 6 个月内卖出，或者在卖出后 6 个月买入，由此所得收益归公司所有，公司应当收回其所得收益。但是，证券公司包销购入售后剩余股票而持有 5% 以上股份的，卖出该股票不受 6 个月时间的限制。也就是说，上市公司董事、监事、高级管理人员、持有上市公司股份 5% 以上的股东，除上述特指情形外，其所持有的该公司的股票在 6 个月内不得转让。

5）对收购公司的投资者所持股票转让的限制

《证券法》规定，通过证券交易所的证券交易，投资者持有或者通过协议、其他安排与他人共同持有一个上市公司已发行的股份达到 5% 时，应当在该事实发生之日起 3 日内，向国务院证券监督管理机构、证券交易所作出书面报告，并予公告。在上述规定的期限内，不得再行买卖该上市公司的股票。投资者持有或者通过协议、其他安排与他人共同持有一个上市公司已发行的股份达到 5% 后，其所持该上市公司的股份比例每增加或者减少 5%，应当依法报告和公告。在报告期限内和作出报告、公告 2 日内，不得再行买卖该上

市公司的股票。

6) 对证券服务机构和有关人员所持股票转让的限制

《证券法》规定,为股票发行出具审计报告、资产评估报告或者法律意见书等文件的证券服务机构和人员,在该股票承销期内和期满后6个月内,不得买卖该种股票。为上市公司出具审计报告、资产评估报告或者法律意见书等文件的证券服务机构和人员,自接受上市公司委托之日起至上述文件公开后5日内,不得买卖该种股票。

7) 对证券内幕信息的知情人和非法获取内幕信息的人所持证券转让的限制

《证券法》规定,证券内幕信息的知情人和非法获取内幕信息的人,在内幕信息公开前,不得买卖该公司的股票。

8) 对达到一定比例的投资者所持可转换公司债券、股票转让的限制

中国证监会颁布的《上市公司发行可转换公司债券实施办法》规定,通过证券交易所的证券交易,投资者持有发行人已发行的可转换公司债券达到20%时,应在该事实发生之日起3日内,向中国证监会、证券交易所作出书面报告,通知发行人并予以公告。在上述规定的期限内,不得再行买卖该发行人的可转换公司债券,也不得买卖该发行人的股票。投资者持有发行人已发行的可转换公司债券达到20%后,其所持该发行人已发行可转换公司债券比例每增加或者减少10%时,应按上述规定进行书面报告和公告。在报告期限内和作出报告、公告后2日内,不得再行买卖该发行人的可转换公司债券,也不得买卖该发行人的股票。

3. 证券交易活动的场所必须合法

依法公开发行的股票、公司债券及其他证券,应当在依法设立的证券交易所上市交易或者在经国务院批准的其他证券交易所转让。目前,我国大陆依法设立的证券交易场所有两个,即上海证券交易所和深圳证券交易所。依法公开发行的股票、公司债券和其他证券上市交易的场所,就应当是上海证券交易所和深圳证券交易所。随着我国证券市场的发展,为了排除设立其他证券交易场所的障碍,《证券法》增加了依法公开发行的股票、公司债券及其他证券,可以在经国务院批准的其他证券交易所转让的规定。现阶段我国证券交易活动的场所,仅限于场内市场。

4. 证券交易的方式必须合法

《证券法》规定,证券在证券交易所上市交易,应当采用公开的集中交易方式或者国务院证券监督管理机构批准的其他方式。集中交易方式,是指在集中交易市场以竞价交易的方式进行交易。集中交易方式分为集中竞价交易和大宗交易。集中竞价,又称为集合竞价,是指在证券交易所市场内,所有参与证券买卖的各方当事人公开报价,按照价格优先、时间优先的原则撮合成交的证券交易方式。所谓价格优先,即在买入申报时,买价高的申报优先于买价低的申报。在卖出申报时,卖价低的申报优先于卖价高的申报。所谓时间优先,即在同价位的买卖申报情况下,依照申报时间的先后顺序确定。

5. 交易证券的凭证形式既可以是纸面形式也可以是经认可的其他形式

在电脑技术出现以前,传统的资本证券都是采用纸面形式,即在纸制品上记载应当记载的事项,并以此纸制品作为证明或者设定权利的凭证。随着电脑技术在证券业的应用,20世纪80年代以后,证券的无纸化迅速发展起来。证券无纸化,是指将有关事项输入电脑,以电脑储存的有关信息作为股权或债权的法律凭证。根据证券既有纸面形式,又有电脑记载等其他形式的实际情况,《证券法》规定证券交易当事人买卖的证券可以采用纸面形式,也可以采用非纸面的其他形式。但是,采用非纸面的其他形式的,必须符合国务院证券监督管理机构的规定。

6. 证券交易种类既可以是现货交易又可以是由国务院规定的其他形式

《证券法》规定,证券交易以现货和国务院规定的其他方式进行交易。现货交易,又称为现款交易、即期交易等,是指证券交易的双方当事人根据商定的付款方式,立即或者在较短时间内进行交割,从而实现股票等证券所有权的转让。与现货交易相对应的一个概念是期货交易,是指交易双方在交易所通过买卖期货合约并根据期货合约规定的条款约定在未来某一特定时间和地点,以某一特定价格买卖某一特定数量和质量的商品的交易行为。期货一般又可分为商品期货和金融期货两类。与期货相关的一个概念是期权,是指买卖双方签订合约,使期权持有者有权按一定价格在到期前任何时日或者到期日买卖某种证券,买入称为买权,卖出称为卖权。金融期权的种类主要包括外汇期权、股票期权和股票指数期权等。为了适应证券市场发展的需要,《证券法》允许以现货交易以外的其他形式进行交易,但该种交易形式必须由国务院规定。

7. 证券从业人员、管理人员和其他有关人员在任期或法定期限内不得持有和买卖股票

《证券法》规定,证券交易所、证券公司和证券登记结算机构的从业人员、证券监督管理机构的工作人员以及法律、行政法规禁止参与股票交易的其他人员,在任期或者法定限期内,不得直接或者以化名、借他人名义持有、买卖股票,也不得收受他人赠送的股票。任何人在成为上述人员时,其原已持有的股票,必须依法转让。

8. 证券交易所、证券公司、证券登记结算机构必须依法为客户开立的账户保密

证券交易所、证券公司、证券登记结算机构知悉投资者有关重要信息数据,为了保护投资者合法权益,防止泄密给投资者造成损失,除法律规定的情形以外,例如在公安机关、检察机关、国务院证券监督管理机构为调查涉嫌违法行为而需要了解客户的账户信息时,应当依法予以提供等情形之外,证券交易所、证券公司、证券登记结算机构不得向任何个人或者机构,泄露投资者开立账户以及所开立账户的号码、账户上的资金状况和证券状况等账户信息,否则将承担相应的法律责任。

9. 证券交易的收费必须合理

在我国,客户进入证券交易所进行交易,要委托证券公司代为交易,交易成功后,还要

进行交割、过户等。这都需要交纳一定的费用。收费的合理性，主要体现在两个方面：一是证券交易的收费项目、收费标准和收费办法由国务院有关主管部门统一规定，并保持合理水平。二是证券交易的收费项目、收费标准和收费办法必须向社会公开，使证券交易各个环节的当事人对自己的交易成本作出比较准确的判断，同时也有利于加强对收费的监督管理。

6.3.2 证券上市

1. 申请证券上市交易的一般规定

《证券法》规定，申请证券上市交易，应当向证券交易所提出申请，由证券交易所审核同意，并由双方签订上市协议。根据这一规定，申请证券上市交易，应当向上海或者深圳证券交易所提出申请，证券交易所依照法律的规定进行审核，并根据依法制定的、经国务院证券监督管理机构批准的上市规则、交易规则和会员管理规则决定是否同意该证券上市。同时《证券法》规定，政府债券上市交易，由证券交易所根据国务院授权的部门的决定安排。这是因为在我国，只有中央政府为筹措建设资金才能发行政府债券，政府债券的信用度非常高，是由中央财政来担保的，其发行方式、时间、对象和还款期限都由中央政府财政部门具体规定，与其他证券申请上市交易存在明显区别。

2. 股票上市

1) 股票上市交易的条件

《证券法》规定，股份有限公司申请股票上市交易，应当符合下列条件：①股票经国务院证券监督管理机构核准已公开发行。②公司股本总额不少于人民币3000万元。③公开发行的股份达到公司股份总数的25%以上。公司股本总额超过人民币4亿元的，公开发行股份的比例为10%以上。④公司最近3年无重大违法行为，财务会计报告无虚假记载。

证券交易所可以规定高于上述规定的上市条件，并报国务院证券监督管理机构批准。国家鼓励符合产业政策并符合上市条件的公司股票上市交易。

2) 股票上市交易报送的文件及公告

申请股票上市交易，应当向证券交易所报送下列文件：①上市报告书。②申请股票上市的股东大会决议。③公司章程。④公司营业执照。⑤依法经会计师事务所审计的公司最近3年的财务会计报告。⑥法律意见书和上市保荐书。⑦最近一次的招股说明书。⑧证券交易所上市规则规定的其他文件。

股票上市交易申请经证券交易所审核同意后，签订上市协议的公司应当在规定的期限内公告股票上市的有关文件，并将该文件备置于指定场所供公众查阅。签订上市协议的公司除公告上述规定的文件外，还应当公告下列事项：①股票获准在证券交易所交易的日期。②持有公司股份最多的前10名股东的名单和持股数额。③公司的实际控制人。④董事、监事、高级管理人员的姓名及其持有本公司股票和债券的情况。

3) 股票暂停上市交易和终止上市交易

上市公司有下列情形之一的，由证券交易所决定暂停其股票上市交易：①公司股本总额、股权分布等发生变化，不再具备上市条件。②公司不按规定公开其财务状况，或者对财务会计报告作虚假记载，可能误导投资者。③公司有重大违法行为。④公司最近3年连续亏损。⑤证券交易所上市规则规定的其他情形。

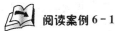阅读案例6-1

ST郑州百文——第一只暂停上市的股票

人称中国股市有三怪：上市公司下不来，绩差股票更好卖，监管部门也无奈。上海证券交易所在2001年3月23日作出决定：从本月26日起暂停郑州百文股份有限公司股票上市。据悉，这是自2001年2月22日中国证监会《亏损上市公司暂停上市和中止上市实施办法》发布以来，第一只按此法规暂停上市的股票。上市公司的质量是稳定证券市场的基石，上市公司的质量好坏，直接关系到国民经济的发展和投资者的利益。一些上市公司连年亏损、资不抵债，完全丧失了其生存和投资的价值。因此，退市机制作为保证上市公司质量、促进证券市场健康发展、保护投资者利益的重要一环，优胜劣汰，本来就是市场竞争的重要法则。

阅读案例6-2

水仙——中国股市退市第一家

中国证监会决定，PT水仙股票自2001年4月23日起终止上市。这标志着"PT水仙"股票成为我国证券市场上第一只被摘牌的股票，上海水仙电器股份有限公司因而也成为我国第一家因连年亏损而依法退市的上市公司。

3. 公司债券上市

1) 公司债券上市交易的条件

公司申请公司债券上市交易，应当符合下列条件：①公司债券的期限为1年以上。②公司债券实际发行额不少于人民币5000万元。③公司申请债券上市时仍符合法定的公司债券发行条件。

2) 公司债券上市交易报送的文件

申请公司债券上市交易，应当向证券交易所报送下列文件：①上市报告书。②申请公司债券上市的董事会决议。③公司章程。④公司营业执照。⑤公司债券募集办法。⑥公司债券的实际发行数额。⑦证券交易所上市规则规定的其他文件。申请可转换为股票的公司债券上市交易，还应当报送保荐人出具的上市保荐书。

公司债券上市交易申请经证券交易所审核同意后，签订上市协议的公司应当在规定的期限内公告公司债券上市文件及有关文件，并将其申请文件置备于指定场所供公众查阅。

3) 公司债券暂停上市交易和终止上市交易

公司债券上市交易后，公司有下列情形之一的，由证券交易所决定暂停其公司债券上市交易：①公司有重大违法行为。②公司情况发生重大变化不符合公司债券上市条件。

③公司债券所募集资金不按照核准的用途使用。④未按照公司债券募集办法履行义务。⑤公司最近2年连续亏损。

公司有上述第①项、第④项所列情形之一经查实后果严重的，或者有上述第②项、第③项、第⑤项所列情形之一，在限期内未能消除的，由证券交易所决定终止其公司债券上市交易。公司解散或者被宣告破产的，由证券交易所终止其公司债券上市交易。

4. 证券投资基金上市

《证券投资基金法》规定，封闭式基金的基金份额，经基金管理人申请，国务院证券监督管理机构核准，可以在证券交易所上市交易。国务院证券监督管理机构可以授权证券交易所依照法定条件和程序核准基金份额上市交易。

1）基金上市交易的条件

申请上市的基金，必须符合下列条件：①基金的募集符合《证券投资基金法》的规定。②基金合同期限为5年以上。③基金募集金额不低于2亿元人民币。④基金持有人不少于1000人。⑤基金份额上市交易规则规定的其他条件。

2）基金上市交易的程序

向证券交易所提出投资基金上市申请，应提交以下文件：①上市申请书。②上市公告书，至少应包括如下内容：基金概况；基金持有人结构及前10名持有人；基金设立主要发起人、基金管理人、托管人简介；基金投资组合情况；基金契约摘要；基金运作情况；财务状况；重要事项揭示；备查文件。③批准设立和发行基金的文件。④基金契约。⑤基金托管协议。⑥基金募集资金的验资报告。⑦证券交易所1至2名会员署名的上市推荐书。⑧国务院证券监督管理机构和中国人民银行对基金托管人的审查批准文件。⑨国务院证券监督管理机构批准基金管理人的营业执照。⑩基金管理人注册登记的营业执照。⑪基金托管人注册登记的营业执照。⑫基金已全部托管的证明文件。⑬证券交易所要求的其他文件。

证券交易所接到基金上市申请后，应进行审查，认为符合上市条件的，将审查意见以及拟订的上市时间连同相关文件一并报国务院证券监督管理机构批准。获得国务院证券监督管理机构批准后，由证券交易所出具上市通知书。证券交易所还须同基金管理人或基金公司、基金托管人签订基金上市协议，以及有关服务合同。

获准上市的基金，须于上市首日前3个工作日内至少在国务院证券监督管理机构指定的报刊上刊登。基金管理人还应将《上市公告书》备置于基金管理人所在地、基金托管人所在地、证券交易所、有关证券经营机构及其网点，供公众查阅，同时报送国务院证券监督管理机构备案。

3）基金的暂停上市或终止上市

基金上市期间，出现下列情形之一的，将暂时停止上市：①发生重大变更而不符合上市条件。②违反国家法律、法规，国务院证券监督管理机构决定暂停上市。③严重违反投资基金上市规则。④国务院证券监督管理机构和证券交易所认为须暂停上市的其他情形。

基金上市期间，有下列情形之一的，将终止上市：①不再具备《证券投资基金法》规定的上市交易条件。②基金合同期限届满。③基金份额持有人大会决定提前终止上市交易。④基金合同约定的或者基金份额上市交易规则规定的终止上市交易的其他情形。

开放式基金在销售机构的营业场所销售及赎回，不上市交易。开放式基金单位的认购、申购和赎回业务，可以由基金管理人直接办理，也可以由基金管理人委托经国务院证券监督管理机构认定的其他机构代为办理。基金管理人应当在每个工作日办理基金申购、赎回业务。基金合同另有约定的，按照其约定办理。投资人申购基金时，必须全额交付申购款项。款项一经交付申购申请即为有效。基金管理人应当于收到基金投资人申购、赎回申请之日起3个工作日内，对该交易的有效性进行确认。除不可抗力等特殊情况外，基金管理人不得拒绝接受基金投资人的赎回申请。

6.3.3 持续信息公开

1. 持续信息公开的概念

持续信息公开也称信息披露，是对证券市场进行监管的有效手段，也是贯彻公开原则的具体体现。证券发行时初次信息公开是指证券首次公开发行时对发行人、拟发行的证券以及与发行证券有关的信息进行披露。证券交易中的信息公开是指证券上市交易过程中发行人、上市公司对证券上市交易及与证券交易有关的信息要进行持续的披露。

《证券法》规定，发行人、上市公司依法公开的信息，必须真实、准确、完整，不得有虚假记载、误导性陈述或者重大遗漏。经国务院证券监督管理机构核准依法公开发行股票，或者经国务院授权的部门核准依法公开发行公司债券，应当公告招股说明书、公司债券募集办法。依法发行新股或者公司债券的，还应当公告财务会计报告。

持续信息公开主要包括上市公司定期报告即中期报告和年度报告，上市公司临时报告即重大事件公告。

2. 定期报告

定期报告分为中期报告和年度报告。

1) 中期报告

上市公司和公司债券上市交易的公司，应当在每一会计年度的上半年结束之日起2个月内，向国务院证券监督管理机构和证券交易所报送记载以下内容的中期报告，并予以公告：①公司财务会计报告和经营情况。②涉及公司的重大诉讼事项。③已发行的股票、公司债券变动情况。④提交股东大会审议的重要事项。⑤国务院证券监督管理机构规定的其他事项。

2) 年度报告

上市公司和公司债券上市交易的公司，应当在每一会计年度结束之日起4个月内，向国务院证券监督管理机构和证券交易所报送记载以下内容的年度报告，并予以公告：①公司概况。②公司财务会计报告和经营情况。③董事、监事、高级管理人员简介及其持股情况。④已发行的股票、公司债券情况，包括持有公司股份最多的前1名股东的名单和持股数额。⑤公司的实际控制人。⑥国务院证券监督管理机构规定的其他事项。

3. 临时报告

发生可能对上市公司股票交易价格产生较大影响而投资者尚未得知的重大事件时,上市公司应当立即将有关该重大事件的情况向国务院证券监督管理机构和证券交易所报送临时报告,并予以公告,说明事件的起因、目前的状态和可能产生的法律后果。

这里所称的重大事件主要包括:①公司的经营方针和经营范围的重大变化。②公司的重大投资行为和重大购置财产的决定。③公司订立重要合同,可能对公司的资产、负债、权益和经营成果产生重要影响。④公司发生重大债务和未能清偿到期重大债务的违约情况。⑤公司发生重大亏损或者重大损失。⑥公司生产经营的外部条件发生重大变化。⑦公司的董事、1/3以上监事或者经理发生变动。⑧持有公司5%以上股份的股东或者实际控制人,其持有股份或者控制公司的情况发生较大变化。⑨公司减资、合并、分立、解散及申请破产的决定。⑩涉及公司的重大诉讼,股东大会、董事会决议被依法撤销或者宣告无效。⑪公司涉嫌犯罪被司法机关立案调查,公司董事、监事、高级管理人员涉嫌犯罪被司法机关采取强制措施。⑫国务院证券监督管理机构规定的其他事项。

4. 信息的发布与监督

上市公司董事、高级管理人员应当对公司定期报告签署书面确认意见。上市公司监事会应当对董事会编制的公司定期报告进行审核并提出书面审核意见。上市公司董事、监事、高级管理人员应当保证上市公司所披露的信息真实、准确、完整。

发行人、上市公司公告的招股说明书、公司债券募集办法、财务会计报告、上市报告文件、年度报告、中期报告、临时报告以及其他信息披露资料,有虚假记载、误导性陈述或者重大遗漏,致使投资者在证券交易中遭受损失的,发行人、上市公司应当承担赔偿责任。发行人、上市公司的董事、监事、高级管理人员和其他直接责任人员以及保荐人、承销的证券公司,应当与发行人、上市公司承担连带赔偿责任,但是能够证明自己没有过错的除外。发行人、上市公司的控股股东、实际控制人有过错的,应当与发行人、上市公司承担连带赔偿责任。依法必须披露的信息,应当在国务院证券监督管理机构指定的媒体发布,同时将其置备于公司住所、证券交易所,供社会公众查阅。证券交易所决定暂停或者终止证券上市交易的,应当及时公告,并报国务院证券监督管理机构备案。

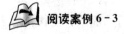
阅读案例 6-3

一句话致千亿股灾

1987年的华尔街人心不定:里根政府的巨额财政赤字不见明显萎缩;借外国人的钱消费终非长久之计;利率是降,还是不降?降则可能诱发通货膨胀,不降,股票市场的投资就要流到银行里去。

七国集团的财长聚会,美国财政部贝克敦促伙伴们助美国一臂之力,孰料日本"顾左右而言他",联邦德国则未等散会就登上了回程班机……

1987年10月18日(星期日)早上,贝克在全国电视节目中一语惊人:如果联邦德国不降低利率以刺激经济扩展,美国将考虑让美元继续下跌。第二天9点30分,开盘钟声急促而又沉闷。道琼斯指数在荧光屏上一开始显示,就少了67点,出售股票的指令不绝于耳。

开盘后不到一小时,道琼斯指数已下跌104点,倒手股票1.4亿份,等于平时全天交易量。收盘钟声响时,道琼斯指数狂泻508点,6个半小时之内5000亿美元——一笔相当于法国全年国民生产总值的股票面值烟消云散。

(资料来源:中国经济周刊)

6.3.4 禁止的交易行为

1. 内幕交易行为

1)内幕交易的概念

内幕交易是指证券交易内幕信息的知情人和非法获取内幕信息的人员利用内幕信息进行证券交易的行为。这种行为的主体是内幕知情人员,行为特征是利用自己掌握的内幕信息买卖证券,或者是建议他人买卖证券。内幕知情人员自己并未买卖证券,主观上也未建议他人买卖证券,但却把自己掌握的内幕信息泄露给他人,接受内幕信息的人依此作出买卖证券的决断,这种行为也属内幕交易行为。内幕交易的主观愿望是要达到获取利润或避免损失的目的。内幕交易行为是一种不正当的行为,它不仅侵犯了广大投资者的利益,违反了证券发行与交易中的公开、公平、公正原则,而且还会扰乱证券市场,其危害很大。为此《证券法》规定,禁止证券交易内幕信息的知情人和非法获取内幕信息的人利用内幕信息从事证券交易活动。

2)内幕信息的知情人

根据《证券法》的规定,内幕信息的知情人包括以下几种:①发行人的董事、监事、高级管理人员。②持有公司5%以上股份的股东及其董事、监事、高级管理人员,公司的实际控制人及其董事、监事、高级管理人员。③发行人控股的公司及其董事、监事、高级管理人员。④由于所任公司职务可以获取公司有关内幕信息的人员,比如办公室秘书、有关研究人员和业务人员、打字员等。⑤证券监督管理机构工作人员以及由于法定的职责对证券发行、交易进行管理的其他人员。⑥保荐人、承销的证券公司、证券交易所、证券登记结算机构、证券服务机构的有关人员。⑦国务院证券监督管理机构规定的其他人员。

3)内幕信息

在证券交易活动中,凡涉及公司的经营、财务或者对该公司证券的市场价格有重大影响的尚未公开的信息,为内幕信息。

下列信息均属于内幕信息:①《证券法》规定的可能对上市公司股票交易价格产生较大影响而投资者尚未得知的重大事件。②公司分配股利或者增资的计划。③公司股权结构的重大变化。④公司债务担保的重大变更。⑤公司营业用主要资产的抵押、出售或者报废一次超过该资产的30%。⑥公司的董事、监事、高级管理人员的行为可能依法承担重大损害赔偿责任。⑦上市公司收购的有关方案。⑧国务院证券监督管理机构认定的对证券交易价格有显著影响的其他重要信息。

4) 禁止进行内幕交易的行为

证券交易内幕信息的知情人和非法获取内幕信息的人，在内幕信息公开前，不得买入或者卖出该公司的证券，不得泄露该信息，也不得建议他人买卖该证券。内幕交易行为给投资者造成损失的，行为人应当依法承担赔偿责任。

持有或者通过协议、其他安排与他人共同持有公司5％以上股份的自然人、法人、其他组织收购上市公司的股份，按照《证券法》有关上市公司收购的规定办理。

2. 操纵市场行为

1) 操纵市场的概念

操纵市场是指单位或个人以获取不正当利益或者转嫁风险、减少损失为目的，利用其资金、信息等优势或者滥用职权影响证券交易价格或者交易量，制造证券市场假象，诱导或者致使投资者在不了解事实真相的情况下作出错误的投资判断的行为。操纵市场，实质上是制造虚假的证券交易量和交易价格，是对不特定投资者的欺诈行为，后果十分严重。

2) 操纵市场的行为

操纵市场的行为主要包括下列4种类型。

（1）单独或者合谋，集中资金优势、持股优势或者利用信息优势联合或者连续买卖证券，操纵证券交易价格。实施这种行为有两方面要件：一是操纵者集中资金优势、持股优势或者利用信息优势，二是一人或是联合多人连续两次以上买进或卖出某种证券，造成价格的升降，然后伺机买进或卖出，从中牟取不正当利益。

（2）与他人串通，以事先约定的时间、价格和方式相互进行证券交易，影响证券交易价格或者证券交易量，以抬高或者压低某种证券的价格，从中获取不当利益或是转嫁风险。

（3）在自己实际控制的账户之间进行证券交易，影响证券交易价格或者证券交易量，诱使他人购买或卖出自己所持有的券种。

（4）以其他手段操纵证券市场。这是指行为人不管采用何种手段，只要客观上具有操纵证券市场的行为并造成了操纵市场的结果，且操纵者具有操纵市场的主观恶意，就属于操纵市场的行为。

《证券法》规定，禁止任何人操纵证券市场。操纵证券市场行为给投资者造成损失的，行为人应当依法承担赔偿责任。

3. 制造虚假信息行为

1) 制造虚假信息的概念

制造虚假信息包括编造、传播虚假信息和作虚假陈述或信息误导两种情况。编造、传播虚假信息即凭空捏造信息或歪曲、篡改已有的信息，并加以宣传。这种凭空捏造和被歪曲篡改了的信息，可能会影响证券交易价格和交易量。虚假陈述是指行为人故意对证券的发行、交易及其相关活动的性质、前景、法律等事项作出不实、严重误导或含有重大遗漏的陈述或诱导，致使投资者在不了解事实真相的情况下作出证券投资决定。信息误导指行为人非故意地作出了虚假陈述。《证券法》规定，禁止国家工作人员、传播媒介从业人员和有关人员编造、传播虚假信息，扰乱证券市场。禁止证券交易所、证券公司、证券登记结算机构、证券服务机构及其从业人员、证券业协会、证券监督管理机构及其工作人员，在证券交易活动中作出虚假陈述或者信息误导。各种传播媒介传播证券市场信息必须真实、客观，禁止误导。

2) 制造虚假信息的行为

制造虚假信息的行为，主要包括：①编制、传播影响证券交易的虚假信息。②对已有的信息进行歪曲、篡改。③发行人、证券经营机构在招募说明书、上市公告书、公司报告及其他文件中作出虚假陈述。④律师事务所、会计师事务所、资产评估机构等专业性证券服务机构在其出具的法律意见书、审计报告、资产评估报告及参与制作的其他文件中作出虚假陈述。⑤证券交易场所、证券业协会或者其他证券业自律性组织作出对证券市场产生影响的虚假陈述。⑥发行人、证券经营机构、专业性证券服务机构、证券业自律性组织在向证券监管部门提交的各种文件、报告和说明中作出虚假陈述。⑦在证券发行、交易及其相关活动中的其他虚假陈述。

 阅读案例6-4

上交所徐明一句话被误读　A股损失6000亿

上交所副总经理徐明接受采时表示，国际板"基本准备就绪"，"将在时机成熟时尽可能快的推出"。他还进一步解释称，"目前只是等待启动国际板的时间表，交易所已经完成了有关技术和监管方面的要求"。市场将"时机成熟尽快推出"误读成"随时推出"，忽略了"时间成熟"这一前提条件，导致股市放大了恐慌情绪。网友称，徐副总一句话，让A股市场一天损失逾6000亿，相当于一个西部省份一年的GDP，杀伤力比美国核武器还强。

4. 欺诈客户行为

1) 欺诈客户行为的概念

欺诈客户，是指证券公司及其从业人员在证券交易中违背客户的真实意愿，严重侵害客户利益的违法行为。

2) 欺诈客户的行为

欺诈客户的行为，主要表现在以下方面：①违背客户的委托为客户买卖证券。②不在规定时间内向客户提供交易的书面确认文件。③挪用客户所委托买卖的证券或者客户账户上的资金。④未经客户的委托，擅自为客户买卖证券，或者假借客户的名义买卖证券。⑤为牟取佣金收入，诱使客户进行不必要的证券买卖。⑥利用传播媒介或者通过其他方式提供、传播虚假或者误导投资者的信息。⑦其他违背客户真实意思表示，损害客户利益的行为。

5. 其他禁止交易行为

其他禁止交易行为，主要包括：禁止法人非法利用他人账户从事证券交易。禁止法人出借自己或者他人的证券账户。禁止资金违规流入股市。禁止任何人挪用公款买卖证券等。

证券交易所、证券公司、证券登记结算机构、证券服务机构及其从业人员对证券交易中发现的禁止的交易行为，应当及时向证券监督管理机构报告。

6.4 上市公司的收购

6.4.1 上市公司收购概述

1. 上市公司收购的概念

上市公司收购，是指投资者公开收购已经依法上市交易的股份有限公司的股份，以获得或者进一步巩固对该股份有限公司的控制权的行为。

上市公司收购具有以下几个特征：①上市公司的收购是指对某一上市公司的收购，对非上市公司的收购不在此列，即如果投资者收购上市公司以外的其他企业，不属于上市公司的收购。②上市公司的收购是指对上市公司股份的收购，不是指对上市公司资产的收购。③上市公司收购的收购主体是投资者，包括自然人和法人。投资者通过协议、其他安排与其他人共同收购上市公司，与投资者有协议或其他安排的其他人也是上市公司收购的收购主体。④上市公司收购是一种投资者与投资者之间进行股份转让的行为。由于上市公司的股份通常由上市公司的股东所持有，因此，上市公司的收购实质上是投资者与上市公司股东之间进行股份转让的行为。⑤上市公司收购的目的是获得或者进一步巩固对上市公司的控制权。

根据《上市公司收购管理办法》的规定，有下列情形之一的，表明已获得或拥有上市公司控制权：①投资者为上市公司持股50%以上的控股股东。②投资者可以实际支配上市公司股份表决权超过30%。③投资者通过实际支配上市公司股份表决权能够决定公司董事会半数以上成员选任。④投资者依其可实际支配的上市公司股份表决权足以对公司股东大会的决议产生重大影响。⑤中国证监会认定的其他情形。

有下列情形之一的，不得收购上市公司：①收购人负有数额较大债务，到期未清偿，且处于持续状态。②收购人最近3年有重大违法行为或者涉嫌有重大违法行为。③收购人最近3年有严重的证券市场失信行为。④收购人为自然人的，存在《公司法》第147条规定情形，即依法不得担任公司董事、监事、高级管理人员的5种情形。⑤法律、行政法规规定以及中国证监会认定的不得收购上市公司的其他情形。

2. 上市公司收购的方式

根据《证券法》和《上市公司收购管理办法》的规定，上市公司收购主要包括以下3种方式：①要约收购，是指投资者向目标公司的所有股东发出要约，表明愿意以要约中的条件购买目标公司的股票，以期达到对目标公司控制权的获得或巩固。②协议收购，是指投资者在证券交易所外与目标公司的股东,主要是持股比例较高的大股东就股票的价格、数量等方面进行私下协商,购买目标公司的股票,以期达到对目标公司控制权的获得或巩固。③其他合法方式。

6.4.2 要约收购

1. 收购要约的发出

通过证券交易所的证券交易,投资者持有或者通过协议、其他安排与他人共同持有一个上市公司已发行的股份达到30%时,继续进行收购的,应当依法向该上市公司所有股东发出收购上市公司全部或者部分股份的要约。收购上市公司部分股份的要约应当约定,被收购公司股东承诺出售的股份数额超过预定收购的股份数额的,收购人按比例进行收购。

在上述情况下发出收购要约,收购人必须事先向国务院证券监督管理机构报送上市公司收购报告书,并载明下列事项:①收购人的名称、住所。②收购人关于收购的决定。③被收购的上市公司名称。④收购目的。⑤收购股份的详细名称和预定收购的股份数额。⑥收购期限、收购价格。⑦收购所需的资金额及资金保证。⑧报送上市公司收购报告书时所持有被收购公司股份数占该上市公司已发行的股份总数的比例。收购人应当将包含上述内容的上市公司收购报告书同时提交证券交易所。

2. 收购要约的公告

收购人在报送上市公司收购报告书之日起15日后,公告其收购要约。在上述期限内,国务院证券监督管理机构发现上市公司收购报告书不符合法律、行政法规规定的,应当及时告知收购人,收购人不得公告其收购要约。

3. 收购要约的期限

收购要约约定的收购期限不得少于30天,并不得超过60天。也就是说,收购要约发出人选定的收购期限必须等于或高于30天,同时必须低于或等于60天。

4. 收购要约的撤销

在收购要约确定的承诺期限内,收购人不得撤销其收购要约。撤销收购要约,是指收购人公告收购要约后,将该收购要约取消,使收购要约的法律效力归于消灭的意思表示。投资者持有或者通过协议、其他安排与他人共同持有该上市公司30%以上的股份,其发出收购要约已经将收购的有关信息作了披露,这些经披露的信息对该上市公司的股票交易将产生重要影响。如果收购人撤销收购要约,会对该上市公司的股票交易产生新的影响,有可能损害中小股东的利益。因此,《证券法》规定在收购要约确定的承诺期限内,收购人不得撤销收购要约。

5. 收购要约的变更

收购人需要变更收购要约的,必须事先向国务院证券监督管理机构及证券交易所提出报告，经批准后，予以公告。收购要约变更，是指收购要约生效后，收购要约发出人改变要约内容的意思表示。变更收购要约，需经要约发出人和受要约人双方当事人同意，在不损害投资者利益和扰乱证券市场正常运行的情况下，国务院证券监督管理机构和证券交易所可以允许变更收购要约。收购要约变更自收购要约变更公告后开始生效。

6. 收购要约的适用

收购要约提出的各项收购条件，适用于被收购公司的所有股东。这主要包括两层含义：第一，被收购的上市公司的股东具有平等参与要约收购的权利，要约人应当向被收购上市公司的所有股东发出收购要约，不能仅向特定的股东发出收购要约。第二，要约收购条件具有统一性，应当适用于被收购的上市公司的全体股东，不能出现要约方面的差别待遇。

采取要约收购方式的，收购人在收购期限内，不得卖出被收购公司的股票，也不得采取要约规定以外的形式和超出要约的条件买入被收购公司的股票。

6.4.3 协议收购

采取协议收购方式的，收购人可以依照法律、行政法规的规定同被收购公司的股东以协议方式进行股份转让。以协议方式收购上市公司时，达成协议后，收购人必须在3日内将该收购协议向国务院证券监督管理机构及证券交易所作出书面报告，并予公告。在公告前不得履行收购协议。

采取协议收购方式的，协议双方可以临时委托证券登记结算机构保管协议转让的股票，并将资金存放于指定的银行。

采取协议收购方式的，收购人收购或者通过协议、其他安排与他人共同收购一个上市公司已发行的股份达到30%时，继续进行收购的，应当向该上市公司所有股东发出收购上市公司全部或者部分股份的要约。但是，经国务院证券监督管理机构免除发出要约的除外。

6.4.4 上市公司收购的权益披露

根据《证券法》和《上市公司收购管理办法》的规定，投资者收购上市公司，要依法披露其在上市公司中拥有的权益，包括登记在其名下的股份和虽未登记在其名下但该投资者可以实际支配表决权的股份。投资者及其一致行动人在一个上市公司中拥有的权益应当合并计算。

1. 一致行动和一致行动人的概念

所谓一致行动，是指投资者通过协议或者其他安排，与其他投资者共同扩大其所能够支配的一个上市公司股份表决权数量的行为或者事实。

所谓一致行动人，是指在上市公司的收购及相关股份权益变动活动中有一致行动情形的投资者，这些投资者之间互为一致行动人。

如果没有相反的证据，投资者有下列情形之一的，为一致行动人：①投资者之间有股权控制关系。②投资者受同一主体控制。③投资者的董事、监事或者高级管理人员中的主要成员，同时在另一个投资者担任董事、监事或者高级管理人员。④投资者参股另一投资者，可以对参股公司的重大决策产生重大影响。⑤银行以外的其他法人、其他组织和自然人为投资者取得相关股份提供融资安排。⑥投资者之间存在合伙、合作、联营等其他经济利益关系。⑦持有投资者30%以上股份的自然人，与投资者持有同一上市公司股份。⑧在投资者任职的董事、监事及高级管理人员，与投资者持有同一上市公司股份。⑨持有投资者30%以上股份的自然人和在投资者任职的董事、监事及高级管理人员，其父母、配偶、子女及其配偶、配偶的父母、兄弟姐妹及其配偶、配偶的兄弟姐妹及其配偶等亲属，与投资者持有同一上市公司股份。⑩在上市公司任职的董事、监事、高级管理人员及其前项所述亲属同时持有本公司股份的，或者与其自己或者其前项所述亲属直接或者间接控制的企业同时持有本公司股份。⑪上市公司董事、监事、高级管理人员和员工与其所控制或者委托的法人或者其他组织持有本公司股份。⑫投资者之间具有其他关联关系。

一致行动人应当合并计算其所持有的股份。投资者计算其所持有的股份，应当包括登记在其名下的股份，也包括登记在其一致行动人名下的股份。

2. 进行权益披露的情形

（1）通过证券交易所的证券交易，投资者及其一致行动人拥有权益的股份达到一个上市公司已发行股份的5%时，应当在该事实发生之日起3日内编制权益变动报告书，向中国证监会、证券交易所提交书面报告，抄报该上市公司所在地的中国证监会派出机构，通知该上市公司，并予公告。在上述期限内，不得再行买卖该上市公司的股票。

前述投资者及其一致行动人拥有权益的股份达到一个上市公司已发行股份的5%后，通过证券交易所的证券交易，其拥有权益的股份占该上市公司已发行股份的比例每增加或者减少5%，应当依照前述规定进行报告和公告。在报告期限内和作出报告、公告后2日内，不得再行买卖该上市公司的股票。

（2）通过协议转让方式，投资者及其一致行动人在一个上市公司中拥有权益的股份拟达到或者超过一个上市公司已发行股份的5%时，应当在该事实发生之日起3日内编制权益变动报告书，向中国证监会、证券交易所提交书面报告，抄报中国证监会派出机构，通知该上市公司，并予公告。

投资者及其一致行动人拥有权益的股份达到一个上市公司已发行股份的5%后，其拥有权益的股份占该上市公司已发行股份的比例每增加或者减少达到或者超过5%的，应当依照第一种情形的相应规定履行报告、公告义务。

（3）投资者及其一致行动人通过行政划转或者变更、执行法院裁定、继承、赠与等方式拥有权益的股份变动达到一个上市公司已发行股份的5%时，同样应当按照第一种情形的相应规定履行报告、公告义务。

6.4.5 上市公司收购后事项的处理

收购期限届满，被收购公司股权分布不符合上市条件的，该上市公司的股票应当由证券交易所依法终止上市交易。其余仍持有被收购公司股票的股东，有权向收购人以收购要约的同等条件出售其股票，收购人应当收购。收购行为完成后，被收购公司不再具备股份有限公司条件的，应当依法变更企业形式。

在上市公司收购中，收购人持有的被收购的上市公司的股票，在收购行为完成后的12个月内不得转让。

收购行为完成后，收购人与被收购公司合并，并将该公司解散的，被解散公司的原有股票由收购人依法更换。

收购行为完成后，收购人应当在15日内将收购情况报告国务院证券监督管理机构和证券交易所，并予公告。

收购上市公司中由国家授权投资的机构持有的股份，应当按照国务院的规定，经有关主管部门批准。

阅读案例 6-5

米塔尔并购华菱管线

2005年1月，作为华菱管线的控股股东，代表华菱集团与米塔尔钢铁公司签署股权转让协议，前者将其持有的华菱管线74.35%国有法人股中的37.175%转让给米塔尔。转让后，米塔尔与华菱集团成为并列第一大股东。此后，随着国内钢铁行业新政策出台，明确规定外商不能控股国内钢铁企业的背景下，并购双方重新谈判，米塔尔钢铁公司同意其购入的股权减少0.5%，以1%的股权差距屈居第二大股东。

（资料来源：证券时报 2006年06月05日）

6.5 证券交易场所和证券中介机构

6.5.1 证券交易所

1. 证券交易所的概念

证券交易所是指为证券集中交易提供场所和设施，组织和监督证券交易，实行自律管理的法人。

按照证券交易所的组织形式划分，证券交易所可分为会员制证券交易所和公司制证券交易所两类。会员制证券交易所由会员自愿出资共同组成，交易所为会员所有和控制，只对会员服务，只有会员才能利用交易所的交易系统进行交易。会员制证券交易所为非营利性的法人组织。公司制证券交易所是由股东出资设立，以公司形式出现的营利性法人。

《证券法》规定,进入证券交易所参与集中交易的,必须是证券交易所的会员。同时,上海、深圳证券交易所都在其章程中规定,其为"实行自律管理的会员制法人"。由此可见,我国证券交易所目前的组织形式应为会员制。

2. 证券交易所的设立

证券交易所的设立和解散,由国务院决定。

申请设立证券交易所,首先由中国证监会进行审核,再报国务院进行批准。申请设立证券交易所,应向中国证监会提交下列文件:申请书、章程和主要业务规则草案、拟加入会员名单、理事会候选人名单及简历、场地和设备及资金情况的说明、拟任用管理人员的情况说明、中国证监会要求提供的其他文件等。

设立证券交易所必须制定章程。证券交易所章程的制定和修改,必须经国务院证券监督管理机构批准。证券交易所章程应载明的法定事项主要包括:证券交易所的名称和设立目的,主要办公及交易场所和设施所在地,职能范围,会员的资格和加入、退出程序,会员的权利、义务和对会员的纪律处分,组织机构及其职权,高级管理人员的产生、任免及其职责,资本和财务事项,解散条件和程序及其他需要在章程中规定的事项。

证券交易所必须在其名称中标明证券交易所字样。其他任何单位或者个人不得使用证券交易所或者近似的名称。

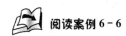
阅读案例 6-6

中国的证券交易所

上海证券交易所(Shanghai Stock Exchange)是中国大陆两所证券交易所之一,位于上海浦东新区。上海证券交易所创立于 1990 年 11 月 26 日,同年 12 月 19 日开始正式营业。截至 2009 年年底,上证所拥有 870 家上市公司,上市证券数 1351 个,股票市价总值 184655.23 亿元。

深圳证券交易所(Shenzhen Stock Exchange)位于深圳罗湖区深南东路 5045 号。成立于 1990 年 12 月 1 日,于 1991 年 7 月 3 日正式营业,为证券集中交易提供场所和设施,组织和监督证券交易,实行自律管理的法人,由中国证监会直接监督管理。经国务院同意,中国证监会批准,2004 年 5 月起深交所在主板市场内设立中小企业板块。设立中小企业板块,是分步推进创业板市场建设迈出的一个重要步骤。

3. 证券交易所的组织机构

1) 会员大会

根据《证券交易所管理办法》的规定,会员大会是证券交易所的权力机构,决定证券交易所的重大问题,但它只是一个议事机构,不是常设机构。

2) 理事会

证券交易所设理事会。理事会是证券交易所的常设机构和日常管理机构。关于理事会与会员大会的关系,《证券法》没有作出具体规定。一般来讲,理事会对会员大会负责。

理事会的主要职责是:①执行会员大会的决议。②制定、修改证券交易所的业务规则。③聘任总经理和副总经理。④审定总经理提出的工作计划、财务预算、决算方案。⑤审定对会员的处分。⑥根据需要决定专门委员会的设置。⑦会员大会授予的其他职责。

证券交易所理事会由7至13人组成,其中非会员理事人数不少于理事会成员总数的1/3,不超过理事会成员总数的1/2。理事会会议应当每季度召开1次。会议须有2/3以上理事出席,其决议应当经出席会议的2/3以上理事表决同意方为有效。

3) 总经理

证券交易所设总经理1人,由国务院证券监督管理机构任免。总经理为证券交易所的法定代表人,主持证券交易所的日常管理工作。

有下列情形之一,或《公司法》规定的不得担任公司的董事、监事、高级管理人员的情形之一的,不得担任证券交易所的负责人:①因违法行为或者违纪行为被解除职务的证券交易所、证券登记结算机构的负责人或者证券公司的董事、监事、高级管理人员,自被解除职务之日起未逾5年。②因违法行为或者违纪行为被撤销资格的律师、注册会计师或者投资咨询机构、财务顾问机构、资信评级机构、资产评估机构、验证机构的专业人员,自被撤销资格之日起未逾5年。

因违法行为或者违纪行为被开除的证券交易所、证券登记结算机构、证券服务机构、证券公司的从业人员和被开除的国家机关工作人员,不得招聘为证券交易所的从业人员。

4. 证券交易所的职责

根据《证券法》的规定,证券交易所的职责主要包括以下内容。
(1) 为组织公平的集中交易提供保障。
(2) 办理股票、公司债券的暂停上市、恢复上市或者终止上市的事务。
(3) 采取技术性停牌、临时停市措施。
(4) 对在证券交易所进行的证券交易和上市公司披露信息进行监控和监督。
(5) 筹集并管理好证券风险基金。
(6) 依照法律、行政法规制定上市规则、交易规则、会员管理规则和其他有关规则,并报国务院证券监督管理机构批准。

6.5.2 证券公司

1. 证券公司的概念

证券公司是指依照《公司法》和《证券法》的规定设立的经营证券业务的有限责任公司或者股份有限公司。

2. 证券公司的设立

设立证券公司,必须经国务院证券监督管理机构审查批准,未经批准,任何单位和个人不得经营证券业务。

设立证券公司,应当具备下列条件:①有符合法律、行政法规规定的公司章程。②主要股东具有持续盈利能力，信誉良好，最近3年无重大违法违规记录，净资产不低于人民币2亿元。③有符合《证券法》规定的注册资本。包括证券公司经营证券经纪、证券投资咨询、与证券交易和证券活动有关的财务顾问业务的，注册资本最低限额为人民币5000万元。经营证券承销与保荐、证券自营、证券资产管理、其他证券业务之一的，注册资本最低限额为人民币1亿元。经营证券承销与保荐、证券自营、证券资产管理、其他证券业务中两项以上的，注册资本最低限额为人民币5亿元。证券公司的注册资本应当是实缴资本。④董事、监事、高级管理人员具备任职资格，从业人员具有证券从业资格。⑤有完善的风险管理与内部控制制度。⑥有合格的经营场所和业务设施。⑦法律、行政法规规定的和经国务院批准的国务院证券监督管理机构规定的其他条件。

国务院证券监督管理机构应当自受理证券公司设立申请之日起6个月内，依照法定条件和法定程序并根据审慎监管原则进行审查，作出批准或者不予批准的决定，并通知申请人。不予批准的，应当说明理由。证券公司设立申请获得批准的，申请人应当在规定的期限内向公司登记机关申请设立登记，领取营业执照。证券公司应当自领取营业执照之日起15日内，向国务院证券监督管理机构申请经营证券业务许可证。未取得经营证券业务许可证，证券公司不得经营证券业务。

3. 证券公司的经营管理

1）对高管任职的限制

有《公司法》规定的不得担任公司的董事、监事、高级管理人员的情形之一的，或者有下列情形之一的，不得担任证券公司的董事、监事、高级管理人员：①因违法行为或者违纪行为被解除职务的证券交易所、证券登记结算机构的负责人或者证券公司的董事、监事或者高级管理人员，自被解除职务之日起未逾5年。②因违法行为或者违纪行为被撤销资格的律师、注册会计师或者投资咨询机构、财务顾问机构、资信评级机构、资产评估机构、验证机构的专业人员，自被撤销资格之日起未逾5年。因违法行为或者违纪行为被开除的证券交易所、证券登记结算机构、证券服务机构、证券公司的从业人员和被开除的国家机关工作人员，不得招聘为证券公司的从业人员。国家机关工作人员和法律、行政法规规定禁止在公司中兼职的其他人员，不得在证券公司中兼任职务。

2）分支机构管理

证券公司设立、收购或者撤销分支机构，变更业务范围或者注册资本，变更持有5%以上股权的股东、实际控制人，变更公司章程中的重要条款，合并、分立、变更公司形式、停业、解散、破产，或者在境外设立、收购或参股证券经营机构，必须经国务院证券监督管理机构批准。

3）禁止办理的业务

证券公司不得为其股东或者股东的关联人提供融资和担保。

4）内部管理制度

证券公司应当建立健全内部控制制度，采取有效隔离措施，防范公司与客户之间、不同客户之间的利益冲突。证券公司必须将其证券经纪业务、证券承销业务、证券自营业务和证券资产管理业务分开办理，不得混合操作。

5) 自营业务管理

证券公司的自营业务必须以自己的名义进行,不得假借他人名义或者个人名义进行。证券公司的自营业务必须使用自有资金和依法筹集的资金。证券公司不得将其自营业务账户借给他人使用。

6) 经纪业务管理

证券公司办理经纪业务,应当置备统一制定的证券买卖委托书,供委托人使用。采取其他委托方式的,必须作出委托记录。客户的证券买卖委托,不论是否成交,其委托记录应当按照规定的期限,保存于证券公司。证券公司办理经纪业务,不得接受客户的全权委托而决定证券买卖、选择证券种类、决定买卖数量或者买卖价格。

7) 与客户的关系

证券公司不得将客户的交易结算资金和证券归入其自有财产。

4. 证券公司的监督管理

1) 监督管理内容

国务院证券监督管理机构认为有必要时,可以委托会计师事务所、资产评估机构对证券公司的财务状况、内部控制状况、资产价值进行审计或者评估,证券公司应当配合。

2) 资料报送要求

证券公司应当按照规定向国务院证券监督管理机构报送业务、财务等经营管理信息和资料。国务院证券监督管理机构有权要求证券公司及其股东、实际控制人在指定的期限内提供有关信息、资料。证券公司及其股东、实际控制人向国务院证券监督管理机构报送或者提供的信息、资料,必须真实、准确、完整。

3) 监督管理措施

证券公司违法经营或者出现重大风险,严重危害证券市场秩序、损害投资者利益的,国务院证券监督管理机构可以对该证券公司采取停业整顿、指定其他机构托管、接管或者撤销等监管措施。

证券公司的董事、监事、高级管理人员未能勤勉尽责,致使证券公司存在重大违法违规行为或者重大风险的,国务院证券监督管理机构可以撤销其任职资格,并责令公司予以更换。

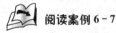
阅读案例 6-7

2013年中国十大证券公司排行榜

中信证券	上市公司,国内规模最大的证券公司之一,中国证监会核准的第一批综合类证券公司之一,中信证券股份有限公司
海通证券	成立于1988年,中国最早成立的证券公司之一,国内行业资本规模最大的综合性证券公司之一,海通证券股份有限公司

续表

广发证券	中国市场最具影响力的证券公司之一，上市公司，国内资本实力最雄厚的证券公司之一，十大品牌，广发证券股份有限公司
招商证券	百年招商局旗下的金融证券领域龙头企业，上市公司，拥有国内首个多媒体客户服务中心，招商证券股份有限公司
国泰君安	国内规模最大、经营范围最宽、网点分布最广的证券公司之一，中国500个最具价值品牌，国泰君安证券股份有限公司
国信证券	大型综合类证券公司，源起于中国证券市场最早的三家营业部之一的深圳国投证券业务部，国信证券股份有限公司
华泰证券	全国最早获得创新试点资格的券商之一，具有较强市场竞争能力的综合金融服务提供商，华泰证券股份有限公司
银河证券	联合4家国内投资者发起设立的全国性综合类证券公司，国内金融政权行业领先地位，中国银河证券股份有限公司
中信建投	证监会批准的全国性大型综合证券公司，第一批取得创新试点资格的证券公司之一，中信建投证券股份有限公司
光大证券	由中国光大(集团)总公司投资控股的公司，中国证监会批准的首批三家创新试点公司之一，光大证券股份有限公司

(资料来源：http://www.bosidata.com/jinrongshichang1303/728029AY8O.html)

6.5.3 证券登记结算机构

1. 证券登记结算机构的概念

证券登记结算机构是指为证券交易提供集中登记、存管与结算服务，不以营利为目的的法人单位。

2. 证券登记结算机构的设立

设立证券登记结算机构必须报经国务院证券监督管理机构批准。

设立证券登记结算机构，应当具备以下条件：①自有资金不少于人民币2亿元。②具有证券登记、存管和结算服务所必需的场所和设施。③主要管理人员和从业人员必须具有证券从业资格。④国务院证券监督管理机构规定的其他条件。

证券登记结算机构的名称中应当标明证券登记结算字样。

3. 证券登记结算机构的职能

根据《证券法》的规定，证券登记结算机构履行下列职能：①证券账户、结算账户的设立。②证券的存管和过户。③证券持有人名册登记。④证券交易所上市证券交易的清算和交收。⑤受发行人的委托派发证券权益。⑥办理与上述业务有关的查询。⑦国务院证券监督管理机构批准的其他业务。

4. 证券登记结算机构的经营管理

证券持有人持有的证券，在上市交易时，应当全部存管在证券登记结算机构。证券登记结算机构不得挪用客户的证券。

证券登记结算机构应当向证券发行人提供证券持有人名册及其有关资料。证券登记结算机构应当根据证券登记结算的结果，确认证券持有人持有证券的事实，提供证券持有人登记资料。证券登记结算机构应当保证证券持有人名册和登记过户记录真实、准确、完整，不得隐匿、伪造、篡改或者毁损。

证券登记结算机构应当采取下列措施保证业务的正常进行：①具有必备的服务设备和完善的数据安全保护措施。②建立完善的业务、财务和安全防范等管理制度。③建立完善的风险管理系统。

证券登记结算机构应当妥善保存登记、存管和结算的原始凭证及有关文件和资料。其保存期限不得少于20年。

6.5.4 证券服务机构

证券服务机构是指为证券交易提供证券投资咨询和资信评估的机构，包括专业的证券服务机构和其他证券服务机构。专业的证券服务机构包括证券投资咨询机构、资信评估机构。其他证券服务机构主要是指经批准可以兼营证券投资咨询服务的律师事务所、会计师事务所和资产评估机构等。

《证券法》规定，投资咨询机构、财务顾问机构、资信评级机构、资产评估机构、会计师事务所从事证券服务业务，必须经国务院证券监督管理机构和有关主管部门批准。投资咨询机构、财务顾问机构、资信评级机构、资产评估机构、会计师事务所从事证券服务业务的审批管理办法，由国务院证券监督管理机构和有关主管部门规定。

6.6 违反证券法的法律责任

6.6.1 证券违法主体

《证券法》规定应当承担法律责任的证券违法主体主要有：证券发行人，证券公司，信息披露义务人，内幕知情人员，法人，禁止参与股票交易的人员，有证券从业资格的会计师事务所、资产评估机构、律师事务所，证券交易所、证券公司、证券登记结算机构、证券交易服务机构的从业人员，证券监督管理机构的工作人员，证券业协会的工作人员，国家工作人员以及其他人员。

6.6.2 证券违法行为

《证券法》规定应当承担法律责任的证券违法行为主要有：①未经法定机关核准，擅自公开或者变相公开发行证券的。②发行人不符合发行条件，以欺骗手段骗取发行核准的。③证券公司承销或者代理买卖未经核准擅自公开发行证券的。④证券公司在承销证券中进行虚假的或者误导投资者的广告或者其他宣传推介活动,或者以不正当竞争手段招揽承销业务,或者其他违反证券承销业务规定的行为的。⑤保荐人出具有虚假记载、误导性陈述或者有重大遗漏的保荐书,或者不履行其他法定职责的。⑥发行人、上市公司或者其他信息披露义务人未按照规定披露信息,或者所披露的信息有虚假记载、误导性陈述或者重大遗漏的,未按期公告其上市文件或报送有关报告的等。

6.6.3 证券违法追究形式

《证券法》规定承担法律责任的形式主要有:责令停止;责令改正;责令依法处理;责令关闭;退还资金;依法赔偿;取缔;取消从业资格;停止其自营业务;吊销从业资格证;吊销公司营业执照;取消许可证;吊销原核定的证券经营资格;警告;罚款;没收违法所得;行政处分;刑事处分。

违反《证券法》的规定,应承担民事赔偿责任和缴纳罚款、罚金,其财产不足以同时支付时,先承担民事赔偿责任。对证券发行、交易违法行为没收的违法所得和罚款,全部上缴国库。

当事人如果对证券监督管理机构或国务院授权的部门的处罚不服的,可以依法申请复议,或者依法直接向人民法院提起诉讼。

6.6.4 证券违法犯罪

违反《证券法》涉及犯罪的行为,我国《刑法》主要规定有伪造、变造股票、公司、企业债券罪,擅自发行股票、公司、企业债券罪,内幕交易、泄露内幕信息罪,编造并传播证券交易虚假信息罪,诱骗投资者买卖证券罪,操纵证券交易价格罪,中介组织人员提供虚假证明文件罪,中介组织人员出具证明文件重大失实罪等。

本 章 小 结

> 证券发行,包括证券发行的一般规定和股票、公司债券、证券投资基金发行的条件。证券发行包括非公开发行和公开发行。发行人采用承销方式公开发行股票和可转换为股票的公司债券,应当聘请具有保荐资格的机构担任保荐人。
>
> 证券交易,包括证券交易的一般规定和对证券上市交易条件、持续信息公开与禁止交易行为的具体规定。证券交易的标的物、交易活动场所和交易方式必须合法。证券交易所、证券公司、证券登记结算机构必须依法为客户开立的账户保密。股票、公司债券和证券投资基金上市交易应当符合法定条件。信息披露必须真实、准确、完整。同时,在证券交易中,禁止内幕交易、操纵市场、制造虚假信息、欺诈客户等违法行为。
>
> 上市公司收购,包括上市公司收购的方式、权益披露及对收购人的有关限制。上市公司收购主要包括要约收购和协议收购。

练习题

一、单项选择题

1. 2012年3月18日,A证券公司向中国证监会推荐B股份有限公司首次公开发行股票,2012年6月10日,中国证监会予以核准,2008年8月8日,B股份有限公司的股份成功发行,并于2012年8月18日在上海证券交易所上市交易。A证券公司对B股份有限公司持续督导期届满日应为( )。

A. 2013年8月7日　　　　　　　　B. 2013年12月31日
C. 2014年8月7日　　　　　　　　D. 2014年12月31日

2. 根据我国《证券法》的规定,下列不属于公司公开发行新股的条件是( )。

A. 具备健全且运行良好的组织机构
B. 最近3年持续盈利,平均总资产报酬率达到10%以上
C. 具有持续盈利能力,财务状况良好
D. 最近3年财务会计文件无虚假记载,无其他重大违法行为

3. 下列关于公开发行公司债券的说法中,错误的是( )。

A. 股份有限公司净资产不低于人民币3000万元,有限责任公司净资产不低于人民币6000万元
B. 累计债券余额不超过公司资产总额的40%
C. 最近3年平均可分配利润足以支付公司债券1年的利息
D. 募集的资金投向符合国家产业政策

4. 国务院证券监督管理机构应自受理股票发行申请文件之日起一定期间内作出核准或不核准的决定,该期间应当为( )。

A. 15日　　　　B. 1个月　　　　C. 3个月　　　　D. 6个月

5. 根据证券法律制度的规定,为上市公司发行新股出具审计报告的注册会计师在法定期间内,不得买卖该上市公司的股票。该法定期间为( )。

A. 自接受上市公司委托之日起至审计报告公开后5日内
B. 上市公司股票承销期内和期满后6个月内
C. 自接受上市公司委托之日起至上市公司股票承销期满后6个月内
D. 自接受上市公司委托之日起至出具审计报告后6个月内

二、多项选择题

1. 关于证券的发行,下列说法正确的有( )。

A. 向特定对象发行证券累计超过200人的,属于公开发行
B. 凡是公开发行证券,都应当聘请保荐人
C. 公司公开发行新股,最近3年财务会计文件应当无虚假记载
D. 上市公司非公开发行新股,应当报国务院证券监督管理机构核准

2. 根据《证券法》的规定，下列选项中，属于不得再次公开发行公司债券的情形有（　　）。
   A. 前一次发行的公司债券尚未募足
   B. 对已公开发行的公司债券有延迟支付本息的事实，但已经按照限定期限支付
   C. 将所募集的资金用于弥补亏损
   D. 将所募集的资金用于生产经营

3. 根据规定，股份有限公司公开发行股票时，应当组织承销团承销的有（　　）。
   A. 股票总额为 1000 万股，每股价格为人民币 5.8 元
   B. 股票总额为 5100 万股，每股价格为人民币 3.5 元
   C. 股票总额为 5500 万股，每股价格为人民币 3 元
   D. 股票总额为 3100 万股，每股价格为人民币 1.5 元

4. 下列股票交易行为中，属于国家有关证券法律、法规禁止的有（　　）。
   A. 甲上市公司的董事乙，在任职期间的 1 年内转让其所持甲上市公司 22% 的股票
   B. W 证券公司的从业人员 Y，在任职期间，买卖 Z 上市公司的股票，W 证券公司、从业人员 Y 与 Z 上市公司无任何关联关系
   C. 为 N 股份有限公司年度会计报表出具审计报告的会计师事务所的 A 注册会计师，在审计报告公布后的第 3 日，转让其所持有 N 公司的股票
   D. 为 M 股份有限公司首次发行股票出具审计报告的 N 会计师事务所的 H 注册会计师，在该公司股票承销期满后的第 11 个月，买卖该公司的股票

5. 根据《证券法》的规定，下列选项中，属于股份有限公司申请股票上市应当符合的条件有（　　）。
   A. 公司股本总额不少于人民币 5000 万元
   B. 公司股本总额超过人民币 2 亿元的，公开发行股份的比例为 10% 以上
   C. 公司最近 3 年无重大违法行为，财务会计报告无虚假记载
   D. 股票经国务院证券监督管理机构核准已公开发行

三、判断题

1. 上市公司发行股票所募集资金，必须按照招股说明书所列资金用途使用。未经国务院证券监督管理委员会批准，不得改变招股说明书所列资金用途。（　　）
2. 上市公司首次发行证券的，持续督导期间为上市当年剩余时间及其后一个完整会计年度。（　　）
3. 某股份有限公司于 2008 年 5 月成功发行了 5000 万元的公司债券，为进一步筹集生产经营资金，该公司拟于同年 11 月再次发行 6000 万元的公司债券。由于该公司两次发行公司债券的间隔不足 1 年，其再次发行公司债券的申请将不会被批准。（　　）
4. 依照《公司法》设立的股份有限公司和有限责任公司，为筹集生产经营资金，都可以成为发行公司债券的主体。（　　）
5. 证券公司可以为本公司事先预留所代销的证券和预先购入并留存所包销的证券。（　　）

第 7 章 物权法

教学要求

通过本章的学习，学生应当能够：
(1) 了解物权法的基本概念、特征；
(2) 了解物权法中所有权、用益物权及担保物权等基本内容；
(3) 掌握所有权制度的基本概念、特征和具体内容，用益物权的概念和种类，担保物权的概念和种类。

法治的宣言：波茨坦郊外的老磨坊

风光如画的波茨坦小镇，位于柏林市西南 27 千米处，两条清清的小河交汇的地方。1866 年 10 月 13 日，普鲁士大公国(德国的前身)的国王威廉一世，在大队御林军的前呼后拥之下，兴高采烈地来到了小镇的桑苏西宫里。

威廉一世，在世界史上也还算是一个声名显赫的角色。他在德国历史上的地位，可以与中国的秦始皇、俄国的彼得大帝约略相比。他一上台，就马上对左右邻国发动了 3 场闪电式的侵略战，连战皆捷，开疆万里。当日，他正是刚打赢了对奥地利的"七周战争"，把 500 万人口和 64 万平方千米土地划入了普鲁士的版图，然后，从维也纳大吹大擂地凯旋归来。当日，阳光灿烂，得意洋洋的威廉一世登上了这座行官的顶楼。在他的身后，簇拥着一大群卑躬屈膝的大臣和一大群花枝招展的贵妇小姐。

放眼望去，这座行官的建筑式样，连同官内的喷泉、林荫大道、草地、雕塑，都是由他的先祖腓特烈大帝在 100 多年前，完全仿照法国的凡尔赛宫翻版建造的。正眺望着眼前美丽的风景，忽然，一座又残又旧的大风车磨坊映入了他的眼帘，挡住了他眺望全城的视线。这给威廉一世兴致勃勃的好心情里投下了一道不可容忍的阴影。

"拆掉它！"威廉一世发出了一道阴沉的命令。

"是，陛下！"一个大臣赶快飞跑而去。不过很快就飞跑回来："报告陛下，拆不得，那是一家私人的磨坊……"

威廉一世恼怒了："花钱买下来！再拆！快去办！"

"是！是！"大臣再次飞奔而去。然而，过一阵，又再次飞奔回来，气喘吁吁地报告说："陛下，陛下……磨坊……还是不能拆……"

"为什么？"威廉一世惊讶地问道。而答案却很简单："磨坊主……死活……不肯卖。"

"多给他钱！他要多少就给多少！"国王开始不耐烦了。"不行啊，陛下，那个倔老头儿说了，磨坊是他爷爷的爷爷留传下来的，一家人世世代代靠它糊口为生，它的价值无法计算，给多少钱也不肯卖！"

"混账！"威廉一世暴怒了。我南征北战，攻城掠地，取人皇冠领土如折路边野花，这小小一个倔老头儿，居然敢与我讨价还价？威廉一世咆哮着："马上派兵去给我拆掉磨坊！谁敢抗拒，就地正法！"

一大队御林军应声蜂拥而去，铁蹄踏处，老磨坊顷刻被夷为一片平地。

事态发展至此，这样的一桩小事，这样的一个结局，在我们许多中国人的眼中，是完全正常的一件事。强权一定胜于公理！鸡蛋一定碰不过石头！磨坊主老头敬酒不吃吃罚酒，有"权利"可以出卖而偏不肯卖，那纯粹是他个人不识抬举、不识时务、不会见风转舵地做人，最后落了个鸡飞蛋打、流落街头的命运，除了怨自己，还能怨谁？但德国人就不是这样想的了。

"国王竟然如此胡作非为，这个国家到底还有没有天理？"那个又穷又倔的磨坊主老头，一边蹲在旧磨坊的废墟上，老泪纵横，一边向过往的人们大声控诉。很快，废墟旁便引来了一大群民众，个个都义愤填膺地议论纷纷。

"这样蛮不讲理，完全是违反宪法的！"

"可他是国王呀！"

"国王就可以随便侵犯老百姓的权利吗？""告他去！""对！告国王！""控告国王！"

金光灿灿的桑苏西宫宫外，秋风黄叶，顷刻间化作了一场昏天黑地的风暴。成千上万波茨坦市民游行队伍来到了德国的首都柏林最高法院门外。在波茨坦市民高呼"告国王"的口号支持下，磨坊主老头就在这里，郑重地向普鲁士最高法院呈递了一份古往今来破天荒第一次的"民告国王"的起诉书——被告人：国王威廉一世；事由：利用职权擅拆民房；要求：赔偿一切损失！保障国民"私有财产神圣不可侵犯"的财产权利！

起诉书一出，整个普鲁士震动了，整个德意志也都惊动了。小市民告大国王？整个欧洲，都在注视着这宗世界法律史上第一宗、也是空前绝后的一宗"王事案件"的审判。

开庭审判的那天，据说，柏林最高法院的旁听席上挤满了来自全国各地的人，但被告席上却空着，骄横的国王拒不出庭，也没有派律师代表前来应诉。可这并不妨碍审判的照样进行。当原告磨坊主老头向法官详细叙述了事情的经过后，旁听席上爆发了雷鸣般的怒吼声："赔偿！赔偿！赔偿！"

对这宗案情极其简单、事实一目了然的民事小案子，最高法院的3位大法官面面相觑，一时竟不知如何是好。3位法官最后终于统一了意见——"法官只有一个上司，那就是法律！法官只忠于一个上司，那就是法律！"他们毅然地一致裁定："被告人因擅用王权，侵犯原告人由宪法规定的财产权利，触犯了《帝国宪法》第79条第6款。现判决如下：责成被告人威廉一世，在原址立即重建一座同样大小的磨坊，并赔偿原告人误工费、各项损失费、诉讼费等等费用150大元。"

铿锵有力，大快人心！欢呼而出的人群几乎挤破了法院的大门。骄蛮的威廉一世接到这份判决书时，一双手竟不由地颤抖。此时此刻，他才醒悟到：如果他藐视法律，人民就会藐视他这个皇帝；如果他胆敢与法律为敌，那人民就会愤怒地与他为敌。经过一番痛苦的权衡之后，威廉一世不得不向法律低头，完完全全，一一按法庭的判决书去照办。

在法律面前人人平等！连国王也不能例外。

一座崭新的磨坊又矗立在桑苏西宫墙外。150大元也送到了老头儿手上。磨坊主告国王的案例，终于得到了一个圆满的结局。

那是在官司打完的几十年之后了。那时候，骄横的国王威廉一世与倔强的磨坊主老头都已经先后去世，尘归尘，土归土了。威廉一世的孙子已当上了德意志的第二个皇帝。而当年磨坊主倔老头儿的儿子，也默默地继续当他的第二代磨坊主。不过，他也快变成一个老头儿了。那座由法院判罚威廉一世重建的新磨坊，经过几十年的风吹雨打，也开始变得有点残旧。老人、孩子、旧磨坊，加上生意萧条，风雨飘摇，第二代磨坊主老头面临着倒闭破产的困局。在万般无奈之下，他猛然想起了这一宗陈年旧官司。他咬咬牙给威廉二世写了一封信，表示想将上一代未达成的交易，由这一代来完成，即把这座旧磨坊出售给威廉二世。

威廉二世接到信后，却非常认真地反复思考了整件事的前前后后。他认为，这件事既表现了德国人民的法治传统，同时，又表现了威廉一世尊重法律的理性精神，从这个意义上来说，旧磨坊可说是德意志全民族的一座丰碑。因此，再三思考之后，他亲自提笔，给磨坊主写了一封回信，随信赠给磨坊主 6000 大元，让他渡过生活的难关，并劝他好好保存着祖先遗留的产业，也为德国保存着两家先辈所遵守的那种法治精神。收到威廉二世的信和钱之后，第二代磨坊主老头感动得热泪盈眶。他遵照皇帝的愿望，把钱用来对旧磨坊进行了大力的修葺，让它能容光焕发，一代一代地流传下去。

（资料来源：余定宇，《寻找法律的印迹》，法律出版社，2004 年版）

【分析提示】

《物权法》的制定是一场自发的普法运动，使我们明白了许多事情原来是这样的：原来我们的房子不是说拆就可以拆的，"钉子户"是可以很"牛"的；原来小区的车库、停车场不是开发商的，收了钱是大家的；原来我们是有阳光权的，随便"借"光是不行的；原来我们的财产是神圣不可侵犯的……

《物权法》给公共权力的头上套上了缰绳，约束其要依法行事，不能恣意妄为。大的如房子，不能你看着不顺眼，影响了视觉审美，或是影响了某项工程，想拆就拆，不同意就强拆。小的如街边小摊上待售的瓜果梨桃，城管不能说收走就收走，连个白条都不打。总之，《物权法》对公民的私有财产与国家财产、集体财产实行了平等的保护。《物权法》与每个人息息相关，不论是穷还是富。大房子、好车子受保护，小屋子、破车子也一样受保护。一辆二手自行车，只要是合法取得的，从财产权利上讲，和宝马车一样，都是神圣不可侵犯的。

7.1 物权法概述

7.1.1 物权的概念和特征

物权是指权利人对特定的物享有直接支配和排他的权利，包括所有权、用益物权和担保物权。《中华人民共和国物权法》于 2007 年 3 月 16 日经第十届全国人民代表大会第五次会议通过，2007 年 10 月 1 日施行。

物权具有以下法律特征。

（1）物权是权利人直接支配物的权利。

（2）物权是权利人直接享受物的利益的权利。

（3）物权是排他性的权利。

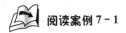
阅读案例 7-1

物权法审议历程回顾

2002年11月，中国共产党第十六次全国代表大会提出，要"完善保护私人财产的法律制度"。一个月之后，九届全国人大常委会对物权法草案进行了初次审议。

2004年3月，十届全国人大二次会议通过宪法修正案，增加了"公民的合法的私有财产不受侵犯"这一突破性规定，使私有财产权上升为宪法权利。

"私产入宪"被认为是物权法制定过程中重要事件。随后，十届全国人大常委会先后对物权法草案进行了二审、三审、四审。

2005年6月，物权法草案三次审议稿专门增加条款，规定企业主管人员以无偿转让或低价出售、低价折股等手段造成国有资产流失，追究企业相关主管人员的民事、行政乃至刑事责任。

2005年10月，草案四次审议稿进一步强调要将维护公有制为主体、多种所有制经济共同发展的国家基本经济制度作为立法目和基本原则，同时又强调对国家、集体和私有财产平等保护的原则。

2006年8月，物权法草案五次审议稿专门增加条款，明确了对国家财产、集体财产和私有财产平等保护的原则。

7.1.2 物权的公示

基于物权的法律特性，公示原则要求物权的产生、变更、消灭，必须以一定的可以从外部察知的方式表现出来。我国民法通则及其他法律、法规亦以交付、登记为物权的公示方法。

1. 交付

所谓交付，即移转占有。出卖人将标的物交付给买受人，就是将对物的占有移转给买受人。近代以来，大多数国家在法律上都确认交付为动产物权变动的公示方法，将动产的占有人推定为权利人。一般而言，交付是占有的现实转移。出于交易便捷的考虑，各国立法上还承认观念交付，作为对现实交付的补充。

以交付作为公示方法是为一般原则；但是对于船舶、飞行器和机动车等特殊动产，法律规定以登记作为物权变动的对抗要件，即非经登记，关于这些特别动产的物权变动不能对抗善意第三人。

根据《物权法》第23条的规定，动产物权的设立和转让，自交付时发生效力，但法律另有规定的除外。

交付通常是指现实交付，即直接占有的移转。随着商品经济的发展，为了交易上的便利，发展出一些变通的交付方法，称为观念交付，主要有3种。

(1) 简易交付，即受让人已经占有动产，如受让人已经通过寄托、租赁、借用等方式实际占有了动产，则于物权变动的合意成立时，视为交付。这是因为标的物已经为受让人实际占有；如果要使其先将物返还给出让人，再由出让人转让给受让人，纯属徒劳。因此我国《物权法》规定，动产物权设立和转让前，权利人已经占有该动产的，物权自民事行为生效时发生效力。

（2）占有改定，即动产物权的让与人与受让人之间特别约定，标的物仍然由出让人继续占有，这样在物权让与的合意成立时，视为交付，受让人取得间接占有。所以我国《物权法》规定，动产物权转让时，双方又约定由出让人继续占有该动产的，物权自该约定生效时发生效力。例如，甲将其所有的书卖给乙，按一般情形，只有在甲把书交给乙时才发生所有权移转的效力，但甲还想留书阅读，这时甲可以占有改定的方式使乙取得间接占有，以代替现实交付。

（3）指示交付，即动产由第三人占有时，出让人将其对于第三人的返还请求权让与受让人，以代替交付。我国《物权法》规定，动产物权设立和转让前，第三人依法占有该动产的，负有交付义务的人可以通过转让请求第三人返还原物的权利代替交付。例如，甲将其出租的家具卖给乙，但是由于租赁期限未满，暂时无法收回，甲可以把其家具的返还请求权让与乙，以代替现实交付。

2. 登记

登记作为不动产物权的公示方法，是将物权变动的事项登载于特定国家机关的簿册上。相比于动产而言，不动产具有价值大、稀缺性较高的特点。因而围绕特定不动产发生的交易关系相对较多，单凭占有不足以表征不动产上的权利归属关系。因而需要通过不动产登记，由专门的登记机关，依照法定的程序，对不动产上的权利及其变动进行登记，向社会公开以供查阅，便利不动产交易的进行，并保护交易安全。

关于登记的法律效果，大陆法系各国民法立法例主要有两种。

（1）登记对抗主义。此主义以登记作为公示不动产物权状态的方法。不动产物权的变动，依当事人间的合意即产生法律效力。但是，非经登记不能对抗第三人。法国法律采用此主义。我国对船舶、飞行器和机动车等特殊动产的物权变动也采登记对抗主义。

（2）登记要件主义。此主义以登记作为不动产物权变动的要件。不动产物权的变动除了当事人间的合意外，还要进行登记。非经登记，不仅不能对抗第三人，而且在当事人间也不发生效力。德国法律采用此主义。

根据《物权法》第9条的规定，不动产物权的设立、变更、转让和消灭，经依法登记，发生效力；未经登记，不发生效力，但法律另有规定的除外。依法属于国家所有的自然资源，所有权可以不登记。在我国，不动产登记由不动产所在地的登记机构予以办理。国家对不动产实行统一登记制度。统一登记的范围、登记机构和登记办法，由法律、行政法规规定。

当事人申请登记，应当根据不同登记事项提供权属证明和不动产界址、面积等必要材料。

当事人之间订立有关设立、变更、转让和消灭不动产物权的合同，除法律另有规定或者合同另有约定外，自合同成立时生效；未办理物权登记的，不影响合同效力。不动产物权的设立、变更、转让和消灭，依照法律规定应当登记的，自记载于不动产登记簿时发生效力。不动产登记簿是物权归属和内容的根据。不动产登记簿由登记机构管理。

不动产权属证书是权利人享有该不动产物权的证明。不动产权属证书记载的事项,应当与不动产登记簿一致;记载不一致的,除有证据证明不动产登记簿确有错误外,以不动产登记簿为准。

权利人、利害关系人可以申请查询、复制登记资料,登记机构应当提供。

权利人、利害关系人认为不动产登记簿记载的事项错误的,可以申请更正登记。不动产登记簿记载的权利人书面同意更正或者有证据证明登记确有错误的,登记机构应当予以更正。不动产登记簿记载的权利人不同意更正的,利害关系人可以申请异议登记。登记机构予以异议登记的,申请人在异议登记之日起15日内不起诉,异议登记失效。异议登记不当,造成权利人损害的,权利人可以向申请人请求损害赔偿。

当事人提供虚假材料申请登记,给他人造成损害的,应当承担赔偿责任。因登记错误,给他人造成损害的,登记机构应当承担赔偿责任。登记机构赔偿后,可以向造成登记错误的人追偿。

不动产登记费按件收取,不得按照不动产的面积、体积或者价款的比例收取。具体收费标准由国务院有关部门会同价格主管部门规定。

7.2 所 有 权

7.2.1 所有权的概念和特征

财产所有权是财产所有人在法律规定的范围内,对属于他的财产享有的占有、使用、收益、处分的权利。所有权属于物权,即直接管领一定的物的排他性权利,与同属于民事权利的债权构成财产权的两个分类。与债权相比,所有权具有以下的特征。

第一,所有权是绝对权。所有权与债权不同:债权的实现,必须依靠债务人履行债务的行为,主要是作为;所有权不需要他人的积极行为,只要他人不加干预,所有人自己便能实现其权利。所有权关系的义务主体是所有权人以外的一切人。其所负的义务是不得非法干涉所有权人行使其权利,是一种特定的不作为义务。基于所有权与债权的这种区别,法学上把所有权称为绝对权,把债权称为相对权。

第二,所有权具有排他性。所有权属于物权,具有排他的性质。所有权人有权排除他人对于其行使权利的干涉;并且同一物上只能存在一个所有权,而不能并存两个或两个以上的所有权。当然,所有权的排他性并不是绝对的。特别是在我国,为了社会公共利益对于集体所有权或个人所有权进行干预是常见的,也是必须的。但是,作为与其他财产权尤其是与债权的区别,所有权的排他性质还是十分明显的。

第三,所有权是一种最完全的权利。所有权是所有人对于其所有物进行一般的、全面的支配的物权,内容最全面、最充分。它不仅包括对于物的占有、使用、收益,还包括了对于物的最终处分权。所有权作为一种最完全的权利,是他物权的源泉。与之相比较,地上权、地役权、抵押权、质权、留置权等他物权,仅仅是就占有、使用、收益某一特定的方面对物直接管领的权利,只是享有所有权的部分权能。

第四，所有权具有弹力性。所有人在其所有的财产上为他人设定地役权、抵押权等权利，虽然占有、使用、收益甚至处分权都能与所有人发生全部或部分的分离；但只要没有发生使所有权消灭的法律事实（如转让、所有物灭失），所有人仍然保持着对于其财产的支配权，所有权并不消灭。当所有物上设定的其他权利消灭，所有权的负担除去的时候，所有权仍然恢复其圆满的状态，即分离出去的权能仍然复归于所有权人。这称为所有权的弹力性。

第五，所有权具有永久性。这是指所有权的存在不能预定其存续期间。例如，不能像约定债权那样约定所有权只有5年期限，过此期限则所有权消灭。约定所有权存续期间是无效的。

7.2.2 所有权的内容

财产所有权的内容，是指财产所有人在法律规定的范围内，对于其所有的财产可以行使的权能。权能是指权利人在实现权利时所能实施的行为。民法通则第71条规定：财产所有权是指所有人依法对自己的财产享有占有、使用、收益和处分的权利。所有权的权能包括占有、使用、收益、处分，是所有权的积极权能。

1. 占有

占有是所有权人对于财产实际上的占领、控制。这往往是所有权人对于自己的财产进行消费（包括生产性的和生活性的）、投入流通的前提条件。

财产所有人可以自己占有财产，也可以由非所有人占有。所有人占有是指所有人自己在事实上控制自己的财产，直接行使占有权能。例如，公民对于自己所有的房屋、家具、生活用品的占有，集体企业对于厂房、机器的占有等。

非所有人的占有，是指所有权人以外的人对于财产事实上的控制。这种占有可以分为合法占有和非法占有两种情况。非所有人的合法占有，是指根据法律规定或所有人的意思而占有他人的财产，如承租人根据承租合同占有出租人的财产、保管人根据保管合同占有寄存人的财产。非所有人没有法律上的依据而占有他人的财产是非法占有，如小偷占有赃物、未经许可强占他人的房屋。

非法占有又可以分为善意占有和恶意占有。占有人不知道并且不应当知道他的占有是非法的，是为善意占有；占有人知道或应当知道其占有是非法的，即为恶意占有。一般说来，对于他人的非法占有，所有人可排除之，以回复其占有。但善意占有在法律上要受到一定的保护。例如，在请求返还被非法占有的财产时，对于善意占有人为财产支付的必要费用和改良费用，所有人都应当予以赔偿；而恶意占有人则只能请求所有人返还其支付的为保存财产所必需的费用。

2. 使用

使用是依照物的性能和用途，并不毁损其物或变更其性质而加以利用。使用是为了实现物的使用价值，满足人们的需要，如使用机器进行生产、使用电视机收看节目、居住房屋、乘坐汽车。使用权能一般是由所有人自己行使，也可以由非所有人行使。非所有人根据法律或者约定使用他人财产，是为合法使用。例如，国有企业使用归其经营管理的国家财产，承租人依租赁合同使用租赁物。非所有人无法律依据而使用他人财产，为非法使用。例如，未经允许而居住他人房屋、未经批准在国家或集体所有的土地上进行建筑，都是非法使用。

3. 收益

收益，就是收取所有物的利益，包括孳息和利润。孳息分为法定孳息和自然孳息。法定孳息是指依法律关系取得的利益，如利息、租金；自然孳息是指果实、动物的产物以及其他依物的用法收取的利益，如耕种土地收取粮食、采掘矿藏收取矿石。

收益还包括收取物的利润，即把物投入社会生产过程、流通过程所取得的利益。

收益权能一般由所有权人行使；他人使用所有物时，除法律或合同另有规定外，物的收益归所有人所有。

4. 处分

处分是决定财产事实上和法律上命运的权能。这是所有权内容的核心，是所有权的最基本的权能。处分可以分为事实上的处分和法律上的处分。事实上的处分是在生产或生活中使物的物质形态发生变更或消灭。例如，粮食被吃掉，原材料经过生产成为产品，把房屋拆除。法律上的处分是指依照所有人的意志，通过某种民事行为对财产进行处理。例如，将物转让给他人，在物上设定权利（如质权、抵押权），将物抛弃等，都是法律上的处分。

由于处分权能是决定财产命运的一种权能，因此，这一权能通常只能由所有人自己行使，非所有人不得随意处分他人所有的财产。例如，保管人将保管物消耗，承租人将租赁物出卖，都是不允许的，都是侵犯他人所有权的侵权行为。只有在法律特别规定的场合，非所有人才能处分他人所有的财产。例如，旅客在包裹中夹带危险品或禁运物品，承运人有权依法处理；在加工承揽关系中，定作方超过领取期限不领取定作物，承揽方有权将定作物出卖。

占有、使用、收益和处分4项权能一起构成所有权的内容。但在实际生活中，占有、使用、收益、处分4项权能都能够并且经常地与所有权发生分离，而所有人仍不丧失对于财产的所有权。例如，保管人可以占有交付保管的财产，承租人可以占有、使用租赁物，而行纪人可以占有、处分委托出售的财产。所有权是对财产的统一的和总括的支配权，而不是占有、使用、收益、处分权能的简单总和；并且，财产所有权具有弹力性，与所有权分离的权能一般地说来最终要复归于所有权；所以权能与所有权的分离并不意味着所有人丧失了所有权，恰恰相反，这种分离本身正是所有人行使所有权的表现。在实际生活中，所有人正是通过这4项权能的分离和回复，发挥财产的效益，以满足自己生产和生活的需要。例如，出租人将财产出租给他人，由他人占有、使用。而自己收取租金。

此外，当所有权的行使受到非法干涉时，所有权人可以行使物上请求权，请求行为人停止侵害、排除妨害、消除危险、返还原物和恢复原状，以恢复其对物的支配的圆满状态。这种排除他人非法干涉的权能，即为所有权的消极权能。

7.2.3 所有权的种类

1. 国家所有权

1）国家所有权的概念

在我国现阶段，社会主义全民所有制采取国家所有制形式，一切国家财产属于以国家为代表的全体人民所有。因此，民法通则第73条第1款规定：国家财产属于全民所有。由此可见，国家所有权是全民所有制在法律上的表现，是中华人民共和国享有的对国家财产的占有、使用、收益、处分的权利。

国家所有权具有所有权的一般特征，但与其他所有权形式比较，又具有自己的特征，体现为：第一，在所有权主体方面，国家所有权具有统一性和唯一性的特征。第二，国家所有权客体的广泛性。

2）国家所有权的内容

《物权法》规定法律规定属于国家所有的财产，属于国家所有即全民所有。国有财产由国务院代表国家行使所有权；法律另有规定的，依照其规定。矿藏、水流、海域属于国家所有。城市的土地属于国家所有。法律规定属于国家所有的农村和城市郊区的土地，属于国家所有。森林、山岭、草原、荒地、滩涂等自然资源，属于国家所有，但法律规定属于集体所有的除外。法律规定属于国家所有的野生动植物资源，属于国家所有。无线电频谱资源属于国家所有。法律规定属于国家所有的文物，属于国家所有。国防资产属于国家所有。铁路、公路、电力设施、电信设施和油气管道等基础设施，依照法律规定为国家所有的，属于国家所有。

2. 集体所有权

集体所有权又称劳动群众集体组织所有权，是集体组织对其财产享有的占有、使用、收益、处分的权利。集体组织所有权是劳动群众集体所有制在法律上的表现。其享有者主要是农村集体组织，也包括城镇集体企业和合作社集体组织。劳动群众集体所有制是我国社会主义公有制的组成部分。集体组织所有权对集体所有制起着巩固和保护的作用，在我国财产所有权制度中居于重要地位。

集体组织所有权在法律上具有自己的特点。

第一，集体组织所有权的主体是各个集体组织。各个集体组织的财产，都分别属于该集体组织。不同于国家所有权主体的唯一性，集体所有权的主体多种多样：既包括农村中的村集体经济组织、合作社、乡镇企业等，还包括城市中的城镇集体企业、合作社等。一方面，农民集体所有的不动产和动产，属于本集体成员集体所有。因此与该集体所有权相关的如下事项必须依照法定程序经本集体成员决定：①土地承包方案以及将土地发包给本集体以外的单位或者个人承包；②个别土地承包经营者之间承包地的调整；③土地补偿费等费用的使用、分配办法；④集体出资的企业的所有权变动等事项；⑤法律规定的其他事项。另一方面，城镇集体所有的不动产和动产，依照法律、行政法规的规定由本集体享有占有、使用、收益和处分的权利。

第二，集体组织所有权属于集体组织，只有它才能作为该组织全体成员的代表对集体财产行使所有权，它的成员个人不是集体组织财产的所有人，无权处分集体组织的财产。因此，我国法律规定，集体所有的土地和森林、山岭、草原、荒地、滩涂等，如果属于村农民集体所有，则由村集体经济组织或者村民委员会代表集体行使所有权；如果分别属于村内两个以上农民集体所有的，由村内该集体经济组织或者村民小组代表集体行使所有权；如果属于乡镇农民集体所有的，由乡镇集体经济组织代表集体行使所有权。值得注意的是，如果集体经济组织或者村民委员会的管理人作出的决定侵害集体成员合法权益的，该集体成员可以请求人民法院予以撤销。

第三，集体组织所有的财产，除了法律规定的国家专有财产外，可以是其他任何财产。集体所有的不动产和动产，包括如下4个方面：①法律规定属于集体所有的土地、森林、山岭、草原、荒地、滩涂；②集体所有的建筑物、生产设施、农田水利设施；③集体所有的教育、科学、文化、卫生、体育等设施；④集体所有的其他不动产和动产。

3. 私人所有权

根据我国法律的规定，私人所有权主要包括自然人所有权、企业法人所有权和社会团体所有权等。私人的合法财产受法律保护，禁止任何单位和个人侵占、哄抢、破坏。

自然人财产所有权是自然人对其财产享有占有、使用、收益、处分的权利。这是我国公民的基本财产权之一。

自然人可以拥有的财产范围是相当广泛的，凡是法律允许自然人所有的财物，都可以是自然人财产所有权的客体，自然人都可以依法律规定的方法取得其所有权。《物权法》规定，私人对其合法的收入、房屋、生活用品、生产工具、原材料等不动产和动产享有所有权。私人合法的储蓄、投资及其收益受法律保护。

7.2.4 不动产所有权

不动产是性质上不能移动其位置，或非经破坏、变更则不能移动其位置的物。不动产一般指土地及其定着物（主要是房屋）。不动产所有权系以不动产为其标的物，其效力及于不动产的哪些部分、其行使在法律上受有哪些限制，是不动产所有权的特殊问题。

1. 土地所有权

1) 土地所有权的概念

土地所有权系以土地为其标的物，它是土地所有人独占性地支配其所有土地的权利。土地所有人在法律规定的范围内可以对其所有的土地进行占有、使用、收益、处分，并可排除他人的干涉。

2) 国家土地所有权

宪法、民法通则、土地管理法等法律，对国家土地所有权做了明确规定。《土地管理法》第 6 条规定：城市市区的土地属于全民所有即国家所有。农村和城市郊区的土地，除法律规定属于国家所有的以外，属于集体所有。

归纳起来，属于国家所有的土地有以下几种。

(1) 城市市区的土地。在我国，对于城市市区的认识是十分模糊的，这是需要以法律的形式进一步明确的问题。一般来讲，城市市区的土地，是指直辖市、地级市、县级市以及县城所在镇市区的土地。这些土地主要不是农业用地，而是工业、交通、文化、建筑用地及城市居民用地。

(2) 农村和城市郊区中已经依法没收、征收、收购为国有的土地。

(3) 国家依法征用的土地。

(4) 依法不属于集体所有的林地、草原、荒地、滩涂及其他土地。

(5) 农村集体经济组织全部成员转为城镇居民的，原属于其成员集体所有的土地。

(6) 因国家组织移民、自然灾害等原因，农民成建制地集体迁移后不再使用的原属于迁移农民集体所有的土地。

国有土地虽然由国家享有其所有权，但一般情况下并不由国家直接使用、经营，而是由国务院主管部门主管全国土地的统一管理工作，县级以上地方人民政府土地管理部门统一管理本行政区域内的土地。国有土地可以依法确定给单位或者个人使用。国有土地也可以由单位或者个人承包经营，从事种植业、林业、畜牧业、渔业生产。根据《土地管理法》第 2 条的规定，国家依法实行国有土地有偿使用制度。但是，国家在法律规定的范围内划拨国有土地使用权的除外。

3) 集体土地所有权

集体土地所有权是由各个独立的集体组织享有的，对其所有的土地的独占性支配权利。根据《土地管理法》第 8 条的规定，属于集体所有的土地，是指除法律规定属于国家所有以外的、农村和城市郊区的土地以及宅基地、自留地。

集体土地所有权的主体，即享有土地所有权的集体组织，有以下 3 类：①村农民集体，村农业生产合作社等农业集体经济组织或者村民委员会具体地对土地进行经营、管理；②如果村范围内的土地已经分别属于村内两个以上农业集体经济组织所有的，可以属于各该农业集体经济组织的农民集体所有；③土地如果已经属于乡(镇)农民集体所有的，可以属于乡(镇)农民集体所有。

2. 房屋所有权

1) 房屋所有权的概念

房屋所有权系以房屋为其标的物，它是房屋所有人独占性地支配其所有的房屋的权利。房屋所有人在法律规定的范围内，可以对其所有的房屋进行占有、使用、收益、处分，并可排除他人的干涉。

在我国，根据房屋坐落的位置不同，可以把房屋分为城镇房屋和农村房屋。城镇房屋是指坐落于城市(直辖市、地级市、县级市)、县城、建制镇和工矿区的房屋；农村房屋是指坐落在农村(包括未设建制的村镇)的房屋。我国对城镇房屋的管理制度较农村房屋要完善一些。例如，城镇房屋都已普遍实行了房屋产权登记制度，包括设立登记、变更登记和消灭登记，而农村房屋则还未完全建立房屋产权登记制度。

2) 建筑物区分所有权

(1) 建筑物区分所有权的概念。建筑物区分所有权是我国《物权法》专章规定的不动产所有权一种形态。所谓建筑物区分所有权，指的是权利人即业主对于一栋建筑物中自己专有部分的单独所有权、对共有部分的共有权以及因共有关系而产生的管理权的结合。

建筑物区分所有权将建筑物的特定部分作为所有权的标的，严格而言，与物权客体须为独立物以及一物一权主义原则不相符合。但是依社会观念，一建筑物区分为若干部分，各有该部分的所有权，应为常有之事；而且这样也不妨碍物权的公示，无害于交易安全。基于物权课题的独立性原则，区分所有的特定部分，需具备一定条件才可以作为建筑物区分所有的客体，条件如下。

① 须具有构造上的独立性，即被区分的部分在建筑物的构造上，可以加以区分并与建筑物的其他部分隔离。至于是否具有足够的独立性，应依一般的社会观念确定。例如，一个住宅单元通过固定的楼板、墙壁与其他单元相隔离，成为独立的住宅单元，其内再以屏风分隔成数个部分的，即不具有构造上的独立性。

② 须具有使用上的独立性，即被区分的各部分，可以为居住、工作或其他目的而使用。其主要的界定标准，应为该区分的部分有无独立的出入门户。如果该区分部分必须利用相邻的门户方能出入的，即不具有使用上的独立性。

(2) 建筑物区分所有权的内容。建筑物区分所有权的内容，包括区分所有建筑物专有部分的单独所有权、共有部分的共有权，以及因区分所有权人的共同关系所生的管理权。

① 专有部分的单独所有权。专有部分是在一栋建筑物内区分出的住宅或者商业用房等单元。该单元须具备构造上的独立性与使用上的独立性。

业主对其专有部分享有单独所有权，即对该部分为占有、使用、收益和处分的排他性的支配权，性质上与一般的所有权并无不同。但此项专有部分与建筑物上其他专有部分有密切的关系，彼此休戚相关，具有共同的利益。因此区分所有权人就专有部分的使用、收益、处分不得违反各区分所有权人的共同利益。例如，就专有部分的改良、使用，足以影响区分所有建筑物的安全时，不得自行为之。再如，就专有部分有保存、改良或管理的必要时，有权使用他人的专有部分。

业主不得违反法律、法规以及管理规定，将住宅改变为经营性用房。业主将住宅改变为经营性用房的，除遵守法律、法规及管理规定外，应当经有利害关系的业主同意。

② 共有部分的共有权。共有部分是指区分所有的建筑物及其附属物的共同部分，即专有部分以外的建筑物的其他部分。共有部分既有由全体业主共同使用的部分，如地基、屋顶、梁、柱、承重墙、外墙、地下室等基本构造部分，楼梯、走廊、电梯、给排水系

统、公共照明设备、贮水塔、消防设备、大门、通信网络设备以及物业管理用房等公用部分，道路、停车场、绿地、树木花草、楼台亭阁、游泳池等附属公共设施；也有仅为部分业主共有的部分，如各相邻专有部分之间的楼板、隔墙，部分业主共同使用的楼梯、走廊、电梯等。其中，对于建筑区划内的道路、绿地、物业服务用房以及车位、车库的归属，我国《物权法》作出了明确规定。首先，建筑区划内的道路，属于业主共有，但属于城镇公共道路的除外。建筑区划内的绿地，属于业主共有，但属于城镇公共绿地或者明示属于个人的除外。建筑区划内的其他公共场所、公用设施和物业服务用房，属于业主共有。其次，建筑区划内，规划用于停放汽车的车位、车库应当首先满足业主的需要。建筑区划内，规划用于停放汽车的车位、车库的归属，由当事人通过出售、附赠或者出租等方式约定。占用业主共有的道路或者其他场地用于停放汽车的车位，属于业主共有。

另外，我国《物权法》规定，业主对建筑物专有部分以外的共有部分，享有权利并承担义务，但不得以放弃权利为由不履行义务。共有部分为相关业主所共有，均不得分割，也不得单独转让。业主转让建筑物内的住宅、经营性用房，其对建筑物共有部分享有的共有和共同管理的权利一并转让。业主依据法律规范、合同以及业主公约，对共有部分享有使用、收益、处分权，并按照其所有部分的价值，分担共有部分的修缮费以及其他负担。

③ 业主的管理权。基于区分所有建筑物的构造，业主在建筑物的权利归属以及使用上形成了不可分离的共同关系，并基于此共同关系而享有管理权。业主管理权的内容包括以下几点。

第一，业主有权设立业主大会并选举业主委员会。地方人民政府有关部门应当对设立业主大会和选举业主委员会给予指导和协助。为管理区分所有的建筑物，业主可以设立业主大会，选举业主委员会。业主大会或者业主委员会的决定，对业主具有约束力。业主大会或者业主委员会作出的决定侵害业主合法权益的，受侵害的业主可以请求人民法院予以撤销。

第二，业主有权决定区分建筑物相关事项。下列事项由业主共同决定：①制定和修改业主大会议事规则；②制定和修改建筑物及其附属设施的管理规约；③选举业主委员会或者更换业主委员会成员；④选聘和解聘物业服务企业或者其他管理人；⑤筹集和使用建筑物及其附属设施的维修资金；⑥改建、重建建筑物及其附属设施；⑦有关共有和共同管理权利的其他重大事项。决定前款第⑤项和第⑥项规定的事项，应当经专有部分占建筑物总面积 2/3 以上的业主且占总人数 2/3 以上的业主同意。决定前款其他事项，应当经专有部分占建筑物总面积过半数的业主且占总人数过半数的业主同意。

建筑物及其附属设施的维修资金，属于业主共有。经业主共同决定，可以用于电梯、水箱等共有部分的维修。维修资金的筹集、使用情况应当公布。建筑物及其附属设施的费用分摊、收益分配等事项，有约定的，按照约定；没有约定或者约定不明确的，按照业主专有部分占建筑物总面积的比例确定。

业主可以自行管理建筑物及其附属设施，也可以委托物业服务企业或者其他管理人管理。对建设单位聘请的物业服务企业或者其他管理人，业主有权依法更换。

物业服务企业或者其他管理人根据业主的委托管理建筑区划内的建筑物及其附属设

施,并接受业主的监督。

业主应当遵守法律法规以及管理规约。业主大会和业主委员会,对任意弃置垃圾、排放污染物或者噪声、违反规定饲养动物、违章搭建、侵占通道、拒付物业费等损害他人合法权益的行为,有权依照法律、法规以及管理规约,要求行为人停止侵害、消除危险、排除妨害、赔偿损失。业主对侵害自己合法权益的行为,可以依法向人民法院提起诉讼。

3. 相邻关系

1)相邻关系的概念

相邻不动产的所有人或使用人在各自行使自己的合法权利时,都要尊重他方所有人或使用人的权利,相互间应当给予一定的方便或接受一定的限制,法律将这种相邻人间的关系用权利义务的形式确定下来,就是相邻关系。可见,相邻关系是指两个或两个以上相邻不动产的所有人或使用人,在行使占有、使用、收益、处分权利时发生的权利义务关系。

2)处理相邻关系的原则

在实际生活中,相邻人因相邻不动产的权利的行使必然地会发生这样或那样的关系,如果处理不好,就会发生矛盾,产生纠纷,影响正常的社会秩序。因此,应当按照法律关于相邻关系的原则和各项具体规定妥善、正确地处理相邻关系。

《物权法》第84条规定,不动产的相邻权利人应当按照有利生产、方便生活、团结互助、公平合理的原则,正确处理相邻关系。

3)几种主要的相邻关系

相邻关系的范围非常广泛,情况也很复杂,这里只列举几类常见的相邻关系。

(1)相邻土地使用关系。
(2)相邻防险、排污关系。
(3)相邻用水、流水、截水、排水关系。
(4)相邻管线安设关系。
(5)相邻光照、通风、音响、震动关系。
(6)相邻竹木归属关系。

 阅读案例 7-2

广场舞为什么会变成公害

深圳的福田口岸大楼对面就是一个住宅区,前两天晚上经过那里,正好遇到几位女士在跳广场舞。人倒是不多,七八个的样子,但是那强劲的声浪,让经过的人都扭过头去,特意看看发生了什么。

说到广场舞,前段时间看到朋友发的微信,说香港的北角码头也有一群跳广场舞的人。搜索了一下新闻,原来在香港一些公园,广场舞也开始流行起来,并且已经出现了因为广场舞而导致的投诉。

在香港,对于各类噪声都有法律规定,而且每天晚上11点到第二天早上7点,不管是在公共场所还是家中,发出的噪声导致其他人觉得受到了影响,都可以报警。在这个时间段,在街道上、公园里面大声喧哗,这些都是警察要管的事情。

当然,警察上门,并不意味着惹上官司。在劝谕之后改正,解决问题,通常不会被告上法庭。看了纽约跳广场舞的华人领队遭到多次投诉之后被警方起诉的个案,其最终被告上法庭的主要原因还是在于一开始劝谕的方法并不奏效。

至于小区,那更加简单,小区公用场所的使用,业主委员会可以制定规则,由物业管理公司来执行。看到一个新闻说,伊宁市的一个小区举行展销会,结果噪声导致一家住户的老人心脏病复发。住户投诉,物业公司觉得委屈,因为他们声称有公示,但没有住户表示反对。当然,根据《物权法》、《物业管理条例》的规定,牵扯到业主重大利益的决议,须征得小区1/2以上业主认可才可实施,不反对并不意味着赞成。但是,身为业主,是不是应该更主动一些,而不是在发现自己权益受损之后才发出声音?

早定规矩,就会少点矛盾,不是吗?当然不是针对广场舞,而是针对广场舞所带出的问题,对吗?

(资料来源:闾丘露薇,转自《南都周刊》,有删节)

7.2.5 动产所有权

动产所有权以动产为其标的物。所谓动产,是指性质上不须破坏、变更而能够移动其位置的财产。与不动产所有权相比较,法律对动产所有权的内容和行使限制较少,所有人有更充分的支配权。动产具有移动性,且种类繁多,其所有权取得方法较多的特点。就动产所有权取得的特殊情况而言,包括以下几个方面。

1. 善意取得

善意取得亦称即时取得,是指原物由占有人转让给善意第三人时,善意第三人一般可取得原物的所有权,所有权人不得请求善意第三人返还原物。此处的善意第三人即不知占有人为非法转让而取得原物的第三人。

根据我国《物权法》规定,动产善意取得必须符合如下构成要件:第一,受让人受让动产时是善意的;第二,受让人以合理的价格有偿受让;第三,动产已经交付给受让人。如果满足此3项要件,则成立动产善意取得。一方面,受让人取得动产所有权,该动产上的原有权利消灭,但善意受让人在受让时知道或者应当知道该权利的除外;另一方面,原权利人有权向无处分权人请求赔偿损失。但是法律对于动产所有权的取得有特殊规定者,则不依据前述规则来处理当事人之间的法律关系。譬如,法律对遗失物的所有权归属有特别规范,则不适用一般的动产善意取得规则。

2. 拾得遗失物

遗失物,是所有人遗忘于某处,不为任何人占有的物。遗失物只能是动产,不动产不存在遗失的问题。遗失物也不是无主财产,只不过是所有人丧失了对于物的占有,不为任何人占有的物。至于所有人丧失对于物的占有的情况,则各不相同。一般是所有人自己因某种原因遗失;还有其他的情况,例如直接占有人(承租人)将物(租赁物)丢失,对于间接占有人(出租人)即所有人来讲,是为遗失物。再如无行为能力的所有人将物抛弃,因他欠缺意思能力,就不成立所有权的抛弃,而只是丧失占有,是为遗失物。但是,所有人为了安全的目的或其他考虑,将物品埋藏于土地之中或放置于一定的隐秘的场所,这时所有人并没有丧失对于物的占有,因此并不是遗失物;如果因年长日久,所有人忘其所在,则为埋藏物或隐藏物。

所有权人或者其他权利人有权追回遗失物。该遗失物通过转让被他人占有的,权利人有权向无处分权人请求损害赔偿,或者自知道或者应当知道受让人之日起2年内向受让人请求返还原物,但受让人通过拍卖或者向具有经营资格的经营者购得该遗失物的,权利人请求返还原物时应当支付受让人所付的费用。权利人向受让人支付所付费用后,有权向无处分权人追偿。

善意受让人取得动产后,该动产的原有权利消灭,但善意受让人在受让时知道或者应当知道该权利的除外。

拾得遗失物,应当返还权利人。拾得人应当及时通知权利人领取,或者送交公安等有关部门。

有关部门收到遗失物,知道权利人的,应当及时通知其领取;不知道的,应当及时发布招领公告。

拾得人在遗失物送交有关部门前,有关部门在遗失物被领取前,应当妥善保管遗失物。因故意或者重大过失致使遗失物毁损、灭失的,应当承担民事责任。

权利人领取遗失物时,应当向拾得人或者有关部门支付保管遗失物等支出的必要费用。

权利人悬赏寻找遗失物的,领取遗失物时应当按照承诺履行义务。

拾得人侵占遗失物的,无权请求保管遗失物等支出的费用,也无权请求权利人按照承诺履行义务。

遗失物自发布招领公告之日起6个月内无人认领的,归国家所有。

3. 发现埋藏物

埋藏物,是指包藏于他物之中,不容易从外部发现的物。埋藏物以动产为限,不动产从其体积、固定性等方面讲,一般不会发生埋藏的问题。埋藏物一般都是埋藏于土地(称为包藏物)之中,但也不全是如此。例如埋藏于房屋墙壁中的物,也是埋藏物。

埋藏物是有主物。它只是所有人不明,而非无主物。就是说埋藏于土地或其他物之中,年长日久,由于人为的或自然的原因,已经不易确定或不知其归谁所有。

根据我国《物权法》的规定,拾得漂流物、发现埋藏物或者隐藏物的,参照拾得遗失物的有关规定。文物保护法等法律另有规定的,依照其规定。

应当指出的是,在埋藏物、隐藏物中,有些是具有历史、艺术和科学价值的文物。这些文物并不是所有人不明的物,而是国家所有的财产。

7.3 用益物权

7.3.1 用益物权的概念

用益物权是对他人所有的物,在一定范围内进行占有、使用、收益、处分的他物权。

基于不同的历史文化传统与经济制度，各国民法上的用益物权类型多有不同，体现了较为突出的固有法特征。在我国现行民法与民法学理论中，用益物权主要有土地承包经营权、建设用地使用权、宅基地使用权、地役权。

7.3.2 用益物权的特征

与财产所有权、担保物权相比较，用益物权具有一些自己的独特特征。

第一，用益物权以对标的物的使用、收益为其主要内容，并以对物的占有为前提。用益物权之"用益"，顾名思义，就是对物的使用、收益，以取得物的使用价值。在这一点上用益物权与担保物权不同，也由此决定了用益物权的设立，以对标的物的占有为要件。也就是说，必须将标的物的占有（直接占有）移转给用益物权人，由其在实体上支配标的物；否则，用益物权的目的就无法实现。

第二，用益物权是他物权、限制物权和有期限物权。用益物权是在他人所有物上设定的物权，是非所有人根据法律的规定或当事人的约定，对他人所有物享有的使用、收益的权利。因而从其法律性质上讲，用益物权属于他物权。

第三，用益物权是不动产物权。用益物权的标的物只限于不动产。在这一点上它与所有权和担保物权都不同，而所有权和担保物权的标的物既包括动产，也包括不动产。

7.3.3 用益物权的种类

用益物权的种类主要包含以下几个方面。
(1) 土地承包经营权。
(2) 建设用地使用权。
(3) 宅基地使用权。
(4) 地役权。

7.4 担保物权

7.4.1 担保物权的概念

担保物权，是与用益物权相对应的他物权，指的是为确保债权的实现而设定的，以直接取得或者支配特定财产的交换价值为内容的权利。

7.4.2 担保物权的特征

担保物权是传统民法上典型的物权形式。在我国社会主义经济条件下，担保物权制度的目的就是维护社会主义经济秩序和保护当事人的合法权益。担保物权是以确保债务履行为目的，在债务人或第三人所有的特定财产上设定的一种物权。担保物权有以下特征。

第一，担保物权以确保债务的履行为目的。

第二,担保物权是在债务人或第三人的特定财产上设定的权利。

第三,担保物权以支配担保物的价值为内容,属于物权的一种,与一般物权具有同一性质。所不同的是,一般物权以对标的物实体的占有、使用、收益、处分为目的;而担保物权则以标的物的价值确保债权的清偿为目的,以就标的物取得一定的价值为内容。

第四,担保物权具有从属性和不可分性。

7.4.3 担保物权的种类

1. 抵押权

1) 抵押权的概念

抵押权是对于债务人或第三人不移转占有而供担保的不动产及其他财产,优先清偿其债权的权利。抵押权是担保物权。抵押权是抵押权人直接对物享有的权利,可以对抗物的所有人及第三人。因此抵押权是一种物权,但其目的在于担保债权的履行,而不在于对物的使用和收益。

抵押权的标的物是债务人或第三人提供担保的不动产及其他财产。抵押物主要是不动产,也可以是动产。抵押权是就债务人或第三人提供的抵押物上设定的,要债权人(抵押权人)与债务人或第三人就抵押物设定抵押权进行约定。在这一点上,它与依法律规定当然地产生的留置权有所不同。

抵押权不移转标的物占有。抵押权的成立不以对标的物的占有为要件。抵押人不必将抵押物的占有移转给债权人(抵押权人),而由自己继续对抵押物进行使用、收益、处分,发挥物的效用。

抵押权是就抵押物优先受偿的权利。抵押权人在债务人不履行债务时,有权依法律以抵押物折价或从抵押物的变卖价金中优先得到清偿;抵押权人得排除无抵押权的债权人就抵押物优先受偿;次序在先的抵押权人比次序在后的抵押权人优先受偿。

2) 抵押权的设立

抵押权依抵押行为而设立。抵押行为是当事人(主债权人和主债务人或第三人)以意思表示设定抵押权的双方民事行为,其具体表现形式为抵押合同。根据我国《物权法》的规定,设立抵押权,当事人应当采取书面形式订立抵押合同。

3) 抵押权的实现

抵押权的实现是在债权已届清偿期而没有清偿时,抵押权人就抵押物受偿的行为。抵押权的作用就在于担保债权受偿,因此,抵押权的实现是发挥抵押权作用的方式和途径。

(1) 抵押权实现的要件。抵押权的实现,必须具备以下要件:①须抵押权有效存在。抵押权的实现,必须抵押权有效存在。如果抵押权无效,如法律规定应登记设立的抵押权未经登记,或抵押权已经消灭,或抵押权人已经抛弃抵押权,则不能实现。②须债务已届清偿期。抵押权只是担保债务履行的方法,在债务清偿期未到,债务人还不必履行债务,抵押权人自然没有实现其抵押权的权利。如果债务已届清偿期,债务人已如期履行债务,抵押权所担保的债权消灭,抵押权自应随之消灭。只有在债务已届清偿期,债务人不履行债务时，抵押权人才可以实现其抵押权。

(2) 抵押权实现的方法。债务人不履行到期债务或者发生当事人约定的实现抵押权的情形，抵押权人可以与抵押人协议以抵押财产折价或者以拍卖、变卖该抵押财产所得的价款优先受偿。抵押权人与抵押人未就抵押权实现方式达成协议的，抵押权人可以请求人民法院拍卖、变卖抵押财产。抵押财产折价或者变卖的，应当参照市场价格。据此，抵押权的实现方法有以下几种：①拍卖。抵押权人在债权已届清偿期而未受清偿时，可以依一定的程序拍卖抵押物，就其所卖得的价金进行受偿。②折价。在债权清偿期届满后，抵押权人与抵押人订立合同，由抵押权人取得抵押物的所有权，将抵押物价值高于债权额的部分返还抵押人。③变卖。这是指抵押权人不愿意拍卖抵押物，也不愿意取得抵押物的所有权，可以用一般的买卖方法，将抵押物出卖，以卖得价金受偿。

(3) 清偿债权。抵押财产折价或者拍卖、变卖后，其价款超过债权数额的部分归抵押人所有，不足部分由债务人清偿。

同一财产向两个以上债权人抵押的，拍卖、变卖抵押财产所得的价款依照下列规定清偿：①抵押权已登记的，按照登记的先后顺序清偿；顺序相同的，按照债权比例清偿；②抵押权已登记的先于未登记的受偿；③抵押权未登记的，按照债权比例清偿。

建设用地使用权抵押后，该土地上新增的建筑物不属于抵押财产。该建设用地使用权实现抵押权时，应当将该土地上新增的建筑物与建设用地使用权一并处分，但新增建筑物所得的价款，抵押权人无权优先受偿。

土地承包经营权抵押的，或者依照《物权法》第183条规定以乡镇、村企业的厂房等建筑物占用范围内的建设用地使用权一并抵押的，实现抵押权后，未经法定程序，不得改变土地所有权的性质和土地用途。

4) 抵押权的终止

出现下列情况之一的，抵押权即终止其效力。

(1) 主债权消灭。抵押权为担保主债权而存在。如果主债权因清偿、抵销、免除等原因消灭，抵押权应当随之消灭。

(2) 抵押物灭失。抵押权因抵押物灭失而消灭；但因抵押物灭失所得的赔偿金，应当作为抵押财产。

(3) 抵押权实行。抵押权人对于抵押物已经实行其抵押权，无论其债权是否得到全部清偿，抵押权都归于消灭。

2. 质权

1) 质权的概念

质权，是指为了担保债权的履行，债务人或第三人将其动产或权利移交债权人占有，当债务人不履行债务时，债权人有就其占有的财产优先受偿的权利。

质权是为担保债权的履行而设定的，是从属于主债权的担保物权。在债务人不履行债务时，质权人可以就质物优先受偿。

质权是一种动产物权，对不动产不能设定质权。法律、行政法规禁止转让的动产也不得设定质权。另外,权利也可以成为质权的标的,称权利质权。

质权须移转质物的占有,质权以占有标的物为成立要件。在设立质权时,出质人(债务人或第三人)应当将质物的占有移交给债权人。

我国民间的当铺,亦称为典当行、典卖行,实际是专门从事质押营业的,其享有的权利称之为营业质,即债务人以一定的财物(称为当物或质物)交付于债权人(当铺)做担保,向债权人借贷一定数额的金钱,于一定期限内(回赎期限),债务人清偿债务后即取回担保物;于期限届满后,债务人不清偿时,担保物即归债权人所有,或者由债权人以当物的价值优先受清偿。可见,这种营业质不同于典权。典权虽然有担保的作用,但就其基本性质而言,属于用益物权。营业质也不同于质权。在质权中是禁止当事人约定在债务履行期届满质权人未受清偿时,质物的所有权移转为质权人所有的,而营业质则不受此限制。

2) 动产质权

动产质权,是以动产为其标的物的质权。

(1) 动产质权的设立。① 质权合同。质权的设立,通常都是以合同进行的。当事人签订的质权合同应采用书面形式。质押关系的当事人是质权人和出质人。质权人即质权所担保债权的债权人。出质人即提供质物的人,一般即债务人自己;但第三人也可以用自己的财产为他人设定质权。但是,出质人以其不具有所有权但合法占有的动产出质的,不知出质人无处分权的质权人行使质权后,因此给动产所有人造成损失的,由出质人承担赔偿责任。

在质权合同中,出质人和质权人不得约定在债务履行期届满,质权人未受清偿时,质物的所有权转移为质权人所有。质押合同中的此种约定无效,但该部分内容的无效不影响质押合同其他部分内容的效力。

出质人与质权人可以协议设立最高额质权。最高额质权除适用《物权法》动产质权的有关规定外,参照《物权法》最高额抵押权的规定。② 质物及其交付。质物一般是各类动产,但债务人或第三人将其金钱以特户、封金、保证金等形式特定化以后,移交债权人占有作为债权的担保,债务人不履行债务时,债权人可以以该金钱优先受偿。

质权合同为要物合同,即质权合同自质物移交于质权人占有时生效;出质人以间接占有的财产出质的,质押合同自书面通知送达占有人时视为移交。占有人收到出质通知后,仍接受出质人的指示处分出质财产的,该行为无效;出质人代质权人占有质物的,质押合同不生效;债务人或者第三人未按质押合同约定的时间移交质物,因此给质权人造成损失的,出质人应当根据其过错承担赔偿责任。

质押合同中对质押财产约定不明,或者约定的出质财产与实际移交的财产不一致的,以实际交付占有的财产为准。

质物有隐蔽瑕疵造成质权人其他财产损害的,应由出质人承担赔偿责任;但是,质权人在质物移交时明知质物有瑕疵而予以接受的除外。

质权的效力及于质物的全部。主债权未受全部清偿的,质权人可以就质物的全部行使其质权。质物被分割或者部分转让的,质权人可以就分割或转让后的质物行使质权。

质物因附合、混合或者加工使质物的所有权为第三人所有的,质权的效力及于补偿金；质物所有人为附合物、混合物或者加工物的所有人的，质权的效力及于附合物、混合物或者加工物；第三人与质物所有人为附合物、混合物或者加工物的共有人的，质权的效力及于出质人对共有物享有的份额。

动产质权的效力及于质物的从物。但是，从物未随同质物交付于质权人占有的，质权的效力不及于从物。

质权人有权收取质押财产的孳息，但合同另有约定的除外。孳息应当先充抵收取孳息的费用。

(2) 质权所担保的债权范围。质权所担保的范围包括主债权及利息、违约金、损害赔偿金、质物保管费用和实现质权的费用。质押合同另有约定的，从其约定。

主债权被分割或者部分转让的，各债权人可以就其享有的债权份额行使质权；主债务被分割或者部分转让的，出质人仍以其质物担保数个债务人履行债务。但是，第三人提供质物的，债权人许可债务人转让债务未经出质人书面同意的，出质人对未经其同意转让的债务，不再承担担保责任。

在实现质权时，质物折价或者拍卖、变卖所得的价款低于质权设定时约定的价值的，应当按质物实现的价值进行清偿；不足清偿的剩余部分由债务人清偿。

在实现质权时，质物折价或者拍卖、变卖所得的价款，当事人没有约定的按照实现质权的费用、主债权的利息、主债权顺序清偿。

3. 留置权

1) 留置权的概念

留置权是债权人按照合同约定占有债务人的财产，在债务人逾期不履行债务时，有留置该财产以迫使债务人履行债务，并在债务人仍不履行债务时就该财产优先受偿的权利。留置权是以动产为标的物的担保物权。留置权的作用，在于担保债权受偿，而不在于对物的使用、收益，因此留置权是一种担保物权。

留置权是债权人留置债务人动产的权利。留置权是指债权人对于自己的债权受清偿前，拒绝返还所占有的债务人的动产的权利。在债务人超过法定期限仍不履行债务时，债权人即可就留置物受偿，以满足其债权。

留置权是一种法定担保物权。留置权在符合一定的条件时，依法律的规定产生，而不是依当事人之间的协议设定的。《担保法》规定，因保管合同、运输合同、加工承揽合同发生的债权，债务人不履行债务的，债权人有留置权。但当事人可以在合同中约定排除留置权的情况。

另外，留置权也具有从属性、不可分性和物上代位性等担保物权的共同属性。

2) 留置权的取得

留置权的取得，是基于法律规定。只有在符合法律规定的条件下，债权人才能取得留置权。这些条件可以分为积极要件和消极要件。

(1) 留置权取得的积极要件，是留置权的取得所应具有的事实，这主要有以下几项。

① 须债权人占有债务人的动产。留置权的目的，在于担保债的履行，因此享有留置

权的应当是债权人。至于债权的发生原因，依《担保法》第 84 条的规定，因保管合同、运输合同、加工承揽合同发生的债权，债务人不履行债务的，债权人有留置权。

留置权的取得，债权人须合法占有债务人的财产，其占有方式是直接占有还是间接占有均可。但单纯的持有，如雇用人操持家务，则其在工作中使用家中的器具，是持有而不是占有，故不能成立留置权。债务人代债权人占有留置物的，留置权不成立。

债权人合法占有债务人交付的动产时，不知道债务人无处分该动产的权利，债权人仍可以依法享有留置权。

② 须债权已届清偿期。债权人虽占有债务人的动产，但在债权尚未届清偿期时，因此时尚不发生债务人不履行债务的问题，不发生留置权。只有在债权已届清偿期，债务人仍不履行债务时，债权人才可以留置债务人的动产。

债权人的债权未届清偿期，其交付占有标的物的义务已届清偿期的，不能行使留置权。但是，债权人能够证明债务人无支付能力的除外。

③ 须债权的发生与该动产有牵连关系。债权人所占有的债务人的动产必须与其债权的发生有牵连关系，才有留置权可言。

我国《物权法》规定，债权人留置的动产，应当与债权同属一法律关系，但企业之间留置的除外。

由于留置权所担保的债权与留置物有牵连关系，故而与留置权有牵连关系的债权，都在留置权所担保的范围之内，包括原债权、利息（包括迟延利息）、实行留置权的费用及因留置物的瑕疵给留置权人造成的损害赔偿请求权。而留置物的范围，除了留置物本身外，还包括其从物、孳息和代位物。

（2）留置权取得的消极条件如下。

① 对动产的占有不是因侵权行为取得。留置权的取得，以对债务人的动产的占有为前提，但其占有必须是合法占有。如果是因侵权行为占有他人的动产，不发生留置权。例如窃贼即使对盗赃支出了必要费用，也不享有留置权。

② 对动产的留置不违反公共利益或善良风俗。对动产的留置如果违反公共利益或善良风俗，如留置他人的居民身份证、留置他人待用的殡丧物，都是违法的，债权人都不能为之。

③ 对动产的留置不得与债权人的义务相抵触。债权人留置债务人的动产如果与其所承担的义务相抵触，亦不得为之。例如，承运人有将货物运送到指定地点的义务，在运送途中，不得以未付运费为由而留置货物。

3）留置权的效力

（1）留置权人的权利如下。

① 留置标的物。在债务人不履行债务时，债权人就可以留置标的物，拒绝债务人交付标的物的请求。留置物为不可分物的，留置权人可以就留置物的全部行使留置权；但留置物为可分物的，留置物的价值应当与债务的金额相当，即债权人只能留置与自己的债权额相当的部分，其余部分应当交付债务人。债权人将留置物返还给债务人后，即不可以其留置权对抗第三人。但是，因不可归责于债权人的事由而丧失对留置物的占有的，债权人

可以向不当占有人请求停止侵害、恢复原状、返还质物。留置权的效力及于留置物的从物。但是,从物未随同留置物交付于债权人占有的,留置权的效力不及于从物。

② 收取留置物的孳息。收取的孳息,应先充抵收取孳息的费用。

③ 请求偿还费用。债权人因保管留置物所支出的必要费用,有权向债务人请求返还。

④ 就留置物优先受偿。留置权所担保的范围包括主债权和利息、违约金、损害赔偿金、留置物保管费用和实现留置权的费用。

留置权人与债务人应当约定留置财产后的债务履行期间;没有约定或者约定不明确的,留置权人应当给债务人两个月以上履行债务的期间,但鲜活易腐等不易保管的动产除外。债务人逾期未履行的,留置权人可以与债务人协议以留置财产折价,也可以就拍卖、变卖留置财产所得的价款优先受偿。留置财产折价或者变卖的,应当参照市场价格。

债务人可以请求留置权人在债务履行期届满后行使留置权;留置权人不行使的,债务人可以请求人民法院拍卖、留置财产。

留置物折价或拍卖、变卖后,其价款超过债权数额的部分归债务人所有,不足部分由债务人清偿。

(2) 留置权人的义务如下。

① 保管留置物。留置权人负有妥善保管留置财产的义务;因保管不善造成留置财产毁损、灭失的,应当承担民事赔偿责任。在留置权存续期间,债权人未经债务人同意,擅自使用、出租、处分留置物,因此给债务人造成损失的,债权人应当承担赔偿责任。

② 返还留置物。在留置权所担保的债权消灭,或者债权虽未消灭,债务人另行提供担保时,债权人应当返还留置物给债务人。

4) 留置权的消灭

留置权消灭的原因主要有以下几点。

(1) 主债权消灭。

(2) 留置权实现。

(3) 留置物灭失。

(4) 债务人另行提供担保并被债权人接受。

(5) 留置权人对留置财产丧失占有。

阅读案例 7-3

关于抵押合同的生效条件——《物权法》颁布前后比较

甲因为需要本钱做生意,经和朋友乙商量借款 20 万,同时用自己所有的房产抵押给乙,但双方没有到房管部门办理抵押手续,只是签订了一份借款合同,同时在合同上提到了用自有的某某地房产作抵押,并将房产证交付给乙方保管。一年后,甲做生意失败,甲无力归还乙的借款,乙起诉甲到法院,在诉讼过程中甲承认借款的事实,但认为抵押没有生效,法院在判决时认为:根据《担保法》第 41 条的规定:"当事人以本法第四十二条规定的财产抵押的,应当办理抵押物登记,抵押合同自登记之日起生效"。由于本案的抵押物没有办理登记,因此抵押合同没有生效,乙不享有抵押权。

律师认为:该案若发生在物权法实施后,根据新的《物权法》第 15 条规定:"当事人之间订立有关设立、变更、转让和消灭不动产物权的合同，除法律另有规定或者合同另有约定外，自合同成立时生效；未办理物权登记的，不影响合同效力。"

通过对比可知，《物权法》摒弃了《担保法》将"基础关系(合同)与物权变动的效力混为一谈"的观念，将基础关系(合同)与物权变动的效力区分开来，除非法律另有规定或合同另有约定，担保合同一经成立即生效。因此，根据现在的《物权法》规定判决，本案的抵押合同是生效的。乙可通过诉讼要求甲履行配合登记的义务，若抵押合同中还约定了甲不办理抵押登记应承担的违约金，甲可一并要求乙支付违约金。当然，在抵押登记之前，抵押不发生物权的效力，乙尚不能根据抵押合同实现抵押权。

本 章 小 结

> 物权是指权利人对特定的物享有直接支配和排他的权利，包括所有权、用益物权和担保物权。财产所有权是财产所有人在法律规定的范围内，对属于他的财产享有的占有、使用、收益、处分的权利。所有权的内容：占有、使用、收益和处分。用益物权是对他人所有的物，在一定范围内进行占有、使用、收益、处分的他物权。担保物权，是与用益物权相对应的他物权，指的是为确保债权的实现而设定的，以直接取得或者支配特定财产的交换价值为内容的权利。担保物权的种类：抵押权、质权和留置权。

练 习 题

一、不定项选择题

1. 甲将自己收藏的一幅名画卖给乙，乙当场付款，约定5天后取画。丙听说后，表示愿出比乙高的价格购买此画，甲当即决定卖给丙，约定第二天交货。乙得知此事，当晚诱使甲8岁的儿子从家中取出此画给自己。该画在由乙占有期间，被丁盗走。根据《物权法》的规定，此时该名画的所有权属于( )。
   A. 甲　　　　　B. 乙　　　　　C. 丙　　　　　D. 丁

2. 王某在吃饭时丢失手表一块，餐厅人员拾得后交给公安部门。王某未在规定期限内前去认领，公安部门按照有关规定交寄售商店出售。孙某从该商店买得该手表，将手表送给女友林某做生日礼物。林某第二天乘公交车时，手表被偷走，小偷下车后即以100元的价格卖给不知情的郑某。根据《物权法》的规定，该手表的所有权属于( )。
   A. 王某　　　　B. 孙某　　　　C. 林某　　　　D. 郑某

3. 甲、乙、丙、丁按份共有一艘轮船，甲占该船70%的份额。现甲欲将该船作抵押向某银行贷款500万元。已知各共有人事先对此未作约定。根据《物权法》的规定，下列说法中，正确的是( )。
   A. 甲将共有轮船抵押应经过乙、丙的同意

B. 甲将共有轮船抵押须经乙或丙两者中的一个同意

C. 甲将共有轮船抵押无须经任何人同意

D. 甲将共有轮船抵押属于无权处分

4. 甲、乙公司分别取得在同一街区相邻的两块建设用地，并各盖了10层办公楼，乙临街，甲在其后，甲的后院有一个小出口。但甲为了车队出入更方便，遂与相邻的乙约定：乙不在自己西侧宽5米、长150米的土地上建造房屋，专留给甲的车队通行，期限20年，作为补偿，甲一次性支付给乙100万元。双方签订合同并办理了地役权登记。两年后，甲的下列做法中，符合《物权法》规定的是（　　）。

A. 甲将办公楼转让给丙，保留在乙地通行的权利

B. 甲单独将在乙地通行的权利转让给丙

C. 甲将办公楼转让给丙，将在乙地通行的权利转让给丁

D. 甲将办公楼和在乙地通行的权利一并转让给丙

5. 个体工商户甲将其现有的以及将有的生产设备、原材料、半成品、产品一并抵押给乙银行，但未办理抵押登记。抵押期间，甲未经乙同意以合理价格将一台生产设备出卖给丙。后甲不能向乙履行到期债务。根据《物权法》的规定，下列选项中，正确的是（　　）。

A. 该抵押权因抵押物不特定而不能成立

B. 该抵押权因未办理抵押登记而不能成立

C. 该抵押权虽已成立但不能对抗善意第三人

D. 乙有权对丙从甲处购买的生产设备行使抵押权

6. 根据《物权法》的规定，下列各项中，属于孳息的是（　　）。

A. 出租柜台所得租金　　　　　　B. 果树上已经成熟的果实

C. 动物腹中的幼仔　　　　　　　D. 彩票中奖所得奖金

7. 甲继承了一套房屋，甲在办理产权登记前将房屋出卖并交付给乙，甲办理产权登记后又将该房屋出卖给丙并办理了所有权移转登记。在办理继承登记前，关于甲对房屋的权利状态，根据《物权法》的规定，下列表述中，正确的是（　　）。

A. 甲已经取得了该房屋的所有权

B. 甲对该房屋的所有权不能对抗善意第三人

C. 甲出卖该房屋未经登记不发生物权效力

D. 甲可以出租该房屋

8. 甲擅自将乙借给他的一块手表卖给丙，下列表述中，正确的是（　　）。

A. 甲以自己的名义卖给丙，甲、丙之间的合同属于效力待定的合同

B. 甲以乙的名义卖给丙，甲、丙之间的行为属于无权代理的行为

C. 丙基于善意取得制度而取得该手表的所有权

D. 丙只能因乙的追认才能取得该手表的所有权

9. 甲、乙、丙、丁分别购买了某住宅楼（共四层）的一至四层住宅，并各自办理了房产证。根据《物权法》的规定，下列表述中，正确的是（　　）。

A. 甲、乙、丙、丁有权分享该住宅楼的外墙广告收入

B. 一层住户甲对三、四层间楼板不享有民事权利
C. 若甲出卖其住宅，乙、丙、丁享有优先购买权
D. 如四层住户丁欲在楼顶建一花圃，须得到甲、乙、丙同意

10. 甲为了能在自己的房子里欣赏远处的风景。便与相邻的乙约定：乙不在自己的土地上从事高层建筑；作为补偿，甲每年支付给乙4000元。甲、乙于4月1日签订了合同，并于4月10日进行了登记。两年后，乙将该建设用地使用权转让给丙。丙在该土地上建了一座高楼，与甲发生了纠纷。根据《物权法》的规定，下列表述中，正确的是（　　）。

A. 甲对乙的土地享有的地役权自4月1日设立
B. 甲对乙的土地享有的地役权自4月10日设立
C. 甲有权不让丙建高楼，但应每年向丙支付4000元
D. 丙有权建高楼，但须补偿甲由此受到的损失

二、案例分析题

案例1　甲、乙、丙于2013年10月8日各出资1万元买得一幅名画，三人约定各占1/3的份额，画由甲保管。2013年11月，甲遇丁，丁愿购此画。甲擅自决定将此画作价4.5万元卖给丁。事后，甲告知乙、丙。乙、丙要求分得卖画款项，甲即分别给乙、丙各1.5万元。

丁购得该画后，于2013年12月1日将画以5万元卖给戊。双方同时约定，此画先放在丁处，让丁再欣赏1个月，2008年1月1日丁再向戊交付该画。

2014年2月，戊向辛借款3万元，期限为3个月。戊将该画抵押给辛。双方签订了抵押合同，但未办理抵押登记。2014年3月，戊未经辛的同意，擅自将此画作价6万元卖给不知情的庚。

庚嫌该画装裱不够精美，遂将该画送A装裱店装裱。因庚未按期支付A装裱店的费用，该画被A装裱店留置。

请分析并回答下列问题：
（1）丁是否取得了该画的所有权？并说明理由。
（2）戊自何时取得该画的所有权？并说明理由。
（3）辛的抵押权是否设立？辛的抵押权能否对抗庚？并说明理由。
（4）A装裱店能否行使留置权？并说明理由。

案例2　甲去银行贷款，为担保自己债务的履行，决定将自己的房屋抵押给银行。在甲将房产证押给银行但尚未办理抵押登记的情况下，就给甲发放了贷款。债权到期时，甲不能清偿债务，银行要求拍卖其房屋以优先实现自己的债权。问：银行与甲的抵押权是否成立？

案例3　甲单位购买了一台轿车，登记在公司经理张三的名下。张三擅自将该车转让给丙，甲单位知道这一情况后，向法院提起诉讼，请求丙返还该车。问：甲单位的主张能否得到法院的支持？甲单位该如何维护自己的权利？

第8章 合同法制度

教学要求

通过本章的学习，学生应当能够：

（1）了解合同的订立、合同的生效、合同的履行及合同的担保和违约责任等基本内容；

（2）理解合同的不同分类标准及内容等；

（3）掌握要约和要约邀请的区别，合同的生效、履行原则，合同担保方式及责任承担等基本内容；

（4）了解合同的变更、转让和终止及违约责任等相关内容。

 引例

要约还是要约邀请？

被告（某市食品公司）因建造一栋大楼急需水泥，基建处遂向本省的青锋水泥厂、新华水泥厂及原告建设水泥厂发出函电，函电中称："我公司急需标号为150型号的水泥100吨，如贵厂有货，请速来函电，我公司愿派人前往购买"。3家水泥厂在收到函电以后，都先后向原告回复了函电，在函电中告知它们备有现货，且告知了水泥的价格。而原告建设水泥厂在发出函电的同时，亦派车给被告送去了50吨水泥。在该批水泥送达被告之前，被告得知新华水泥厂所生产的水泥质量较好，且价格合理，因此，向新华水泥厂发去函电，称："我公司愿购买贵厂100吨150型号水泥，盼速送货，运费由我公司负担。"在发出函电后第二天上午，新华水泥厂发函称已准备发货。下午，原告将50吨水泥送到，被告告知原告，他们已决定购买新华水泥厂的水泥，因此不能接受原告送来的水泥。原告认为，被告拒收货物已构成违约，双方因协商不成，原告遂向法院提起诉讼。

（资料来源：http://210.47.151.235）

【分析】

1. 争议

对本案中被告是否构成违约，存在着几种不同观点。

第一种观点认为：被告已构成违约。因为被告向原告发出的函电中，称"我厂愿派人前往购买"。实际上已表示，只要原告有货，它就将购买，这是对原告发出的购买水泥要约。而原告发送水泥，实际上是以行为作出承诺,可见,双方已成立买卖合同,被告拒收货物,已构成违约。

第二种观点认为:被告并未构成违约,因为被告向原告发出的函电并非是一种要约,只是要约邀请,而原告送货,实际上是一种要约行为,据此,被告可以承诺,也可以拒绝承诺,如被告拒绝收货,表明它不愿意承诺,这完全是合法的。

2. 评析

确定本案被告是否构成违约,首先须判定买卖合同是否成立,而要判定合同是否成立,关键在于认定被告向原告所发出的函电在性质上究竟是要约,还是要约邀请。具体理由如下。

(1) 从当事人的意愿角度来看,应属于要约邀请。从本案来看,被告向原告发出的函电中"请速来函电",表明被告希望原告向自己发出要约;"我厂愿派人前往购买",其含义是派人前去协商购买,而不是前往原告处提货。

(2) 从函电的内容是否包含了合同的主要条款来看,该函电是要约邀请。从本案来看,作为买卖合同,要具备的主要条款是标的和价金。被告在函电中已明确规定了标的和数量,但并未提出价款,被告的意思显然是希望原告向其告知价款,以进一步与其协商是否购买其水泥。由于函电内容中缺少价格条款,不符合要约的构成要件,而只能视为要约邀请。

(3) 从交易习惯上看,也不足以认定被告的函电是要约。因为被告在尚未了解水泥的价格与水泥的质量的情况下,是不可能决定派人前往原告处提货的。

从以上分析可见,本案中被告向原告发出的函电是要约邀请而非要约,那么,原告发出函电和发运水泥的行为,在法律上如何认定?我们认为,此种行为是一种要约行为,它实际上是以函电告知货物的价格及发出货物的行为来作出订立合同的提议。对被告而言,可以承诺,亦可以不承诺,一旦被告拒绝承诺,则表明合同根本没有成立,自然不承担合同责任。

8.1 合同法概述

8.1.1 合同的概念和分类

1. 合同的概念

《中华人民共和国合同法》(以下简称《合同法》)规定,合同是指平等主体的自然人、法人、其他组织之间设立、变更、终止民事权利义务关系的协议。依法成立的合同,受法律保护。

2. 合同的特征

1) 合同是一种民事法律行为

法律行为就是能够引起法律关系产生、变更、终止的当事人主观意志的活动。依照《合同法》第8条的规定,依法成立的合同,对当事人具有法律约束力。当事人应当按照约定履行自己的义务,不得擅自变更或者解除合同。

2) 合同是两方以上当事人的意思表示一致的民事法律行为

合同的成立必须有两方以上的当事人,他们互为意思表示,并且意思表示一致。这是合同与单方法律行为相区别的重要标志。

3）合同是以设立、变更、终止民事权利义务关系为目的的民事法律行为

法律行为作为人的主观意志的活动，都有其目的性。订立合同的目的就在于使有关的民事权利义务关系产生、变更或者终止。

3. 合同的分类

合同可以按照不同的标准进行分类，合同的分类有助于我们从整体上加深对合同的认识。

1）双务合同与单务合同

根据合同当事人是否互负对等义务，可以将合同区分为双务合同和单务合同。

双务合同是双方当事人互负义务的合同。单务合同是一方当事人负担义务，另一方享有权利的合同。

有偿合同都是双务合同，没有例外，因为有偿合同存在对价。有偿合同是真正（典型）双务合同。有偿合同与（典型）双务合同，是对同一事物，从不同角度的表达。

无偿合同一般是单务合同，但无偿合同也可以是双务合同。如无偿委托合同，委托人支付处理委托事务的必要费用的义务（参见《合同法》第398条），与受托人完成委托事务的义务，不是对价关系，因此是不完全双务合同。无息借款合同也不是双务合同。

2）有偿合同和无偿合同

根据当事人取得权利有无对价，可以将合同区分为有偿合同和无偿合同。

有偿合同是交易关系，是双方财产的交换，是对价的交换。无偿合同不存在对价，不是财产的交换，是一方付出财产或者付出劳务（付出劳务可以视为付出财产利益）。赠与合同是典型的无偿合同，保管合同和两个自然人之间的借款合同原则上是无偿合同，但可以约定为有偿合同（参见《合同法》第211条、第366条）。

3）要式合同与非要式合同

根据合同是否应以一定形式为要件，可以将合同区分为要式合同和非要式合同。

要式合同指法律规定合同具备特定的形式才能成立或者生效的合同。如《合同法》第10条2款"法律行政法规规定采用书面形式的应当采用书面形式"，这些书面形式属于法定形式；"当事人约定采用书面形式的，应当采用书面形式"，法律没有要求特定形式的合同叫非要式合同。

要式可以分为绝对要式和相对要式两种。对于绝对要式这个"要"字是指的要件，缺了它不行。比如说，支票或者其他票据，上边的格式是中国人民银行规定的，这种格式不能改变，否则就取不出钱，格式是个要件，是不允许变的。法律要求书面形式的合同不等于绝对要式合同，因为《合同法》规定法律规定要采用书面形式的当事人没有采用，合同照样可以生效。比如说通过行为，一方履行，另一方受领，行为可以排除法定的书面形式（参见《合同法》第36条、第37条）。也就是说，《合同法》规定的书面形式不是绝对要件。

4）有名合同与无名合同

根据法律是否为某种合同确定了一个合同名称，可以将合同区分为有名合同与无名合同。

有名合同又称为典型合同，指法律为其确定了特定的名称和规则的合同。从理论上说，有名合同具有广义和狭义之分。广义上讲，法律、行政法规和司法解释所确定有名合同都属于有名合同，而不仅属于《合同法》所确定的有名合同。我国《合同法》按照合同业务性质和权利义务内容的不同，将合同分为买卖合同；供用电、水、气、热力合同；赠与合同；借款合同；租赁合同；融资租赁合同；承揽合同；建设工程合同；运输合同；技术合同；保管合同；仓储合同；委托合同；行纪合同；居间合同共15类，这些都是基本合同类型。《合同法》第124条将无名合同限定为"本法分则或者其他法律没有明文规定的合同"，表明法规、规章、司法解释规定的合同即使确定了名称和规则，也不是有名合同。因此狭义有名合同是指《合同法》分则和有关法律规定的合同。

无名合同又称非典型合同，指法律没有确定一定的名称和相应的具体规则的合同。

5）诺成合同和实践合同

根据合同成立是否以标的物交付为要件可分为诺成合同和实践合同。

诺成合同，即当事人一方的意思表示一旦为对方同意即能产生法律效果的合同，即"一诺即成"的合同。除经当事人意思表示一致外，还须以交付合同的标的物为合同成立要件的，为实践合同。也就是说，我国法律对于实践合同采取双重标准。如定金合同：双方达成一致意见时，取得合意的时候成立，提交定金的时候，合同生效。按照《合同法》关于自然人借款合同的规定，自然人之间的借款合同双方达成合意时成立，提供借款时生效。按照《合同法》关于保管合同的规定，提交保管物给保管人的时候合同成立。诺成合同是常态，实践合同是特殊形态。保管合同、两个自然人之间的借款合同、质押合同、定金合同是实践合同。而赠与合同、运输合同、承揽合同不是实践合同。

6）主合同和从合同

根据两个合同的从属关系，可以把合同分成主合同和从合同。

主合同是指不需要其他合同的存在即可独立存在的合同。从合同是以其他合同的存在而为存在前提的合同。如保证合同对于主债务的合同而言即为从债务。由于从债务要依赖于主债务的存在而存在，所以从合同又被称为"附属合同"。从合同的主要特点在于其附属性，即它不能独立存在，必须以主合同的存在并生效为前提。主合同不能成立，从合同就不能有效存在；主合同转让从合同也不能单独存在；主合同被宣告无效或撤销，从合同也将失去效力；主合同终止，从合同也随之终止。

7）束己合同和涉他合同

根据合同的履行是否涉及第三人，可以分为束己合同和涉他合同。

束己合同是当事人为自己约定并承受权利义务的合同。狭义的涉他合同又可以分为两种：一是为第三人设定债权的合同；二是为第三人设定债务的合同。为第三人设定债权的合同，如人身保险合同，可以第三人为受益人。为第三人设定债务的合同，要经第三人同意，否则第三人不承担债务。原理是当事人可以为自己设定债务，不能为第三人设定债务。

8.1.2 合同法概念与调整范围

1. 《合同法》的概念

合同法是调整平等主体之间当事人的合同权利义务关系的法律规范的总称。合同法界定的法律规范包括订立合同的法律规范、合同效力的法律规范、合同履行的法律规范、合同变更、转让和终止以及违约责任等法律规范，是市场经济条件下的基本法律。我国现行的合同法律制度主要是 1999 年 3 月 15 日第九届全国人民代表大会第二次会议通过、自 1999 年 10 月 1 日起施行的《中华人民共和国合同法》。

2. 《合同法》的调整范围

《合同法》第 2 条规定："本法所称合同是平等主体的自然人、法人、其他组织之间设立、变更、终止民事权利义务关系的协议"。"婚姻、收养、监护等有关身份关系的协议，适用其他法律的规定。"

合同法调整的范围包括以下 3 个方面。

(1) 平等主体之间订立的民事权利义务关系的协议，主要指民事法律关系。因此，政府对经济的管理而产生的行政法律关系，不适用《合同法》。企业内部的管理者与被管理者之间的关系，也不适用《合同法》。

(2) 《合同法》仅调整属于财产关系的民事法律关系，民事关系中属于人身关系的部分不适用《合同法》。

(3) 《合同法》第 124 条规定，本法分则或者其他法律没有明文规定的合同，适用本法总则的规定，并可以参照本法分则或者其他法律最相类似的规定。因此，除了《合同法》已经规定的列名合同之外，对于《合同法》没有列名的其他合同，也同样可以适用《合同法》。

8.1.3 合同法的基本原则

合同法的基本原则既是当事人在合同活动中应当遵守的基本准则，也是人民法院、仲裁机构在审理、仲裁合同纠纷时应当遵循的原则。合同法中关于合同的订立、合同的效力、合同的履行以及违约责任等的内容，都是根据这些基本原则规定的。由此可以看出，合同法调整的是债权合同，身份合同不适用该法。

1. 当事人法律地位平等原则

《合同法》第 3 条规定："合同当事人的法律地位平等，一方不得将自己的意志强加给另一方。"

平等原则的基本含义是：①合同当事人不论是自然人、法人或者其他经济组织，他们在合同关系中相互之间的法律地位是平等的。在法律上，合同当事人都是独立的、平等的主体，没有高低、从属之分，也不存在命令与被命令、管理与被管理的关系，都必须遵守法律规定，尊重对方当事人的意志。②合同当事人的权利义务对等。"对等"意味着享有权利就应当承担义务。并且，彼此的权利义务是相对应的。任何一方不得无偿占有另一方的财产或者侵犯他人权益。③合同当事人必须就合同条款充分协商，取得一致，合同才能成立。合同是双方当事人意思表示一致的结果，是当事人在互惠互利的基础上充分表达自己的意见，对合同条款取得一致后达成的协议。因此，任何一方不得将自己的意志强加给另一方，更不能以强迫命令或胁迫等手段签订合同。

2. 合同自愿原则

《合同法》第 4 条规定："当事人依法享有自愿订立合同的权利，任何单位和个人不得非法干预。"

自愿原则意味着合同当事人自主自愿地进行交易活动，根据自己的知识、认识和判断，自主选择自己所需的合同。按照自愿原则，当事人可以依自己的意愿自主决定是否签订合同；有权选择订约的对方当事人；在不违背法律的前提下自愿约定合同内容；在合同履行过程中，可以协议补充，变更合同内容，也可以协议解除合同；可以约定违约责任，发生争议时，可以自愿选择解决争议的方式。自愿原则保障了合同当事人在交易活动中的主动性、积极性和创造性，便于合同当事人通过协商，自愿决定和调整相互之间的权利义务关系。

当然，自愿原则并不是绝对的，当事人订立合同、履行合同，都应当遵守法律、行政法规，尊重社会公德，不得扰乱社会经济秩序，损害社会公共利益。

3. 公平原则

《合同法》第 5 条规定："当事人应当遵循公平原则确定各方的权利和义务。"

依照公平原则，合同双方当事人应当根据公平、正义的理念确定各方的权利和义务。公平原则强调一方的给付与对方的给付之间的等值性，合同上负担和风险分配的合理性。具体内容包括：①在订立合同时，应根据公平原则确定双方的权利和义务，当事人应当在不侵害他人合法权益的基础上实现自己的利益，不得滥用权利，也不得显失公平；②当事人应根据公平原则合理分配相互的风险与责任，相互的权利和义务大体上要平衡；③应根据公平原则确定违约责任。

公平原则体现了社会公德和商业道德的要求，将公平原则规定为合同当事人的行为准则，有利于维护和平衡合同当事人的利益，在公平与正义的基础上建立良好的社会秩序。

4. 诚实信用原则

《合同法》第 6 条规定："当事人行使权利、履行义务应当遵循诚实信用原则。"

诚实信用原则的含义是当事人在合同订立、履行及终止整个合同活动中应当讲诚实守信用，相互协作，以善意的方式履行自己的义务，不得规避法律和合同义务。按照诚实信用原则，合同当事人应当以善意的方式行使合同权利，不得以损害他人利益为目的滥用权利；应当以诚实的、自觉的方式履行合同义务，例如根据合同的性质、目的和交易习惯履行及通知、协助、提供必要的条件，防止损失扩大和保密等义务；合同当事人应当以实事求是的态度对自己的行为负责。诚实信用原则的确立，有利于保护合同当事人的合法权益，促使当事人更好地履行合同义务。

5. 遵守法律和维护道德原则

《合同法》第 7 条规定："当事人订立、履行合同，应当遵守法律、行政法规，尊重社会公德，不得扰乱社会经济秩序，损害社会公共利益。"

社会公德是人们在社会公共生活中应当遵循的基本准则。社会公共利益即全体社会成员的共同利益。遵守法律则是法制国家对每一个社会成员和组织的基本要求。

合同活动遵守法律和维护道德原则是对合同自愿原则的限制和补充，合同自愿原则鼓励交易，促进交易的开展，发挥当事人的主动性、积极性和创造性，以活跃市场经济。遵守法律和维护道德原则，则保证了交易在遵守公共秩序和善良风俗的前提下进行，使市场经济有一个健康、正常的道德秩序和法律秩序。

 阅读案例 8-1

合同的由来

合同的由来得追溯到三国时期的吴国，当时没有我们现在书写的纸张，记载一些事件都用木简，就是现在人们所称的吴简。

经过改朝换代，很多的政治人文，风俗习惯都会发生变化，但是有一点却始终没变，那就是浩浩几千年，经商的、种植的、手工业的都得向政府交纳一定的税款。当时的吴国也不例外，为了更好地敦促纳税人和征税官员做事不发生纰漏，公元 235 年，孙权的哥哥就发明了用吴简做成的契约。

具体做法是：用一块木简，直写 3 行一模一样的文字，内容就是所要交纳的税款等，在 3 行文字上面写上一个扁扁的"同"字，字宽超过 3 行文字的宽度。然后把 3 行文字分别剖开，"同"也就一分为三，一份存官府档案，一份交给征税官员，一份给纳税人。把 3 块简合起就有一个完整的"同"。所谓"合同"也。

（资料来源：http://chen6041881.blog.163.com/blog/）

8.2 合同的订立

8.2.1 合同的主体

合同的订立是指两个人或两个以上的当事人，依法就合同的主要条款经过协商一致达成协议的法律行为。依照《合同法》第 2 条规定，法人、自然人或者其他组织都可以成为合同主体，但是必须具备合同主体的资格。《合同法》第 9 条规定："当事人订立合同，应当具有相应的民事权利能力和民事行为能力"。"当事人依法可以委托代理人订立合同"。

8.2.2 合同的形式

合同的形式是指当事人采用何种形式来表现所订立合同的内容。《合同法》第10条规定:"当事人订立合同,有书面形式、口头形式和其他形式。法律、行政法规规定采用书面形式的,应当采用书面形式。当事人约定采用书面形式的,应当采用书面形式。"

1. 书面形式

书面形式,是指以文字的方式表现当事人之间所订立合同内容的形式。依照《合同法》第11条的规定,合同的书面形式是指合同书、信件和数据电文(包括电报、电传、传真、电子数据交换和电子邮件)等可以有形地表现所载合同内容的形式。

《合同法》第10条第2款规定:"法律、行政法规规定采用书面形式的,应当采用书面形式。当事人约定采用书面形式的,应当采用书面形式"。依照上述规定,凡是法律规定或者当事人约定应采用书面形式的,订立合同时当事人就应当采用书面形式。但《合同法》第36条又作了比较灵活的规定,法律、行政法规规定或者当事人约定采用书面形式订立合同,当事人未采用书面形式但一方已经履行主要义务,对方接受的,该合同成立。

2. 口头形式

口头形式,是指当事人用谈话的方式订立合同,如当面交谈、电话联系等。以口头形式订立合同比较简单方便、直接迅速,但是合同内容难以进行有形的复制,发生争议时,难以取证和举证,不利于分清当事人之间的责任。因此,口头形式订立合同,只适宜于即时清结的合同。

3. 其他形式

其他形式,是指采用除书面形式、口头形式以外的方式来表现合同内容的形式,如推定形式,这种形式的合同可以称为默示合同,指当事人不直接用书面或者口头方式明确表示意见,而是根据当事人的行为表明其已经接受或在特定的情形下推定成立的合同。

8.2.3 合同的内容

合同的内容是合同中经双方当事人协商一致,规定双方当事人权利义务的具体条文,通常称为合同的条款。合同条款直接明确了当事人双方的合同权利和合同义务,合同当事人的权利义务,除法律规定的以外,主要由合同的条款确定。合同的条款是否齐备、准确,决定了合同能否成立、生效以及能否顺利地履行、实现。由于合同的类型和性质不同,合同的主要条款也会有所不同。依照《合同法》第12条的规定,当事人约定的合同内容,一般应包括下列条款。

1. 当事人的名称或者姓名和住所

当事人是合同法律关系的主体,订立合同时,要准确、清楚地记载各方当事人名称或者姓名和住所。这是每一个合同成立的必要条件,是一切合同的必备条款。

自然人的姓名和住所是公民身份证或者户籍登记簿上的正式称谓和长久居住的场所。

法人或其他组织的名称和住所是指在登记机关登记的正式称谓和主要办事机构所在地。

2. 标的

标的是合同当事人双方权利和义务所共同指向的对象。标的是合同成立的必要条件,是一切合同的必备条款。没有标的,合同不成立,合同关系无法建立。

合同标的既可以是物,也可以是行为或者智力成果,包括有形财产、无形财产、劳务、智力成果等,合同对标的的规定应当清楚明白、准确无误。

3. 数量

数量是指以数字方式和计量单位方式对合同标的进行具体的确定。数量是确定合同当事人之间权利义务范围和权利义务大小的一个标准。合同的数量要准确,应选择使用双方当事人共同接受的计量单位、计量方法和计量工具。

4. 质量

质量是指以成分、含量、纯度、尺寸、精密度、性能等来表示的合同标的内在素质和外观形象的优劣状况。质量也是确定当事人之间权利义务范围和大小的一个标准。产品的质量往往涉及人身和财产的安全问题,国家对许多产品制定了质量标准。因此,当事人订立合同约定质量时,如果有国家强制性标准或者行业强制性标准的,不得低于国家强制性标准或者行业强制性标准。如果没有国家强制性标准或者行业强制性标准的,可以由当事人自由协商确定。

5. 价款或者报酬

价款或报酬是一方当事人向对方当事人所付代价的货币支付。作为主要条款,在合同中应当明确规定其数额、计算标准、结算方式和程序。在无偿合同如赠与合同中,则没有价款或者报酬的内容。

6. 履行的期限、地点和方式

履行期限,是指当事人履行合同义务的起止时间,如交付标的物或者支付价款或酬金的起止时间。履行期限既是一方当事人请求对方当事人履行合同义务的一个依据,直接关系到合同义务完成的时间,也是确定合同能否按时履行的依据。

履行地点是指合同规定的当事人履行合同义务和对方当事人接受履行的地点。履行地点关系到履行合同的费用、风险由谁承担,以及确定所有权是否转移、何时转移、发生纠纷后应由何地法院管辖的依据。因此,当事人在订立合同时,应当尽量明确具体地约定履行地点。

第8章 合同法制度

履行方式是指合同当事人履行合同义务的具体做法。不同种类的合同有着不同的履行方式，如转移一定的财产、提供某种劳务、交付一不定期的工作成果、价款或者报酬的支付方式、结算方式等。履行方式与当事人的利益密切相关，应当从方便、快捷和防止欺诈等方面考虑采取最为适当的履行方式，并在合同中明确规定。

7. 违约责任

违约责任是指合同当事人一方或者双方不履行合同或者不适当（未按照合同约定的标的、时间、地点、方式）履行合同时，按照法律规定或者合同的约定应当承担的法律责任。违约责任是合同具有法律约束力的重要体现，也是保证合同履行的主要条款，它可以促使当事人履行合同义务，使对方免受或少受损失。因此，为了促使当事人严格按照约定履行合同义务，及时地解决合同纠纷，当事人应当在合同中明确违约责任，如约定违约方应支付定金、违约金或赔偿金，以及赔偿金额的计算方法等。

8. 解决争议的方法

解决争议的方法指合同当事人对合同的履行发生争议时解决的途径和方式。可以选择的解决争议的途径和方式主要有：当事人通过协商达成和解；通过仲裁解决；通过诉讼解决。

以上是对一般合同所包括条款的指导性规定，不具有强制性。由于合同种类的不同，某一种合同所包括的具体条款，应根据有关法律规定、合同的性质以及当事人的要求具体加以确定。当然，当事人还可以参照各类合同的示范文本订立合同。

8.2.4 格式条款

1. 格式条款的概念

《合同法》第39条规定："格式条款是当事人为了重复使用而预先拟定，并在订立合同时未与对方协商的条款。"

2. 《合同法》对格式条款的使用限制

《合同法》第39、41条规定：采用格式条款订立合同的，提供格式条款的一方应当遵循公平原则确定当事人之间的权利和义务，并采取合理的方式提请对方注意免除或者限制其责任的条款，按照对方的要求，对该条款予以说明。

对格式条款的理解发生争议的，应当按通常理解予以解释。对格式条款有两种以上解释的，应当作出不利于提供格式条款一方的解释。格式条款和非格式条款不一致的，应当采用非格式条款。

3. 格式条款的无效

根据《合同法》第40条的规定，下列格式条款无效：一是提供格式条款的一方免除其责任，加重对方责任，排除对方主要权利的条款无效；二是格式条款具有《合同法》第52条规定的情形时无效；三是格式条款具有《合同法》第53条规定的情形时无效。

8.2.5 合同订立的方式

《合同法》第13条规定："当事人订立合同，采取要约、承诺方式。"

合同是当事人之间设立、变更、终止民事权利义务关系的协议，当事人对合同的内容经过协商，达成一致意见的过程，就是通过要约、承诺完成的。要约与承诺制度的规定，使合同的成立有了一个较为具体的标准，可以更好地分清各方当事人的责任，正确而恰当地确定合同的成立，充分保障当事人的权益。

1. 要约

要约是希望和他人订立合同的意思表示。当一方当事人向对方提出合同条件，做出签订合同的意思表示时，称为"要约"。发出要约的当事人称为要约人，要约所指向的对方当事人则称为受要约人。

1）要约应具备的条件

依照《合同法》第14条规定："要约就是希望与他人订立合同的意思表示"。要约又称为发价、报价和发盘等，当事人可以通过发信、发电报、传真等方式向对方发出要约。

2）要约的条件

依照《合同法》第14条规定，有效的要约必须具备以下条件。

（1）要约的内容要具体确定。要约作为希望与他人订立合同的意思表示，其目的在于唤起受要约人对要约作出承诺，从而双方签订合同。因此要约的内容必须具体明确，要包含要约人所希望订立合同的基本条款。

（2）要约应当表明经受要约人承诺，要约人即受该意思表示的约束。如果要约人并未表明愿受自己希望与他人订立合同的意思表示的约束，则说明要约人根本没有订立合同的诚意，该意思表示就不成其为要约。因此要约人必须在要约中表明经受要约人承诺，要约人即受其意思表示的约束。

3）要约邀请

要约邀请是希望他人向自己发出要约的意思表示。要约邀请与要约不同，要约是一个一经承诺就成立合同的意思表示；而要约邀请的目的则是邀请他人向自己发出要约，自己如果承诺才成立合同。要约邀请处于合同的准备阶段，《合同法》第15条规定："寄送的价目表、拍卖公告、招标公告、招股说明书、商业广告等为要约邀请。商业广告的内容符合要约规定的，视为要约。"

4）要约生效时间

《合同法》第16条规定："要约到达受要约人时生效。采用数据电文形式订立合同，收件人指定特定系统接收数据电文的，该数据电文进入该特定系统的时间，视为到达时间；未指定特定系统的，该数据电文进入收件人的任何系统的首次时间，视为到达时间。"

不同的要约方式，判定其到达的标准也有所不同。在当面或电话口头对话的情况下，相对人即受要约人了解要约的内容,即为要约到达受要约人,要约也开始生效;以邮件、电报、电传、传真等方式发出要约的,要约送达受要约人时起开始生效;采用数据电文形式订立合同(包括发出要约)的,依照《合同法》第 16 条第 2 款的规定,收件人(受要约人)指定特定系统接收数据电文的,该数据电文进入该特定系统的时间,视为要约到达时间,若未指定特定系统,该数据电文进入收件人(受要约人)的任何系统的首次时间,视为要约的到达时间,要约开始生效。

5) 要约的撤回、撤销与失效

要约撤回是指要约在发出后、生效前,要约人使要约不发生法律效力的意思表示。《合同法》第 17 条规定:"要约可以撤回。撤回要约的通知应当在要约到达受要约人之前或者与要约同时到达受要约人。"

要约撤销是指要约人在要约生效后、受要约人承诺前,使要约丧失法律效力的意思表示。《合同法》第 18 条规定:"要约可以撤销。撤销要约的通知应当在受要约人发出承诺通知之前到达受要约人。"

由于撤销要约可能会给受要约人带来不利的影响,损害受要约人的利益,《合同法》第 19 条规定了两种不得撤销要约的情形:①要约人确定了承诺期限或者以其他形式明示要约不可撤销;②受要约人有理由认为要约是不可撤销的,并已经为履行合同做了准备工作。

要约失效是指要约丧失法律效力,即要约人与受要约人均不再受其约束,要约人不再承担接受承诺的义务,受要约人也不再享受通过承诺使合同得以成立的权利。《合同法》第 20 条规定,有下列情形之一的,要约失效:①拒绝要约的通知到达要约人;②要约人依法撤销要约;③承诺期限届满,受要约人未做出承诺;④受要约人对要约的内容做出实质性变更。发生这种情况即为反要约,反要约是一个新的要约,提出反要约就是对原要约的拒绝,使原要约失去效力,原要约人不再受该要约的约束。

只要出现上述情形之一,要约就失效,其结果是解除了要约人受要约约束的效力或者义务,而受要约人则丧失了作出承诺的资格、权利或者该项订约的机会。

2. 承诺

承诺是受要约人同意要约的意思表示。依照《合同法》第 25 条的规定,承诺一旦生效,合同即成立。承诺是合同订立的一个重要环节,关系到合同的订立与否。

1) 承诺应当具备条件

依照《合同法》的规定,承诺必须具备以下条件。

(1) 承诺必须由受要约人作出。要约是要约人向特定的受要约人发出的,受要约人进行承诺的权利是要约人赋予的,任何第三人不享有承诺的权利。因此,任何第三人所作的"承诺"只能视为向要约人发出的要约。

(2) 承诺必须向要约人作出。承诺是对要约的同意,表示希望与要约人订立合同,当然应向要约人作出,若向任何第三人作出承诺,则达不到与要约人订立合同的目的。

(3) 承诺的内容必须与要约的内容一致。承诺必须是对要约完全的、单纯的同意,没有实质性改变要约的内容,唯有这样,双方才可能在意思表示一致的基础上订立合同。如果受要约人在承诺中对要约的内容加以扩张、限制或者变更,就不构成承诺,而是对要约的拒绝或者称为反要约。

(4) 承诺必须在要约的有效期限内作出。要约中确定了承诺期限的,表明要约人规定了要约的有效期限,受要约人应当在此承诺期限作出承诺的意思表示。超过这个期限不承诺的,要约人不再受该要约的拘束。

2) 承诺方式

承诺方式是指受要约人将其承诺的意思表示传达给要约人所采用的形式。《合同法》第22条规定,承诺应当以通知的方式作出,但根据交易习惯或当事人之间的约定,承诺也可以不以通知的方式,而以通过实施一定的行为或以其他方式作出。

3) 承诺的期限

《合同法》第23、24条规定,承诺应当在要约确定的期限内到达要约人。要约没有确定承诺期限的,承诺应当依照下列规定到达:①要约以对话方式作出的,应当即时作出承诺,但当事人另有约定的除外;②要约以非对话方式作出的,承诺应当在合理期限内到达。要约以信件或者电报作出的,承诺期限自信件载明的日期或者电报交发之日开始计算。信件未载明日期的,自投寄该信件的邮戳日期开始计算。要约以电话、传真等快速通讯方式作出的,承诺期限自要约到达受要约人时开始计算。

4) 承诺的生效

《合同法》第26条规定,承诺通知到达要约人时生效。承诺不需要通知的,根据交易习惯或者要约的要求作出承诺的行为时生效。采用数据电文形式订立合同的,承诺到达的时间同上述要约到达时间的规定相同。

5) 承诺的撤回与变更

《合同法》第27、28条规定,承诺可以撤回,撤回承诺的通知应当在承诺通知到达要约人之前或者与承诺通知同时到达要约人。受要约人超过承诺期限发出承诺的,除要约人及时通知受要约人该承诺有效的以外,为新要约。

《合同法》第29、30、31条规定,承诺的内容应当与要约的内容一致。受要约人对要约的内容作出实质性变更的,为新要约。有关合同的标的、数量、质量、价款或报酬、履行期限、履行地点和方式、违约责任和解决争议的方法等的变更,是对要约内容的实质性变更;承诺对约的内容作出非实质性变更的,除要约人及时表示反对或者要约表明承诺不得对要约的内容作出任何变更的以外,该承诺有效,合同的内容以承诺的内容为准。

8.2.6 合同成立的时间和地点

1. 合同成立的时间

合同谈判成立的过程,就是要约、新要约、更新的要约直到承诺的过程。一般来说,合同一经承诺即告成立。根据《合同法》第32、33条的规定,合同成立的具体时间依不同情况而定。

(1) 当事人采用合同书形式订立合同的，自双方当事人签字或者盖章时合同成立。

(2) 当事人采用信件、数据电文等形式订立合同的，可以在合同成立之前要求签订确认书，签订确认书时合同成立。

(3) 当事人以直接对话方式订立的合同，承诺人的承诺生效时合同成立。

(4) 当事人签订要式合同的，以法律、法规规定的特殊形式要求完成的时间为合同成立时间。

2. 合同成立的地点

合同成立的地点关系到合同的管辖权，直接影响到当事人的权利义务。根据《合同法》第 34、35、36、37 条的规定，合同承诺生效的地点为合同的成立地点，具体有以下几种情况。

(1) 采用数据电文形式订立合同的，收件人的主营业地为合同成立的地点，没有主营业地的，其经常居住地为合同成立的地点。

(2) 当事人采用合同书、确认书形式订立合同的，双方当事人签字或者盖章的地点为合同成立的地点。

(3) 法律、行政法规规定或者当事人约定采用书面形式订立合同，当事人未采用书面形式但一方已经履行主要义务，且对方接受的，该合同成立。

(4) 合同需要完成特殊的约定或法律形式才能成立的，以完成合同的约定形式或法定形式的地点为合同的成立地点；当事人对合同的成立地点另有约定的，按照其约定。

8.2.7 缔约过失责任

缔约过失责任是指当事人在订立合同过程中，因违背诚实信用原则给对方造成损失时所应承担的法律责任。《合同法》第 42 条规定，当事人在订立合同过程中有下列情形之一，给对方造成损失的，应当承担损害赔偿责任。

(1) 假借订立合同，恶意进行磋商。即根本没有与对方签订合同的目的，以与对方谈判为借口，损害对方或第三人的利益，恶意地与对方进行谈判。

(2) 故意隐瞒与订立合同有关的重要事实或者提供虚假情况。如在订立合同的过程中，一方当事人已经知悉了与合同有关的重要情况，但故意隐瞒不告诉对方，继续与对方进行谈判。

(3) 有其他违背诚实信用原则的行为。如当事人在订立合同过程中知悉商业秘密而泄露或不正当地使用、违背诚实信用原则终止谈判等行为。

8.3 合同的效力

8.3.1 合同的生效

合同的效力即合同的法律效力，是指已经成立的合同对当事人的法律约束力。合同成立与合同效力不同，合同成立与否取决于当事人之间是否就合同内容达成一致，而合同的效力则取决于法律作出的评价。《合同法》就合同的效力问题规定了有效合同、无效合同、可撤销合同、效力待定合同等4种情况。

1. 合同生效的概念

合同生效是指依法成立的合同发生法律约束力。《合同法》规定，依法成立的合同，自成立时生效。法律、行政法规规定应当办理批准、登记等手续生效的，自批准、登记时生效。

2. 合同生效的条件

已成立的合同只有符合法律规定的条件，才能发生法律效力。依照《民法通则》第55条关于民事法律行为应当具备的条件的规定，合同生效应当具备以下4个条件。

1）当事人必须具有相应的民事行为能力

合同的主体包括自然人、法人和其他社会组织。对于自然人来说，原则上须有完全行为能力，限制行为能力人除能独立签订纯获利益的合同或者与其年龄、智力、精神健康状况相适应的合同外，须由其法定代理人追认或代为签订。对于法人和其他社会组织来说，原则上应在其营业执照核准登记的生产经营和业务范围内订立合同。

当事人依法可以委托代理人订立合同，代理人在代订合同时应当符合授权范围的要求。

2）当事人意思表示真实

当事人意思表示真实，是指当事人在自觉、自愿的基础上，作出符合其内在意志的表示行为，即当事人的行为应当真实地反映其内心的想法。

3）内容合法

内容合法主要是指合同的各项条款都必须符合法律、法规的强制性规定，合同的内容不违反社会公共利益，即当事人签订的合同从目的到内容都不能违反我国现行的法律、行政法规中的强制性规定，不能损害社会公共利益。

4）形式、程序符合规定

这是合同生效的形式要件。它是指订立合同必须采取符合法律规定的形式，履行法律规定的程序。一般来讲，当事人依法就合同的主要条款协商一致，合同就具有法律效力。但法律规定或当事人约定对合同生效在形式和程序上有特别要求的，形式、程序符合规定的合同才生效。

3. 附条件和附期限的合同

根据《合同法》第45条和第46条的规定，允许当事人订立附条件和附期限的合同。

附条件的合同指合同的双方当事人在合同中约定某种事实状态，并以其将来发生或不发生作为合同生效或不生效的限制条件。附生效条件的合同，自条件成就时生效。附解除条件的合同，自条件成就时失效。所附的条件必须是由双方当事人约定的，并且作为合同的一个条款列入合同中。所附条件应当是合法的,将来可能发生的事实。所附条件是当事人用来限制合同法律效力的附属意思表示,是合同的附属内容。

附期限的合同是指附有将来确定到来的期限作为合同的条款,并在该期限到来时合同的效力发生或终止。附生效期限的合同,自期限届至时生效。附终止期限的合同,自期限届满时失效。该期限可以是一个具体的期日,也可以是一个期间。

8.3.2 无效合同

1. 无效合同概念

无效合同是不具有法律约束力和不发生履行效力的合同。无效合同国家不予承认和保护,它具有违法性、不得履行性和绝对无效性。

2. 无效合同种类

根据《合同法》第52条的规定,有下列情形之一的,合同无效:①一方以欺诈、胁迫的手段订立合同,损害国家利益;②恶意串通,损害国家、集体或者第三人利益;③以合法形式掩盖非法目的;④损害社会公共利益;⑤违反法律、行政法规的强制性规定。

依照上述规定,无效合同从合同内容上可以分为3类,即损害国家、集体或者第三人利益的合同,违反法律、法规的强制性规定的合同和损害社会公共利益的合同。从订立情形上无效合同可以有多种表现形态:一方以欺诈(故意隐瞒真实情况或者故意告知对方虚假的情况,欺骗对方,诱使对方作出错误的意思表示而与之订立合同)或者胁迫(行为人以将要发生的损害或者以直接实施损害相威胁,使对方当事人产生恐惧而与之订立合同)手段订立合同,并且该合同若实施的话会损害国家利益;订约双方进行恶意串通(非法勾结),为牟取私利而订立损害国家、集体或者第三人利益的合同,如代理人与第三人勾结,损害被代理人利益的行为;订约双方以合法的形式掩盖非法的目的而订立合同,如当事人通过虚假的买卖行为达到隐匿财产、逃避债务的目的。凡是以上述情形订立的损害国家、集体、个人或社会公共利益,违反法律强制性规定的合同都是无效合同。

根据《合同法》第53条的规定,合同中的下列免责条款无效:造成对方人身伤害的;因故意或者重大过失造成对方财产损失的。

3. 无效合同法律后果

根据法律规定,无效合同的确认权归人民法院和仲裁机构。《合同法》第56、57条规定,无效合同自始没有法律约束力。合同部分无效,不影响其余部分的效力,其余部分仍然有效。合同无效不影响合同中订立存在的有关解决争议方法的条款的效力。

《合同法》第58、59条规定,合同被确认无效后,因无效合同取得的财产,应当予以返还;不能返还或者没有必要返还的,应当折价补偿。有过错的一方应当赔偿对方因此所受到的损失;双方都有过错的,应当各自承担相应的责任。当事人恶意串通订立合同,损害国家、集体或者第三人利益的,因此而取得的财产收归国家、集体所有或者返还第三人。

8.3.3 可撤销合同

1. 可撤销合同概念

可销合同是指因欠缺合同生效要件,一方当事人有权请求人民法院或仲裁机构予以变更或撤销的合同。

2. 可撤销合同种类

《合同法》第54条规定了3种可撤销合同。
(1) 重大误解的合同。
(2) 显失公平的合同。
(3) 以欺诈、胁迫的手段或者乘人之危订立的合同。

需要注意的是,撤销权的行使是有时效和限制的。《合同法》第55条规定,有下列情形之一的,撤销权消灭:①具有撤销权的当事人自知道或者应当知道撤销事由之日起1年内没有行使撤销权;②具有撤销权的当事人知道撤销事由后明确表示或者以自己的行为放弃撤销权。

3. 可撤销合同法律后果

可撤销合同经有撤销权的当事人行使撤销权,使已经生效的合同归于无效的合同。其法律后果与无效合同的法律后果相同。

8.3.4 效力待定合同

1. 效力待定合同概念

效力待定合同是指合同已经成立,但因欠缺合同生效要件,其效力能否发生尚不确定,必须经有权人追认才能生效。

2. 效力待定合同种类及效力

1) 限制民事行为能力人订立的合同

限制民事行为能力人签订合同在主体资格上是有瑕疵的,因为当事人缺乏完全的缔约能力、签订合同的资格和处分能力,所以经法定代理人追认后,该合同才有效。但如果是纯获利益的合同或者是与其年龄、智力、精神健康状况相适应而订立的合同,不必经法定代理人追认。

相对人可以催告法定代理人在一个月内予以追认。法定代理人未作表示的,视为拒绝追认。合同被追认之前,善意相对人有撤销的权利。撤销应当以通知的方式作出。

2) 无代理权人订立的合同

行为人没有代理权、超越代理权或者代理权终止后以被代理人名义订立的合同,只有经被代理人的追认,才对被代理人发生法律效力。未经被代理人追认,不对被代理人发生法律效力,由行为人自己承担责任。

相对人可以催告被代理人在一个月内予以追认。被代理人未作表示的,视为拒绝追认。合同被追认之前,善意相对人有撤销的权利。撤销应当以通知的方式作出。

但根据《合同法》第 49 条规定,行为人没有代理权、超越代理权或者代理权终止后以被代理人名义订立合同,相对人有理由相信行为人有代理权的,该代理行为有效。

3) 无处分权的人处分他人财产订立的合同

财产的处分权只能由享有处分权的人来行使。无处分权的人处分他人财产订立的合同,只有经权利人追认或者无处分权的人订立合同后取得处分权的,该合同方为有效。

8.4 合同的履行

8.4.1 合同履行的概念和基本原则

1. 合同履行的概念

合同履行,是指合同生效后,双方当事人双方按照合同规定的约定,全面、适当地完成各自所承担的义务和实现各自享受的权利,使双方当事人的合同目的得以实现的行为。

2. 合同履行的基本原则

1) 全面履行原则

全面履行原则,又称正确履行原则或适当履行原则,是指合同的当事人必须按照合同关于标的、数量、质量、价款或报酬、履行地点、履行期限、履行方式等的约定全面履行自己的合同义务。《合同法》第 60 条第 1 款规定:"当事人应当按照约定全面履行自己的义务。"

2) 诚实信用履行原则

诚实信用履行原则,是指当事人在合同的履行中应当诚实、守信、善意,不滥用权利或规避义务。《合同法》第 60 条第 2 款规定:"当事人应当遵循诚实信用原则,根据合同的性质、目的和交易习惯履行通知、协助、保密等义务。"

诚实信用履行原则确定的法定义务包括通知、协助、保密、方便等义务。

8.4.2 合同履行的特殊规则

1. 合同有关条款不明确时的履行规则

有时由于某些主客观因素,致使合同欠缺某些条款或者约定不明确,使合同的履行发生困难。《合同法》本着尊重当事人订约自愿的精神,规定以协议补缺和规则补缺两种方式来解决合同条款的缺陷,以利于当事人顺利履行合同的义务。

1) 协议补缺

协议补缺即当事人根据平等、自愿、公平、诚信的原则对合同中没有约定或者约定不明确的条款通过协商达成补充协议。

《合同法》第61条规定:"合同生效后,当事人就质量、价款或者报酬、履行地点等内容没有约定或者约定不明确的,可以协议补充;不能达成补充协议的,按照合同有关条款或者交易习惯确定。"

2) 规则补缺

规则补缺即在合同条款没有约定或者约定不够明确,而且当事人无法就此缺陷进行协议补充的情况下,根据"平等、自愿、公平和诚信"原则,法律对当事人欠缺或者没有明确的意思进行补充规定,使合同能够得到顺利履行。

依照《合同法》第62条的规定,当事人就有关合同内容约定不明确,并且依照第61条的规定仍然不能确定时,依照以下规则履行。

(1) 质量要求不明确的,按照国家标准、行业标准履行;没有国家标准、行业标准的,即按照通常标准或者符合合同目的的特定标准履行。

(2) 价款或者报酬不明确的,按照订立合同时履行地点的市场价格履行;依法应当执行政府定价或者政府指导价的,按照规定履行。

(3) 履行地点不明确,给付货币的,在接受货币一方所在地履行;交付不动产的,在不动产所在地履行;其他标的,在履行义务一方所在地履行。

(4) 履行期限不明确的,债务人可以随时履行,债权人也可以随时要求履行,但应当给对方必要的准备时间。

(5) 履行方式不明确的,按照有利于实现合同目的的方式履行。

(6) 履行费用的负担不明确的,由履行义务一方负担。

2. 执行政府定价或者政府指导价的合同的履行规则

《合同法》第63条规定:执行政府定价或者政府指导价的,在合同约定的交付期限内政府价格调整时,按照交付时的价格计价。逾期交付标的物的,遇价格上涨时,按照原价格执行;价格下降时,按照新的价格执行。逾期提取标的物或者逾期付款的,遇价格上涨时,按照新价格执行;价格下降时,按照原价格执行。

3. 涉及第三人的合同履行

《合同法》第64条对涉及第三人的合同履行作了如下规定。

1) 向第三人履行的合同

向第三人履行的合同又称利他合同,指双方当事人约定,由债务人向第三人履行债务,第三人直接取得债权的合同。

依照《合同法》第64条的规定,当事人可以约定由债务人向第三人履行合同债务。

但如果债务人未向第三人履行债务或者履行债务不符合约定的,债务人仍应当向债权人承担违约责任。

2) 由第三人履行的合同

由第三人履行的合同指双方当事人约定债务由第三人履行的合同。

依照《合同法》第65条的规定,当事人可以约定由第三人向债权人履行债务。但如果第三人不履行债务或者履行债务不符合约定,则债务人仍应当向债权人承担违约责任。

4. 双务合同的其他履行规则

1) 同时履行规则

同时履行规则,是指双务合同的当事人对履行顺序没有约定,或者根据交易习惯无法确定先后顺序时,当事人应当同时履行自己义务的规则。同时履行规则适用的条件为:①当事人之间互相负有债务;②合同未约定履行的先后顺序。《合同法》第66条规定的同时履行规则体现了合同当事人权利义务的对等性,对于维护合同的公平原则及诚信原则,避免一方在已给付情况下对方不履行义务的风险,具有重要意义。

2) 顺序履行规则

顺序履行规则,是指在双务合同中,当事人的债务履行有先后顺序时,各当事人应当按照先后顺序履行自己义务的规则。依照《合同法》第67条的规定,顺序履行规则适用的条件是:①当事人之间互相负有债务;②存在债务履行的先后顺序。

3) 债权人发生变化的履行规则

《合同法》第70条规定,债权人分立、合并或者变更住所没有通知债务人,致使债务人履行债务发生困难的,债务人可以中止履行或者将标的物提存(即将由于债权人的原因而无法向债权人交付的合同标的物交付提存机关而消灭合同的法律制度)。此处的中止履行并非从实体上解除了债务人的履行义务,而仅仅赋予债务人暂停履行的权利。当暂停因素消失后,如债权人将其住所通知债务人等,债务人仍应当继续履行合同义务。

4) 债务人提前履行债务的履行规则

提前履行债务,是指债务人在合同规定的履行期限之前履行合同。按照全面履行的原则,合同双方当事人都应按照合同约定的履行期限履行自己的合同义务。如果提前履行,可能会打乱对方当事人的计划,或者增加费用支出,甚至损害对方当事人的利益。《合同法》第71条规定,债权人可以拒绝债务人提前履行债务。但如果该项提前履行不损害债权人利益的,则债权人不得拒绝对方的提前履行。如果债务人提前履行债务给债权人增加费用的,该费用应由债务人负担。

5) 债务人部分履行的履行规则

债务人部分履行,是指债务人在合同履行期限届满前部分履行合同(不包括分批履行的合同)债务。债务人部分履行债务,往往会使债权人感到不便,也可能使债权人利益受损。因此,《合同法》第72条规定,债权人可以拒绝债务人部分履行债务,然而若部分履行不损害债权人利益的,债权人就不可以拒绝债务人的部分履行。债务人部分履行给债权人增加的费用,也应由债务人负担。

6) 当事人不因某些变动而影响合同履行的履行规则

《合同法》第76条规定,合同生效后,当事人不得因姓名、名称的变更或者法定代表人、负责人、承办人的变动而不履行合同义务。依法订立的合同,一经成立即具有法律拘束力,任何一方当事人都不得以姓名、名称或组织内部的人事变动为借口而拒不履行合同义务。

8.4.3 双务合同履行中的抗辩权

双务合同履行中的抗辩权,是指一方当事人依法具有的对抗对方当事人的履行请求,暂时拒绝履行其合同债务的权利。《合同法》规定了同时履行抗辩权、后履行抗辩权和不安抗辩权3种抗辩权。

1. 同时履行抗辩权

同时履行抗辩权,是指双务合同的当事人一方在对方未为对待给付(未履行或未依约定履行)之前,可以拒绝对方相应的履行要求的权利。

同时履行抗辩权的成立,必须具备的条件是:①必须存在基于同一双务合同所产生的同时履行义务;②必须存在产生对抗请求权的原因,即对方有未依约定履行债务的事实。同时履行抗辩权制度有利于平衡合同当事人的利益,维护正常的交易秩序,促进合同当事人的协作,体现了公平原则的精神。

同时履行抗辩权只是暂时阻止对方当事人请求权的行使,而不是永久地终止合同。当对方当事人完全履行了合同义务,同时履行抗辩权即告消灭,主张抗辩权的当事人就应当履行自己的义务。当事人因行使同时履行抗辩权致使合同迟延履行的,迟延履行责任由对方当事人承担。

2. 后履行抗辩权

后履行抗辩权是指合同当事人互负债务,有先后履行顺序,先履行一方未履行的,后履行一方有权拒绝其履行要求。先履行一方履行债务不符合约定的,后履行一方有权拒绝其相应的履行要求。

后履行抗辩权的行使有4个条件:①当事人基于同一双务合同,互负债务;②当事人的履行有先后顺序;③应当先履行的当事人不履行合同或不适当履行合同;④后履行抗辩权的行使人是履行义务顺序在后的一方当事人。

后履行抗辩权不是永久性的,它的行使只是暂时阻止了当事人请求权的行使。先履行一方的当事人如果完全履行了合同义务,则后履行抗辩权消灭,后履行当事人就应当按照合同约定履行自己的义务。

3. 不安抗辩权

不安抗辩权又称先履行抗辩权,是指当事人互负债务,有先后履行顺序的,先履行的一方有确切证据证明另一方丧失履行债务能力时,在对方没有履行或者没有提供担保之前，有权中止合同履行的权利。

设立不安抗辩权的目的，在于预防因后履行一方履行能力的变化给先履行一方造成损害，维护当事人权利义务关系的平衡。

不安抗辩权的行使有4个条件：①当事人基于同一双务合同；②当事人的履行有先后顺序；③不安抗辩权的行使人是履行义务顺序在先的一方当事人；④先行履行合同义务的一方当事人有确切证据证明后履行合同的一方当事人有丧失或可能丧失履行债务能力的情形，即有"履行不能"的情形。依照《合同法》第68条的规定属于"履行不能"的情形有：①对方当事人经营状况严重恶化；②对方当事人转移财产、抽逃资金以逃避债务；③对方当事人丧失商业信誉；④对方当事人有丧失或者可能丧失履行债务能力的其他情形。

行使不安抗辩权的法律后果有以下几点。

(1) 合同中止履行。先履行的一方有确切证据证明另一方丧失履行债务能力时，在对方没有履行或者没有提供担保之前，中止合同履行，应当及时通知对方。

(2) 继续履行合同。合同中止履行后，另一方当事人恢复履行合同能力或者对履行合同提供了适当担保时，中止履行一方应当恢复履行合同。

(3) 解除合同。中止履行合同后，如果对方在合理期限内未恢复履行能力并且未提供适当担保的，中止履行方可以解除合同并要求赔偿损失。

(4) 中止履行方所持有的另一方不能履行合同的证据不确切，或者没有将中止履行合同的决定及时通知对方，或者对方已经恢复了履行能力，或者对履行合同提供了适当担保，中止履行方仍不履行合同的，中止履行方应当承担违约责任。

8.4.4 合同的保全

为防止因债务人的财产不当减少而给债权人的债权带来危害，法律允许债权人为保全其债权的安全实现而采取的法律措施，被称为合同的保全措施。保全措施包括债权人享有的代位权和撤销权两种。

1. 代位权

1) 代位权的概念

《合同法》第73条规定，因债务人怠于行使其到期债权，对债权人造成损害的，债权人可以向人民法院请求以自己的名义代位行使债务人的债权。

2) 代位权成立的条件

代位权的行使应符合法定的条件：①债权人与债务人之间存在有效的合同关系；②债务人必须有对第三人的债权存在；③债务人怠于行使其到期债权，致使债权人的到期债权不能实现，对债权人造成伤害；④债务人的债权不是专属于债务人自身的债权。专属于债务人自身的债权，是指基于扶养关系、抚养关系、赡养关系、继承关系产生的给付请求权和劳动报酬、退休金、养老金、抚恤金、安置费、人寿保险、人身伤害赔偿请求权等权利。

3) 代位权的行使

债权人行使代位权应通过诉讼程序进行。即一旦债务人怠于行使其到期债权，威胁到债权人的到期债权实现时，债权人可以自己的名义向人民法院提起诉讼，请求法院裁决其代位行使债务人的债权。行使债务人的债权范围以债权人的可不可能为限，对超出的部分人民法院不予支持。债权人行使代位权的必要费用，由债务人负担。

2. 撤销权

1) 撤销权的概念

《合同法》规定，因债务人放弃其到期债权，或者无偿或低价转让财产，对债权人造成损害的，债权人可以请求人民法院撤销债务人所实施的行为。

2) 撤销权成立的条件

撤销权的行使应具备如下条件：①债权人与债务人之间存在有效的合同关系；②债务人实施了不正当处分其财产的行为，如放弃其到期债权，或者无偿或低价转让财产；③债务人实施了不正当处分其财产的行为时受益人须有过错；④对债权人利益造成损害的。

3) 撤销权的行使

债权人行使撤销权应以自己的名义，向被告住所地人民法院提起诉讼，请求法院撤销债务人的处分财产的危害债权的行为。撤销权自债权人知道或者应当知道撤销事由之日起一年内行使，自债务人的行为发生之日起5年内没有行使撤销权的，该撤销权消灭。撤销权的行使范围以债权人的债权为限，债权人行使撤销权的必要费用，由债务人承担。

8.5 合同的担保

8.5.1 合同担保的概念

合同的担保是指依照法律规定，或由当事人双方经过协商一致而约定的，为保障合同债权实现的法律措施。设定合同担保的根本目的，是保证合同的切实履行，既保障合同债权人实现其债权，也促使合同债务人履行其债务。根据《中华人民共和国担保法》（以下简称《担保法》）的规定，担保主要有保证、抵押、质押、留置和定金5种方式。

担保活动应当遵循平等、自愿、公平、诚实信用的原则，合同的担保一般在订立合同的同时成立，既可以是主合同中的担保条款，也可以是单独订立的书面合同，包括当事人之间具有担保性质的信函、传真等。担保合同是主合同的从合同，担保合同的法律效力取决于主合同的法律效力，主合同无效，担保合同无效。担保合同另有约定的，按照约定。

8.5.2 保证

1. 保证和保证人

保证是指保证人和债权人约定，当债务人不履行债务时，保证人按照约定履行债务或者承担责任的行为。

根据《担保法》第7、8、9、10条的规定，具有代为清偿债务能力的法人、其他组织或者公民，可以做保证人。除经国务院批准为使用外国政府或者国际经济组织贷款进行转贷的以外，国家机关不得作保证人。国家机关、学校、幼儿园、医院等以公益为目的的事业单位、社会团体、企业法人的分支机构、职能部门，不得做保证人。但是，企业法人的分支机构有法人书面授权的，可以在授权范围内提供保证。

2. 保证合同和保证方式

1) 保证合同

保证的合同应当以书面形式订立。根据《担保法》第15条的规定，保证合同应当包括以下内容：①被保证的主债权种类、数额；②债务人履行债务的期限；③保证的方式；④保证担保的范围；⑤保证的期间；⑥双方认为需要约定的其他事项。保证合同不完全具备上述规定内容的，可以协商补正。

2) 保证方式

保证方式是指保证人承担责任的方式，保证的方式有一般保证和连带责任保证两种。

(1) 一般保证是指当事人在保证合同中约定，债务人不能履行债务时，由保证人承担保证责任的保证。

一般保证的保证人在主合同纠纷未经审判或者仲裁，且就债务人财产依法强制执行仍不能履行债务前，对债权人可以拒绝承担保证责任。其特点是只有当债务人在客观上无法履行债务或没有能力履行债务时，保证人才承担保证责任。可见，在一般保证中，保证人享有先诉抗辩权，一般保证责任其实质是一种补充责任。

有下列情形之的，保证人不得行使上述权利：债务人住所变更，致使债权人要求其履行债务发生重大困难的；人民法院受理债务人破产案件，中止执行程序的；保证人以书面形式放弃规定的权利的。

(2) 连带责任保证是指当事人在保证合同中约定保证人与债务人对债务承担连带责任的保证。

连带责任保证的债务人在主合同规定的债务履行期届满没有履行债务的，债权人既可以要求债务人履行债务，也可以直接要求保证人在其保证范围内承担保证责任。保证人和债务人在向债权人履行债务时没有主次和先后顺序之分。

当事人对保证方式没有约定或者约定不明确的，按照连带责任保证承担保证责任。

3. 保证责任和保证期间

1) 保证责任

保证责任的内容包括代为履行和承担赔偿责任两种，具体应由当事人约定。

保证担保的范围包括主债权及其利息、违约金、损害赔偿金、保管担保财产和实现担保物权的费用。当事人对担保的范围另有约定的，按照约定，但必须包括主债权。当事人对保证担保的范围没有约定或者约定不明确的，保证人应当对全部债务承担责任。

保证期间，债权人许可债务人转让债务的，应当取得保证人书面同意，保证人对未经其同意转让的债务，不再承担保证责任。

债权人与债务人协议变更主合同的，应当取得保证人书面同意，未经保证人书面同意的，保证人不再承担保证责任。保证合同另有约定的，按照约定。

被担保的债权既有物的担保又有人的担保的，如何适用？根据《物权法》第176条的规定：第一，当事人有约定的，债权人应当按照约定实现债权；第二，当事人没有约定或者约定不明确，债务人自己提供物的担保的，债权人应当先就该物的担保实现债权；第三，如均是第三人提供担保的，债权人有权选择实现担保的方式。可以就物的担保实现债权，也可以要求保证人承担保证责任；第四，提供担保的第三人承担担保责任后，有权向债务人追偿。

2）保证期间

保证期间，是指当事人约定或者法律规定的保证人承担保证责任的时间期限。

保证人与债权人约定保证期间的，按照约定执行。保证人与债权人未约定保证期间的，保证期间为主债务履行期届满之日起6个月。主合同对主债务履行期限没有约定或者约定不明的，保证期间自债权人要求债务人履行义务的宽限期届满之日起计算。保证人在与债权人约定的保证期间或者法律规定的保证期间内承担保证责任。

一般保证在合同约定的保证期间和前款规定的保证期间，债权人未对债务人提起诉讼或者申请仲裁的，保证人免除保证责任。

连带保证在合同约定的保证期间和前款规定的保证期间，债权人未要求保证人承担保证责任的，保证人免除保证责任。

8.5.3　定金

定金是指根据合同约定，由当事人一方向对方给付一定数额的货币作为债权的担保。

定金可以分为立约定金、成约定金、证约定金、违约定金、解约定金。定金与预付款和违约金既有联系，又有区别。

定金应当以书面形式约定。当事人在定金合同中应当约定交付定金的期限，定金合同从实际交付定金之日起生效。定金的数额由当事人约定，但不得超过主合同标的额的20%。

债务人履行债务后，定金抵作价款或者收回。给付定金的一方不履行约定的债务的，无权要求返还定金；接受定金的一方不履行约定的债务的，应当双倍返还定金。

8.6　合同的变更、转让和终止

8.6.1　合同的变更

1. 合同变更的概念

依法订立的合同成立后，即具有法律约束力，任何一方都不得擅自变更或者解除合同。但是，在合同的履行过程中，由于主、客观情况的变化，需要对双方的权利义务关系重新进行调整和规定时，合同当事人可以依法变更合同。

合同的变更是指合同内容的变更，即合同成立后，当事人依照法律规定的条件和程序，经协商一致，对原合同内容进行修改、补充或者完善。合同的变更是在合同的主体不改变的前提下对合同内容的变更，合同性质和标的性质并不改变。

2. 合同变更的要件和程序

合同的变更必须具备以下要件：①当事人之间已存在合同关系；②合同内容发生了变化；③必须遵守法律的规定和当事人的约定。

合同变更适用《合同法》关于要约、承诺的规定，双方经协商取得一致，并采用书面形式。如原合同是经过公证或鉴证的，变更后的合同应报原公证或鉴证机关备案。必要时应对变更的事实予以公证或鉴证；如原合同按照法律、行政法规的规定是经过有关部门批准、登记的，变更后仍应报原批准机关批准、登记。

3. 合同变更的法律后果

合同变更后，变更的内容就取代了原合同的内容，当事人应当按照变更后的内容履行合同，合同各方当事人均应受变更后的合同的约束。合同的变更不影响当事人要求赔偿损失的权利。因变更合同使当事人一方遭受损失的，除依法可以免除责任的以外，由责任方负责赔偿。

8.6.2 合同的转让

1. 合同转让的概念

合同的转让是指合同当事人一方将其合同的权利和义务全部或部分转让给第三人的行为。

合同的转让仅是合同主体的变更，不是内容的改变，不改变合同约定的权利义务。当事人必须依法进行转让，而且须经对方当事人同意或通知对方，否则转让不发生法律效力。合同转让如涉及批准、登记手续的，还须办理相关手续。

2. 合同转让的种类

根据合同权利义务转让的不同情况，可将合同转让分为合同权利的转让、合同义务的转让、合同权利义务的一并转让。

1）合同权利转让

合同权利转让是指不改变合同权利的内容，由债权人将合同权利的全部或者部分转让给第三人的行为。债权人转让权利不需要经债务人同意，但应当通知债务人。未经通知，该转让对债务人不发生效力。

合同权利全部转让的，原合同关系消灭，受让人取代原债权人的地位，成为新的债权人，原债权人脱离合同关系。合同权利部分转让的，受让人作为第三人加入到合同关系中，与原债权人共同享有债权。

下列3种情形，债权人不得转让合同权利：①根据合同性质不得转让；②根据当事人约定不得转让；③依照法律规定不得转让。

2）合同义务转让

合同义务转让是指在不改变合同义务的前提下，经债权人同意，债务人将合同的义务全部或者部分转让给第三人。

债务人将合同义务全部或者部分转让给第三人，应当经债权人同意，否则债务人转让合同义务的行为对债权人不发生效力，债权人有权拒绝第三人向其履行，同时有权要求债务人履行义务并承担不履行或迟延履行合同的法律责任。

债务人全部转让合同义务的，新的债务人完全取代了原债务人的地位，承担全面履行合同义务的责任；债务人部分转让合同义务时，新的债务人加入到原债务中，和原债务人一起向债权人履行义务。

3）合同权利义务的一并转让

合同权利义务的一并转让是指当事人一方经对方同意，将自己在合同中的权利和义务一并转让给第三人的行为。

合同关系的一方当事人将权利和义务一并转让时，必须征得原合同对方当事人的同意，还应当遵守相关法律的规定；法律、行政法规规定应当办理批准、登记手续的，还应当依照其规定办理。

另外，当事人订立合同后发生合并、分立的，也可引起合同权利义务的转移。《合同法》规定，当事人订立合同后合并的，由合并后的法人或者其他组织行使合同权利、履行合同义务；当事人订立合同后分立的，除债权人和债务人另有约定以外，由分立的法人或者其他组织对合同的权利和义务享有连带债权、承担连带债务。

8.6.3 合同的终止

1. 合同终止的概念

合同终止是指依法生效的合同，因具备法定情形和当事人约定情形，合同债权、债务归于消灭，合同当事人双方终止合同关系，合同的效力随之消灭。

2. 合同终止的具体情形

根据《合同法》规定，有下列情形之一的，合同的权利义务终止。

1）债务已经按照约定履行

债务已经按照约定履行是指债务人按照约定的标的、质量、数量、价款或报酬、履行期限、履行地点和方式全面履行。

2）合同解除

合同解除是指合同有效成立后，因主、客观情况发生变化，使合同的履行成为不必要或不可能,根据双方当事人达成的协议或一方当事人的意思表示提前终止合同效力。合同解除有约定解除和法定解除两种情况。

(1) 约定解除,是指当事人通过双方协商一致或行使约定解除权,将合同解除的行为。

当事人约定解除合同包括两种情况:一是协商解除,合同生效后,未履行或未完全履行之前,当事人以解除合同为目的,经协商一致,订立一个解除原来合同的协议,使合同效力消灭的行为;二是约定解除权,当事人在合同中约定,合同履行过程中出现某种情况,当事人一方或双方有解除合同的权利。约定解除权必须符合合同生效的条件,不得违反法律、损害国家利益和社会公共利益,根据法律规定必须经有关部门批准才能解除的合同,当事人不得按照约定擅自解除。

(2) 法定解除是指在合同成立后,没有履行或没有完全履行完毕之前,当事人一方或双方在法律规定的解除条件出现时,行使解除权而使合同关系消灭。

《合同法》规定,有下列情形之一的,当事人可以解除合同:①因不抗力致使不能实现合同目的;②因预期违约解除合同,即在履行期限届满之前,当事人一方明确表示或者以自己的行为表明不履行主要债务的,对方当事人可以解除合同;③当事人一方迟延履行主要债务,经催告后在合理期限内仍未履行;④当事人一方迟延履行债务或者有其他违约行为致使不能实现合同目的;⑤法律规定的其他情形。

合同解除后尚未履行的,终止履行;已经履行的,根据履行情况和合同性质,当事人可以要求恢复原状、采取其他补救措施,并有权要求赔偿损失。合同的权利义务终止,不影响合同中结算和清理条款的效力。

3) 债务相互抵销

债务相互抵销是指合同双方当事人互负债务时,各方相互充抵债务,而使各自的债务在对等额内相互消灭。《合同法》规定,当事人互负债务,该债务的标的物种类、品质相同的,任何一方可以将自己的债务与对方的债务抵销,但依照法律规定或者按合同性质不得抵销的除外。当事人主张抵销的,应当通知对方,通知自到达对方时生效。

4) 债务人依法将标的物提存

提存是指由于债权人的原因致使债务人无法向其交付合同标的物,债务人将该标的物交给提存机关而使合同关系归于消灭的行为。

《合同法》规定:有下列情形之一,难以履行债务的,债务人可以将标的物提存:①债权人无正当理由拒绝受领;②债权人下落不明;③债权人死亡未确定继承人或者丧失民事行为能力未确定监护人;④法律规定的其他情形。

标的物一经提存,债务人的债务随之消灭。标的物提存后,除债权人下落不明的以外,债务人应当及时通知债权人或者债权人的继承人、监护人。债权人领取提存物的权利,自提存之日起5年内不行使而消灭,提存物扣除提存物费用后归国家所有。

5) 债权人依法免除债务

债务的免除是指合同没有履行或没有完全履行,权利人放弃自己的全部或部分权利,从而使合同义务减轻或使合同终止的一种形式。债权人免除债务人部分或者全部债务的,合同的权利义务部分或者全部终止。

6）混同

混同，即债权债务同归于一人。由于某种事实的发生，使一项合同中原本由一方当事人享有的债权和由另一方当事人负担的债务统归于一方当事人，使得该当事人既是合同的债权人，又是合同的债务人，合同的履行就失去了实际意义，合同的权利义务终止。

7）法律规定或者当事人约定终止的其他情形

3. 合同权利义务终止的法律后果

（1）合同失效，即合同的终止解除了双方当事人履行和接受履行的义务，双方当事人不必继续履行合同义务。

（2）合同项下的从权利和从义务一并消灭。

（3）负债字据的返还。负债字据是债权债务关系的证明，债权人应当在合同关系消灭后，将负债字据返还债务人。

（4）在合同当事人之间发生后合同义务。《合同法》规定，合同的权利义务终止后，当事人应当遵循诚实信用原则，根据交易习惯履行通知、协助、保密等义务。

（5）合同中关于解决争议的方法、结算和清理条款继续有效，直至结算和清理完毕。《合同法》规定，合同无效、被撤销或者终止的，不影响合同中独立存在的有关解决争议方法的条款的效力。合同的权利义务终止，不影响合同中结算和清理条款的效力。

8.7 违约责任

8.7.1 违约责任的概念和表现形式

违约责任即违反合同的民事责任，是指合同当事人一方或双方不履行合同义务或者履行合同义务不符合约定时，依照法律规定或者合同约定所承担的法律责任。违约责任是合同具有法律约束力的集中体现，它对于约束当事人自觉履行合同，有效地预防违约行为发生，切实保障当事人的合法权益，维护正常的社会经济秩序，有着十分重要的作用。

根据违约行为违反义务的性质和特点，违约行为的表现形式主要有以下几种。

1. 预期违约

预期违约又称预期毁约或先期违约，是指在合同履行期限届满之前，一方当事人向对方明确表示将不履行合同义务，或者以自己的行为表示将不履行合同义务的行为。它可以分为明示预期违约和默示预期违约两种形式。明示预期违约，是指在合同履行期限届满之前，一方当事人以口头或者书面形式明确地向对方表示其将不履行合同义务。默示预期违约，是指在合同履行期限届满之前，一方当事人以自己的行为向对方表明其将不履行合同义务。根据《合同法》的规定，当事人一方明确表示或者以自己的行为表明不履行合同义务的，对方可以在履行期限届满之前要求其承担违约责任。

2. 不履行

不履行也称拒约履行,是指在合同履行期限届满时,当事人一方完全不履行自己的合同义务。它使对方当事人订立合同的目的完全不能实现,因此,它是性质和后果最严重的一种违约行为。对于这种违约行为,对方当事人有权直接解除合同,并要求违约方承担赔偿损失等违约责任。

3. 迟延履行

迟延履行,是指合同当事人违反合同规定的履行期限,造成履行在时间上迟延的行为。它包括债务人的给付迟延和债权人的受领迟延两种情况。给付迟延,是指债务人不按照合同或者法律规定的期限履行合同义务的情形。受领迟延,是指债权人没有按照规定的期限及时接受债务人的履行。

迟延履行的一方当事人可能仍有继续履行的意愿和能力,并且在合理期限内继续履行其合同义务,这里迟延履行就成为逾期履行;但有时当事人一方在迟延履行之后,向对方明确表示不再继续履行其合同义务,或者经对方催告后在合理期限内仍不履行其合同义务,这时,迟延履行就转化为不履行或者拒绝履行。

在迟延履行的情况下,如果期限对于合同目的的实现并无实质意义,当事人一方迟延履行给对方造成的损害不大,对方应允许其继续履行,同时可以要求其承担相应的违约责任。此时,除非迟延履行方经催告后在合理期限内仍不履行合同义务,对方当事人不享有解除合同的权利。如果期限对于合同目的的实现至关重要,当事人一方迟延履行将导致合同目的的落空,或者接受履行将蒙受重大损失,则对方当事人有权拒绝受领并主张解除合同。

4. 不适当履行

不适当履行是指债务人虽然履行了义务,但没有按合同规定的数量、质量、地点、方式等要求履行。质量不符合约定,是不适当履行的主要表现形式,其后果是使履行本身的价值减少甚至丧失,损害对方当事人应得到的利益,甚至造成人身和其他财产的损害。

8.7.2 承担违约责任的原则

承担违约责任的原则,即违约责任的归责原则,是指确定合同当事人承担违约责任的根据和标准。以严格责任原则为主、过错责任原则为辅是我国《合同法》采用的违约责任的归责原则。

《合同法》在"总则"中的规定是,当事人一方不履行合同义务或者履行合同义务不符合约定,应当承担继续履行、采取补救措施或者赔偿损失等违约责任。这表明《合同法》"总则"将严格责任确定为当事人承担违约责任的原则。所谓严格责任原则,也称无过错责任原则,是指在发生违约的情况下,确定违约方的责任不以过错为要件。当一方当事人违反合同义务时,不论其主观上是否有过错,只要不具备法定免责事由,就必须承担违约责任。

《合同法》规定，当事人一方因第三人的原因造成违约的，应当向对方承担违约责任。当事人一方和第三人之间的纠纷，依照法律规定或者按照约定解决。

8.7.3 违约责任与侵权责任的竞合

违约责任与侵权责任的竞合，是指当事人一方的违约行为同时导致了违约责任和侵权责任的成立。当事人一方违约后，当然应承担违约责任。同时，由于违约行为可能给对方当事人造成人身、财产上的损害，也会产生侵权责任的问题。这就出现了违约责任与侵权责任的竞合。

在违约责任与侵权责任竞合的情况下，由于两者都以赔偿损失为主要内容，因此受损害方不能提出双重要求，只能择一适用。虽然违约责任和侵权责任都属于民事责任，但两者在赔偿范围、责任方式、免责条款、诉讼时效等方面，都有明显的不同。因此，适用何种责任，直接关系到受损害方的切身利益。我国《合同法》第122条规定："因当事人一方的违约行为，侵害对方人身、财产权益的，受损害方有权选择依照本法要求其承担违约责任或者依照其他法律要求其承担侵权责任"。法律赋予受损害方享有要求违约方承担违约责任或者侵权责任的选择权，对于维护受损害方的合法权益，具有十分重要的作用。

8.7.4 承担违约责任的形式

《合同法》规定，当事人一方不履行合同义务或者履行合同义务不符合约定的，应当承担继续履行、采取补救措施或者赔偿损失等违约责任，当事人一方明确表示或者以自己的行为表明不履行合同义务的，对方可在履行期限届满之前要求其承担违约责任。

违约的当事人承担违约责任的主要形式有继续履行、采取补救措施、赔偿损失、支付违约金、给付或者双倍返还定金等。具体适用哪种违约责任，由当事人根据违约情况和自己的要求加以选择。

1. 继续履行

继续履行也称强制履行或者强制实际履行，是指在当事人一方违反合同义务时，由人民法院或者仲裁机构根据对方当事人的要求，强制违约方继续按合同规定的标的履行义务。

订立合同的目的是实现合同的约定，即实际履行合同。继续履行合同既是为了实现合同目的，又是一种违约责任。根据《合同法》的规定，对于金钱债务和非金钱债务，都可以要求违约方继续履行。当事人一方未支付价款或者报酬的，对方可以要求其支付价款或者报酬；当事人一方不履行非金钱债务或者履行非金钱债务不符合约定的，对方可以要求履行。继续履行同违约金、赔偿损失等相比，更有利于实现当事人订立合同的目的。

根据《合同法》的规定，下列情形下的非金钱债务不适用继续履行：①法律上或者事实上不能履行；②债务的标的不适合强制履行或者履行费用过高；③债权人在合理期限内未要求履行。

2. 采取补救措施

补救措施是指因一方当事人履行标的不符合合同约定,根据法律规定或者对方的要求所采取的特殊救济措施。

对违约责任没有约定或者约定不明确,依照《合同法》有关规定仍不能确定的,受损害方根据标的性质以及损失的大小,可以合理选择要求对方承担修理、更换、重作、退货、减少价款或者报酬等违约责任。

3. 赔偿损失

赔偿损失是指当事人一方违反合同义务给对方造成损失时,应支付一定数额的货币以弥补对方的损失。设立赔偿损失责任的目的,在于弥补守约方因对方违约行为所受到的全部损失,因此,赔偿损失具有补偿性。

《合同法》规定,损失赔偿额相当于因违约所造成的损失,包括合同履行后可以获得的利益,但不得超过违约方订立合同时预见到或者应当预见到的因违约合同可能造成的损失。

当事人一方违约后,对方应当采取适当措施防止损失扩大;没有采取适当措施致使损失扩大的,不得就扩大的损失要求赔偿。当事人因防止损失扩大而支出的合理费用,由违约方承担。这一规定有利于促使守约方积极履行防止损失扩大的义务。

赔偿损失的方式有 3 种:①恢复原状,即恢复到损害发生前的原状;②金钱赔偿,是赔偿损失的主要方式,需加付利息;③代物赔偿,即以其他财产替代赔偿。

4. 支付违约金

为了保证合同的履行,保护自己的利益不受损失,合同当事人可以约定一方违约时应当根据情况向对方支付一定数额的违约金,也可以约定因违约产生的损失赔偿额的计算方式。

违约金是指合同当事人一方由于不履行合同义务或者履行合同不符合约定时,按照合同的约定,向对方支付的一定数额的货币。违约金有法定违约金和约定违约金之分。对违约金的约定是一种合同关系,违约金的标的物可以是金钱,也可以是金钱以外的其他财产。

违约金是对不能履行或者不能完全履行合同行为的一种带有惩罚性质的经济补偿手段,不论违约的当事人一方是否已给对方造成损失,都应当支付。约定的违约金低于造成的损失的,当事人可以请求人民法院或者仲裁机构予以增加;约定的违约金过分高于造成的损失的,当事人可以请求人民法院或者仲裁机构予以适当减少。当事人就迟延履行约定违约金的,违约方支付违约金后,还应当履行债务。

5. 给付或者双倍返还定金

定金是合同当事人一方为了确保合同的履行,依照法律规定或当事人双方的约定,由一方当事人按照合同标的额的一定比例,预先向对方支付的金钱。

《合同法》规定，当事人可以依照《担保法》约定一方向对方给付定金作为债权的担保。债务人履行债务后，定金应当抵作价款或者收回。给付定金的一方不履行约定的债务的，无权要求返还定金；收受定金的一方不履行约定的债务的，应当双倍返还定金。

当事人既约定违约金，又约定定金的，一方违约时，对方可以选择适用违约金或者定金条款。由于二者在目的、性质、功能等方面具有共性，所以不能并用。当事人执行定金条款后不足以弥补所受损害的，仍可以要求赔偿损失。

8.7.5　违约责任的免除

一般来说，在合同订立之后，如果一方当事人没有履行合同或者履行合同不符合约定，不论是自己的原因，还是第三人的原因，都应当向对方承担违约责任。但是，当事人一方违约是由于免责事由的出现造成的，则可以根据情况免除违约方的违约责任。

《合同法》规定了3种免责事由：法定事由、免责条款、法律有特别规定。

1. 法定事由

根据《合同法》规定，因不可抗力不能履行合同的，根据不可抗力的影响，部分或者全部免除责任，法律另有规定的除外。当事人迟延履行合同发生不可抗力的，不能免除责任。

不可抗力是指不能预见、不能避免并不能克服的客观情况。不可抗力通常包括自然灾害和社会事件两大类，前者如台风、地震、水灾等，后者如战争、暴乱、罢工、禁运等。对于不可抗力的范围，当事人可以在合同中以列举方式作出明确约定。合同中约定不明确的，则由人民法院或者仲裁机构依法确定导致合同不能履行的情况是否属于不可抗力。

当事人一方因不可抗力不能履行合同的，应当及时采取一切可能采取的有效措施，尽可能避免或减少损失；应当及时通知对方不能履行或不能完全履行合同的情况和理由；在合理期限内提供有关机关的证明，证明不可抗力及其影响当事人履行合同的具体情况。

2. 免责条款

免责条款是指合同双方当事人在合同中约定，当出现一定的事由或条件时，可免除违约方的违约责任。免责条款是合同的组成部分，必须经当事人双方充分协商一致，并以明示的方式作出。

免责条款作为合同的组成部分，其内容必须符合法律的规定，才具有法律效力。如果免责条款违反法律、行政法规的强制规定，扰乱社会经济秩序，损害社会公共利益，该条款不具有法律效力。如果免责条款是在一方当事人违背真实意思的情况下订入合同的，可能对该当事人产生明显不利的后果，该条款可以被申请撤销；造成对方人身伤害和因故意或者重大过失造成对方财产损失的，合同中的免责条款无效。

3. 法律的特别规定

在法律有特别规定的情况下，可以免除当事人的违约责任。如《合同法》规定，承运人对运输过程中货物的毁损、灭失承担损害赔偿责任，但承运人证明货物的毁损、灭失是因不可抗力、货物本身的自然性质或者合同损耗以及托运人、收货人的过错造成的，不承担损害赔偿责任。

 阅读案例 8-2

卖方对买方违约采取措施不当争议案

某年12月8日，买卖双方签订一份塑胶制品的销售确认书，其中规定：付款条件信用证即期付款；买方进行装运前查验，签署合格证书后，方可装运。合同订立后，买方以"情势变迁"及其所订产品在英国市场销路不好为由，提出解除合同，要求卖方停止交货。卖方表示不同意，并仍然安排生产和交货。次年2月28日，卖方将确认书项下的货物装运。卖方为了议付收汇，在未经买方检验的情况下自己打印了买方签章的证明。此后，双方在支付货款问题上发生争议，经协商、调解不成，卖方遂向中国国际经济贸易仲裁委员会上海分会提请仲裁。仲裁委员会受理此案后，经过两次开庭审理。其裁决结果是：买方解除合同的理由不能成立，而卖方继续安排生产和装运货物属于措施不当，即属于对买方违约所造成的损失的扩大，在卖方不能提供因买方违约而给卖方造成具体损失的有效证明的情况下，故对卖方的请求予以驳回。

【分析】

本案交易双方依法签订的销售确认书，对双方均具有法律约束力。作为被申请人的买方，随意解除合同是根本违约行为。众所周知，国际市场变化是正常的贸易风险，而不属于所谓的"情势变迁"，作为贸易商的买方，在签订销售确认书时，应当预见到可能出现的贸易风险，并且应有承担这种风险的准备。买方为了规避市场风险，竟随意取消同卖方签订的确认书项下的订单，其理由不能成立，买方理应承担因违约而给卖方造成的损失。应当指出，在买方无理解除合同的情况下，卖方的正确做法应该是通过法律途径维护自己的合法权益并向对方明确作出赔偿损失的具体要求，而不应继续生产已被对方取消的订单项下的产品，特别是在装运货物方面的做法，更是不当。正是由于作为申请人的卖方在处理买方违约问题上考虑欠周，其采取的措施也不当，致使损失扩大。根据《中华人民共和国合同法》第119条规定："当事人一方违约后，对方应当采取适当措施防止损失的扩大；没有采取适当措施致使损失扩大的，不得就扩大的损失要求赔偿"。综上所述，仲裁庭对作为本案申请人的卖方的全部请求予以驳回，是有充分事实和法律依据的。

本 章 小 结

合同是一种以确立当事人权利义务为内容的协议。订立合同，首先要严格审查订约人是否具有订约资格。其次，要保证合同的内容和形式的合法。合同在订立过程中，要严格遵循要约、承诺两大步骤，按平等、自愿、公平、诚实信用和合法原则，确定双方当事人的权利义务。双方当事人一旦就合同的主要条款达成合意，合同即告成立。依法成立的合同受法律保护。合同成立之后，进入履行阶段。合同当事人应遵循合同履行的原则，严格按照合同规定或双方约定切实全面地履行合同义务。为确保合同的全面履行，双方当事人还可以为合同设立保证、抵押、质押、留置、定金作为主合同的担保。《合同法》还赋予了债权人在特定情况下可以享有同时履行抗辩权、后履行抗辩权、不安抗辩权、中止履行、代位权、撤销权等权利。

经济法

> 　　合同在成立之后，尚未履行完毕之前，可以发生变更或转让。当双方当事人约定全面履行了合同义务或者出现了合同解除、债务抵消、债务人依法将标的物提存、债权人免除债务、债权债务同归一人等情况，合同的权利义务即告终止。
> 　　合同当事人在合同履行过程中履行合同义务或不完全履行合同义务，除当事人具有不可抗力等法定免责条件或双方当事人约定的免责条件外，应承担违约责任，赔偿受损害当事人的损失。

练 习 题

一、不定项选择题

1. 根据合同法律制度的规定，下列关于要约与承诺的表述中，不正确的是(　　)。
   A. 要约采取的是到达生效，即要约到达受要约人时生效
   B. 要约的撤销是针对已经生效的要约
   C. 受要约人有理由认为要约不可撤销的，则要约不得撤销
   D. 撤回要约的通知应当在要约到达受要约人之前或者与要约同时到达受要约人

2. 甲公司于2月14日打电话向乙公司购买一批货物，约定以合同书形式订立合同。乙公司于2月28日向甲公司发出货物，甲公司当天接收该批货物。3月3日甲公司与乙公司在合同书上签字并盖章，合同约定该合同3月15日生效。根据合同法律制度的规定，该合同的成立时间是(　　)。
   A. 2月14日　　　B. 2月28日　　　C. 3月5日　　　D. 3月15日

3. 根据合同法律制度的规定，下列合同中，属于无效合同的是(　　)。
   A. 约定的定金数额超过主合同标的额的20%的定金合同
   B. 约定的租赁期限超过20年的租赁合同
   C. 超越经营范围订立的合同，违反国家限制经营规定的
   D. 以乘人之危签订的损害对方利益的合同

4. 甲公司向乙公司购买100台空调，约定甲公司应于2013年11月20日预付10万元货款，乙公司应于2013年12月10日发货。11月10日，乙公司听说甲公司有严重的经营困难，便电话通知甲公司要求其立即预付10万元，甲未作表示亦未于11月20日支付预付款。2013年12月10日，甲公司要求乙公司将空调发出，乙公司拒绝发货。基于上述情况，乙公司行使的是(　　)。
   A. 先履行抗辩权　　　　　　　　B. 不安抗辩权
   C. 同时履行抗辩权　　　　　　　D. 撤销权

5. 甲乙签订面粉采购合同，约定甲向乙交付20万千克面粉，货款为40万元，乙向甲支付定金4万元；如任何一方不履行合同应支付违约金6万元。甲因将面粉卖给丙而无法履行和乙签订的合同。根据合同法律制度的规定，乙提出的下列诉讼请求中，既能最大限

度保护自己的利益,又能获得法院支持的诉讼请求是( )。

A. 请求甲双倍返还定金 8 万元

B. 请求甲双倍返还定金 8 万元,同时请求甲支付违约金 6 万元

C. 请求甲支付违约金 6 万元,同时请求返还支付的定金 4 万元

D. 请求甲支付违约金 6 万元

6. 甲小学为了"六一"儿童节学生表演节目的需要,向乙服装厂订购了 100 套童装,约定在"六一"儿童节前一周交付。5 月 28 日,甲小学向乙服装厂催要童装,却被告知因布匹供应问题 6 月 3 日才能交付童装,甲小学因此欲解除合同。根据《合同法》的规定,下列关于该合同解除的表述中,正确的是( )。

A. 甲小学应先催告乙服装厂履行,乙服装厂在合理期限内未履行的,甲小学才可以解除合同

B. 甲小学可以解除合同,无须催告

C. 甲小学无权解除合同,只能要求乙服装厂承担违约责任

D. 甲小学无权自行解除合同,但可以请求法院解除合同

7. 根据合同法律制度的规定,下列关于支付违约金的表述中,不正确的是( )。

A. 约定的违约金低于造成的损失的,当事人可以请求人民法院或者仲裁机构予以增加

B. 约定的违约金低于造成的损失的,当事人不得请求人民法院或者仲裁机构予以增加

C. 约定的违约金过分高于造成的损失的,当事人可以请求人民法院或者仲裁机构予以适当减少

D. 当事人就延迟履行约定违约金的,违约方支付违约金后,还应当履行债务

8. 2013 年 7 月 5 日,甲授权乙以甲的名义将甲的一台笔记本电脑出售,价格不得低于 8000 元。乙的好友丙欲以 6000 元的价格购买。乙遂对丙说:"大家都是好朋友,甲说最低要 8000 元,但我想 6000 元卖给你,他肯定也会同意的"。乙遂以甲的名义以 6000 元将笔记本电脑卖给丙。根据合同法律制度的规定,下列说法中不正确的有( )。

A. 该买卖行为无效　　　　　B. 乙是无权代理行为

C. 丙可以撤销该行为　　　　D. 甲可以追认该行为

9. 甲公司与乙公司就原材料采购合同进行洽谈,其间,乙公司采取了保密措施的市场开发计划被甲公司的谈判代表得知。甲公司遂推迟与乙公司签约,开始有针对性地吸引乙的潜在客户,导致乙的市场份额锐减。根据合同法律制度的规定,下列说法正确的有( )。

A. 甲公司的行为属于正常的商业竞争行为

B. 甲公司的行为属于违约行为

C. 甲公司的行为侵犯了乙的商业秘密

D. 甲公司应承担缔约过失责任

10. 甲公司欠乙公司 30 万元,一直无力偿付,现丙公司欠甲公司 20 万元已经到期,

但甲公司一直怠于行使对丙的债权，乙公司遂依法提起诉讼。根据合同法律制度的规定，下列表述中正确的有（   ）。

　　A. 乙公司应当以丙公司为被告，提起代位权诉讼
　　B. 乙公司应当以甲公司为被告，提起撤销权诉讼
　　C. 乙公司提起诉讼的行为引起乙公司对甲公司的债权诉讼时效发生中断
　　D. 乙公司提起诉讼的行为引起甲公司对丙公司的债权诉讼时效发生中断

二、案例分析题

　　某大学扩大招生，急需一批新桌椅，便同某家具公司订立一份合同，合同规定：家具公司向某大学提供400张桌子，800张椅子，价款为10万元，8月10日前交货，货物由家具公司送到学校，不履行合同的违约金为3000元。合同订完之后，大学静候家具公司将桌椅送来，8月10日家具公司没有送来，又没有消息。大学打电话催货，家具公司称还要等10天。不料家具公司直到8月28日还没将桌椅送来，学校称9月1日学校便要开学，9月1日之前必须将桌椅摆设好，因此让家具公司别送桌椅了，大学另想办法。该大学从另一家具公司购进400张桌子和800张椅子，但比原订货款多付了30000元钱。9月6日某家具公司将桌椅送来，大学拒收，称已经打电话通知了家具公司，并写了一封正式的信函，说明不要桌椅了。家具公司称大学不履行合同，要求其支付5000元的违约金；而大学称其不应当承担违约责任，倒是家具公司应当向自己承担赔偿责任，即赔偿其多付的货款30000元。

　　根据《合同法》的有关规定分析：
　　(1) 某大学可以要求解除合同吗？
　　(2) 该纠纷的责任由谁承担？

参考文献

[1] 潘静成,刘文华. 经济法[M]. 北京:中国人民大学出版社,2005.
[2] 史际春. 经济法[M]. 北京:中国人民大学出版社,2005.
[3] 史际春,邓峰. 经济法总论[M]. 北京:法律出版社,1998.
[4] 杨紫烜. 经济法[M]. 北京大学出版社,北京:高等教育出版社,2002.
[5] 李艳芳. 经济法案例分析[M]. 北京:中国人民大学出版社,1999.
[6] 王新欣. 破产法[M]. 北京:中国人民大学出版社,2002.
[7] 吴宏伟. 竞争法有关问题研究[M]. 北京:中国人民大学出版社,2000.
[8] 中国法制出版社. 办理国有产权案件法律依据[M]. 北京:中国法制出版社,2002.
[9] 徐孟洲. 经济法学原理与案例教程[M]. 北京:中国人民大学出版社,2006.
[10] 符启林. 经济法学[M]. 北京:中国政法大学出版社,2005.
[11] 祝明山. 企业破产纠纷[M]. 北京:中国法制出版社,2003.
[12] 中国法制出版社. 金融法律适用全书[M]. 北京:中国法制出版社,2006.
[13] 朱明. 金融法概论[M]. 北京:中国金融出版社,2006.
[14] 徐孟洲. 金融法学案例教程[M]. 北京:知识产权出版社,2003.
[15] 李兴江. 付音. 郑天锋. 经济法概论[M]. 北京:经济科学出版社,2005.
[16] 史际春,温烨,邓峰. 企业和公司法[M]. 北京:中国人民大学出版社,2001.
[17] 顾功耕. 经济法教程[M]. 上海:上海人民出版社,2003.
[18] 柴振国. 经济法[M]. 石家庄:河北人民出版社,2005.
[19] 单飞跃. 经济法教程[M]. 北京:法律出版社,2006.
[20] 王瑜. 经济法概论[M]. 北京:化学工业出版社,2005.
[21] 王学英. 经济法[M]. 上海:立信会计出版社,2006.
[22] 法学考研网. 经济法学[M]. 北京:中国法制出版社,2006.
[23] 孙明浦. 郝天明. 经济法[M]. 北京:北京理工大学出版社,2006.
[24] 徐永前. 企业破产法讲话[M]. 北京:法律出版社,2006.
[25] 安建. 吴高盛. 企业破产法实用教程[M]. 北京:中国法制出版社,2006.
[26] 中国法制出版社. 新企业破产法100问[M]. 北京:中国法制出版社,2006.
[27] 汤维建. 企业破产法新旧专题比较与案例应用[M]. 北京:中国法制出版社,2006.
[28] 中国法制出版社. 最新企业破产法学习培训测试题[M]. 北京:中国法制出版社,2006.
[29] [日]金泽良雄. 经济法概论[M]. 满达人译. 兰州:兰州甘肃人民出版社1985.
[30] 赵维田等. WTO的司法机制[M]. 上海:上海人民出版社,2004.

北京大学出版社本科财经管理类实用规划教材（已出版）

财务会计类

序号	书名	标准书号	主编	定价	序号	书名	标准书号	主编	定价
1	基础会计（第2版）	7-301-17478-4	李秀莲	38.00	25	税法与税务会计实用教程（第2版）	7-301-21422-0	张巧良	45.00
2	基础会计学	7-301-19403-4	窦亚芹	33.00	26	财务管理理论与实务（第2版）	7-301-20407-8	张思强	42.00
3	会计学	7-81117-533-2	马丽莹	44.00	27	公司理财原理与实务	7-81117-800-5	廖东声	36.00
4	会计学原理（第2版）	7-301-18515-5	刘爱香	30.00	28	审计学	7-81117-828-9	王翠琳	46.00
5	会计学原理习题与实验（第2版）	7-301-19449-2	王保忠	30.00	29	审计学	7-301-20906-6	赵晓波	38.00
6	会计学原理与实务（第2版）	7-301-18653-4	周慧滨	33.00	30	审计理论与实务	7-81117-955-2	宋传联	36.00
7	会计学原理与实务模拟实验教程	7-5038-5013-4	周慧滨	20.00	31	会计综合实训模拟教程	7-301-20730-7	章洁倩	33.00
8	会计实务	7-81117-677-3	王远利	40.00	32	财务分析学	7-301-20275-3	张献英	30.00
9	高级财务会计	7-81117-545-5	程明娥	46.00	33	银行会计	7-301-21155-7	宗国恩	40.00
10	高级财务会计	7-5655-0061-9	王奇杰	44.00	34	税收筹划	7-301-21238-7	郝新英	38.00
11	成本会计学	7-301-19400-3	杨尚军	38.00	35	基础会计学	7-301-16308-5	晋晓琴	39.00
12	成本会计学	7-5655-0482-2	张红漫	30.00	36	公司财务管理	7-301-21423-7	胡振兴	48.00
13	成本会计学	7-301-20473-3	刘建中	38.00	37	财务管理学实用教程（第2版）	7-301-21060-4	骆永菊	42.00
14	管理会计	7-81117-943-9	齐殿伟	27.00	38	政府与非营利组织会计	7-301-21504-3	张 丹	40.00
15	管理会计	7-301-21057-4	彤芳珍	36.00	39	预算会计	7-301-22203-4	王筱萍	32.00
16	会计规范专题	7-81117-887-6	谢万健	35.00	40	统计学实验教程	7-301-22450-2	裴雨明	24.00
17	企业财务会计模拟实习教程	7-5655-0404-4	董晓平	25.00	41	基础会计实验与习题	7-301-22387-1	左 旭	30.00
18	税法与税务会计	7-81117-497-7	吕孝侠	45.00	42	基础会计	7-301-23109-8	田凤彩	39.00
19	初级财务管理	7-301-20019-3	胡淑姣	42.00	43	财务会计学	7-301-23190-6	李柏生	39.00
20	财务管理学原理与实务	7-81117-544-8	严复海	40.00	44	会计电算化	7-301-23565-2	童 伟	49.00
21	财务管理学	7-5038-4897-1	盛均全	34.00	45	中级财务会计	7-301-23772-4	吴海燕	49.00
22	财务管理学	7-301-21887-7	陈 玮	44.00	46	会计规范专题（第2版）	7-301-23797-7	谢万健	42.00
23	基础会计学学习指导与习题集	7-301-16309-2	裴 玉	28.00	47	基础会计	7-301-24366-4	孟 铁	35.00
24	财务管理理论与实务	7-301-20042-1	成 兵	40.00					

工商管理、市场营销、人力资源管理、服务营销类

序号	书名	标准书号	主编	定价	序号	书名	标准书号	主编	定价
1	管理学基础	7-5038-4872-8	于千千	35.00	29	市场营销学：理论、案例与实训	7-301-21165-6	袁连升	42.00
2	管理学基础学习指南与习题集	7-5038-4891-9	王 珍	26.00	30	市场营销学	7-5655-0064-0	王槐林	33.00
3	管理学	7-81117-494-6	曾 旗	44.00	31	国际市场营销学	7-301-21888-4	董 飞	45.00
4	管理学	7-301-21167-0	陈文汉	35.00	32	市场营销学（第2版）	7-301-19855-1	陈 阳	45.00
5	管理学	7-301-17452-4	王慧娟	42.00	33	市场营销学	7-301-21166-3	杨 楠	40.00
6	管理学原理	7-5655-0078-7	尹少华	42.00	34	国际市场营销学	7-5038-5021-9	范应仁	38.00
7	管理学原理与实务（第2版）	7-301-18536-0	陈嘉莉	42.00	35	现代市场营销学	7-81117-599-8	邓德胜	40.00
8	管理学实用教程	7-5655-0063-3	邵喜武	37.00	36	市场营销学新论	7-5038-4879-7	郑玉香	40.00
9	管理学实用教程	7-301-21059-8	高爱霞	42.00	37	市场营销理论与实务（第2版）	7-301-20628-7	那 薇	40.00
10	管理学实用教程	7-301-22218-8	张润兴	43.00	38	市场营销学实用教程	7-5655-0081-7	李晨辰	40.00
11	通用管理知识概论	7-5038-4997-8	王丽平	36.00	39	市场营销学	7-81117-676-6	戴秀英	32.00
12	管理学原理	7-301-21178-6	雷金荣	39.00	40	消费者行为学	7-81117-824-1	甘瑁琴	35.00
13	管理运筹学（第2版）	7-301-19351-8	关文忠	39.00	41	商务谈判（第2版）	7-301-20048-3	郭秀君	49.00
14	统计学原理	7-301-21061-1	韩 宇	38.00	42	商务谈判实用教程	7-81117-597-4	陈建明	24.00
15	统计学原理	7-5038-4888-9	刘晓利	28.00	43	消费者行为学	7-5655-0057-2	冒 立	37.00
16	统计学	7-5038-4898-8	曲 岩	42.00	44	客户关系管理实务	7-301-09956-8	周贺来	44.00
17	应用统计学（第2版）	7-301-19295-5	王淑芬	48.00	45	公共关系学	7-5038-5022-6	于朝晖	40.00
18	统计学原理与实务	7-5655-0505-8	徐静霞	40.00	46	非营利组织	7-301-20726-0	王智慧	33.00
19	管理定量分析方法	7-301-13552-5	赵光华	28.00	47	公共关系理论与实务	7-5038-4889-6	王 玫	32.00
20	新编市场营销学	7-81117-972-9	刘丽蜀	30.00	48	公共关系学实用教程	7-81117-660-5	周 华	67.00
21	公共关系理论与实务	7-5655-0155-5	李泓欣	45.00	49	跨文化管理	7-301-20027-8	晏 雄	35.00
22	质量管理	7-5655-0069-5	陈国华	36.00	50	企业战略管理	7-5655-0370-2	代海涛	36.00
23	企业文化理论与实务	7-81117-663-6	王水嫩	30.00	51	员工招聘	7-301-20089-6	王 挺	30.00
24	企业战略管理	7-81117-801-2	陈英梅	34.00	52	服务营销理论与实务	7-81117-826-5	杨丽华	39.00
25	企业战略管理实用教程	7-81117-853-1	刘松先	35.00	53	服务企业经营管理学	7-5038-4890-2	于千千	36.00
26	产品与品牌管理	7-81117-492-2	胡 梅	35.00	54	服务管理	7-301-15834-0	周 明	35.00
27	东方哲学与企业文化	7-5655-0433-4	刘峰涛	34.00	55	运营管理	7-5038-4878-0	冯根尧	35.00
28	市场营销学	7-301-21056-7	马慧敏	42.00	56	生产运作管理（第2版）	7-301-18934-4	李全喜	48.00

序号	书名	标准书号	主编	定价	序号	书名	标准书号	主编	定价
57	运作管理	7-5655-0472-3	周建亨	25.00	76	现代企业管理理论与应用（第2版）	7-301-21603-3	邸彦彪	38.00
58	组织行为学	7-5038-5014-1	安世民	33.00	77	服务营销	7-301-21889-1	熊 凯	45.00
59	组织设计与发展	7-301-23385-6	李春波	36.00	78	企业经营ERP沙盘应用教程	7-301-20728-4	董红杰	32.00
60	组织行为学实用教程	7-301-20466-5	冀 鸿	32.00	79	项目管理	7-301-21448-0	程 敏	39.00
61	现代组织理论	7-5655-0077-0	岳 澎	32.00	80	公司治理学	7-301-22568-4	蔡 锐	35.00
62	人力资源管理（第2版）	7-301-19098-2	颜爱民	60.00	81	管理学原理	7-301-22980-4	陈 阳	48.00
63	人力资源管理经济分析	7-301-16084-8	颜爱民	38.00	82	管理学	7-301-23023-7	申文青	40.00
64	人力资源管理原理与实务	7-81117-496-0	邹 华	32.00	83	人力资源管理实验教程	7-301-23078-7	畅铁民	40.00
65	人力资源管理实用教程（第2版）	7-301-20281-4	吴宝华	45.00	84	社交礼仪	7-301-23418-1	李 霞	29.00
66	人力资源管理：理论、实务与艺术	7-5655-0193-7	李长江	48.00	85	营销策划	7-301-23204-0	杨 楠	42.00
67	政府与非营利组织会计	7-301-21504-3	张 丹	40.00	86	企业战略管理	7-301-23419-8	顾 桥	46.00
68	会展服务管理	7-301-16661-1	许传宏	36.00	87	兼并与收购	7-301-22567-7	陶启智	32.00
69	现代服务业管理原理、方法与案例	7-301-17817-1	马 勇	49.00	88	统计学（第2版）	7-301-23854-7	阮红伟	35.00
70	服务性企业战略管理	7-301-20043-8	黄其新	28.00	89	广告策划与管理：原理、案例与项目实训	7-301-23827-1	杨佐飞	48.00
71	服务型政府管理概论	7-301-20099-5	于干千	32.00	90	客户关系管理理论与实务	7-301-23911-7	徐 伟	40.00
72	新编现代企业管理	7-301-21121-2	姚丽娜	48.00	91	市场营销学（第2版）	7-301-24328-2	王槐林	39.00
73	创业学	7-301-15915-6	刘沁玲	38.00	92	创业基础：理论应用与实训实练	7-301-24465-4	郭占元	38.00
74	公共关系学实用教程	7-301-17472-2	任焕琴	42.00	93	生产运作管理（第3版）	7-301-24502-6	李全喜	54.00
75	现场管理	7-301-21528-9	陈国华						

经济、国贸、金融类

序号	书名	标准书号	主编	定价	序号	书名	标准书号	主编	定价
1	宏观经济学原理与实务（第2版）	7-301-18787-6	崔东红	57.00	24	保险学原理与实务	7-5038-4871-1	曹时军	37.00
2	宏观经济学（第2版）	7-301-19038-8	塞令香	39.00	25	东南亚南亚商务环境概论	7-81117-956-9	韩 越	38.00
3	微观经济学原理与实务	7-81117-818-0	崔东红	48.00	26	证券投资学	7-301-19967-1	陈汉平	45.00
4	微观经济学	7-81117-568-4	梁瑞华	35.00	27	证券投资学	7-301-21236-3	王 毅	45.00
5	西方经济学实用教程	7-5038-4886-5	陈孝胜	40.00	28	货币银行学	7-301-15062-7	杜小伟	38.00
6	西方经济学实用教程	7-5655-0302-3	杨仁发	49.00	29	货币银行学	7-301-21345-2	李 冰	42.00
7	西方经济学	7-81117-851-7	于丽敏	48.00	30	国际结算（第2版）	7-301-17420-3	张晓芥	42.00
8	现代经济学基础	7-81117-594-3	张士军	25.00	31	国际结算	7-301-21092-5	张 慧	42.00
9	国际经济学	7-81117-594-3	吴红梅	39.00	32	金融风险管理	7-301-20090-2	朱淑珍	38.00
10	发展经济学	7-81117-674-2	赵邦宏	48.00	33	金融工程学	7-301-18273-4	李淑锦	30.00
11	管理经济学	7-81117-536-3	姜保雨	34.00	34	国际贸易理论、政策与案例分析	7-301-20978-3	冯 跃	42.00
12	计量经济学	7-5038-3915-3	刘艳春	28.00	35	金融工程学理论与实务（第2版）	7-301-21280-6	谭春枝	42.00
13	外贸函电（第2版）	7-301-18786-9	王 妍	30.00	36	金融学理论与实务	7-5655-0405-1	战玉峰	42.00
14	国际贸易理论与实务（第2版）	7-301-18798-2	缪东玲	54.00	37	国际金融实用教程	7-81117-593-6	周 影	32.00
15	国际贸易（第2版）	7-301-19404-1	朱廷珺	45.00	38	跨国公司经营与管理（第2版）	7-301-21333-9	冯雷鸣	35.00
16	国际贸易实务（第2版）	7-301-20486-3	夏合群	45.00	39	国际金融	7-5038-4893-3	韩博印	30.00
17	国际贸易结算及其单证实务	7-5655-0268-2	卓乃坚	35.00	40	国际商务函电	7-301-22388-8	金泽虎	35.00
18	政治经济学原理与实务	7-301-22204-1	沈爱华	31.00	41	国际金融	7-301-23351-6	宋树民	48.00
19	国际商务	7-5655-0093-0	安占然	30.00	42	国际贸易实训教程	7-301-23730-4	王 茜	28.00
20	国际贸易实务	7-301-20919-6	张 肃	28.00	43	财政学	7-301-23814-1	何育静	45.00
21	国际贸易规则与进出口业务操作实务（第2版）	7-301-19384-6	李 平	54.00	44	保险学	7-301-23819-6	李春蓉	41.00
22	金融市场学	7-81117-595-0	黄解宇	24.00	45	中国对外贸易概论	7-301-23884-4	翟士军	42.00
23	财政学	7-5038-4965-7	盖 锐	34.00	46	国际经贸英语阅读教程	7-301-23876-9	李晓娣	25.00

法律类

序号	书名	标准书号	主编	定价	序号	书名	标准书号	主编	定价
1	经济法原理与实务（第2版）	7-301-21527-2	杨士富	39.00	6	金融法理论与实务	7-81117-958-3	战玉锋	34.00
2	经济法实用教程	7-81117-547-9	陈亚平	44.00	7	国际商法	7-301-20071-1	丁孟春	37.00
3	国际商法理论与实务	7-81117-852-4	杨士富	38.00	8	商法学	7-301-21478-7	周龙杰	43.00
4	商法总论	7-5038-4887-2	任先行	40.00	9	经济法	7-301-24697-9	王成林	35.00
5	劳动法和社会保障法（第2版）	7-301-21206-6	李 瑞	38.00					

电子商务与信息管理类

序号	书名	标准书号	主编	定价	序号	书名	标准书号	主编	定价
1	网络营销	7-301-12349-2	谷宝华	30.00	6	电子商务概论	7-301-13633-1	李洪心	30.00
2	数据库技术及应用教程（SQL Server版）	7-301-12351-5	郭建枝	34.00	7	管理信息系统实用教程	7-301-12323-2	李 松	35.00
3	网络信息采集与编辑	7-301-16557-7	范生万	24.00	8	电子商务概论（第2版）	7-301-17475-3	庞大莲	42.00
4	电子商务案例分析	7-301-16596-6	曹彩杰	28.00	9	网络营销（第2版）	7-301-23803-5	王宏伟	36.00
5	管理信息系统	7-301-12348-5	张彩虹	36.00	10	电子商务概论	7-301-16717-5	杨雪雁	32.00

序号	书名	标准书号	主编	定价	序号	书名	标准书号	主编	定价
11	电子商务英语	7-301-05364-5	覃 正	30.00	27	数字图书馆	7-301-22118-1	奉国和	30.00
12	网络支付与结算	7-301-16911-7	徐 勇	34.00	28	电子化国际贸易	7-301-17246-9	李辉作	28.00
13	网上支付与安全	7-301-17044-1	帅青红	32.00	29	商务智能与数据挖掘	7-301-17671-9	张公让	38.00
14	企业信息化实务	7-301-16621-5	张志荣	42.00	30	管理信息系统教程	7-301-19472-0	赵天唯	42.00
15	电子商务法	7-301-14306-3	李 瑞	26.00	31	电子政务	7-301-15163-1	原忠虎	38.00
16	数据仓库与数据挖掘	7-301-14313-1	廖开际	28.00	32	商务智能	7-301-19899-5	汪 楠	40.00
17	电子商务模拟与实验	7-301-12350-8	喻光继	22.00	33	电子商务与现代企业管理	7-301-19978-7	吴菊华	40.00
18	ERP原理与应用教程	7-301-14455-8	温雅丽	34.00	34	电子商务物流管理	7-301-20098-8	王小宁	42.00
19	电子商务原理及应用	7-301-14080-2	孙 蓉	36.00	35	管理信息系统实用教程	7-301-20485-6	周贺来	42.00
20	管理信息系统理论与应用	7-301-15212-6	吴 忠	30.00	36	电子商务概论	7-301-21044-4	苗 森	28.00
21	网络营销实务	7-301-15284-3	李蔚田	42.00	37	管理信息系统实务教程	7-301-21245-5	魏厚清	34.00
22	电子商务实务	7-301-15474-8	仲 岩	28.00	38	电子商务安全	7-301-22350-5	蔡志文	49.00
23	电子商务网站建设	7-301-15480-9	臧良运	32.00	39	电子商务法	7-301-22121-1	郭 鹏	38.00
24	网络金融与电子支付	7-301-15694-0	李蔚田	30.00	40	ERP沙盘模拟教程	7-301-22393-2	周 菁	26.00
25	网络营销	7-301-22125-9	程 虹	38.00	41	移动商务理论与实践	7-301-22779-4	柯 林	43.00
26	电子证券与投资分析	7-301-22122-8	张德存	38.00	42	电子商务项目教程	7-301-23071-8	芦 阳	45.00

物流类

序号	书名	书号	编著者	定价	序号	书名	书号	编著者	定价
1	物流工程	7-301-15045-0	林丽华	30.00	34	逆向物流	7-301-19809-4	甘卫华	33.00
2	现代物流决策技术	7-301-15868-5	王道平	30.00	35	供应链设计理论与方法	7-301-20018-6	王道平	32.00
3	物流管理信息系统	7-301-16564-5	杜彦华	33.00	36	物流管理概论	7-301-20095-7	李传荣	44.00
4	物流信息管理	7-301-16699-4	王汉新	38.00	37	供应链管理	7-301-20094-0	高举红	38.00
5	现代物流学	7-301-16662-8	吴 健	42.00	38	企业物流管理	7-301-20818-2	孔继利	45.00
6	物流英语	7-301-16807-3	阚功俭	28.00	39	物流项目管理	7-301-20851-9	王道平	30.00
7	第三方物流	7-301-16663-5	张旭辉	35.00	40	供应链管理	7-301-20901-1	王道平	35.00
8	物流运作管理	7-301-16913-1	董千里	28.00	41	现代仓储管理与实务	7-301-21043-7	周兴建	45.00
9	采购管理与库存控制	7-301-16921-6	张 浩	30.00	42	物流学概论	7-301-21098-7	李 创	44.00
10	物流管理基础	7-301-16906-3	李蔚田	36.00	43	航空物流管理	7-301-21118-2	刘元洪	32.00
11	供应链管理	7-301-16714-4	曹翠珍	40.00	44	物流管理实验教程	7-301-21094-9	李晓龙	25.00
12	物流技术装备	7-301-16808-0	于 英	38.00	45	物流系统仿真案例	7-301-21072-7	赵 宁	25.00
13	现代物流信息技术(第2版)	7-301-23848-6	王道平	35.00	46	物流与供应链金融	7-301-21135-9	李向文	30.00
14	现代物流仿真技术	7-301-17571-2	王道平	34.00	47	物流信息系统	7-301-20989-9	王道平	28.00
15	物流信息系统应用实例教程	7-301-17581-1	徐 琪	32.00	48	物料学	7-301-17476-0	肖生苓	44.00
16	物流项目招投标管理	7-301-17615-3	孟祥茹	30.00	49	智能物流	7-301-22036-8	李蔚田	45.00
17	物流运筹学实用教程	7-301-17610-8	赵丽君	33.00	50	物流项目管理	7-301-21676-7	张旭辉	38.00
18	现代物流基础	7-301-17611-5	王 侃	37.00	51	新物流概论	7-301-22114-3	李向文	34.00
19	现代企业物流管理实用教程	7-301-17612-2	乔志强	40.00	52	物流决策技术	7-301-21965-2	王道平	38.00
20	现代物流管理学	7-301-17672-6	丁小龙	42.00	53	物流系统优化建模与求解	7-301-22115-0	李向文	32.00
21	物流运筹学	7-301-17674-0	郝 海	36.00	54	集装箱运输实务	7-301-16644-4	孙家庆	34.00
22	供应链库存管理与控制	7-301-17929-1	王道平	28.00	55	库存管理	7-301-22389-5	张旭凤	25.00
23	物流信息系统	7-301-18500-1	修桂华	32.00	56	运输组织学	7-301-22744-2	王小霞	30.00
24	城市物流	7-301-18523-0	张 潜	24.00	57	物流金融	7-301-22699-5	李蔚田	39.00
25	营销物流管理	7-301-18658-9	李学工	45.00	58	物流系统集成技术	7-301-22800-5	杜彦华	40.00
26	物流信息技术概论	7-301-18670-1	张 磊	28.00	59	商品学	7-301-23067-1	王海刚	30.00
27	物流配送中心运作管理	7-301-18671-8	陈 虎	40.00	60	项目采购管理	7-301-23100-5	柯 丽	38.00
28	物流项目管理	7-301-18801-9	周晓晔	35.00	61	电子商务与现代物流	7-301-23356-6	吴 健	48.00
29	物流工程与管理	7-301-18960-3	高举红	39.00	62	国际海上运输	7-301-23486-0	张良卫	45.00
30	交通运输工程学	7-301-19405-8	于 英	43.00	63	物流配送中心规划与设计	7-301-23847-9	孔继利	49.00
31	国际物流管理	7-301-19431-7	柴庆春	40.00	64	运输组织学	7-301-23885-1	孟祥茹	48.00
32	商品检验与质量认证	7-301-10563-4	陈红丽	32.00	65	物流管理	7-301-22161-7	张佺举	49.00
33	供应链管理	7-301-19734-9	刘永胜	49.00					

相关教学资源如电子课件、电子教材、习题答案等可以登录 www.pup6.cn 下载或在线阅读。

扑六知识网(www.pup6.com)有海量的相关教学资源和电子教材供阅读及下载(包括北京大学出版社第六事业部的相关资源),同时欢迎您将教学课件、视频、教案、素材、习题、试卷、辅导材料、课改成果、设计作品、论文等教学资源上传到 pup6.cn, 与全国高校师生分享您的教学成就与经验,并可自由设定价格,知识也能创造财富。具体情况请登录网站查询。

如您需要免费纸质样书用于教学,欢迎登录第六事业部门户网(www.pup6.com.cn)填表申请,并欢迎在线登记选题以到北京大学出版社来出版您的大作,也可下载相关表格填写后发到我们的邮箱,我们将及时与您取得联系并做好全方位的服务。

扑六知识网将打造成全国最大的教育资源共享平台,欢迎您的加入——让知识有价值,让教学无界限,让学习更轻松。联系方式:010-62750667,wangxc02@163.com,lihu80@163.com,欢迎来电来信。